Schadensfall
Afghanistan
Ein Krieg und seine Folgen

W0179112

Schadensfall Afghanistan

Ein Krieg und seine Folgen

von Uwe Krüger

2014

BOUVIER

Titelfoto: Sarg mit Stahlhelm (Quelle dpa)

ISBN 978-3-416-03375-6

©Bouvier Verlag. Bonn 2014

Inhaltsverzeichnis

Prolog   7

Auftakt zu einem neuen „Great Game"   10
Herausforderung für Russland und China   14
Rückschlag im Pipelinepoker   27

Partner, Makler, Besatzer   34
Schröders „uneingeschränkte Solidarität"   42
Die Mahnung der Bischöfin   52

Bundeswehr im Kampfeinsatz   57
Soldaten extrem unter Druck   63
Zwei Männer – ein Ziel   68

Illusion von der selbsttragenden Sicherheit   83
Albtraum Partnering   87
Steigende Verluste bei Afghanen   91
Helfer hinter hohen Mauern   96

Legende von der nationalen Aussöhnung   102
Tief verfeindete Volksgruppen   108
Rote Linien, schwarze Zukunft   115
Unangefochtene Drogenbarone   126

Schwierige Nachbarn   133
Islamisten, Terroristen und Atombomben   135
Irans begrenzte Möglichkeiten   144
Drei Frontstaaten im Norden   147

Desaster mit Ansage   155
Die Taliban unterschätzt   163
Tricksen, Tarnen, Täuschen   167

Berlin im Fadenkreuz?   174
Der Fall der Sauerland-Gruppe   175
Gefahrenabwehr als Gratwanderung   181
Propagandainstrument Internet   190

Kompass dringend gesucht 195
Große Kluft zur Bevölkerung 199
„Töten und Sterben gehören dazu" 213

NATO und EU auf dem Prüfstand 218
Neue Geschäftsmodelle 225
Umbruch im arabischen Raum 231

Die Schlachten der Zukunft 240
Erstschlag mit Stuxnet 248
Waffen statt Kampftruppen 257

Epilog 262

Anmerkungen 269

Glossar 291

Zeittafel 312

„Ziehen Sie immer die schweren Vorhänge zu. Das schützt zwar nicht vor Raketeneinschlägen, aber immerhin vor Splittern", ließ der Mann am Empfang den Neuankömmling zur Begrüßung im legendären Hotel Kabul wissen. Ein japanisches Fernsehteam versuchte sich durch ein Ablenkungsmanöver vor Mudschaheddin-Beschuss von den umliegenden Bergketten zu schützen. Es hing ein riesiges Rotes Kreuz in das Hotelfenster. Das massive Gebäude, errichtet im Jahr 1945, blieb zwar verschont, aber nicht die Stadt. Das war im Frühsommer 1988. Die Sowjetunion hatte nach verlustreichen Kämpfen gerade mit dem Truppenabzug vom Hindukusch begonnen. Das Hotel Kabul galt damals als wichtige Nachrichtenbörse. Hier logierten indische Ärzte, irakische Exil-Kommunisten, Geheimdienstler aus den Golfemiraten und zu Verhandlungen mit der Regierung in die Hauptstadt gekommene Feldkommandeure. Als Ausländer konnte man sich damals noch relativ frei durch das Zentrum bewegen, ungezwungen mit den zahlreichen Händlern entlang der Chicken-Street plaudern, dem Basar einen Besuch abstatten und zum beliebten Babur Garten schlendern. In der Buchhandlung fand sich Fjodor Dostojewskis „Der Idiot" ebenso wie „Canaris – Patriot im Zwielicht" von Heinz Höhne. Bei Taxitouren konnte es passieren, dass der Fahrer den einmal als Deutschen erkannten Gast freudig auf die gemeinsamen arischen Wurzeln hinwies. Aus den Lautsprechern am Straßenrand tönte die Dr. Schiwago-Melodie.[1]

Die sowjetischen Besatzer waren im Stadtbild kaum wahrnehmbar. Die Deutungshoheit über den Konflikt hatten längst Voice of America, BBC und Deutsche Welle übernommen. Die Mudschaheddin feuerten in unregelmäßigen Abständen Raketen auf Kabul ab. Vor allem in den Vororten gab es Tote und Verletzte. Selbst regimetreue Kräfte kritisierten erstaunlich offen das Scheitern der Saur-Revolution, die im April 1978 zur kommunistischen Machtübernahme geführt hatte. Als Hauptfehler machten sie die Haltung zur Religion aus. Danach brachte die Nutzung von Moscheen für Alpabetisierungskurse oder Tanzveranstaltungen viele muslimische Afghanen gegen die neuen Herrscher auf, die sich zudem einen heftigen Führungsstreit lieferten. Zum ersten Mal seit 15 Jahren übertrug Radio Afghanistan 1988 eine Debatte in der Nationalversammlung, in der über die verfahrene Lage gesprochen wurde. Unter jenen, die mit den Sowjets kooperiert hatten, ging die Angst um.

Knapp 20 Jahre später war aus dem Hotel Kabul das Kabul Serena Hotel geworden: auf höchstem Niveau saniert und erweitert, mit Barrieren gesichert, von Dutzenden Wächtern geschützt und mit ausgeklügelter Sicherheitstechnik ausgestattet. Die 2006 eröffnete Luxus-Herberge, finanziert vom Aga Khan-Imperium, galt unter Ausländern als einzige Unterkunft, die man guten Gewissens buchen konnte. Bis sich am 14. Januar 2008 alles änderte. Extremisten griffen das Gebäude mit Sprengstoff an. Danach drangen sie in die Lobby vor. Zum Zeitpunkt des Angriffes befand sich der norwegische Außenminister Jonas Gahr Støre im Hotel. Dieser kam mit dem Schrecken davon, aber der Reporter Carsten Thomassen von der Zeitung „Dagbladet", der über den Besuch des Ministers berichten sollte, wurde getötet. Mit ihm starben sechs weitere Menschen. Aus der gepriesenen „Oase der Kühle und der Ruhe" war schlagartig ein Ort von Gewalt und Terror geworden.

Erinnerungen kamen auf an den 14. Februar 1979. Damals wurde der US-Botschafter Adolph Dubs bei einem Schusswechsel zwischen Extremisten und afghanischen Sicherheitskräften im Hotel Kabul getötet. Die maoistisch ausgerichtete Organisation Setami Melli hatte Dubs zuvor entführt und wollte mit der Aktion inhaftierte Anhänger freipressen. Die von der Demokratischen Volkspartei Afghanistans (DVPA) gebildete Regierung lehnte jedoch Verhandlungen trotz entsprechender Forderungen der amerikanischen Botschaft kategorisch ab. Beteiligt an dem Zwischenfall waren auch russische Berater auf Seiten der afghanischen Sicherheitskräfte. Dubs galt als Top-Sowjetexperte und wurde nicht zufällig im Jahr 1978 nach Kabul entsandt. Die beiden Supermächte belauerten sich voller Misstrauen. Als der Kreml Ende 1979 am Hindukusch intervenierte, begann ein verhängnisvolles militärisches Abenteuer. Die von den USA hochgerüsteten Mudschaheddin-Gruppierungen zerstörten den Mythos von der ruhmreichen Sowjetarmee. Deren Rückzug bis zum Februar 1989 symbolisierte zugleich den Niedergang eines ganzen Imperiums, das schließlich Ende 1991 zerfiel und damit unterging. Von da an gab es nur noch eine Supermacht – die Vereinigten Staaten von Amerika.

Die USA werden mit ihren NATO-Verbündeten bis Ende 2014 nach einem dann über dreizehnjährigen massiven Militäreinsatz Afghanistan keineswegs als Sieger verlassen. Die Besatzer haben wie schon die Russen das Land nie verstanden. Sie haben durchaus vorhandene Hoffnungen und Erwartungen nicht erfüllt. Als im Oktober 2002 erstmals deutsche Bundestagsabgeordnete in Kabul landeten, um sich ein Bild von der Lage zu machen, konnten sie noch die Stadt in Begleitung von Beamten des Bundeskriminalamtes (BKA) erkunden und etwa Schulen in der Umgebung besuchen. Mit dem neuerlichen Aufkommen der Taliban zwei Jahre danach verschärfte sich die Sicherheitslage. Das Zentrum der Hauptstadt mit dem Präsidentenpalast, den Ministerien, den Botschaften, Militäreinrichtungen und Geheimdienstzentralen wurde zur Festung ausgebaut und die Bewegungsfreiheit ausländischer Besucher stark eingeschränkt. Im Jahr 2008 durfte kein Abgeordneter mehr durch Kabul schlendern. Im Hochsicherheitshotel Serena verbrachten die Volksvertreter ihre Zeit zwischen den offiziellen Terminen. Das Fünf-Sterne-Haus wirkte im Gegensatz zum alten Hotel Kabul wie ein Anwesen aus einer anderen Welt. Aber wie sich zeigte, war der Schein trügerisch. In Afghanistan müssen alle mit allem rechnen.

„Die Amerikaner sind doch nicht nach Afghanistan gekommen, um die Frauen zu befreien und die Demokratie zu bringen. Sie haben militärische und ökonomische Interessen und darüber täuschen sie auch ihre Alliierten. Deshalb werden jetzt auch die Deutschen angegriffen, weil sie Teil der NATO sind, obwohl sie eigentlich traditionell Freunde der Afghanen sind und dort gar keine eigenen Interessen verfolgen."
(Pakistans Ex-Geheimdienstchef Hamid Gul in einem Interview vom 2. Juni 2010)

Führende Politiker aus der Administration von George W. Bush haben zu Beginn des Engagements am Hindukusch keinen Zweifel daran gelassen, dass die Interessen in und um Afghanistan herum langfristiger Natur sind. Eine dauerhafte militärische Präsenz in Zentralasien bietet viele Vorzüge. Alle relevanten Mächte und Regionen liegen damit für die Vereinigten Staaten in Reichweite. Das trifft sowohl für Russland, China, Iran, Indien, Pakistan als auch auf die Kaspi-Region und den Nahen Osten zu. Ehemalige Sowjetrepubliken wie Aserbaidschan, Kasachstan und Turkmenistan verfügen über ergiebige Öl- und Gasvorkommen und spielen damit für die Energieversorgung der Zukunft eine zunehmende Rolle. Anders als beim im 19. Jahrhundert beginnenden Konflikt zwischen dem Britischen Empire und dem Russischen Reich um die Vorherrschaft in dieser Region streben mehr Akteure nach Einfluss – vor allem ambitionierte Staaten wie China und Indien. Anders auch als die sich ab Ende der 1950-er Jahre abzeichnende Konkurrenz der beiden Supermächte UdSSR und USA auf dem Gebiet der Entwicklungshilfe in Afghanistan. Die Amerikaner finanzierten damals ein Staudammprojekt am Helmand-Fluss, das der Stromerzeugung und der Bewässerung der Wüstengebiete im Süden diente. Die Russen bauten den strategisch wichtigen Salang-Pass-Tunnel, der den Norden und den Süden Afghanistans verbindet. Die Ausbildung von afghanischem Spitzenpersonal führte teilweise zu überraschenden Folgen. Armeeoffiziere, die in der Sowjetunion geschult worden waren, entwickelten sich wie Ismail Khan zu prominenten Mudschaheddin. Intellektuelle, die in den USA studiert hatten, schlossen sich wie Hafizullah Amin den Kommunisten an und erklommen hohe Staatsämter.[2]

Der von Bush nach dem 11. September 2001 ausgerufene Antiterrorkrieg zielte auf eine grundlegend veränderte Machtarchitektur. Die USA wollten den Bogen vom Kaspischen Meer bis zur Arabischen Halbinsel als Einflusssphäre sichern. Der Kampf gegen Al Qaida und Taliban war nur der Auftakt zu einem wirklichen „Great Game", in dem Afghanistan nur ein Schauplatz von vielen ist und mit der Irak-Invasion im März 2003 ein weiterer Meilenstein hinzukam. Den ideologischen Boden dafür hatten Neokonservative wie Dick Cheney, Richard Perle und Paul Wolfowitz bereitet, die für eine interventionistische Außenpolitik eintraten. Bush folgte diesen Intentionen, indem er am 20. September 2001 formulierte und danach auch umzusetzen begann: „Unsere Antwort umfasst weit mehr als unmittelbare Vergeltung und einzelne militärische Schläge. Die Amerikaner sollten sich nicht auf eine Schlacht, sondern auf einen lang andauernden Feldzug einstellen, wie wir ihn bislang noch nicht erlebt haben. Dazu können bedeutende militärische Schläge gehören, die im Fernsehen zu sehen sein werden, und verdeckte Operationen, die selbst bei Erfolg geheim bleiben werden. Wir werden die Finanzquellen der Terroristen austrocknen, sie gegeneinander ausspielen, sie von Ort zu Ort jagen, bis es keinen Ort der Zuflucht oder der Ruhe mehr für sie gibt. Und wir werden Staaten verfolgen, die ihnen Hilfe oder Unterschlupf gewähren. Jede Nation in jeder Region muss nun eine Entscheidung treffen. Entweder sind sie auf unserer Seite oder auf der Seite der Terroristen. Von diesem Tag an wird jeder Staat, der weiterhin Terroristen unterstützt oder ihnen Unterschlupf gewährt, von den USA als feindliches Regime betrachtet."[3]

Unter Bushs Nachfolger Barack Obama änderte sich die grundlegende Zielsetzung nicht. Strategisch von Bedeutung sind dabei auch nach einem Abzug 2014 Militärstützpunkte, darunter Bagram (Nähe zur Hauptstadt Kabul), Kandahar im Süden (Herzland der Taliban), Mazar-i-Scharif im Norden (Nähe zu den zentralasiatischen Rohstoffvorkommen), Shindand im Westen (Nähe zum Iran) und Dschalalabad im Osten (Nähe zu den aufständischen Stämmen im pakistanischen Grenzgebiet). Obama bestritt zwar bei der

Unterzeichnung eines Partnerschaftsabkommens am 2. Mai 2012 in Kabul die dauerhafte Nutzung der bereits mit großem Aufwand für die internationalen Truppen errichteten beziehungsweise ausgebauten Militärbasen, aber das klang zum damaligen Zeitpunkt wenig glaubhaft. Das Abkommen enthielt keine ausdrückliche Festlegung über amerikanische Stützpunkte, aber den dehnbaren Passus über die Mitnutzung afghanischer Einrichtungen. Monate zuvor hatte die Regierung in Kabul Bedingungen für eine weitere Präsenz auf Grundlage eines noch auszuhandelnden bilateralen Sicherheitsabkommens genannt. Danach dürften US-Soldaten keine Gefangenen mehr in eigenen Gefängnissen halten, nächtliche Razzien müssten umgehend eingestellt werden, und das amerikanische Militär sollte afghanischem Recht unterliegen.[4] Von Washington wurden darüber hinaus Sicherheitsgarantien und dauerhaft umfangreiche Waffenlieferungen erwartet. Obama machte jedoch klar, dass ohne eine Immunität der US-Soldaten vor Strafverfolgung keine Stationierung nach 2014 infrage käme.

In diesem Zusammenhang erhielt Afghanistan am 7. Juli 2012 den Status eines wichtigen Verbündeten (Major non-NATO ally). Diesen besitzen nunmehr 15 Staaten, die zu den Vereinigten Staaten besonders enge strategische und diplomatische Beziehungen unterhalten, aber nicht der NATO angehören. Dazu zählen unter anderem Australien, Israel, Japan, Pakistan und Südkorea. Der Status ermöglicht einen leichteren Zugang zu US-Rüstungsgütern. Zur Absicherung der amerikanischen Präsenz spielten auch Basen in umliegenden zentralasiatischen Staaten, wie etwa in Kirgistan, eine Rolle. Diese Republiken betrachtet Russland als seine traditionelle Einflusszone. In Afghanistan selbst sollten nach ersten Überlegungen von Mitte 2012 zwischen 10 000 (Minimum) und 30 000 US-Soldaten (Maximum) bleiben.[5] Ein halbes Jahr später hieß es in US-Medienberichten, der damalige amerikanische Oberbefehlshaber John Allen habe dem Verteidigungsministerium drei Optionen für eine Truppenstationierung am Hindukusch nach 2014 vorgeschlagen: 6000, 10 000 oder 20 000 Soldaten.[6] Das Weiße Haus drängte jedoch auf einen niedrigeren Ansatz. Das Pentagon präsentierte daraufhin die Optionen 3000, 6000 oder 9000 Soldaten. Diese sollten die Rückkehr von Al Qaida verhindern und die Ausbildung der afghanischen

Sicherheitskräfte fortsetzen. Das „Wall Street Journal" gelangte zu der Einschätzung, dass durch eine geringere Zahl von US-Soldaten der Einsatz unbemannter Drohnen bei der Bekämpfung von Aufständischen stark an Bedeutung zunehmen werde.[7] In Militärkreisen wurden selbst 9000 Soldaten als zu gering angesehen, um Terrorismusbekämpfung, Ausbildungsunterstützung und Selbstschutz ausreichend zu organisieren. Aufgrund der schwierigen Gespräche mit Kabul schloss Washington erstmals Anfang 2013 auch einen Komplettabzug der amerikanischen Truppen bis Ende 2014 nicht aus.

Der Afghanistan-Krieg war in den Vereinigten Staaten nie wirklich populär. 70 Prozent der Amerikaner wollten zuletzt den Einsatz so schnell wie möglich beenden, in dem bis Ende 2013 rund 2300 US-Soldaten ihr Leben ließen und der die Vereinigten Staaten pro Jahr 100 Milliarden Dollar kostete. Aber zugleich kann die Supermacht bei Strafe eines totalen Gesichtsverlustes nicht wieder in einer Mischung aus Ahnungslosigkeit und Desinteresse Afghanistan sich selbst überlassen. Zumal davon auszugehen ist, dass die Taliban künftig erneut eine wichtige, wenn nicht die dominierende Kraft sein werden.

Washingtons Wegschau-Politik begann nach dem Abzug der Sowjetunion, den vor allem die USA, Pakistan und die Golfstaaten mit massiver finanzieller und militärischer Hilfe für die Mudscheheddin bewirkten. Eine entscheidende Rolle spielte zudem, dass Saudi-Arabien im Jahr 1986 mit der Erhöhung seiner Ölförderung den dramatischen Preisverfall dieses wichtigen Rohstoffes von unter zehn US-Dollar pro Barrel (159 Liter) beschleunigte. Die Sowjetunion büßte damals zwei Drittel ihrer Deviseneinnahmen ein, was Ausgabenbeschränkungen nach sich zog. Pakistan konnte damit ungehindert Einfluss auf die Geschicke des Nachbarlandes nehmen. Die Vereinigten Staaten konzentrierten sich auf die ölreiche Golf-Region, in der es nach dem irakischen Einmarsch in Kuwait am 2. August 1990 lichterloh brannte. Parallel dazu zerfiel der Ostblock, die deutsche Einheit gelangte auf die Tagesordnung, und die Krise des Sowjet-Imperiums spitzte sich zu. Die aufkommenden Taliban schienen in den darauffolgenden Jahren geeignet, Irans Einfluss in der Region einzudämmen. Zugleich bestand bei den Amerikanern die Hoffnung, die Miliz könnte die einstigen afghanischen Bündnispartner vom Schlage des berüchtigten Gulbuddin Hekmatyar entwaffnen, die früheren internationalen, über erhebliches terroristisches Potential verfügenden Unterstützer der Mudschaheddin aus dem Land drängen, den Drogenhandel unterbinden und mit einer starken Regierung den zerfallenen Staat wieder einen.[8]

Die Taliban wurden als fundamentalistisch, aber nicht als antiwestlich eingestuft. Zudem hieß es im State Department, die Gruppierung strebe nach den Wirren des Bürgerkrieges die Wiederherstellung einer traditionellen Gesellschaft an, ein Export des Islam stehe keineswegs auf der Agenda. Washington ging erst auf Distanz, als die weltweite Kritik am rigiden Taliban-Regime zunahm, das vor allem die Rechte der weiblichen Bevölkerung drastisch einschränkte. Bill Clinton nahm die Korrektur auch vor, um nicht seine Chancen auf eine zweite Präsidentschaft zu mindern. Es hatte sich herausgestellt, dass sich die Taliban zu einem beträchtlichen Teil aus Drogengeldern finanzierten. Und sie gewährten dem alten Afghanistan-Kämpfer Osama bin Laden im Jahr 1996 Gastrecht, der nach dem Abzug der sowjetischen Truppen zunächst in seiner Heimat Saudi-Arabien und dann im Sudan auf der Suche nach einer neuen Mission gewesen war. Bin Laden fand sie schließlich im Kampf gegen den Westen, dem er nach dem Truppenaufmarsch 1990/1991 am Golf eine Entweihung der heiligen islamischen Stätten und Pläne zur Unterwerfung der gesamten muslimischen Welt vorwarf. Aufgrund dessen forderten die USA eine afghanische Regierung unter Einbeziehung aller relevanten Gruppierungen. Zugleich wurde eingeräumt, dass der Einfluss auf die rivalisierenden Kräfte gering sei und keine Fraktion unterstützt würde.

Herausforderung für Russland und China

Ein langfristiges amerikanisches Engagement würde vor allem für Russland und China eine Herausforderung darstellen. Moskaus eingeschränkte weltpolitische Rolle war selten sichtbarer als in den Wochen, die dem 11. September 2001 folgten. Nach der gescheiterten sowjetischen Intervention in Afghanistan von Dezember 1979 bis Februar 1989 bestand die oberste Priorität darin, sich aus einer neuen militärischen Auseinandersetzung herauszuhalten. Entsprechend heftig dementierte der damalige Verteidigungsminister Sergej Iwanow Anfang November 2001 westliche und pakistanische Presseberichte, wonach russische Kampfflugzeuge Taliban-Stellungen angegriffen hätten und der Kreml außerdem Bodentruppen nach Afghanistan entsenden wollte.[9] Stattdessen überließ Moskau Zentralasien zunächst widerstandslos den USA. Gegen die Benutzung des Luftraumes der aus der Konkursmasse der UdSSR entstandenen Gemeinschaft Unabhängiger Staaten (GUS) durch amerikanische Flugzeuge gab es keine Einwände. Die CIA erhielt russische Geheimdienstinformationen über Terroristenlager in Afghanistan.

Dass Moskaus Möglichkeiten im Wesentlichen auf Drohgebärden beschränkt waren, wurde bereits im Mai 2000 deutlich. Damals schloss der Kreml Präventivschläge gegen die Taliban nicht aus, weil diese Rebellen aus dem Nordkaukasus ausbilden und mit Waffen versorgen würden. Es wurde behauptet, bin Laden habe sich mit einem Gesandten des tschetschenischen Präsidenten Aslan Maschadow in Mazar-i-Scharif getroffen und dabei entsprechende Hilfe zugesagt.[10] Taliban-Chef Mullah Mohammed Omar betonte dagegen: „In Afghanistan gibt es keine Ausbildungslager für tschetschenische Kämpfer."[11]

Seitdem blickt Russland mit wachsender Sorge nach Afghanistan. Drogenhandel, islamistischer Extremismus und Separatismus sowie politische Instabilität berühren direkt die Interessen der Großmacht. Ende Januar 2011 reiste Präsident Hamid Karsai nach Moskau. Er warb dabei nicht nur um Unterstützung beim Wiederaufbau, sondern setzte sich auch für eine langfristige Wirtschaftskooperation ein. Aufmerken ließ vor allem die Feststellung: Weil Russland „zugleich europäisch und asiatisch" sei, könne es die Situation am Hindukusch „leichter verstehen" als andere Staaten.[12] Das war ein deutlicher Seitenhieb gegen das bisherige westliche Engagement. Der wachsende bilaterale Handel erreichte 2010 ein Volumen von 500 Millionen US-Dollar. Russland will sich künftig verstärkt am Bau von Wasserkraftwerken beteiligen. Die damalige Sowjetunion hatte zwischen 1952 und 1988 mehr als 140 Industrie- und Infrastrukturprojekte in Afghanistan realisiert. Erlassen wurden inzwischen die daraus resultierenden Schulden in Höhe von 11,5 Milliarden US-Dollar.[13]

Die Kooperation hängt allerdings von der weiteren Entwicklung ab. Russland beteiligte sich nicht direkt am Einsatz der internationalen Truppen am Hindukusch. Es gestattete der NATO, über sein Territorium Nachschub zu transportieren. Die Bedeutung dieser Land- und Luftkorridore nahm zu, seit die Taliban verstärkt die vor allem über Pakistan laufende Versorgung blockierten. Darüber hinaus wurden die Lieferung von Hubschraubern und die Ausbildung von Piloten für die afghanischen Streitkräfte angeboten.

Der Kreml versucht seit 2009 verstärkt politisch Einfluss auf die Entwicklung in der umkämpften Region zu nehmen. Damals fand in Duschanbe das erste Treffen von Präsident Dmitri Medwedew mit den Amtskollegen aus Tadschikistan, Afghanistan und Pakistan statt. Eine weitere Begegnung folgte im darauffolgenden Jahr in Sotschi. Die Gespräche waren von tiefem Misstrauen geprägt. Russlands traditioneller Verbündeter ist Indien, Pakistans Erzfeind. Islamabad möchte Moskau aus einer Afghanistan-Lösung nach dem Abzug der internationalen Truppen heraushalten, um sich selbst einen größtmöglichen Einfluss zu sichern.

Russland befürchtet zu Recht, dass bei einer erneuten Machtübernahme der Taliban die radikalislamischen Kräfte in den zentralasiatischen Ländern sowie in den eigenen nordkaukasischen Republiken Auftrieb erhalten. In Tadschikistan, wo Russland mehrere Militärbasen unterhält, wachsen nach einem opferreichen Bürgerkrieg in den 1990-er Jahren die Spannungen. Das Ferganatal, das sich Usbekistan, Kirgistan und Tadschikistan teilen, gilt als Keimzelle fundamentalistischer Umtriebe. Im eigenen Machtbereich leben über 20 Millionen Muslime. In der strategisch wichtigen Teilrepublik Dagestan am Kaspischen Meer machen nicht nur einheimische Separatisten mobil, sondern tummeln sich auch arabische Freischärler. Diese kämpfen für die Errichtung eines islamischen Kalifats. Verheerende Anschläge - wie am 24. Januar 2011 im Moskauer Flughafen Domodedowo - zeigen, dass auch das russische Kernland verwundbar ist. Kleine, schlagkräftige Guerilla-Trupps sind durchaus in der Lage, Schienennetze, Kraftwerke, Pipelines und andere wichtige Infrastruktur zu zerstören. Empfindlich gestört werden können sportliche Großereignisse. Anfang 2011 gab es eine Reihe von Anschlägen bzw. Anschlagsversuchen in der Nähe von Sotschi, Austragungsort der Olympischen Winterspiele 2014. Terroristen sprengten in einem Skigebiet eine Seilbahn, attackierten einen mit russischen Touristen besetzten Kleinbus und platzierten an einer Gaspipeline eine Sprengvorrichtung, die entschärft werden konnte. Im Oktober und im Dezember 2013 schlugen Selbstmordattentäter in Wolgograd zu. Sie versetzten die Bewohner der geschichtsträchtigen Stadt, die bis 1961 Stalingrad hieß und einen wichtigen Verkehrsknotenpunkt darstellt, in Angst und Schrecken. Obwohl von Sotschi Hunderte Kilometer entfernt, richteten sich die Attacken im unmittelbaren Vorfeld der Olympischen Spiele vor allem gegen Präsident Putins Prestigeprojekt Nr. 1. Die Sicherheitskräfte werden auch in Zukunft extrem unter Druck stehen: Im Jahr 2016 richtet Russland die Eishockey-WM aus, zwei Jahre danach die Fußball-WM.

Nach Erkenntnissen des Verfassungsschutzes haben die gegen Moskau kämpfenden separatistischen Kräfte in Deutschland rund 500 Anhänger. Davon sollen einige über direkte Kontakte zu Führungspersonen im Kaukasus verfügen oder mit islamistischen, zum Teil auch kriminell organisierten Strukturen in Europa vernetzt sein, insbesondere in Belgien, Österreich und Tschechien. Deutschland dient demnach primär als Rückzugsraum für die finanzielle und logistische Unterstützung der Organisation im Nordkaukasus. Am 23. November 2010 nahmen Sicherheitskräfte in Aachen (Nordrhein-Westfalen), Antwerpen (Belgien) und Amsterdam (Niederlande) sowie am 1. Dezember 2010 in Wien (Österreich) Personen tschetschenischer Herkunft fest, die neben der Sammlung von Spendengeldern auch der Rekrutierung von Kämpfern für den Nordkaukasus beschuldigt wurden.[14] Mit Polens Beitritt zur Schengen-Zone und dem damit verbundenen Wegfall der Kontrollen an der Grenze zu Deutschland Ende 2007 zogen viele Kriegsflüchtlinge aus dem Nordkaukasus, ohne das Ende ihrer Anerkennungsverfahren abzuwarten, illegal weiter gen Westen. Für Aufsehen sorgte bereits im August 2000 die Festnahme dreier junger Tschetschenen in der Grenzstadt Slubice, die in Zusammenhang mit dem Fund von 5,5 Kilogramm Plastiksprengstoff gebracht wurden. Geheimdienstkreise wollten damals nicht ausschließen, dass das Ziel des Kommandos russische Einrichtungen in Berlin waren. Die im Jahr 2013 zu beobachtende extreme Zunahme von Asylbewerbern aus Tschetschenien, auf die die Bundesrepublik offenbar wie ein Magnet wirkt, stellt nicht nur eine humanitäre Herausforderung dar. Darunter sind radikale islamistische Kräfte, die selbst in Flüchtlingsheimen mit Gewalt „traditionelle Werte" durchzusetzen wollen. Zu befürchten ist nicht, dass die Anhänger eines „Kaukasischen Emirats" ihren bewaffneten Unabhängigkeitskampf künftig auch in Deutschland und anderen europäischen Staaten führen werden. Aber der Terroranschlag auf den Boston-Marathon Mitte April 2013, verübt von zwei fanatisierten Brüdern mit tschetschenischen Wurzeln und ausgeprägtem Hass auf die westliche Welt, war ein Weckruf.

Mit dem NATO-Abzug vom Hindukusch entsteht für den Kreml eine prekäre Lage. Die im Juni 2001 gegründete Schanghaier Organisation für Zusammenarbeit (SOZ), der neben den Führungsmächten Russland und China die zentralasiatischen Staaten angehören, ist nur ein loses Bündnis mit divergierenden Interessen. Die Organisation des Vertrages über kollektive Sicherheit (OVKS), welche Russland, Weißrussland, Armenien sowie die zentralasiatischen Republiken Kasachstan, Kirgistan und Tadschikistan umfasst, gilt als nur bedingt handlungsfähig. Zwischen den meisten Mitgliedern bestehen Grenzstreitigkeiten, die noch aus der Stalin-Zeit herrühren. Länder wie Kirgistan sind politisch instabil. Die OVKS wollte mit der 2009 beschlossenen Eingreiftruppe Terrorismus, Kriminalität und Drogenhandel bekämpfen, scheiterte damit aber bereits im Ansatz an den Spannungen zwischen einzelnen Mitgliedsländern, den fehlenden Ressourcen und der Nähe einiger Regierungen zum organisierten Verbrechen. Im Juni 2012 erklärte Usbekistan seinen Austritt aus der Organisation, was als deutliches Indiz für eine Wiederannäherung an die USA nach einer Phase gespannter Beziehungen aufgrund des Massakers 2005 in Andischan gewertet wurde.

Damit sind die Vorzeichen denkbar schlecht, dass Moskau seinen Einfluss in einer strategisch wichtigen Region behaupten oder sogar ausbauen kann. Gefährdet ist vielmehr der Bestand der Russischen Föderation mit ihren 83 Subjekten. Das amerikanische Außenministerium sieht den Herd der Bedrohung in Russland weiterhin im Nordkaukasus. In einem Bericht an den US-Kongress hieß es: „Separatismus, ethnische Fehden, Rache, Banditentum und extremistische Ideologie sind die Hauptmotive des Terrorismus."[15] Wladimir Putin, der als Ministerpräsident im Herbst 1999 mit dem Beginn des zweiten Tschetschenien-Krieges den Zerfall seines Landes stoppen wollte und seitdem Russlands starker Mann ist, erreichte nur eine vorübergehende Beruhigung der Lage. Nach jahrelanger Pause wurde ab 2012 wieder die Armee gegen Extremisten im Nordkaukasus eingesetzt.[16] Darüber hinaus zeichnete sich eine Ausweitung der Konfliktzone ab. Nachdem im November 2010 die Sicherheitskräfte erstmals eine bewaffnete Gruppierung in Tatarstan aufrieben, verschärfte sich die Auseinandersetzung zwischen gemäßigten und radikalen Muslimen in der Republik. Im Juli 2012 wurden auf zwei führende Verfechter einer moderaten Linie Anschläge verübt. Das geschah bezeichnenderweise unmittelbar vor Beginn einer großen Antiterrorübung in der Hauptstadt Kasan. Islamistische und separatistische Tendenzen sowie kriminelle Strukturen lassen die Möglichkeit durchaus real erscheinen, dass sich Tatarstan in ein Dagestan an der Wolga verwandelt. Die rohstoffreiche Republik verfügte bislang über eine weitgehende Autonomie insbesondere im wirtschaftlichen Bereich. Wenn sich diese Republik von der Russischen Föderation abspaltet, könnte das zum Fanal für andere Regionen werden und die Zentralgewalt erheblich in Bedrängnis bringen.

Dennoch dürfte Putins Neigung, irgendwann selbst präventiv in Afghanistan zu intervenieren, äußerst gering sein. Nicht vergessen ist, wie die Führung um Breschnew in die Falle tappte. Diese wurde vom kommunistischen Umsturz 1978 total überrascht, hielt Afghanistan keinesfalls reif für den Sozialismus. Innerhalb der danach staatstragenden Demokratischen Volkspartei Afghanistans tobte ein erbitterter Richtungsstreit zwischen der radikalen Fraktion Khalq (Das Volk) und der eher gemäßigten Fraktion Parcham (Das Banner). Inzwischen zugängliche Geheimdokumente dokumentieren den nach monatelangem Ringen erfolgten Sinneswandel in Moskau und zeichnen ein düsteres Bild einer fast zehnjährigen Besetzung. Ausschlaggebend für den als „internationalistische Hilfe" deklarierten Einmarsch war die Befürchtung des Kreml, der infolge eines internen Machtkampfes ans Ruder gekommene Hafizullah Amin könnte sich nach dem Beispiel des Ägypters Anwar al-Sadat den USA zuwenden. Grundlage dafür waren Berichte des KGB, in denen mögliche Kontakte Amins zur CIA unterstrichen wurden. Das Misstrauen gründete sich unter anderem darauf, dass Amin in den 1960-er Jahren einen Doktortitel an der amerikanischen Columbia University erworben und dort die afghanische Studentenvertretung geleitet hatte. Die Stationierung von US-Kriegsschiffen im Persischen Golf und Nachrichten über eine mögliche amerikanische Invasion im Iran steigerten die Verunsicherung. Zur Begründung der eigenen Intervention dienten angebliche Aktivitäten der CIA zur Bildung eines neuen Osmanischen Reiches unter Einschluss der südlichen Sowjetrepubliken. Hingewiesen wurde auch auf die mögliche Stationierung von US-Raketen in Afghanistan, die wegen des Fehlens einer wirksamen Luftabwehr im Süden der Sowjetunion strategische Einrichtungen wie den Weltraumbahnhof Baikonur in Kasachstan bedrohen würden. Und schließlich wurde die Gefahr heraufbeschworen, dass die afghanischen Uranvorkommen durch Pakistan und Irak zum Bau von Nuklearwaffen genutzt werden könnten.[17]

Auf einer Politbüro-Sitzung am 17. März 1979 wurden für die instabile Lage in Afghanistan „Banden von Saboteuren und Terroristen" verantwortlich gemacht, die von Pakistan, China, den USA und Iran unterstützt würden. Verteidigungsminister Dmitri Ustinow entwarf erstmals Pläne für ein direktes Eingreifen, wozu die Verlegung einer Luftlandedivision nach Afghanistan und die Dislozierung mehrerer motorisierter Divisionen an der sowjetisch-afghanischen Grenze gehörten. Bei einem Treffen mit DDR-Führer Erich Honecker am 4. Oktober 1979 räumte Staats- und Parteichef Leonid Breschnew Spannungen in der afghanischen Führung ein. Zuvor hatte Amin seinen Rivalen Nur Mohammed Taraki eliminieren lassen. Danach nahmen die Einmarschpläne zunehmend Gestalt an. Die treibenden Kräfte waren dabei KGB-Chef Juri Andropow und Verteidigungsminister Ustinow, die den gesundheitlich angeschlagenen Breschnew zu einer Entscheidung drängten. Als letzter Anstoß für die Zustimmung Breschnews zu einer Militärintervention, um die die afghanische Führung mindestens elfmal gebeten haben soll, galt ein persönliches Memorandum Andropows von Anfang Dezember 1979. Der KGB-Chef zeichnete darin ein dramatisches Bild von der Lage am Hindukusch und brachte den zwischenzeitlich in Kabul ausgebooteten Babrak Karmal als Nachfolger Amins ins Spiel.

Die entscheidenden Weichen wurden auf einem Treffen im engsten Politbürozirkel am 8. Dezember 1979 gestellt. Zugegen waren Breschnew, Andropow, Ustinow, Außenminister Andrej Gromyko und Chefideologe Michail Suslow. Dabei wurden zwei Festlegungen getroffen: Amin sollte durch eine KGB-Spezialeinheit ausgeschaltet und durch Karmal ersetzt werden. Parallel dazu sollten Sowjettruppen in Afghanistan einmarschieren, um den Machtwechsel abzusichern. Eine Beteiligung an Kampfhandlungen war ursprünglich nicht vorgesehen. Zwei Tage später gab Ustinow Order an Generalstabschef Nikolai Orgakow, im Militärbezirk Turkestan eine neue Armee zu formieren und dafür 75 000 bis 80 000 Soldaten bereitzustellen. Formal wurde am 12. Dezember 1979 im Politbüro die Entscheidung über den Einmarsch unter strengster Geheimhaltung vollzogen. Ministerpräsident Alexej Kossygin, ein entschiedener Gegner dieses Schrittes, war nicht anwesend. Von den Teilnehmern gab es keine Gegenstimme. Auch nicht von Gromyko. Der im Westen als Hardliner verschriene langjährige Außenminister hatte zuvor vor den gravierenden Folgen einer Invasion gewarnt. Gromyko betonte, die Sowjetarmee würde in Afghanistan als Aggressor wahrgenommen werden. Ein Einmarsch wäre ein „schönes Geschenk" für China. Moskau hätte künftig alle nichtpaktgebundenen Länder gegen sich. Zugleich wies der Minister daraufhin, dass Afghanistan nicht Opfer einer äußeren Aggression sei, es sich vielmehr um einen inneren Konflikt handele, folglich ein Einmarsch nicht durch die UN-Charta gedeckt sei. Vom Tisch gewischt wurden die Bedenken des Generalstabes, der die amerikanischen Erfahrungen in Vietnam anführte und eine substantielle Schwächung der im Ostblock stationierten Truppen sowie entlang der Grenze zu China befürchtete.[18]

In der Nacht vom 25. zum 26. Dezember 1979 landeten die ersten Teile der für den Einsatz gebildeten 40. Armee in Kabul. Am 27. Dezember stürmte die KGB-Spezialeinheit Alfa, unterstützt vom muslimischen Bataillon des Militärgeheimdienstes GRU, den Präsidentenpalast und liquidierte Amin. In einem von mehreren führenden Politbüromitgliedern verfassten Report über die Ereignisse in Afghanistan vom 27. bis 28. Dezember 1979 wurden die Operationen als voller Erfolg bezeichnet. Der Sturz des Amin-Regimes erhalte breite Unterstützung durch die werktätigen Massen, die Intel-

Die Weichen für den sowjetischen Einmarsch in Afghanistan wurden am 8. Dezember 1979 durch den engsten Führungszirkel im Kreml mit diesem handschriftlichen Dokument gestellt. Afghanistans in Ungnade gefallener Machthaber Hafizullah Amin sollte ausgeschaltet und durch den moskautreuen Babrak Karmal ersetzt werden. Die treibenden Kräfte waren KGB-Chef Juri Andropow und Verteidigungsminister Dmitri Ustinow (Quelle: Archiv George Washington University) ligenz, bedeutende Teile der Armee und des Staatsapparates, die alle die Formierung einer neuen Administration in der Demokratischen Republik Afghanistan und in der Demokratischen Volkspartei Afghanistans begrüßten. Das Verhältnis zu den sowjetischen Soldaten und Spezialisten sei freundlich, die Lage im Land normalisiere sich. Doch die Erleichterung über das Ende der bizarren Amin-Herrschaft hielt unter der Bevölkerung nur kurz an. Nach massiven, teilweise gewalttätigen Protesten gegen Karmal und die Besatzer Ende Februar 1980 in Kabul bekamen die Sowjettruppen aus Moskau den Befehl, entschlossen gegen die bewaffnete Opposition vorzugehen. Damit waren die Pläne überholt, nach dem Sturz Amins und einer damit verbundenen Konsolidierung, das Interventionskontingent unverzüglich wieder abzuziehen. In Moskau glaubte man zunächst, die ganze Mission werde nach maximal einem halben Jahr beendet sein. Zu dieser Einschätzung soll auch Washington gelangt sein.[19]

Karmal vom Parcham-Flügel der DVPA erwies sich als Fehlgriff. Er konnte trotz umfangreicher sowjetischer Wirtschaftshilfe dem Land keine Stabilität geben. Der Einfluss der Regierung reichte wie später bei Karsai kaum über Kabul hinaus. Als paranoider Alkoholiker war Karmal auch von seiner persönlichen Disposition her ungeeignet für das von ihm bekleidete Amt. Ihm folgte 1986 der energische Geheimdienstchef Mohammed Nadschibullah, der wie Karmal 1979 aus dem sowjetischen Exil zurückgekehrt war. Der neue Staats- und Parteichef rückte vom Marxismus-Leninismus ab und setzte auf einen eher pragmatischen Nationalismus. 1988 wurde die DVPA in Hisb-i-Watan (Vaterlandspartei) umbenannt. Am Ende seiner Amtszeit dachte Nadschibullah sogar daran, den Mudschaheddin-Führer Ahmed Schah Massud zum Verteidigungsminister zu ernennen.[20]

Im Jahr 1987 war der Kreml-Führung endgültig klar, dass für einen geordneten Rückzug vom Hindukusch ein Handel mit den USA und Pakistan nötig war, was einer Demütigung gleichkam. Das führte zu den Genfer Afghanistan-Abkommen vom 14. April 1988. Im Kern verpflichtete sich die Sowjetunion dazu, ihr bewaffnetes Kontingent ab Mai 1988 binnen neun Monate abzuziehen. Das geschah pünktlich, während andere Passagen nur auf dem Papier standen. Pakistan

dachte nicht daran, die Unterstützung für die afghanischen Mudschaheddin einzustellen. Die Sowjetunion und die USA versorgten weiter
die Kriegsparteien mit Waffen. Nadschibullah wurde schließlich am
15. April 1992 von den Mudschaheddin gestürzt und am 27. September 1996 von den Taliban exekutiert. Dazu trug maßgeblich bei, dass
Moskau ab dem 1. Januar 1992 keine Waffen mehr an Kabul lieferte. Darauf hatte zuvor Washington gedrängt, dessen Wünsche eine
in schweren innen- und außenpolitischen Turbulenzen befindliche
Kreml-Führung fast alle erfüllte. Wie groß der Druck war, schilderte
der ehemalige US-Außenminister James A. Baker in seinen Erinnerungen. Gorbatschow bat demnach Baker, sich bei den Saudis für
einen Kredit zwischen vier und sechs Milliarden Dollar zu verwenden, den die Sowjetunion dringend zur Deckung des grundlegenden
Bedarfs für die eigenen Bürger bräuchte.[21] Das Afghanistan-Trauma
wirkt bis heute nach. Wenig Erfolg wird dem Versuch des russischen
Auslandsgeheimdienstes SWR beschieden sein, durch die Reorgani-
sation alter Informantennetze in Afghanistan sowie die Suche nach
neuen Partnern innerhalb der Taliban und anderer Gruppierungen
wieder verstärkt am Hindukusch Fuß zu fassen. Der Militärgeheim-
dienst GRU soll in diesem Zusammenhang Milizionäre des Islamisten
Gulbuddin Hekmatyar im Iran an schultergestützten Flugabwehrra-
keten geschult haben.[22]

Chinas Haltung zum Afghanistan-Konflikt war stets pragmatisch angelegt. Während der sowjetischen Besatzung wurden die
Mudschaheddin unterstützt, um Moskau zu schwächen. Danach
bahnte Peking Kontakte mit den Taliban an. Abkommen vom
Februar 1999 sahen unter anderem die militärische Ausbildung
der Koranschüler in chinesischen Trainingszentren sowie die Einrichtung einer Direktflugverbindung zwischen Kabul und Urum-
chi in der Westprovinz Xinjiang vor.[23] Nach den Anschlägen in
New York und Washington verurteilte China jede Form von Terror scharf. Peking tat alles, um als zivilisierter Staat zu erscheinen.
Eine andere Haltung hätte der bedeutendsten Macht in der Region politisch und wirtschaftlich geschadet. China weiß, dass der
angestrebte Aufstieg zur Supermacht in Konkurrenz, aber nicht
in Konfrontation zu den USA gelingen kann. Trotzdem bleibt
ein tiefes Misstrauen. Dazu beigetragen hat der mit dem Krieg in

Afghanistan verbundene militärische Aufmarsch der Vereinigten Staaten in Zentralasien.

China versucht, die SOZ für seine Zwecke zu instrumentalisieren. Vorgänger war das seit 1996 eher informell agierende Bündnis „Schanghai Fünf", dem China, Russland, Kasachstan, Kirgistan und Tadschikistan angehörten. Inzwischen kam Usbekistan hinzu. Peking will vor allem einen ungehinderten Zugang zu den Rohstoffen in Zentralasien sichern. Darüber hinaus besteht Interesse, eine gemeinsame Front gegen die amerikanischen Pläne zum Aufbau einer regionalen Raketenabwehr im asiatisch-pazifischen Raum zu bilden. China geht davon aus, dass von einem derartigen Schutzschild Taiwan profitieren könnte. Nach der einseitigen Kündigung des amerikanisch-russischen Vertrages über die Begrenzung der Raketenabwehrsysteme (ABM) aus dem Jahre 1972 durch Washington im Dezember 2001 ist Peking alarmiert. Bei Russland und den anderen Mitgliedern der Schanghaier Organisation überwog zunächst die Hoffnung, dass im Rahmen des Antiterrorkrieges gegen die Taliban und Al Qaida auch die anderen radikalen islamischen Kräfte in der Region entscheidend geschwächt werden. China sieht sich in der Provinz Xinjiang seit Jahren mit dem Problem des militanten Islamismus konfrontiert, das lange regierungsamtlich heruntergespielt wurde. In der Provinz leben über acht Millionen turksprachiger Uiguren, denen latenter Separatismus nachgesagt wird. Bei von dieser Volksgruppe verübten Anschlägen sollen zwischen 1990 und 2001 nach Pekinger Angaben 162 Menschen umgekommen sein. Tausende Uiguren sitzen deshalb im Gefängnis, Hunderte wurden exekutiert. Im Jahre 1997 kam es zu schweren Ausschreitungen gegen das von den Hanchinesen repräsentierte kommunistische Regime. Es folgte eine Welle der Repression. Westliche Länder haben Peking wiederholt vorgeworfen, unter dem Deckmantel des Kampfes gegen den Terrorismus eine allgemeine Unterdrückungspolitik zu betreiben. Während der Olympischen Sommerspiele, die im August 2008 in Peking stattfanden, war die Provinz Xinjiang Schauplatz weiterer Anschläge. Diese wurden den Uiguren zugerechnet, die offenbar auf ihr Schicksal aufmerksam machen und zugleich die Führung des Landes diskreditieren wollten. Bei Unruhen im Juli 2009 starben fast 200 Menschen.

China hat eine kurze, 76 Kilometer lange gemeinsame Grenze mit Afghanistan. Nach den jäh unterbrochenen Versuchen, mit den Taliban ins Geschäft zu kommen, folgte die deprimierende Erkenntnis, dass es enge Verbindungen zwischen den Uiguren, den Taliban und Al Qaida gab. Demnach wurden Uiguren für den Einsatz in Xinjiang in Afghanistan ausgebildet und finanziert. Um dies künftig zu unterbinden, verband Peking im Januar 2002 eine Wiederaufbauhilfe für Kabul in Höhe von 150 Millionen US-Dollar mit der Erwartung, dass die afghanische Regierung sich künftig in dieser Frage voll kooperationsbereit zeige. China war vor allem an einer Auslieferung der Uiguren interessiert, welche die Amerikaner während der Kampfhandlungen gefangengenommen und in Guantanamo interniert hatten. Das lehnte Washington ab, setzte aber auf Drängen Pekings im August 2002 die Ostturkestanische Islamische Bewegung (East Turkistan Islamic Movement/ETIM) auf die Liste terroristischer Organisationen.[24]

Die ETIM operiert seit dem Sturz der Taliban von Pakistan aus. Peking betrachtet das als eine fortbestehende Gefahr für die Stabilität in seiner Westprovinz, die ein Sechstel des chinesischen Territoriums ausmacht und reich an Rohstoffen ist. Diese Gefahr wächst mit der Unfähigkeit der Führung in Islamabad, wirksam gegen den Terrorismus vorzugehen. Zwar liegt die Eindämmung Indiens im gemeinsamen strategischen Interesse Chinas und Pakistans, aber Peking zeigt wenig Neigung, sich auf ein außenpolitisches Abenteuer mit ungewissem Ausgang einzulassen. Die von Pakistan angestrebte Verteidigungsallianz wurde von China stets reserviert betrachtet, obwohl die Volksrepublik maßgeblich die nuklearen Ambitionen des muslimischen Landes unterstützte. Eine entsprechende Zusammenarbeit geht auf das Jahr 1976 zurück. Zwei Jahre nach dem ersten indischen Atomtest sollte Pakistans Droh- und Abschreckungspotential verstärkt werden. Wie später bekannt wurde, erhielt Pakistan aus China im Jahr 1982 auch 50 Kilogramm waffenfähiges Uran.[25]

Die Partei- und Staatsführung in Peking konzentriert sich in Erwartung eines verstärkten amerikanischen Engagements auf den asiatisch-pazifischen Raum. Davon unberührt bleiben wirtschaftliche Interessen in Pakistan. China hat durchaus eigennützig erhebliche

Mittel in den Ausbau der pakistanischen Infrastruktur gesteckt. Dazu gehört der Bau des Karakorum Highway, der über 1300 Kilometer von Kaschgar in der Provinz Xinjiang bis nach Islamabad führt. Investiert wurde in den Hafen Gwadar im Südwesten Pakistans, womit China eine Anbindung an das Arabische Meer erhielt. Islamabad bot Peking an, Gwadar nicht nur kommerziell, sondern mit Blick auf den nahen Persischen Golf auch militärisch als Marinebasis zu nutzen. Für die Realisierung größerer Warenströme aus Chinas Westen an das Arabische Meer wäre jedoch der Bau weiterer Straßen und Eisenbahnlinien durch unsichere Gebiete nötig. Vor diesem Risiko schreckt Peking vorerst zurück, zumal die Angriffe auf chinesische Arbeiter in den vergangenen Jahren zunahmen. Es spricht Bände, dass Chinas Handel mit Pakistan im Jahr 2010 etwa neun Milliarden Dollar erreichte, der mit Indien 61 Milliarden Dollar.[26]

Rückschlag im Pipelinepoker

Das gestiegene amerikanische Interesse an Zentralasien wurde schon vor den Anschlägen in New York und Washington sichtbar. Die Vereinigten Staaten schlossen mit einer Reihe von Staaten bilaterale Verteidigungsverträge. US-Truppen führten bereits 1997 in der Region spektakuläre Übungen durch. Die Clinton-Administration setzte sich unter anderem nachhaltig für ein Projekt des Konzerns Unocal ein. Über zwei Pipelines sollten Gas und Öl von Turkmenistan über das von den Taliban beherrschte Afghanistan nach Pakistan gepumpt werden. Zu den eifrigsten Befürwortern gehörte der gebürtige Afghane Zalmay Kahlilsad. Dieser hat eine lange Karriere in State Department, Pentagon und als Berater bei Unocal hinter sich. In letzterer Funktion setzte sich Kahlilsad noch 1997 in der „Washington Post" dafür ein, das Taliban-Regime anzuerkennen.[27] In die Dienste des Konzerns trat auch Ex-Außenminister Henry Kissinger. Unocal, das bei dem Projekt in der argentinischen Bridas einen erbitterten Konkurrenten hatte, musste jedoch nach den schweren Anschlägen auf die US-Botschaften in Kenia und Tansania im August 1998 aufgeben. Als Drahtzieher der Attentate, die insgesamt 224 Todesopfer forderten, galt der von den Taliban beherbergte Osama bin Laden. Die USA schossen daraufhin 75 Cruise Missiles auf mutmaßliche Bin-Laden-Lager ab. Der Topterrorist blieb unverletzt. Danach forderten die Vereinigten Staaten immer wieder von den Taliban die Auslieferung bin Ladens. Im Juli 1999 verhängten die USA Wirtschafts- und Handelssanktionen gegen die Taliban und froren deren Vermögen in den Vereinigten Staaten ein. Im April 2000 reiste die damalige Außenministerin Madeleine Albright durch die zentralasiatischen Staaten. Dabei sagte sie Finanzhilfen für eine bessere Ausrüstung und Ausbildung der Sicherheitskräfte zu. Albright betonte: „Afghanistan hat sich in ein großes Problem für die regionale Sicherheit verwandelt wegen des fortdauernden Krieges und der Berichte über terroristische Aktivitäten der Taliban-Bewegung." Die Ministerin zeigte sich besorgt über den wachsenden Waffen- und Drogenschmuggel.[28]

Das Pipelineprojekt wurde nach dem Sturz der Fundamentalisten reanimiert. Bereits am 29. Mai 2002 berieten Karsai (dem Verbindungen zu Unocal nachgesagt wurden), der turkmenische Diktator Saparmurad Nijasow und der pakistanische Militärmachthaber Pervez Musharraf in Islamabad über einen Neuanlauf. Die Gesamtlänge der Pipeline sollte 1600 Kilometer betragen, ihre jährliche Kapazität bei 30 Milliarden Kubikmeter Gas liegen und bis nach Indien führen. Die Baukosten wurden auf vier Milliarden US-Dollar veranschlagt. Die Planungen sahen eine zweite Röhre für Erdöl vor.[29] Die Trassen hätten auf afghanischem Territorium Herat und Kandahar passiert. Der Erlös aus dem Gastransit wurde für Kabul nach verschiedenen Schätzungen auf jährlich zwischen 160 und 300 Millionen Dollar veranschlagt.[30]

Was noch 2002 aussichtsreich erschien, erhielt mit dem Wiederaufkommen der Taliban einen schweren Dämpfer. Mehrere namhafte Unternehmen befinden sich seitdem in Wartestellung. Dazu zählen der US-Konzern ExxonMobil und die französische Firma Total, die stark in Kasachstan engagiert sind und effiziente Exportrouten suchen. Amin Farhang, nach 2001 zunächst Minister für Wiederaufbau in Afghanistan, sah dennoch keine veränderte Interessenlage in der Pipelinefrage. Pakistan habe in den 1990-er Jahren die Taliban geschaffen, um die Leitung bauen zu können, die USA hätten das unterstützt. Heute würden die Amerikaner dieselben

Ziele verfolgen, diesmal mit militärischen Mitteln. Farhang kam zu dem Schluss, Washington würde seine Stützpunkte in Afghanistan nie aufgeben. „Von hier aus werden sie die gesamte Region kontrollieren."[31]

Aufmerken ließen im Jahr 2010 lancierte Meldungen über enorme Rohstoffvorkommen in Afghanistan selbst. Erst verlautete aus US-Quellen, am Hindukusch würden Bodenschätze im Wert von einer Billion Dollar schlummern. Danach sprach die Regierung in Kabul von „bis zu drei Billionen Dollar" (2,4 Billionen Euro).[32] Die Reaktionen reichten von Euphorie bis Ernüchterung. Experten rieten dazu, die Wertangaben der Rohstoffvorkommen in Afghanistan mit Vorsicht zu genießen. Zweifellos verfüge das Land über bedeutende Vorkommen unter anderem an Eisenerz, Kupfer, Gold, Kohle und Gas. Für internationale Firmen spiele Sicherheit die wichtigste Rolle. Danach ginge es um Fragen der Wirtschaftlichkeit. Von der Kosten-Nutzen-Analyse hänge ab, in welchem Umfang Bergbauunternehmen bereit zu Investitionen seien. Der europäische Bergbaudachverband Euromines formulierte prägnant neun Punkte für eine erfolgreiche Zusammenarbeit:

1.) Stabilisierung der Sicherheitslage Voraussetzung für Investitionen

2.) Transparenz bei Ausschreibungen und Bekämpfung der Korruption

3.) Rechtssicherheit und eine funktionierende Justiz

4.) Gesetze, die Investitionen attraktiver machen

5.) Steuern und Lizenzgebühren müssen transparent, vorhersehbar und langfristig stabil sein

6.) Ausbau der Infrastruktur besonders in den Bereichen Straßenbau, Eisenbahn und Energie

7.) Klarheit über Landtitel, Entschädigungen, Umsiedlungen und Pacht

8.) Hochwertige Ausbildung von Afghanen und Aufbau von Ausbildungseinrichtungen

9.) Aufbau eines funktionierenden Finanzsektors[33]

Deutsche Fachleute leisteten zwischen 1964 und 1978 mit geologischen Kartierungen in Afghanistan wichtige Vorarbeiten für spätere Untersuchungen. Die Sowjetunion führte systematische Erkundungen durch. Afghanische Geologen versteckten die Daten während des Bürgerkrieges und der Taliban-Herrschaft. Das Material gelangte 2004 in die Hände der amerikanische Behörde U.S. Geological Survey, die nach eigenen Untersuchungen mittels Satelliten eine Neubewertung vornahm und diese 2007 öffentlich machte.

Bereits damals bewegten sich die Schätzungen in den 2010 genannten Bereichen, ohne dass dies an die große Glocke gehängt wurde. Das war wohl auch nicht beabsichtigt, um den Eindruck zu vermeiden, am Hindukusch würde ein Krieg um strategisch wichtige Rohstoffe geführt. Danach änderte das Pentagon seine Strategie. Der „New York Times" wurde ein Papier zugespielt, das die Ressourcen Afghanistans in den schillerndsten Farben ausmalte. General David Petraeus, damals Oberbefehlshaber der internationalen Truppen am Hindukusch, sprach von „atemberaubenden Möglichkeiten".[34] Das sollte vor allem den Regierungen der Truppensteller-länder helfen, ihre kriegsmüde Öffentlichkeit davon zu überzeugen, dass das Engagement doch einen Sinn hat.

Präsident Karsai warb auf seinen Auslandsreisen unermüdlich um Investoren. Höchste Priorität hat die Erschließung einer Eisenerzmine 130 Kilometer westlich von Kabul, in der sich 1,8 Milliarden Tonnen des Minerals mit einem Eisengehalt von 63 Prozent befinden sollen. Sechs Firmen reichten Gebote ein. Ende November 2011 erhielten ein indisches und ein kanadisches Unternehmen den Zuschlag. Die Mine Hajigak liegt im zentralafghanischen Bamian an einem 3700 Meter hohen Pass, was massive logistische Probleme aufwirft. Hinzu kommen politische Unwägbarkeiten. Bamian ist das Kerngebiet der schiitischen Hazara-Minderheit, die sich in den 1990-Jahren massiven Verfolgungen durch die sunnitischen Taliban ausgesetzt sah und auch von den Tadschiken massakriert wurde.

Peking, das die eigenen Ressourcen schont, lässt sich bei seinen Bemühungen auch nicht von der prekären Sicherheitslage beeindrucken. Im Jahr 2007 bekam die China Metallurgical Construction Corporation (MCC) den Zuschlag für die Ausbeutung einer der weltweit größten Kupferminen, die 35 Kilometer südöstlich von

Kabul in der Provinz Logar liegt. In der Mine Aynak sollen 700 Millionen Tonnen Erze lagern.[35] Im Gegenzug wurden umfangreiche Infrastrukturmaßnahmen wie der Bau eines Kohlekraftwerkes, einer Wasserversorgung, von Straßen, Unterkünften, Krankenhäusern sowie Schulen zugesagt. Als besonders ambitioniert gilt die Anbindung der Mine an eine Eisenbahnstrecke von der usbekischen bis an die pakistanische Grenze. Nach dem Beginn der Förderung kann der afghanische Fiskus mit 400 bis 450 Millionen US-Dollar an jährlichen Konzessionsgebühren rechnen.[36]

In den USA rief das Engagement der aufstrebenden Großmacht ein geteiltes Echo hervor. Zum einen hieß es, die Investition trage zur Stabilität in Afghanistan bei. Zum anderen wurde kritisiert, die Vereinigten Staaten trügen die Hauptlast am Militäreinsatz, während die Chinesen die Geschäfte machten. Diese zeigen auch Interesse an der Sicherung der Lithium-Vorkommen, die jene in Bolivien angeblich noch übertreffen. Der Rohstoff wird für wieder aufladbare Batterien gebraucht – für Handys, Laptops oder Elektroautos. Ein Hauptvorkommen von Lithium befindet sich in der östlichen Provinz Ghazni, die nicht unter Kontrolle der Zentralregierung steht und zum Aktionsfeld der Taliban gehört. Es gibt Befürchtungen, dass die Aussicht auf neue Geldquellen die Auseinandersetzung mit den Aufständischen noch anheizt und zugleich die Korruption weiter verschärft. Der damalige Bergbauminister soll bei der Vergabe der Kupfermine an China Schmiergeld in Höhe von 30 Millionen Dollar kassiert haben.[37]

Neben China zeigt auch Russland Interesse an der Ausbeutung der Bodenschätze. Der Staatskonzern Rosneft gab Studien für die Erschließung der Gasfelder von Schibarghan und Djarkuduk im Norden in Auftrag.[38] In der Provinz Kundus befindet sich das größte Ölfeld des Landes. Der Wert aller Öl- und Gasvorkommen wird nach Regierungsangaben auf 180 Milliarden Dollar geschätzt.[39]

Nach Berechnungen der Weltbank wäre durch die Erschließung der Rohstoffvorkommen mittelfristig eine Steigerung des jährlichen Wirtschaftswachstums um fünf Prozentpunkte möglich; zusammen mit vor- und nachgelagerten Wirtschaftsbereichen könnten zusätzliche 165 000 Arbeitsplätze entstehen. Für die infrastrukturelle Erschließung der Lagerstätten wurde der Investitionsbedarf auf sechs bis 15 Milliarden US-Dollar veranschlagt.[40] Das US-Verteidigungsministerium geht davon aus, dass allein für den Bau eines Schienennetzes, das den Transport der Rohstoffe durch Afghanistan und in die Nachbarländer erlaubt, bis zu 54 Milliarden US-Dollar benötigt würden.[41] Die afghanische Regierung gab 2011 für die nächsten fünf Jahre ehrgeizige Zielmarken aus. Demnach ist in diesem Zeitraum der Bau von 2600 Kilometer schwertransporttauglichen Straßen und von 1500 Kilometer Eisenbahntrasse geplant.[42]

Experten warnen jedoch vor Entwicklungen wie in Nigeria und im Kongo, wo sich der Segen natürlicher Reichtümer in einen Fluch für die Bevölkerungsmehrheit verkehrte. Selbst bei einem behutsamen Vorgehen werde es Jahrzehnte dauern, um die afghanischen Vorkommen in vollem Umfang auszubeuten. Nach Angaben des afghanischen Bergbauministeriums sind bislang rund 90 Prozent der Rohstoffvorhaben im Land noch nicht erschlossen. „Dies ist ein Land ohne jede Bergbau-Kultur", unterstrich Jack Medlin vom U.S. Geological Survey. „Es wird mehr brauchen als nur eine Pfanne zum Goldwaschen."[43] In jedem Fall steht das Land, das bislang vor allem die Steinkohle von Bamian, das Gas von Schibarghan und die Lapislazuli von Badakhschan für die eigene Wirtschaft nutzbar macht, vor einer riesigen Herausforderung.

Die deutsche Wirtschaft hält sich angesichts der Risiken zurück. Diese bestehen nicht nur im Sicherheitsbereich, sondern auch bezüglich der rechtlichen Rahmenbedingungen. Die afghanische Regierung schreckte mit ihrem Vorgehen, für Erkundung und Rohstoffabbau getrennte Ausschreibungen durchzuführen, potentielle Investoren ab. Die Unternehmen hätten damit keine Garantie, nach einer kostenintensiven Exploration auch mit den entsprechenden Rechten auf Rohstoffabbau rechnen zu können. Aus diesem Grunde wurde ein neues Gesetz erarbeitet, das unter anderem eine Regelung enthalten sollte, wonach der Inhaber einer Explorationslizenz auch den garantierten Zugang zum Abbau erhält. Zudem waren Transparenzbestimmungen vorgesehen, wie diese auch von internationalen Nichtregierungsorganisationen zur Vermeidung von Korruption gefordert werden. Das Kabinett in Kabul ließ das novellierte Bergbaugesetz jedoch Mitte 2012 nicht passieren. Indische und kanadische Firmen kündigten umgehend an, dass sie ohne eine neue Rechtsgrundlage keine weiteren Investitionen tätigen würden. Gleichzeitig zogen im Rahmen der Ausschreibungsverfahren für vier Gold- und Kupferminen renommierte internationale Firmen ihre Angebote zurück. Anfang Mai 2013 stimmte das Kabinett nach weiteren Änderungen am Gesetzentwurf dann doch zu, ohne dass sich das Parlament unverzüglich damit befasste. Jegliche Verzögerungen haben weitreichende Folgen für den afghanischen Staatshaushalt. Die Budgetplanungen der nächsten Jahre beruhen zu einem beträchtlichen Teil auf der Annahme steigender Einnahmen aus dem Rohstoffsektor. Diese Annahmen dienten auch als Grundlage für die internationalen Zusagen der Tokio-Konferenz vom Juli 2012.[44] Die Bundesregierung unterstützte bislang insbesondere die Aus- und Weiterbildung. Schwerpunkte sind dabei das Gas- und Ölinstitut in Mazar-i-Scharif und die geowissenschaftliche Fakultät der Universität Kabul.[45]

Die Bemühungen der Vereinigten Staaten, sich am Hindukusch festzusetzen, ließen sich auch am wachsenden Einsatz der Mittel für die wirtschaftliche und soziale Entwicklung Afghanistans ablesen, auch wenn diese in keinem Verhältnis zu den Kriegskosten standen. Die USA waren der mit Abstand größte Geber bei der Official Development Assistance (ODA), worunter die Zuwendungen für laufende Staatsausgaben und Entwicklungsprogramme fielen. Der Beitrag stieg von 367,6 Millionen Dollar im Jahr 2002 auf 2,1 Milliarden Dollar im Jahr 2008.[46]

Gewachsen ist jedoch vor allem das Legitimationsproblem der Besatzer. Unübersehbar hat das Vorgehen gegen den Terrorismus dazu geführt, dass sich dieser noch stärker globalisierte und dezentralisierte. Folgerichtig spielte Al Qaida für die USA im Afghanistan-Krieg nur eine Nebenrolle. Das Gros der Kämpfer setzte sich unverzüglich nach Pakistan ab und wurde dort unter anderem mit Drohnen unter Feuer genommen. Laut dem Nationalen Sicherheitsrat in Washington befanden sich 2010 nur noch 50 bis 100 Mitglieder des Netzwerkes in Afghanistan.[47] Nach der im darauffolgenden Jahr bekannt gegebenen Exekution bin Ladens durch US-Spezialeinheiten in Pakistan hielten die amerikanischen Geheimdienste Al Qaida für extrem geschwächt und außerstande, Anschläge vom Ausmaß des 11. September 2001 zu verüben.

„Aussichten eines Angriffs auf Indien günstig. Emir entschlussunfähig; nur Gewalt kann hier Wandel schaffen. 5000 bis 10 000 gute deutsche und türkische Truppen genügen. Hauptkräfte gegen Kandahar, Flankenschutz gegen Russland."
(Bericht des 1915 nach Kabul entsandten deutschen Emissärs Oskar Ritter von Niedermayer an die Heeresleitung in Berlin)

Die Deutschen hatten bei den Afghanen traditionell ein hohes Ansehen. Die Sympathien wurden unter anderem auf einen gemeinsamen arischen Urstamm zurückgeführt, wofür es keine Belege gibt. Wohl aber besteht eine kulturelle Verbundenheit, die auf der Zugehörigkeit zur indoeuropäischen Sprachfamilie gründet. Entscheidend dürfte jedoch sein: Während Briten, Russen und auch Amerikaner schon im 19. und 20. Jahrhundert militärisch am Hindukusch um Macht und Einfluss rangen, hielten sich die Deutschen weitgehend raus. Nur zweimal, in Verbindung mit dem Ersten und dem Zweiten Weltkrieg, wurde die Region strategisch interessant. Gemeinsam mit dem verbündeten Osmanischen Reich wollte das Kaiserreich erreichen, dass der Emir in Kabul seine strikte Neutralität aufgab und gegen Britisch-Indien in den Kampf zog. Dafür machte sich 1915 eine Abordnung mit dem Offizier Oskar Ritter von Niedermayer (1885 – 1948) und dem Diplomaten Werner Otto von Hentig (1886 – 1984) auf den Weg zum Hindukusch. Die Emissäre versuchten über Monate, Emir Habibullah durch die Lieferung von 100 000 Gewehren, Artillerie sowie erhebliche finanzielle Zuwendungen zu ködern. Sie wussten nicht, dass dieser parallel mit dem Empire verhandelte und dabei auf Zeit spielte. Frustriert und erfolglos machten sich die Unterhändler auf den Heimweg.[2]

Im Vorfeld des Zweiten Weltkrieges stießen im Oberkommando der Wehrmacht und im Auswärtigen Amt Überlegungen auf Sympathie, mit dem Kaukasus als Sprungbrett in den Nahen Osten vorzurücken und über Afghanistan militärische Aktionen gegen Indien zu führen, um damit die britischen Positionen zu schwächen. Der wirkliche Kriegsverlauf gestaltete sich dann anders. Von Kabul aus konnte jedoch ein kleines deutsches Kommando ab 1941 Kontakte zu antibritischen Kräften in Indien knüpfen. Der damit verbundene Erfolg blieb marginal. Vorausgegangen war im Jahr 1936 ein Kredit über 15 Millionen Reichsmark, gewährt für die Lieferung von Rüstungsmaterial zum Aufbau einer afghanischen Vorzeigedivision.[3] Während des Krieges verhielten sich die vorsichtigen Afghanen neutral, um nicht Russen und Engländer zu verprellen.

Aber offenbar hinterließen die von Niedermayer organisierten Schießübungen mit Kanonen der Firma Krupp einen bleibenden Eindruck und weckten das Interesse an dem fernen europäischen Land. Besonders empfänglich dafür war König Amanullah, drittältester Sohn des Emirs, der 1919 seinem ermordeten Vater auf den Thron folgte. Er versuchte nach dem Vorbild des türkischen Reformers Kemal Atatürk sein Land zu modernisieren und vom Westen zu profitieren. Deutschland spielte dabei eine zentrale Rolle. Es öffnete Anfang der 1920-er Jahre die Tore für afghanische Studenten und gründete deutsche Schulen am Hindukusch. Deren Absolventen gehörten später zur politischen Elite des Landes, wie der Premierminister Mohammed Yusof (1963-1965) oder Präsident Babrak Karmal (1980-1986). Amanullahs Ruf folgten Firmen, die in dem gebirgigen Land vornehmlich Straßen, Brücken und Staudämme bauten. Ende der 1930-er Jahre stammten 70 Prozent der Industrieausrüstungen aus Deutschland. In der Provinz Paktia wurden nach dem Zweiten Weltkrieg erfolgreiche Landwirtschaftsprojekte gestartet. Die Erträge bei Weizen und Mais konnten damit bedeutend gesteigert werden. Deutsche Gewerbeschulen bildeten vor Ort Bauern und Mechaniker aus, die wiederum ihr Wissen an die Landsleute weitergaben.[4] Das Goethe-Institut in Kabul erwarb sich einen ausgezeichneten Ruf. Zahlreiche Afghanen absolvierten deutsche Universitäten. Nach Indien und Ägypten war Afghanistan Ende der 1970-er Jahre mit knapp 360 Millionen DM drittgrößter Empfänger der Bonner Entwicklungshilfe. Grundlage dafür bildete die Wiederaufnahme diplomatischer Beziehungen im Jahr 1954. Noch heute wird in Kabul mit Hochachtung von dieser Zeit gesprochen. Nach der Intervention Moskaus versuchte die DDR bis zum Sturz des Nadschibullah-Regimes das durch den Rückzug der Bundesrepublik entstandene Vakuum bei der Hochschulbildung zu füllen. Studienorte für etwa 100 junge Afghanen jährlich waren unter anderem Ost-Berlin, Dresden und Leipzig. Die Nationale Volksarmee (NVA) schulte parallel dazu im gleichen Umfang Offiziere.[5] Diplomatische Beziehungen zwischen Ost-Berlin und Kabul bestanden seit 1973.

Die Intervention der Sowjetunion wurde von den Führungen der beiden deutschen Staaten gegensätzlich bewertet. Die DDR beharrte kategorisch darauf, dass es sich nicht um einen Einmarsch in Afghanistan handelte, sondern um die Unterbindung einer imperialistischen Aggression. Die Hilfe der UdSSR mit einem begrenzten Truppenkontingent erfolge in Übereinstimmung mit dem sowjetisch-afghanischen Freundschaftsvertrag und mit Artikel 51 der UN-Charta. In einer Erklärung der Bundesregierung hieß es dagegen: „So wie wir, so wie unsere Freunde in der EG, im Nordatlantischen Bündnis, so sind auch die meisten Staaten der Dritten Welt der Meinung, daß die sowjetische Intervention einen flagranten Eingriff in die inneren Angelegenheiten eines blockfreien Landes – in diesem Fall eines blockfreien Landes der islamischen Welt – bedeutet, der Meinung, daß diese Militäraktion eine Bedrohung für den Frieden, die Sicherheit, die Stabilität der ganzen geographischen Region, einschließlich des indischen Subkontinents, einschließlich des Mittleren Ostens, einschließlich der arabischen Welt, darstellt.“[6] Es blieb offenbar nicht bei Erklärungen. Die als erfolgreich eingestufte „Operation Sommerregen“ des Auslandsgeheimdienstes BND, abgesegnet von den Regierungen Schmidt und Kohl, dauerte mehrere Jahre. Ihr Ziel bestand darin, mit Hilfe kämpfender afghanischer Mudscheddin-Gruppierungen in den Besitz modernsten sowjetischen Rüstungsmaterials zu gelangen und dieses von Pakistan aus mit Transportflugzeugen der Bundeswehr zur Untersuchung nach Deutschland zu bringen. Von Interesse waren dabei unter anderem die neuesten Panzerungen für Kampfhubschrauber, Minen, Munition, Nachtsichtgeräte und Navigationstechnologie. Etwa erbeutete Munition wurde dann auf Truppenübungsplätzen getestet. Für die Beschaffung flossen erhebliche Summen an die Mudscheddin. Wenn zutrifft, dass an den Einsätzen im Kriegsland auch deutsche Elitesoldaten beteiligt waren, ist auch deren Verwicklung in Kämpfe mit den Besatzern nicht ausgeschlossen.[7] Über die brisanten Vorgänge am Hindukusch sollte unter keinen Umständen etwas an die

Öffentlichkeit dringen. Aufgrund des NATO-Doppelbeschlusses war das politische Klima in der Bundesrepublik bereits aufgeheizt. Es dauerte bis Anfang Oktober 2013, ehe die „Operation Sommerregen" publik wurde.

Der Coup des Kreml verstärkte die schweren Differenzen zwischen den Supermächten im Rüstungsbereich. US-Präsident Jimmy Carter forderte einen Boykott der Olympischen Spiele 1980 in Moskau. Lange nicht alle westlichen Nationalen Olympischen Komitees (NOK) gaben dem politischen Druck nach. Dennoch fiel ins Gewicht, dass Länder wie die USA, die Bundesrepublik Deutschland, Kanada und Japan ihre Teilnahme absagten. Von 146 eingeladenen Nationen nahmen 81 teil. Die Sowjetunion und zumeist verbündete Staaten, darunter die DDR, reagierten mit einem Boykott der Olympischen Spiele 1984 in Los Angeles. Damit kamen zahlreiche deutsche Sportler in Ost und West um ihre Olympiachancen.

Deutschland bietet rund 90 000 Menschen afghanischer Abstammung eine zweite Heimat – mehr als jedes andere Land Europas. Einige davon kehrten nach dem Sturz der Taliban zurück an den Hindukusch, um an prominenter Stelle am Neubeginn mitzuwirken. Rangin Dadfar Spanta (Jahrgang1953) war vom 2006 bis 2010 Außenminister Afghanistans. Danach wurde er Sicherheitsberater von Präsident Karsai. Spanta kam 1982 nach Deutschland, wo er als Flüchtling politisches Asyl erhielt. Er studierte später Politikwissenschaft an der RWTH Aachen und promovierte 1992 mit einem Stipendium des Studienwerks der Heinrich-Böll-Stiftung. Es folgten Jahre als Dozent an der RWTH Aachen. Spanta besaß zu diesem Zeitpunkt sowohl die Staatsbürgerschaft seines Heimat- als auch seines Gastlandes und gehörte den Grünen an. Der Wissenschaftler wechselte 2004 an die Universität Kabul und danach in die aktive Politik. Amin Farhang (Jahrgang 1940) übte zwischen 2001 und 2008 verschiedene Ministerämter aus, unter anderem leitete er das Ressort für Handel und Industrie. Farhang kam als Stipendiat des Deutschen Akademischen Austauschdienstes (DAAD) 1964 nach Köln, erwarb dort sein Diplom als Volkswirt und zehn Jahre später den Doktortitel. Es folgte eine Professur an der Universität Kabul. 1977 kam er erneut in die Bundesrepublik, diesmal als DAAD-Gastdozent. Nach der Heimkehr 1978 erlebte Farhang den

Staatsstreich der Kommunisten, gründete eine regimekritische Untergrundorganisation, wurde entdeckt und verhaftet. Zwei Jahre saß er im berüchtigten Pole-Charki-Gefängnis in Kabul, in dem Häftlinge gefoltert wurden. 1981 gelang ihm die Flucht nach Deutschland, wo der Wissenschaftler an der Universität Bochum lehrte und ein Consulting-Büro für Entwicklungsprojekte gründete. Abdul Rahman Ashraf (Jahrgang 1944) wurde 2004 beratender Minister für die Bereiche Bergbau und Energie. 2010 ernannte ihn Karsai zum Botschafter der Islamischen Republik Afghanistan in Berlin. Der international anerkannte Geologe nahm 1968 weiterführende Studien an der Rheinischen Friedrich-Wilhelms-Universität zu Bonn auf. Nach seiner Promotion wollte Ashraf nach Afghanistan zurückkehren, blieb aber wegen des sowjetischen Einmarsches in Deutschland. Er nahm die deutsche Staatsangehörigkeit an und trat der CDU bei. Es folgten zahlreiche Tätigkeiten, unter anderem bei der Deutschen Forschungsgemeinschaft. Ab 2002 wirkte Ashraf als wissenschaftlicher Angestellter am Institut für Geowissenschaften an der Universität Tübingen.

Während der sowjetischen Besetzung unterhielten das Auswärtige Amt und andere Stellen weiter Kontakte zu allen relevanten Gruppierungen in Afghanistan. Da keine eigenen Machtinteressen am Hindukusch erkennbar waren, galt die Bundesrepublik Deutschland als besonders vertrauenswürdig. Emissäre des Mudschaheddin-Führers Hekmatyar und Vertreter des sowjetischen Außenministeriums trafen sich im März 1988 in Bonn. Gegenstand war der Austausch von Kriegsgefangenen. Die Gespräche endeten zwar mit einer Übereinkunft, die aber nie realisiert wurde. Bereits im Februar 1988 hatte KPdSU-Generalsekretär Michail Gorbatschow den Beginn des sowjetischen Abzugs aus Afghanistan für den 15. Mai 1988 in Aussicht gestellt.

Geheime Verhandlungen der Vereinten Nationen über die Zukunft Afghanistans begannen Ende 1999 in Berlin und fanden dort Mitte 2001 ihren ergebnislosen Abschluss. Getagt wurde auch in Kabul, Islamabad und New York. Am Tisch saßen Amerikaner, Russen, Pakistani und Iraner. Der UN-Vertreter Fransesc Vendrell leitete die Gespräche. Die Taliban waren nicht dabei, wurden aber durch den pakistanischen Geheimdienst ISI stets über den Verlauf der Gespräche informiert. Zur Sitzung am 17. Juli 2001 in der deutschen Hauptstadt waren erstmals die Taliban eingeladen. Sie kamen jedoch nicht, weil die UNO für eine Afghanistan-Lösung Ex-König Zahir Schah ins Gespräch bringen wollte. Nach Angaben von Gesprächsteilnehmern bestand durchaus die Bereitschaft, den Fundamentalisten zur internationalen Anerkennung zu verhelfen und diese Gruppierung an der Macht zu lassen. Voraussetzung dafür war allerdings die Auslieferung Osama bin Ladens. Die Amerikaner sollen nach Angaben des ehemaligen pakistanischen Außenministers Naiz Naik damit gedroht haben, sich eigene Aktionen vorzubehalten, falls die Taliban weiter bin Laden schützen. Das galt als ein deutlicher Hinweis darauf, dass bereits vor dem 11. September 2001 ein massiver Militärschlag in Planung war.[8] Das bestätigte die spätere Entwicklung. Für die Vorbereitung einer groß angelegten Operation in einem tausende Kilometer entfernten Land hätten die knapp vier Wochen zwischen den Anschlägen und dem Angriffsbeginn in Afghanistan nicht ausgereicht. Das legte nahe, dass die Anschläge lediglich die Begründung für den Krieg lieferten.

Über die Bereitschaft der Taliban, sich von dem Al-Qaida-Chef loszusagen, existieren unterschiedliche Darstellungen. Nach Angaben des afghanisch-amerikanischen Geschäftsmannes Kabir Mohabbat standen die Taliban einer Auslieferung positiv gegenüber. Im November 2000 soll in einem Nobelhotel von Frankfurt/Main ein Geheimtreffen zwischen Vertretern der USA und der Taliban stattgefunden haben. Wie Mohabbat berichtete, unterbreiteten die Afghanen dabei mehrere Angebote. Unter anderem seien sie bereit gewesen, bin Laden an ein Drittland abzuschieben, von dem aus er an den Internationalen Gerichtshof in Den Haag hätte überstellt werden können. In der US-Botschaft in Islamabad sollten später Verhandlungen über Ort und Zeitpunkt der Übergabe stattfinden. Zu diesen Gesprächen kam es nicht vor den Anschlägen in New York und Washington am 11. September 2001.[9] Zwischen dem 12. September und dem 7. Oktober 2001 übermittelten die Taliban zweimal über diplomatische Kanäle ihr Einverständnis, bin Laden auszuliefern, falls die Bush-Administration Beweise für dessen Beteiligung an den Anschlägen vorlegen würde. Washington teilte daraufhin mit, mit Terroristen spreche man nicht.[10] Von anderer Seite wurde dagegen lanciert, bin Laden hätte außerordentlich großen Einfluss auf Taliban-Chef Mullah Omar gehabt und der paschtunische Stammes-Kodex eine Auslieferung unmöglich gemacht.

Nach dem Sturz der Taliban Ende 2001 rückte erneut Deutschland in das Zentrum der Aufmerksamkeit. Und wieder spielte der UN-Beauftragte Vendrell eine zentrale Rolle. Dieser überzeugte den politischen Führer der Nordallianz, Burhanuddin Rabbani, eine Afghanistan-Friedenskonferenz in Europa durchzuführen. Der Tadschike Rabbani hatte bis dahin auf Kabul als Austragungsort beharrt. Die Hauptstadt war aber für die paschtunischen Gruppierungen unannehmbar, weil sich Kabul in der Hand der Nordallianz befand. Seitdem war Deutschland der mit Abstand häufigste Gastgeber von internationalen Afghanistan-Konferenzen. Mit dem Petersberger Abkommen (2001) wurden die Weichen für eine Übergangsordnung am Hindukusch gestellt. Auf einem ebenfalls bei Bonn durchgeführten Treffen (2002) standen Struktur und Größe der neu zu schaffenden afghanischen Armee im Mittelpunkt. Zu den Schlüsselthemen der Konferenz in Berlin (2004) gehörte die Bekämpfung des Drogenanbaus. Im Mittelpunkt der letzten von der Bundesregierung ausgerichteten Afghanistan-Konferenz auf dem Petersberg bei Bonn (2011) standen der Aussöhnungsprozess und Hilfsleistungen nach dem Abzug der internationalen Truppen.

Die mit großem Aufwand organisierten Zusammenkünfte blieben ohne nachhaltig positive Auswirkungen. Die Regierung Karsai geriet schnell in den Ruf, korrupt zu sein. Durch manipulierte Wahlen fehlte ihr jegliche Legitimation. Die afghanische Armee litt von Beginn an unter ethnischen Spannungen, einer hohen Analphabetenrate und mangelnder Disziplin. Die Bekämpfung des Drogenanbaus scheiterte auf der ganzen Linie. Ein koordiniertes Vorgehen Afghanistans und seiner Nachbarstaaten zur Austrocknung des Opiumhandels kam nicht zustande, die geplante Unterbindung des Schlafmohnanbaus im Innern misslang. Hilfeleistungen bis zum Jahr 2024 wurden von den Geberländern an einen klaren Reformkurs in Kabul geknüpft. Weil dafür jegliche Voraussetzungen fehlen, müsste konsequenterweise jegliche Unterstützung spätestens nach 2014 eingestellt werden.

Einen Schatten auf die deutschen Bemühungen warf auch, dass

übel beleumundete Kriegsfürsten wie Mohammed Fahim und Ismail Khan zu politischen Gesprächen oder zur medizinischen Behandlung in die Bundesrepublik einreisen konnten. Khan, genannt der Emir von Herat, wurde im November 2003 von Außenminister Joschka Fischer (Bündnis 90/Die Grünen) empfangen.[11] Fahim hielt sich im September 2010 in einem Berliner Krankenhaus auf.[12] Der Tadschike war damals Stellvertreter von Präsident Karsai. Ausführliche Bekanntschaft mit Deutschland machte er bereits ab 1994. Dieser Aufenthalt diente dazu, Kriegsspenden von Exil-Afghanen einzutreiben sowie ein waches Auge auf rivalisierende Gruppierungen in Hamburg, Frankfurt/Main und Köln zu werfen.[13]

Eine kurzzeitige Belastung der bilateralen Beziehungen entstand, als im Jahr 2008 öffentlich wurde, dass der BND im Jahr 2006 über mehrere Monate den E-Mail-Verkehr von Minister Farhang beobachtete. Den Stein ins Rollen brachte ein vermutlich von einem Mitarbeiter des Dienstes verfasster anonymer Brief, der das Ganze relativ detailliert beschrieb. Die Aktion betraf nach Medienberichten das gesamte Computernetzwerk des Ministeriums für Handel und Industrie. Der BND habe das Netzwerk mit einer speziellen Software infiziert, die in der Folge umfangreiche Daten saugte und nach Pullach übermittelte. Darunter hätten sich Mailadressen der Regierung, vertrauliche Dokumente und Passwörter befunden. Auf diese Weise sei der Geheimdienst unter anderem an die Zugangsdaten für Farhangs persönliche Mailadresse gelangt. In der Folge hätten BND-Mitarbeiter monatelang auch Mails der „Spiegel"-Redakteurin Susanne Koelbl mitgelesen. Die afghanische Regierung schloss nicht aus, dass neben Farhang weitere Kabinettsmitglieder ausgespäht worden seien. Außenminister Frank-Walter Steinmeier (SPD) musste sich in Kabul entschuldigen. Danach habe Einigkeit bestanden, dass die Vorfälle „die guten und vertrauensvollen Beziehungen zwischen beiden Ländern" nicht beeinträchtigten. Farhang selbst wies später Vorwürfe zurück, die ihm Unterschlagung von Staatsmitteln und Verbindungen zu radikalen Taliban unterstellten.[14]

Trotz mancher Dissonanzen blieben Deutschlands Dienste als Makler gefragt, als die Taliban nach ihrem Wiedererstarken immer mehr zu einem Machtfaktor wurden. Der BND soll bereits im Juli

2005 mit Rückendeckung des Kanzleramtes sowie in Absprache mit den USA und Frankreich den Versuch unternommen haben, die Aufständischen für die Teilnahme an einer Friedenskonferenz zu gewinnen. Dazu fanden in Zürich Verhandlungen mit zwei Taliban statt, die angeblich dem Führungsrat der Quetta-Schura angehörten. Die Gespräche scheiterten schließlich daran, dass die beiden Afghanen nicht nachweisen konnten, tatsächlich ein Mandat von höchster Stelle zu besitzen.[15] Der Spitzendiplomat Michael Steiner trat nach Medienberichten ab 2010 als Vermittler bei den Geheimgesprächen zwischen der US-Regierung und den Taliban auf. Mindestens zwei Treffen habe es in der Bundesrepublik gegeben, das erste in einer BND-Residenz in Pullach. Zuvor hatte der Nachrichtendienst den Abgesandten von Taliban-Chef Mullah Omar in einem Privatjet nach Deutschland eingeflogen.[16]

Schröders „uneingeschränkte Solidarität"

Parallel zu den diplomatischen Bemühungen geriet die Bundesrepublik in Afghanistan im Vergleich zu vorangegangenen Auslandseinsätzen in einen sich zuspitzenden Konflikt. Verkündet wurde, immer gefährlichere Einsätze seien der Preis dafür, dass die Verbündeten Deutschland seine volle außenpolitische Souveränität zurückgegeben hätten. Niemand, nicht einmal die Vereinigten Staaten verlangten die von Bundeskanzler Gerhard Schröder (SPD) am 12. September 2001 erklärte „uneingeschränkte Solidarität".[17] Ein solches Bekenntnis hatte die deutsche Botschaft in Washington in einem Drahtbericht unter dem Eindruck der gerade erfolgten Anschläge nahegelegt. Schröder griff die Formulierungshilfe gern auf, die sich dann auch im Abschlussdokument eines EU-Sondergipfels am 21. September 2001 wiederfand. Die erstmalige Ausrufung des Bündnisfalls in der NATO-Geschichte am 12. September 2001 geschah keineswegs auf Betreiben der Amerikaner, die Kompetenzstreitereien mit ihren Verbündeten wie im Kosovo-Krieg 1999 befürchteten, sondern wurde von Mächten wie Deutschland unterstützt. Vize-Präsident Cheney sagte laut einem Drahtbericht der deutschen Botschaft vom 28. September 2001, die USA hätten von sich aus nicht an einen solchen Schritt gedacht.[18] Präsident Bush bat auch nicht dringend um militärische Unterstützung bei der Operation andauernde Freiheit (Operation Enduring Freedom/OEF); diese wurde vielmehr von Berlin geradezu aufgedrängt. Bis zu 3900 Soldaten standen danach insgesamt zur Verfügung: Marine zur Überwachung der Seewege am Horn von Afrika, ABC-Spürpanzer am Golf zum Schutz amerikanischer und kuwaitischer Einrichtungen gegen irakische Angriffe mit Massenvernichtungswaffen sowie 100 Mann vom Kommando Spezialkräfte (KSK) zum Einsatz in Afghanistan. Einsatzgebiete waren die Arabische Halbinsel, Mittel- und Zentralasien, Nordostafrika sowie die angrenzenden Seegebiete. Die gewaltige geografische Ausdehnung machte bereits deutlich, dass es keineswegs nur um Selbstverteidigung ging, sondern um die Durchsetzung eines geostrategischen Ordnungskonzeptes.

Ehe die Truppen für den ersten Kampfeinsatz der Bundeswehr außerhalb Europas in Marsch gesetzt werden konnten, stellte Schröder am 16. November 2001 im Bundestag die Vertrauensfrage. Zum ersten Mal verknüpfte ein Kanzler die Vertrauens- mit einer ganz konkreten Sachfrage. Er wollte die Handlungsfähigkeit seiner Regierung demonstrieren. 20 Sozialdemokraten, insbesondere vom linken Flügel der Fraktion, waren vor der Abstimmung unentschlossen. Acht Grüne kündigten ihre Ablehnung an. Damit war Schröders Koalitionsmehrheit nicht sicher. Zwar hatten die Oppositionsfraktionen Union und FDP im Vorfeld Zustimmung zu einem Bundeswehreinsatz im Rahmen von OEF signalisiert, aber für Rot-Grün ging es in den Monaten nach den Anschlägen in New York und Washington um den Nachweis außenpolitischer Verlässlichkeit. Durch starken Druck schrumpfte die Zahl der potentiellen Abweichler rapide. Die SPD-Fraktion stimmte geschlossen mit Ja; die Abgeordnete Christa Lörcher hatte am 15. November die Fraktion verlassen und lehnte als Fraktionslose aus Gewissensgründen den Bundeswehreinsatz ab. Die Zahl der Nein-Sager bei den Grünen schrumpfte auf vier. Von den insgesamt 662 Abgeordneten votierten 336 mit Ja, 326 mit Nein. Schröder erreichte damit sein Ziel.

Danach nahm die Regierung Kurs auf das eigentliche Fiasko. Um die Beteiligung an der Antiterroraktion OEF zu rechtfertigen, entwarf Außenminister Fischer ein Bild von einem besseren Afghanistan – mit demokratischen Strukturen, mehr Rechten für die Frauen, friedlichem Miteinander und vor allem Wiederaufbau. Die Bühne dafür bot die erste Afghanistan-Konferenz auf dem Petersberg bei Bonn, die am 5. Dezember 2001 endete. Schröder nutzte seinen Auftritt, um die Entsendung deutscher Soldaten im Rahmen eines Stabilisierungseinsatzes zu versprechen. Bald darauf beschloss der Bundestag mit großer Mehrheit den Einsatz. Maximal 1200 Bundeswehrsoldaten sollten der Internationalen Sicherheitsunterstützungstruppe (International Security Assistance Force/ ISAF) angehören. Die politisch Verantwortlichen gingen davon aus, dass sowohl die zeitliche Obergrenze von sechs Monaten als auch die personelle Obergrenze nicht ausgeschöpft werden.

Im Falle Afghanistans wurden die Anschläge vom 11. September 2001 instrumentalisert, um illegal eine übermächtige Militärmaschinerie in Gang zu setzen. Es gibt nach der UN-Charta nur zwei Gründe, einen Krieg zu beginnen: Entweder stellt der Sicherheitsrat fest, dass eine Bedrohung oder ein Bruch des Friedens vorliegt und - weil alle anderen Mittel versagen - bewaffnet zu intervenieren sei, um den Frieden wiederherzustellen (Artikel 42). Oder ein Staat ist angegriffen worden und kann sich gegen einen akuten Angriff individuell und kollektiv solange verteidigen, bis der Sicherheitsrat die geeigneten Mittel ergreift, um den Friedenszustand wiederherzustellen (Artikel 51). Weder die Sicherheitsratsresolution 1368 vom 12. September 2001 noch 1373 vom 28. September 2001 stellten eine ausdrückliche Ermächtigung für eine militärische Reaktion dar. In der Resolution 1368 wurden die Terroranschläge verurteilt und „diese Handlungen, wie alle internationalen terroristischen Handlungen, als Bedrohung des Weltfriedens und der internationalen Sicherheit" betrachtet. Alle Staaten wurden dringend zur Zusammenarbeit aufgefordert, „um die Täter, Organisatoren und Förderer dieser Terroranschläge vor Gericht zu stellen". Weiter hieß es, „dass diejenigen, die den Tätern, Organisatoren und Förderern dieser Handlungen geholfen, sie unterstützt oder ihnen Unterschlupf gewährt haben, zur Verantwortung gezogen werden". An die internationale Gemeinschaft erging der Appell, „verstärkte Anstrengungen zu unternehmen, um terroristische Handlungen zu verhüten und zu bekämpfen, namentlich durch verstärkte Zusammenarbeit und die volle Durchführung der einschlägigen internationalen Übereinkünfte gegen den Terrorismus sowie der Resolutionen des Sicherheitsrats, insbesondere der Resolution 1269 (1999) vom 19. Oktober 1999".[19] Der Sicherheitsrat machte damit deutlich, dass er die Gerichte für die geeigneten Mittel ansah, die Täter, Organisatoren und Förderer zur Verantwortung zu ziehen. Dies wurde durch die Erwähnung der Antiterrorkonvention bestätigt. Aus der Bereitschaft des Sicherheitsrates, „alle erforderlichen Schritte zu unternehmen, um auf die Terroranschläge vom 11. September 2001 zu antworten und alle Formen des Terrorismus zu bekämpfen", konnte folglich keine Blankovollmacht für einen Militäreinsatz abgeleitet werden.[20]

In der Resolution 1373 wurde die Grundlinie der vorangegangenen Resolution bekräftigt und zugleich konkretisiert. Ausdrücklich wurde diesmal auf Kapitel VII der UN-Charta Bezug genommen, das die Verhängung von Zwangsmaßnahmen bis hin zum Einsatz von Streitkräften ermöglicht. Davon war im Beschluss des Sicherheitsrates jedoch nicht ausdrücklich die Rede. Vielmehr wurden alle Staaten aufgefordert, die vorsätzliche Bereitstellung oder Sammlung von Geldern, die zur Ausführung terroristischer Handlungen verwendet werden, unter Strafe zu stellen. Ferner sollten unverzüglich Gelder und sonstige Vermögenswerte von Personen und Einrichtungen eingefroren werden, die Anschläge begehen oder zu begehen versuchen. Gefordert wurde, die Anwerbung von Mitgliedern terroristischer Gruppen zu unterbinden und die Belieferung von Terroristen mit Waffen zu beenden. Diesen und ihren Hintermännern sollte ein sicherer Zufluchtsort verweigert und durch wirksame Grenzkontrollen die Bewegung radikaler Gruppierungen sowie ein Missbrauch des Flüchtlingsstatus verhindert werden. Insbesondere forderte die Resolution eine entschiedene strafrechtliche Verfolgung, gerichtliche Untersuchung und Aburteilung von Terroristen sowie eine größtmögliche Zusammenarbeit der Staaten auf diesem Gebiet im Rahmen bilateraler und multilateraler Regelungen.[21]

Sowohl in der Resolution 1368 als auch in der Resolution 1373 war von kriegerischen Handlungen keine Rede. Das Wort Afghanistan tauchte gar nicht auf. Entwickelt wurde stattdessen ein umfangreicher Maßnahmenkatalog, um den internationalen Terrorismus einzudämmen. Die schweren Verbrechen vom 11. September 2001 hätten auch durch eine enge Zusammenarbeit der Staaten in den Bereichen Polizei und Justiz verfolgt werden können. Denkbar wäre zudem gewesen, nach dem Vorbild der bereits bestehenden ein weiteres internationales Straftribunal einzurichten.

Als die USA keine Ermächtigung für einen Kriegseinsatz bekamen, beriefen sie sich auf Artikel 51 der UN-Charta. Damit war der Sicherheitsrat ausgeschaltet, denn es ist nicht dessen Sache, über die Berechtigung der Selbstverteidigung zu urteilen. Das wiederum ermöglichte den Beschluss über den Bündnisfall nach Artikel 5 des NATO-Vertrages am 4. Oktober 2001 und ebnete den Weg Deutschlands für ein Engagement am Hindukusch. Zuvor hatten die USA ihren Partnern den sogenannten Frank-Taylor-Bericht übermittelt, benannt nach einem hochrangigen Vertreter des Außenministeriums. Dessen Inhalt wird bis heute geheim gehalten. Zu Angriffsbeginn am 7. Oktober 2001 lagen der Öffentlichkeit keine Beweise für eine Urheberschaft Osama bin Ladens vor. Es fehlten auch Belege dafür, dass Al Qaida im Auftrag oder zumindest mit Einverständnis der Taliban gehandelt hätte. Fest stand nur die terroristische Vergangenheit bin Ladens, der zu Beginn seiner Karriere von der CIA für die Schlacht gegen die Sowjets am Hindukusch angeworben worden war. Zum Zeitpunkt der Anschläge vom 11. September 2001 befand sich bin Laden nach Recherchen der US-Station CBS nicht in Afghanistan, sondern zur Behandlung in einem pakistanischen Militärhospital in Rawalpindi.[22]

All das hinderte die rot-grüne Bundesregierung nicht, sich in ihrem Antrag vom 7. November 2001 für einen Einsatz der Bundeswehr im Rahmen der Operation Enduring Freedom auf Artikel 51 der UN-Charta, Artikel 5 des NATO-Vertrages sowie die Resolutionen 1368(2001) und 1373(2001) des UN-Sicherheitsrates zu berufen. Im Antrag hieß es: „Diese Operation hat zum Ziel, Führungs- und Ausbildungseinrichtungen von Terroristen auszuschalten, Terroristen zu bekämpfen, gefangen zu nehmen und vor Gericht zu stellen sowie Dritte dauerhaft von der Unterstützung terroristischer Aktivitäten abzuhalten."[23] Der nachfolgende Antrag der Bundesregierung vom 21. Dezember 2001 auf einen Einsatz im Rahmen der ISAF wurde maßgeblich mit der unmittelbar davor verabschiedeten UN-Sicherheitsratsresolution 1386 (2001) begründet. Der Sicherheitsrat genehmigte die Einrichtung einer Internationalen Sicherheitsunterstützungstruppe für einen Zeitraum von sechs Monaten, um die afghanische Interimsverwaltung bei der Aufrechterhaltung der Sicherheit in Kabul und seiner Umgebung zu unterstützen, damit diese sowie das Personal der Vereinten Nationen in einem sicheren Umfeld tätig sein könnten. Zugleich erhielten die an der Truppe teilnehmenden Mitgliedstaaten die Ermächtigung, „alle zur Erfüllung ihres Mandats notwendigen Maßnahmen zu ergreifen".[24] Der Sicherheitsrat sanktionierte damit ein Besatzungsregime und die Anwendung militärischer Gewalt, wofür er zuvor kein Mandat erteilt hatte. Damit wurde der unverhältnismäßige und völkerrechtswidrige Angriff der USA und ihrer Verbündeten auf Afghanistan nachträglich legitimiert.

Selbst im Jahr 2011 sah sich die Bundesregierung außerstande, Beweise für eine Beteiligung bin Ladens an den Anschlägen vom 11. September 2001 in den Vereinigten Staaten vorzulegen. Auf eine Kleine Anfrage der Linken führte die schwarz-gelbe Koalition mehrere UN-Sicherheitsratsresolutionen an, in denen sie eine hinreichende Grundlage für ihre Bewertung der Rolle des Al-Qaida-Chefs im internationalen Terrorismus zu erkennen glaubte.[25] Verwiesen wurde zunächst auf die Resolution 1267 vom 15. Oktober 1999. Diese erwähnte zwar bin Laden namentlich, aber bezüglich der Bombenattentate auf die Botschaften der Vereinigten Staaten in Nairobi (Kenia) und Daressalam (Tansania) am 7. August 1998. In der weiter herangezogenen Resolution 1390 vom 16. Januar 2002 wurden bin Laden und das Al-Qaida-Netzwerk im Zusammenhang mit den Anschlägen in New York und Washington genannt. Beweise für eine Urheberschaft bin Ladens an den besagten Attacken waren in der Resolution jedoch nicht enthalten. In der schließlich bemühten Resolution 1904 vom 17. Dezember 2009 fand sich lediglich die allgemeine Feststellung, dass der Terrorismus in allen seinen Arten und Erscheinungsformen eine der schwersten Bedrohungen des Friedens und der Sicherheit darstellte und dass alle terroristischen Handlungen verbrecherisch und nicht zu rechtfertigen seien. Verurteilt wurden für entsprechende, fortlaufend begangene Akte ausdrücklich Al Qaida, Osama bin Laden und die Taliban.

Überzeugen konnten auch nicht der in der Antwort auf die Kleine Anfrage angeführte internationale Haftbefehl gegen bin Laden und der Verweis auf dessen angebliche Bekenner-Videos nach den Anschlägen vom 11. September 2001. Gegen bin Laden lag schon seit März 1998 ein internationaler Haftbefehl vor. Libyen hatte ihn als erstes Land beantragt, nachdem der Al-Qaida-Chef verdächtigt wurde, in die Ermordung eines Beamten des Bundesnachrichtendienstes und dessen Frau verwickelt gewesen zu sein. Die USA stellten einen Haftbefehl wegen der Anschläge in Kenia und Tansania aus. In diesem Fall wurde auch Anklage erhoben, nicht aber nach dem September 2001.

Bin Laden soll unmittelbar nach den Anschlägen in Erklärungen energisch jede Verbindung dazu bestritten, zugleich aber in anderen Verlautbarungen eine solche Verbindung eingeräumt haben. Ein Ende 2001 von der US-Regierung mit großem Propagandaaufwand in englischer Übersetzung veröffentlichtes internes Al-Qaida-Video enthielt angeblich Aussagen bin Ladens zur Anschlagsplanung. Das ARD-Politmagazin Monitor besorgte sich vom amerikanischen Außenministerium die arabische Textversion des Videobandes und ließ diese von unabhängigen und vereidigten arabischen sowie deutschen Sprachwissenschaftlern und Orientalisten analysieren. Obwohl dabei Störgeräusche auf dem streckenweise überhaupt nicht zu verstehenden Amateurband herausgefiltert und jede mögliche Textinterpretation in Erwägung gezogen wurde, konnte ein Bekenntnis bin Ladens nicht festgestellt werden. Die amerikanischen Übersetzer, die das Band zuvor im Auftrage des Pentagons geprüft und transkribiert hatten, hielten Aussagen fest, die sie gar nicht hören konnten, aber offenbar hören sollten. So waren jene Stellen in der englischen Übersetzung, die die Täterschaft bin Ladens beweisen sollten, nicht identisch mit dem arabischen Ton.[26] Am 29. Oktober 2004, wenige Tage vor den damaligen US-Präsidentschaftswahlen, verbreitete der im Golfemirat Katar beheimatete Fernsehsender Al Dschasira eine Videobotschaft bin Ladens. Dieser bekannte sich darin als Initiator der Anschläge vom 11. September und kündigte weitere an, etwa indem er sagte: „Während ich auf diese zerstörten Türme im Libanon blickte, kam mir der Gedanke, dass der Tyrann ebenso bestraft werden muss und wir Türme in Amerika zerstören sollten, damit er erfährt, was wir erfahren haben, und er davon abgeschreckt wird, unsere Frauen und Kinder zu töten."[27] Doch die Authentizität dieser wie auch aller anderen Osama bin Laden zugeschriebenen Audio- und Videobotschaften blieb fragwürdig. Selbst wenn die Echtheit der Aufnahmen feststände – Selbstbezichtigungen sind noch kein Beleg im rechtsstaatlichen Sinne. In keiner der bekannten Aufnahmen wurde wirkliches Täterwissen präsentiert. Bin Ladens Bekenntnis erschien nur deshalb als glaubwürdig, weil er bereits zuvor schuldig gesprochen worden war. Audio- und Videobotschaften mit vermeintlichen Bekenntnissen dienten vornehmlich dazu, den Einmarsch in Afghanistan nachträglich zu rechtfertigen.

Der Bundeswehr-Einsatz begann mit einem Etikettenschwindel, um die Bundesbürger zu beruhigen. Die Bezeichnung Internationale Sicherheitsunterstützungstruppe hörte sich eher harmlos an. Lange wurde der Eindruck erweckt, dabei handle es sich vorwiegend um Entwicklungshelfer in Uniform, die in sogenannten Regionalen Wiederaufbauteams Brücken errichten, Brunnen bohren und Schulen aufbauen. Die eigentliche Jagd auf Al Qaida sollte ursprünglich im Rahmen der Operation Enduring Freedom stattfinden, an der sich die Bundeswehr in Afghanistan nur mit einem kleinen Kontingent des Kommandos Spezialkräfte beteiligte. Berlin achtete anfangs genau darauf, dass die Grenzen zwischen den beiden Missionen ISAF und OEF nicht verwischt wurden.

Aber während OEF für Deutschland eher zu einem unspektakulären Einsatz wurde, entwickelte sich das Engagement im Rahmen der ISAF zum eigentlichen Kriegseinsatz. Bereits im Herbst 2003 zeichnete sich eine langfristige Verwicklung in den innerafghanischen Konflikt ab. Der Bundestag stimmte damals auf Antrag der rot-grünen Regierung zu, die Bundeswehr über Kabul und Umgebung hinaus in der Region Kundus (Provinzen Kundus, Badakhschan, Baghlan und Takhar) sowie zur Absicherung von Wahlen in Aktion treten zu lassen. Zur Begründung hieß es, der Zentralregierung sei es in den Provinzen nicht in ausreichendem Maße gelungen, Sicherheit und Stabilität herzustellen. Neben dem wirtschaftlichen Wiederaufbauprozess sei auch der politische Wiederaufbau in Hinblick auf die Wahlen im Sommer 2004 in Gefahr geraten.[28] In vier Phasen wurde der ISAF-Einsatz auf ganz Afghanistan ausgedehnt. Nach dem Norden (abgeschlossen im Oktober 2004) folgten der Westen (September 2005), der Süden (Juli 2006) und der Osten (Oktober 2006). Im Antrag der Bundesregierung vom 21. September 2005 für eine weitere Mandatsverlängerung fanden sich deutlichere Hinweise darauf, dass die Entwicklung immer unkontrollierbarer wurde. Angriffe und Anschläge auf die internationalen Truppen, die afghanischen Sicherheitskräfte, Mitarbeiter der Vereinten Nationen, Nichtregierungsorganisationen und die Zivilbevölkerung belegten, dass es noch weiterer Anstrengungen bedürfe, um die Sicherheitslage grundlegend und nachhaltig zu verbessern.[29] Längst nicht mehr im Amt als Verteidigungsminister, gab Peter Struck (SPD) zu: „Die Idee war: Wir, die internationale Gemeinschaft, sind in Kabul, und die Stabilität strahlt von dort aus ins Land. Das Gegenteil ist eingetreten. Wir mussten raus in die Fläche."[30] Die territoriale Ausweitung des Einsatzgebietes bedeutete auch eine personelle Aufstockung des Bundeswehr-Kontingents. Die vom Parlament genehmigte Obergrenze stieg von anfangs 1200 Soldaten auf 5350 im Jahr 2010. Erst ab 2012 wurde das Kontingent mit Blick auf den Abzug bis Ende 2014 schrittweise reduziert.

Es bedurfte einer dramatischen Zuspitzung der Lage im Jahr 2009, ehe die bis dahin gültigen offiziellen Sprachregelungen aufgeweicht wurden. Frisch im Amt erklärte Verteidigungsminister Karl-Theodor zu Guttenberg (CSU), in Teilen Afghanistans gebe es „fraglos kriegsähnliche Zustände". Das Völkerrecht sei zwar eindeutig, ein Krieg könne nur zwischen Staaten stattfinden. Aber kein Soldat habe Verständnis für juristische, akademische oder semantische Feinsinnigkeiten. Deshalb wäre verständlich, wenn Soldaten sagten, in Afghanistan sei Krieg, egal, ob sie von ausländischen Streitkräften oder von Taliban-Terroristen angegriffen, verwundet oder getötet würden. Und der Minister stellte klar: „Der Einsatz in Afghanistan ist seit Jahren auch ein Kampfeinsatz."[31] Nach der von der Bundesregierung vertretenen Rechtsauffassung handelt es sich in Afghanistan um einen „nichtinternationalen bewaffneten Konflikt". Früher hätte man das als Bürgerkrieg bezeichnet. In Afghanistan geht es, dieser Rechtsauffassung folgend, im Kern um eine Auseinandersetzung zwischen der afghanischen Regierung und den Aufständischen. Weil die ausländischen Truppen auf Seiten der afghanischen Regierung agieren, bleibt es per Definition trotz internationaler Beteiligung ein nichtinternationaler Konflikt. Allerdings wurde mit der einseitigen militärischen Parteinahme der Besatzungsmächte für das Karsai-Regime das völkerrechtliche Interventionsverbot unterlaufen. Danach darf sich kein Staat in die inneren Kämpfe eines anderen Staates einmischen, schon gar nicht mit bewaffneter Gewalt zur Durchsetzung eigener Interessen.

Je länger der Bundeswehr-Einsatz am Hindukusch dauerte, desto mehr nahm das Ansehen Deutschlands ab. Hatten nach Erhebungen 2007 noch 75 Prozent der Afghanen im Nordosten des Landes ein positives Bild von der Bundesrepublik, waren es drei Jahre später nur noch 46 Prozent. 39 Prozent der Befragten befürworteten Anschläge auf NATO-Einheiten. Nahezu drei Viertel plädierten für eine Verhandlungslösung unter Einschluss der Taliban. Die Unzufriedenheit resultierte vor allem aus der katastrophalen wirtschaftlichen Lage, die zwei Drittel der Menschen als düster ansahen.[32]

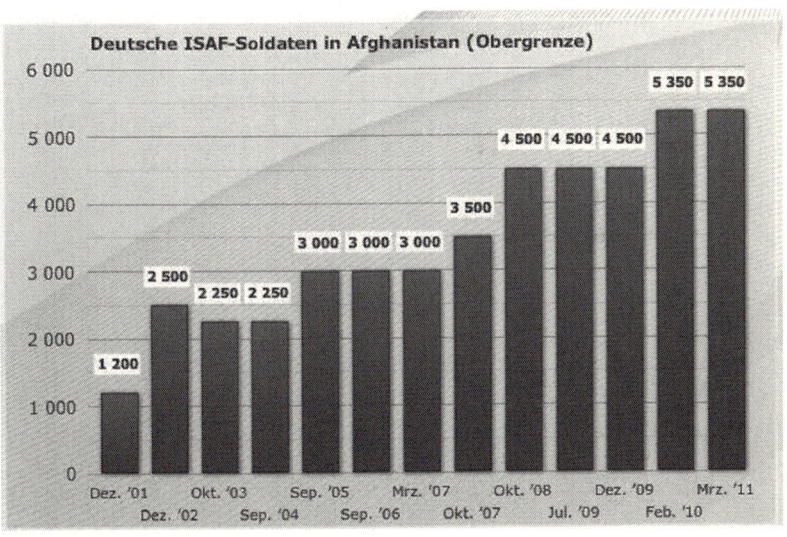

Die Mandatsobergrenzen widerspiegelten die zunehmende Verwicklung der Bundeswehr in den Konflikt. Erst ab 2012 wurde das Kontingent schrittweise reduziert. Dessen Stärke lag Anfang Mai 2014 bei etwa 2500 Soldaten. (Quelle: Bundesregierung)

Die Mahnung der Bischöfin

In Deutschland blieben Massenproteste wie bei früheren Kriegen in Vietnam und im Irak aus, was in einem bemerkenswerten Kontrast zur mehrheitlichen Ablehnung des Engagements am Hindukusch durch die Bevölkerung stand. Es ist aufschlussreich, dass die CIA speziell für die Bundesrepublik eine PR-Strategie entwarf, um mögliche Aufwallungen gegen den Afghanistan-Einsatz die Spitze zu nehmen. Die sogenannte Red Cell des amerikanischen Auslandsgeheimdienstes erarbeitete gemeinsam mit einem Deutschland-Kenner und Kommunikationsexperten aus Hillary Clintons Außenministerium ein geheimes Konzept, das dank Wiki-Leaks an die Öffentlichkeit gelangte. In dem Konzept hieß es, der Bevölkerung müsse klargemacht werden, dass eine Niederlage am Hindukusch eine Niederlage für die Bundesrepublik bedeute: weil Deutschland dann einer verstärkten Gefahr von Terroranschlägen, zunehmendem Rauschgifthandel und wachsenden Flüchtlingsströmen ausgesetzt sei. Gesetzt wurde auf den Obama-Faktor. Da der US-Präsident in Deutschland beliebt sei, könnte solidarische Unterstützung eingefordert werden. Das Ganze sollten Interviews mit afghanischen Frauen ergänzen, die persönlich und glaubwürdig ihre Angst vor den Taliban äußern. Diese Botschaften würden zu einem Stimmungsumschwung beitragen, denn die deutschen Frauen seien noch kriegsmüder als die Männer.[33]

Nicht nur Verbündete, sondern auch die Aufständischen hatten die Öffentlichkeit hierzulande im Auge. Die Taliban gingen selektiv und psychologisch überlegt vor, um die Truppensteller weiter zu spalten. Sie erklärten unmittelbar nach dem Tod von drei deutschen Soldaten Anfang April 2010 nahe Kundus: „Wir haben kein Problem mit Deutschland. Afghanistan und Deutschland haben historische Beziehungen. Deshalb sollte Deutschland Afghanistan weiter helfen und damit aufhören, die Invasionstruppen zu unterstützen."[34] Aufgegriffen wurde damit die Stimmung in der Bevölkerung. Zugleich ging es darum, mit der Drohung neuer Angriffe den Druck auf die politische Führung in Berlin zu erhöhen. Zu dieser Strategie passte der Anschlag auf den deutschen Generalmajor Markus Kneip am 28. Mai 2011. Der 55-jährige Regionalkommandeur für Nordafghanistan überlebte verletzt, ein 43-jähriger Major und ein 31-jähriger Hauptfeldwebel aus seiner Begleitung starben. Mehrere afghanische Gesprächspartner kamen dabei ebenfalls um. Kneip hatte sich mit lokalen Entscheidungsträgern getroffen, um die angespannte Sicherheitslage zu erörtern.

Damals stand der Abzugstermin bereits fest, dem ein parteipolitisches und parlamentarisches Trauerspiel in Deutschland vorausging. Afghanistan wurde aus den Wahlkämpfen herausgehalten, der Bundestag verlängerte immer wieder die nötigen Mandate, weil sich die jeweiligen Regierungen und die Opposition stets weitgehend einig waren. Nur die Linke lehnte den Einsatz konsequent ab, drang damit aber nicht durch. Die Entwicklung wurde immerhin in einigen Romanen („Deutscher Sohn", „Kriegsbraut"), Fernsehfilmen („Nacht vor Augen", „Willkommen zu Hause"), Dokumentationen („Sie finden keinen Frieden", „Operation Afghanistan") und Bühnenstücken („Einsatz Spuren", „Potsdam – Kundus") thematisiert. Das Buch „Feldpost – Briefe deutscher Soldaten aus Afghanistan" vermittelte ungefiltert einen Eindruck über die gedrückte Stimmung vor Ort, von den täglichen Ängsten und vom engen Zusammenhalt in der Truppe. Das in Heidelberg aufgeführte Stück „Der kalte Kuss von warmem Bier" zeigte einen desillusionierten Afghanistan-Kämpfer. Dieser berichtete von Schrecken, Skrupel, Schönheit und dem Gefühl, „mit sich alleine in irgendeinem Niemandsland zu stehen". Das erzählte er einer nie aus der deutschen Provinz herausgekommenen Zuhörerin, die mit dem Satz reagierte: „Unser Frieden heißt Krieg."[35]

Einige wenige Prominente steuerten Nachdenkliches bei. Der Schriftsteller Martin Walser betonte: „Ich weiß, dass Deutschland nach den Erfahrungen des 20. Jahrhunderts zu keinem Krieg mehr bereit sein darf, ganz egal, was Verpflichtungen gegenüber der NATO beinhalten. Das muss bei jedem Vertrag unser gleichbleibendes Bewusstsein sein – nach zwei Weltkriegen!" Die politische Klasse sei offenbar unfähig, etwas dazuzulernen. Zuvor hätte die Sowjetunion in der Afghanistan-Falle gesessen. „Und jetzt sind wir selber drin. Das ist einfach nicht begreifbar."[36] Die Liedermacher Konstantin Wecker („Guttiland") und Reinhard Mey („Sei wachsam") artikulierten ihr tief sitzendes Unbehagen über die aktuelle

Entwicklung in bitter-bösen Songs. Wecker und Mey erreichten jedoch kein Massenpublikum.

Stattdessen attackierten Teile der politischen Klasse und der Medien die Bischöfin und EKD-Vorsitzende Margot Käßmann. Diese hatte am Neujahrstag 2010 in der symbolträchtigen Dresdner Frauenkirche eine aufsehenerregende Predigt gehalten. Darin stellte sie unter anderem fest: „Nichts ist gut in Afghanistan. All diese Strategien, sie haben uns lange darüber hinweggetäuscht, dass Soldaten nun einmal Waffen benutzen und eben auch Zivilisten getötet werden. Das wissen die Menschen in Dresden besonders gut! Wir brauchen Menschen, die nicht erschrecken vor der Logik des Krieges, sondern ein klares Friedenszeugnis in der Welt abgeben, gegen Gewalt und Krieg aufbegehren und sagen: Die Hoffnung auf Gottes Zukunft gibt mir schon hier und jetzt den Mut von Alternativen zu reden und mich dafür einzusetzen. Manche finden das naiv. Ein Bundeswehroffizier schrieb mir, etwas zynisch, ich meinte wohl, ich könnte mit weiblichem Charme Taliban vom Frieden überzeugen. Ich bin nicht naiv. Aber Waffen schaffen offensichtlich auch keinen Frieden in Afghanistan. Wir brauchen mehr Fantasie für den Frieden, für ganz andere Formen, Konflikte zu bewältigen. Das kann manchmal mehr bewirken als alles abgeklärte Einstimmen in den vermeintlich so pragmatischen Ruf zu den Waffen."[37]

Vor allem an dem Satz „Nichts ist gut in Afghanistan." entzündete sich die Kritik. Käßmann verkenne die Erfolge beim Wiederaufbau, verunglimpfe die Soldaten und solle sich gefälligst erst selbst ein Bild von der Lage machen. Dabei wurde wieder einmal ein einziger Satz aus dem Zusammenhang gerissen und der Rest ignoriert. Die Theologin wehrte sich, indem sie erklärte: Die politisch Verantwortlichen müssten akzeptieren, „dass Fragen gestellt und Sorgen benannt werden, die es vielerorts gibt. Das ist nicht Populismus. Das ist Demokratie!"[38]

Der neue EKD-Vorsitzende Nikolaus Schneider gestand nach einem viertägigen Aufenthalt Anfang 2011 in Afghanistan ein, dass sich die Kirche in einem unauflöslichen Dilemma befinde. Militärpfarrer würden zunehmend mit ethischen Fragen zum Töten und Sterben konfrontiert. Wenn von Aufständischen angegriffene Soldaten in lebensbedrohlichen Situationen schießen müssten, könne er das „nicht unverantwortlich finden". Und dann folgte die Aussage, die das Dilemma auf den Punkt brachte: „Ich kann nicht sagen, dass das verwerflich wäre, ich kann aber auch nicht sagen, dass ich es rechtfertige."[39] Andere Kirchenvertreter wie der Fuldaer Bischof Heinz Josef Algermissen bezogen klarer Position. Der katholische Oberhirte betonte unmittelbar vor einer neuerlichen Verlängerung des Afghanistan-Mandats durch den Bundestag: „Angesichts der hohen Zahl von Kriegstoten bedeutet die geplante Fortsetzung der Kämpfe nichts anderes, als sehenden Auges für die Jahre 2011 bis 2014 weitere Todesopfer einzukalkulieren."[40]

Gänzlich unverdächtig, im Auftrage irgendwelcher friedensbewegter Gruppierungen zu handeln, analysierte Volker Rühe wie kaum ein Zweiter scharfsinnig das Afghanistan-Scheitern. Rühe, unter Helmut Kohl Verteidigungsminister, räumte auf mit einer Legende. Die Aussage Deutschlands Sicherheit werde auch am Hindukusch verteidigt, sei „falsch und gefährlich", denn „die Taliban haben eine regionale Agenda. Wie übel sie auch sind: Sie wollen nicht Hamburg und New York angreifen." Und zu der bis heute gebetsmühlenartig wiederholten Begründung für den Einsatz am Hindukusch, Osama bin Laden habe von dort schließlich die Attacken in New York und Washington gesteuert, erklärte der CDU-Politiker: „Die operativen Fähigkeiten für die fürchterlichen Anschläge von 9/11 sind nicht in Afghanistan erworben worden, sondern in Hamburg-Harburg, und die Fähigkeit Flugzeuge zu fliegen und zu entführen in den USA!"[41]

Zu den wenigen Protagonisten, die – wenn auch reichlich spät – zu Afghanistan Klartext redeten, gehörte der ehemalige Generalinspekteur der Bundeswehr Harald Kujat. Dieser war an der Planung des deutschen Afghanistan-Einsatzes federführend beteiligt. Umso vernichtender fiel sein Urteil aus. Kujat sagte: „Der Einsatz hat den politischen Zweck, Solidarität mit den Vereinigten Staaten zu üben, erfüllt. Wenn man aber das Ziel zum Maßstab nimmt, ein Land und eine Region zu stabilisieren, dann ist dieser Einsatz gescheitert."[42] Der Diplomat Michael Steiner, der sowohl Gerhard Schröder als auch dessen Nachfolgerin Angela Merkel beriet, schätzte ein: „Wir hatten uns mit einer fast schon arroganten Unbescheidenheit, mit unangemessenen Mitteln unrealistische Ziele gesetzt und unerfüllbare Erwartungen geweckt. Wir brauchten fast ein Jahrzehnt, die nötige Demut vor der Realität zu erlernen."[43]

Hinzuzufügen wäre: Deutschland genoss im Vergleich zu den USA und Großbritannien in weiten Teilen der muslimischen Welt ein hohes Ansehen. Erst mit der immer tieferen Verstrickung in den innerafghanischen Konflikt wuchs die Anschlagsgefahr durch islamistische Gruppen. Von den 19 Attentätern in New York und Washington waren 15 Staatsbürger Saudi-Arabiens, aber kein einziger Afghane gehörte zu den Flugzeugentführern. Weder vor noch nach dem 11. September 2001 beteiligten sich Afghanen an der Planung oder Durchführung spektakulärer Anschläge außerhalb ihres Heimatlandes. Afghanistan als Staat hat niemals die USA angegriffen.

„Zum ersten Mal in der modernen deutschen Militärgeschichte beteiligen sich zwei Bataillone mit beeindruckenden Ergebnissen an der Aufstandsbekämpfung."
(Afghanistan-Oberbefehlshaber David Petraeus in einem am 22. Januar 2011 veröffentlichten Interview)

Das Jahr 2010 wurde zum verlustreichsten für die internationalen Truppen am Hindukusch. 711 Soldaten ließen ihr Leben, darunter acht Deutsche.[2] Am 18. Dezember 2010 besuchte Bundeskanzlerin Angela Merkel (CDU) das im Nordosten Afghanistans stationierte Bundeswehr-Kontingent. Dabei nannte sie den Einsatz so deutlich wie nie zuvor „Krieg". Die Kanzlerin sagte im Feldlager Kundus: „Wir haben hier nicht nur kriegsähnliche Zustände, sondern Sie sind in Kämpfe verwickelt, wie man sie im Krieg hat." Das sei „eine völlig neue Erfahrung". Danach fügte die Regierungschefin im Hauptquartier Mazar-i-Scharif hinzu: „So etwas kannten wir seit dem Zweiten Weltkrieg nicht. Wir haben uns das von unseren Eltern und Großeltern erzählen lassen." Um gleich noch klarzustellen, das sei aber eine andere Situation gewesen, weil Deutschland damals Angreifer war.[3]

Die vom damaligen Generalinspekteur Wolfgang Schneiderhan ausgegebene Devise „Schwarz-Rot-Gold ist eine Schutzweste" hatte spätestens Mitte 2006 auch im relativ ruhig geltenden Norden ausgedient. Damals wurde zum ersten Mal in der Region Kundus ein Selbstmordanschlag auf eine Bundeswehr-Patrouille verübt. Kurz darauf suchten die Taliban die direkte Konfrontation, indem sie eine Patrouille mit Panzerfäusten und Handfeuerwaffen angriffen. Einen schweren Rückschlag für den Versuch, auf die afghanische Bevölkerung zuzugehen, stellte im Mai 2007 eine hinterhältige Attacke auf einem Markt in Kundus dar. Dabei starben drei deutsche Soldaten. Was ein NATO-Sprecher als „Ausdruck eines letzten Aufbäumens" der Rebellen wertete, entwickelte sich zu einem flächendeckenden Aufstand.[4] Nach offiziellen Angaben wurden 2005 im Bereich des seit 2006 unter deutscher Führung stehenden Regionalkommandos Nord weniger als 50 sicherheitsrelevante Zwischenfälle registriert. Im Jahr 2009 waren es in dem neun Provinzen umfassenden Gebiet schon 700 - eine Zahl, die bereits Anfang Oktober 2010 übertroffen wurde. Beschwichtigend hieß es zugleich, dass es sich dabei nur um rund vier Prozent der landesweit erfassten Zwischenfälle handele.[5] Aufrüttelnde Stimmen wurden nicht erhört, sondern überhört. Der deutsche Botschafter in Kabul, Hans-Ulrich Seidt, warnte eindringlich vor einer drohenden Katastrophe. Er betonte zudem, der Süden Afghanistans sei von der NATO nicht zu gewinnen. SPD-Fraktionsvize Walter Kolbow schloss ein Scheitern der Mission nicht aus, wenn die Akzeptanz im Land selbst, aber auch in Deutschland weiter schwinde.[6]

Als im April 2010 innerhalb von zwei Wochen sieben deutsche Soldaten fielen, sah sich die Kanzlerin genötigt, auf die gesamte Mission einzugehen. Sie räumte ein: „Es gab manche Fortschritte, es gab zu viele Rückschritte, und unsere Ziele waren zum Teil unrealistisch hoch oder sie waren sogar falsch."[7] Außenminister Guido Westerwelle (FDP) ließ wissen: „Wir müssen uns von der Idee verabschieden, (…) dass wir in Afghanistan europäische Verhältnisse schaffen können."[8] Verteidigungsminister zu Guttenberg versuchte gleich noch einen Befreiungsschlag. Er gestand „viele Fehler ein". Diese seien einer „gemeinsamen Überforderung geschuldet und nicht der Intention, die Wahrheit vertuschen zu wollen". Die gemeinsame Überforderung sei dabei keine politische, sondern eine die Gesellschaft allgemein betreffende.[9] Als ob die Entscheidung über den Einsatz der Bundeswehr am Hindukusch in einer Volksabstimmung und nicht im Deutschen Bundestag getroffen worden wäre, betrieb der Minister die Reinwaschung der politischen Klasse.

Seit 2010 versuchte die NATO am Hindukusch mit einer Doppelstrategie wieder in die Offensive zu kommen. Zum einen sollten mit der zeitweiligen Aufstockung des internationalen Kontingents die Taliban wirksamer zurückgedrängt werden. Zum anderen ging es um die schrittweise Übertragung der Sicherheitsverantwortung an die Afghanen. Das geschah nicht zuletzt auf Druck der Amerikaner. Diese forderten, die Bundeswehr solle sich nicht in ihren festungsartig ausgebauten Stützpunkten verschanzen, sondern an der Seite der afghanischen Armee die Bevölkerung vor den Taliban schützen.

Afghanistan-Kommandeur Stanley McChrystal betonte, es sei die falsche Taktik, „dass die Sicherheitskräfte in ihren Feldlagern bleiben, ihre gepanzerten Fahrzeuge nicht mehr verlassen, kaum noch Kontakt zur Bevölkerung haben". Der General äußerte wenig Schmeichelhaftes zum Agieren der Deutschen. „Der Norden – zum Beispiel Kundus – ist entscheidend für die Stabilität Afghanistans. Die Taliban haben die dortigen Zustände genutzt, um sich auszubreiten."[10] McChrystal bezog sich dabei auf die strategische Bedeutung der Region, die bereits während der sowjetischen Besatzung Schauplatz heftiger Kämpfe war, als die Mudschaheddin immer wieder die russischen Versorgungslinien angriffen. Während der Taliban-Herrschaft war Kundus eine wichtige Bastion der Fundamentalisten. Paschtunen hatten sich dort in den 1930-er Jahren angesiedelt. Diese stehen aus ethnischen Gründen in Gegnerschaft zu der von Tadschiken und Usbeken getragenen Nordallianz. Die Amerikaner zogen 2010 die Notbremse, indem sie 5000 Soldaten und rund 50 Hubschrauber zur Verbesserung der Sicherheitslage in den von der Bundeswehr verantworteten Bereich entsandten.

Verteidigungsminister zu Guttenberg reagierte jedenfalls umgehend auf McChrystals harsche Kritik. Diese sei eine „Realitätsbeschreibung", der man sich stellen müsse. In dem dazu vom Bundestag erteilten Mandat hieß es: „Die Bundeswehr wird den Schutz der Bevölkerung noch mehr in den Mittelpunkt stellen und die Ausbildung der afghanischen Sicherheitskräfte deutlich intensivieren. Dies schließt eine deutlicher akzentuierte Präsenz in der Fläche ein."[11] Das barg mehr Risiken in sich, die heruntergespielt wurden. Die Bundeswehr bot mehr Angriffsflächen, die afghanische Armee präsentierte sich vielfach als unberechenbare Größe. Selbst wenn der Feind zahlenmäßig und waffentechnisch unterlegen war: Seine ausgeprägte Ortskenntnis, Unterstützung aus der Bevölkerung und das Überraschungsmoment bei Angriffen aus dem Hinterhalt blieben Vorteile, die stets gnadenlos ausgenutzt wurden. Die Amerikaner waren mit dem deutschen Schwenk zufrieden. Sie lobten ausdrücklich die Aufstellung der Task Force Kundus (einsatzbereit seit September 2010) und der Task Force Mazar-i-Scharif (einsatzbereit seit November 2010), die verharmlosend als Ausbildungs- und Schutzbataillone firmierten.

Zuvor hatte es auch anderweitig schwere Irritationen gegeben. Andere Nationen wie Großbritannien, Kanada und die Niederlande, die bei Kämpfen im Süden schwere Verluste erlitten, warfen Deutschland unsolidarisches Verhalten vor. Als Beleg wurde ein Fall aus dem Sommer 2006 angeführt. Im Rahmen der „Operation Medusa" hatten kanadische Einheiten, die in schwere Bedrängnis geraten waren, Unterstützung angefordert. Der deutsche Kontingentführer soll daraufhin mitgeteilt haben, er könnte Soldaten schicken, doch er bekomme aus Berlin keine Erlaubnis dafür. Die Bundesregierung dementierte umgehend eine entsprechende Anfrage. Zutage trat damit das eigentliche Problem: Etliche Truppensteller verfügten Einsatzbeschränkungen für ihre Streitkräfte in Afghanistan. Das trug möglicherweise dazu bei, dass bei der „Operation Medusa" zwölf Soldaten starben.[12] Diese Einsatzbeschränkungen kamen auch zum Tragen, als afghanische Truppen aus dem Norden in den Süden verlegt wurden. Das Bundesverteidigungsministerium untersagte den deutschen Ausbildern, ihre Schützlinge zu begleiten. Dafür sprangen Amerikaner und Kroaten ein.[13] Ein Bundestagsbeschluss vom 28. September 2005, der den Einsatz deutscher Soldaten über Kabul und den Norden hinaus für zeitlich und personell begrenzte Unterstützungsmaßnahmen erlaubte, wurde damit zu Makulatur. Im zuvor formulierten Antrag der Bundesregierung stand wörtlich: „Deutsche Streitkräfte werden in den ISAF-Regionen Kabul und Nord eingesetzt. Darüber hinaus können sie in der ISAF-Region West sowie im Zuge der weiteren ISAF-Ausdehnung in anderen Regionen für zeitlich und im Umfang begrenzte Unterstützungsmaßnahmen eingesetzt werden, sofern diese Unterstützungsmaßnahmen zur Erfüllung des ISAF-Gesamtauftrages unabweisbar sind."[14] Ähnliche Formulierungen fanden sich danach bei der Erteilung weiterer Mandate, wurden aber offenbar sehr eng ausgelegt.

Immer wieder tadelten die USA den Beitrag ihrer Verbündeten als „unzureichend". Dabei ging es um die Bereitstellung von Truppen, Ausbildern und Helikoptern. Ohne Deutschland namentlich zu erwähnen, wurden vor allem von der stärksten Wirtschaftsmacht Europas größere Anstrengungen verlangt. Als die Bundesrepublik zwischen 2002 und 2007 den Wiederaufbau der afghanischen Polizei koordinierte, schrieben Experten ausbleibende Erfolge unter anderem der schlechten Vorbereitung der deutschen Ausbilder und ihrer zu geringen Zahl zu. Der Afghanistan-Experte Ahmed Rashid urteilte, die deutsche Politik habe „in Afghanistan einen Fehler nach dem nächsten gemacht". Dazu zählte er die Übernahme der Polizeiausbildung, obwohl es nicht genügend Erfahrungen für solch ein Training in einem Land der Dritten Welt gegeben hätte. Besonders hielt Rashid der Bundesrepublik vor, jahrelang nicht akzeptiert zu haben, „dass dies ein Krieg ist, obwohl die Taliban seit 2007 Kundus überschwemmt haben".[15]

Wie sehr die Bundeswehr auf die Unterstützung der Amerikaner angewiesen war, zeigte der Abtransport von Schwerverletzten. Die deutschen Streitkräfte verfügten in Nordafghanistan über zu wenige und zudem altersschwache Helikopter. Deshalb war die Befürchtung groß, die Vereinigten Staaten könnten in Verbindung mit einer angekündigten Truppenreduzierung ihre Hubschrauber-Flotte abziehen. Das hätte die Operationsfähigkeit der Bundeswehr massiv eingeschränkt. Es wäre wesentlich schwieriger geworden, Verletzte bei Gefechten schnell abzutransportieren. Nach einem Bittbrief des Generalinspekteurs und intensivem Werben der politischen Führung in Berlin erklärte sich das Pentagon bereit, die notwendigen Kapazitäten bis auf weiteres zur Verfügung zu stellen. Nachfolgende Verminderungen sollten in enger Abstimmung erfolgen.[16]

Nicht auf eine zunehmende Eskalation eingerichtet, erfolgte in Afghanistan unter großen Mühen eine Anpassung an die veränderten Bedingungen. Die Zahl der geschützten Fahrzeuge wuchs kontinuierlich, bei Gefechten wurden auch schwerere Kaliber eingesetzt und schließlich Kampfhubschrauber an den Hindukusch verlegt.[17] Geradezu abenteuerlich wirkte der Vorschlag, nach der mit großer Feuerkraft ausgestatteten Panzerhaubitze 2000 schwere Kampfpanzer vom Typ Leopard 2 mit seiner 120-Millimeter-Kanone nach Afghanistan zu schicken. Dieser wäre in den engen Gassen der Ortschaften nicht manövrierfähig. Auf unübersichtlichem Terrain hätte sich zudem das Risiko erhöht, dass Zivilisten oder Verbündete bei Kampfhandlungen umkommen.

Die Grenzen der Bemühungen, den Schutz zu verbessern, wurden in der Praxis schnell aufgezeigt. Gepanzerte Fahrzeuge mussten verlassen werden, um Sprengfallen zu entschärfen, Verkehrswege auszubessern oder Kontakt mit der Bevölkerung zu halten. Die Soldaten waren damit ein leichtes Ziel für Heckenschützen. Auf dickere Panzerungen folgten stärkere Sprengsätze. Hinzu kam ein fahrlässiges Verhalten der politischen Führung in Berlin. Der Wehrbeauftragte der Bundestages, Hellmut Königshaus (FDP), stellte dazu in seinem Jahresbericht 2012 fest, dass es immer noch Defizite im Bereich der Aufklärung und Räumung von Kampfmitteln/Sprengfallen gäbe. Die Bundeswehr verfüge diesbezüglich lediglich über eine Anfangsbefähigung, aber immer noch nicht über ausreichendes technisches Gerät. Den ersten Anschlag auf deutsche Kräfte im Norden Afghanistans unter Verwendung improvisierter Sprengfallen habe es im Sommer 2004 gegeben. Im Jahr darauf seien derartige Sprengfallen als Hauptbedrohung für die Bundeswehr eingestuft worden. Danach sei es tatsächlich zu zahlreichen Anschlägen mit gefallenen und schwerverwundeten Soldaten gekommen. Königshaus wies die Erklärung des Verteidigungsministeriums vom Juni 2011 als unzutreffend zurück, die Fähigkeitslücke erst 2009 erkannt und Schritte zu ihrer Schließung eingeleitet zu haben. Nach seiner Auffassung sollte nur kaschiert werden, dass die Defizite lange zuvor festgestellt, diese aus Haushaltsgründen jedoch bewusst in Kauf genommen worden waren. Erst im Herbst 2010 hätte das zuständige Ministerium aufgrund nachdrücklicher Intervention aus dem parlamentarischen Bereich entsprechende Maßnahmen eingeleitet.[18]

Im Jahr 2012 wies die offizielle Statistik für Nordafghanistan rund drei Prozent aller sicherheitsrelevanten Zwischenfälle im Land aus.[19] Erfreulicherweise wurde kein Bundeswehrsoldat bei Anschlägen oder Kämpfen getötet. Das war nicht zuletzt auf eine veränderte Form der Aufstandsbekämpfung zurückzuführen, bei der das deutsche Kontingent in die zweite, zuweilen in die dritte Reihe rückte, während afghanische Armee und Polizei die Hauptlast des Kampfes trugen.[20] Die Provinzen Kundus, Baghlan und Faryab blieben Unruheherde. Zu Beginn des islamischen Opferfestes am 26. Oktober 2012 verübte ein Selbstmordattentäter in einer Moschee einen Anschlag. In Maimana, Hauptstadt der Provinz Faryab, starben bei der Attacke dutzende Menschen. Die meisten waren Polizisten. Die vollständige Sicherheitsverantwortung in der gesamten Provinz hatte die ISAF einen Monat zuvor übergeben. Maimana wirkte wie ein Menetekel für die Zukunft Afghanistans. Ende Mai 2013 musste die Bundeswehr eingestehen, die Sicherheitslage beschönigt zu haben. Die korrigierte Statistik wies aus, dass es 2012 mit 1228 sicherheitsrelevanten Zwischenfällen rund 25 Prozent mehr gab als 2011. Für Januar bis November 2013 wurden 1660 solcher Zwischenfälle registriert.[21]

Soldaten extrem unter Druck

Für die Truppe stellte der Einsatz eine extreme physische und psychische Herausforderung dar. Angaben der Bundeswehr zufolge stieg die Zahl der Soldaten, die nach einem Afghanistan-Aufenthalt wegen einer posttraumatischen Belastungsstörung (PTBS) behandelt wurden, von 84 im Jahr 2004 auf 1141 im Jahr 2013.[22] Die Zahl der wirklichen Fälle galt als wesentlich höher. Soldaten scheuten oft den Gang zum Psychologen, weil sie nicht als Versager dastehen wollen. Auf eine stärkere Inanspruchnahme wäre die Bundeswehr auf dem Höhepunkt der Kampfhandlungen auch gar nicht eingestellt gewesen: Von den 42 psychiatrischen Dienstposten waren Ende 2010 nur 24 besetzt.[23] Nach einer internen Analyse werden dem Sanitätsdienst rund 1 000 Stellen fehlen, um in der neuen Struktur die notwendige aufgaben- und einsatzorientierte medizinische Versorgung für die Streitkräfte leisten zu können.[24]

Augenscheinlich kam der Dienstherr seiner Fürsorgepflicht unzureichend nach. Erkrankte Bundeswehrsoldaten und ihre Angehörigen nutzten unter anderem das Internetportal „Angriff auf die Seele", um ihre Ängste und Sorgen zu thematisieren. Viele Soldaten sahen ihr mit hohen Risiken verbundenes Engagement am Hindukusch in der Heimat nicht ausreichend gewürdigt. Sie verwiesen auf den großen Rückhalt, den Amerikaner, Briten und Vertreter anderer Nationen zuhause haben. Heimkehrer berichteten von mangelnder Wertschätzung bei der Truppe. Einige waren frustriert, weil sie den Eindruck gewannen, dass man in Deutschland leichter oder mindestens genauso schnell wie beim Auslandseinsatz befördert wird.[25]

Zu der bedenklichen Entwicklung trug bei, dass zwar zwischen zwei Auslandseinsätzen 20 Monate Inlandsdienst liegen sollten, aber insbesondere bei Spezialisten sogenannte Regenerationszeiten von neun und weniger Monaten üblich waren. Das betraf vor allem Kampfmittelräumer, Fernmelder, Ärzte, Sanitäter und Hubschrauberpiloten. Bei diesen wurde auch vielfach die in der Regel vier Monate betragene Einsatzzeit überschritten.[26] Aus einer Antwort des Verteidigungsministeriums auf eine Anfrage der Grünen-Bundestagsfraktion ging hervor, dass von Januar 2010 bis Anfang Dezember 2012 sowohl bei Einsatz- als auch bei Regenerationszeiten die Vorgaben vielfach nicht eingehalten wurden. In einem Viertel der Fälle dauerte der Einsatz länger als vier Monate. Besonders beansprucht waren bei den Kampftruppen des Heeres Gebirgsjäger, Jäger und Panzergrenadiere. Bei den Soldaten, die nach einem ersten Einsatz von mindestens vier Monaten nochmals in Krisengebiete gingen, wurde nur in der Hälfte der Fälle (50,7 Prozent) die Regenerationszeit von 20 Monaten eingehalten.[27] Die Bundeswehr steht vor der Frage, ob unter den Bedingungen von Kampfeinsätzen und den daraus resultierenden Gefahren künftig genügend qualifiziertes und motiviertes Personal zur Verfügung steht.

Insbesondere asymmetrische Konflikte halten ein hohes Maß an Unwägbarkeiten bereit. Bei Gefechten in der Nähe von Ortschaften besteht immer die Gefahr, dass Zivilisten getroffen werden. Oft bleibt unklar, wo und wer der Gegner ist. Die Taliban machten das zum Bestandteil ihrer Taktik. Wenn Autos auf Checkpoints zurasten und trotz Warnschüssen nicht hielten, musste unverzüglich gehandelt werden. Niemand wusste dann, ob in dem Fahrzeug Selbstmordattentäter mit einer Sprengstoffladung unterwegs waren oder vielleicht doch Zivilisten. Dass letztere bei Kontrollen erschossen wurden, ohne dass den Schützen Fahrlässigkeit nachgewiesen werden konnte, gehört zu den tragischen Kapiteln des Afghanistan-Krieges. Ein derartiger Vorfall, bei dem die Bundeswehr nach offiziellen Angaben erstmals den Tod von Zivilisten verursachte, ereignete sich am 28. August 2008. Es starben eine Frau und zwei Kinder, vier weitere Menschen wurden verletzt. Der Schütze war ein 28-jähriger Oberfeldwebel der Feldjägertruppe vom Standort Storkow im Bundesland Brandenburg, der von einem Einsatzfahrzeug des Typs Dingo einen Feuerstoß aus seinem Maschinengewehr abgab. Die zuständige Staatsanwaltschaft in Frankfurt (Oder) stellte das Ermittlungsverfahren gegen den Soldaten am 19. Mai 2009 ein. In einer Mitteilung der Behörde hieß es, eine Strafbarkeit wegen eines vorsätzlichen Tötungs- oder Körperverletzungsdeliktes „schied schon deshalb aus, weil der Beschuldigte in der Annahme gehandelt hat, seine Kameraden und er selbst würden durch die sich nähernden Fahrzeuge angegriffen". Auch eine Strafbarkeit wegen fahrlässiger Tötung oder Körperverletzung wurde nach einer Rekonstruktion des Tatgeschehens auf einem Kasernengelände in Bayern verneint.[28]

Für die schwierige Aufarbeitung derartiger Fälle waren bislang unterschiedliche Staatsanwaltschaften und Gerichte in Deutschland in Abhängigkeit vom Heimatstandort des Soldaten zuständig. Der zu beurteilende Vorgang kann sich aber bei Auslandseinsätzen tausende Kilometer entfernt unter oft dramatischen Umständen abgespielt haben. Deshalb beschloss der Bundestag am 25. Oktober 2012 die Einrichtung einer bundesweit zuständigen Staatsanwaltschaft, die künftig bei Verdacht auf Straftaten von Soldaten im Auslandseinsatz ermitteln soll. Deren Sitz und zugleich Gerichtsstand ist seit dem 1. April 2013 Kempten im Allgäu. Mit der Bündelung der Kompetenzen an einem Ort sollen Verfahren zügiger abgewikkelt und damit mehr Rechtssicherheit für die Soldaten hergestellt werden. Die besonderen, kaum überprüfbaren Abläufe und Rahmenbedingungen internationaler Militäreinsätze dürften jedoch weiter die Justiz vor kaum lösbare Aufgaben stellen.

Die Tragweite der Auslandseinsätze machte auch ein anderer Fall deutlich. Die Mutter eines gefallenen Soldaten stellte Strafanzeige gegen einen Bundeswehr-Kommandeur. Sie begründete diese unter anderem damit, dass die Soldaten unzureichend ausgerüstet waren, Luftunterstützung fehlte und Hilfsmaßnahmen für die am Karfreitag 2010 in schwere Gefechte verwickelte Patrouille zu spät eingeleitet wurden. Den Afghanistan-Einsatz insgesamt bezeichnete die Frau als rechtswidrig. Die Staatsanwaltschaft Kempten, zu diesem Zeitpunkt zuständig für alle Ermittlungsverfahren gegen bayerische Soldaten im Ausland, sah jedoch keine Anhaltspunkte für ein strafbares Verhalten des Kommandeurs. Die Verwendung des vorhandenen und für den Einsatz allgemein geeigneten Materials begründe keinen relevanten Vorwurf. Hilfe aus der Luft sei nicht möglich gewesen, weil sich die Aufständischen unter die Zivilbevölkerung gemischt hätten. Der Einsatz beruhe auf völkerrechtlichen Vereinbarungen sowie einem Beschluss des Bundestages.[29]

Der Tod von Soldaten löste in der deutschen Bevölkerung stets große Betroffenheit aus, aber erst die vom Bundeswehr-Oberst Georg Klein am 4. September 2009 befohlene Bombardierung zweier gekaperter Tanklaster und die nachfolgenden staatsanwaltlichen Ermittlungen rückten einer breiten Öffentlichkeit richtig ins Bewusstsein, dass am Hindukusch Krieg herrscht und die Bundeswehr dabei in einer Grauzone operiert. Juristisch entwickelte sich die Affäre zu einem Präzedenzfall. Die zunächst zuständige Dresdner Generalstaatsanwaltschaft lehnte Ermittlungen gegen den ansonsten in Leipzig stationierten Klein ab, da der Vorgang aufgrund eines „bewaffneten Konfliktes" in Afghanistan nicht nach normalem Strafrecht, sondern völkerstrafrechtlich zu beurteilen sei. Erstmals musste sich danach die Bundesanwaltschaft als oberste Anklagebehörde mit einer solchen Frage befassen. Sie stellte das Verfahren gegen den Oberst am 19. April 2010 ein, weil dieser weder gegen das Völkerstrafrecht noch gegen das deutsche Strafrecht verstoßen habe. Klein und ein weiterer beteiligter Offizier hatten demnach keine Hinweise auf die Anwesenheit von Zivilisten bei den Tanklastwagen. Nicht berücksichtigt wurde, dass Klein nach internen NATO-Ermittlungen gegen diverse Einsatzregeln verstieß. Besonders schwer wog dabei, dass der Oberst fälschlicherweise den US-Bomberpiloten eine Berührung seiner Soldaten mit dem Gegner (troops in contact) meldete. Aus Furcht oder Bedenkenlosigkeit wurde vor der Bombardierung auf eine gründliche Aufklärung des Geschehens um die Tanklaster verzichtet. Der Kommandeur verließ sich auf wenig aussagekräftige Aufnahmen amerikanischer Jets und eine einzige afghanische Quelle. Bei eigenem Augenschein wäre klar geworden, dass sich zahlreiche Zivilisten vor Ort befanden. Ein Tiefflug über die Tanklaster, eine sogenannte Show of Force, hätte vielleicht mit ihrer abschreckenden Wirkung die Tragödie noch verhindern können.

In der Truppe sorgte die Verfahrenseinstellung dennoch für Erleichterung, weil sie zumindest vorübergehend etwas Druck von den Soldaten nahm. Die Klassifizierung als „bewaffneter Konflikt" bedeutete nach Einschätzung von Experten erweiterte Handlungsmöglichkeiten für die Soldaten vor Ort. Allerdings stellt das keinen Freibrief dar. Im Völkerstrafgesetzbuch sind hohe Haftstrafen vorgesehen, wenn bei einem Angriff in unverhältnismäßigem Maße der Tod und die Verletzung von Zivilisten in Kauf genommen werden.

Als es in der Endphase der Großen Koalition zu dem verheerenden Luftschlag kam, war der überforderte Franz Josef Jung (CDU) Verteidigungsminister. Ihm folgte Karl-Theodor zu Guttenberg, der selbst bei außenpolitischen Experten der Linken Respekt genoss. Nicht wenige seiner Parteifreunde sagten zu Guttenberg eine große Zukunft bis ins höchste Regierungsamt voraus. Mit der Kundus-Affäre sah die Opposition die Gelegenheit gekommen, im Rahmen eines Untersuchungsausschusses zu Guttenberg in die Schranken zu verweisen. Kaum hatte dieser das Verteidigungsressort in der schwarz-gelben Regierung übernommen, geriet er in das Afghanistan-Dickicht. Der neue Chef der Hardthöhe erklärte den Angriff zunächst für „militärisch angemessen", um Wochen später genau das Gegenteil zu behaupten. Er entließ Generalinspekteur Wolfgang Schneiderhan und Staatssekretär Peter Wichert, weil ihm diese angeblich Informationen vorenthalten hatten. Beide Herren wehrten sich im Untersuchungsausschuss energisch gegen zu Guttenbergs Darstellung.

Damit stand Aussage gegen Aussage. Die von Merkel versprochene „lückenlose Aufklärung" des Luftschlags, bei dem nach Erkenntnissen der Bundeswehr 91 Menschen starben, kam nicht zustande. Das verstärkte die Annahme, dass unter Jung im Wehrressort nicht nur Chaos herrschte, sondern auch das wirkliche Ausmaß des Angriffs vertuscht werden sollte. An besagter Aufklärung hatte auch die SPD kein Interesse, die damals mit der Union eine Koalition bildete und mit Frank-Walter Steinmeier den Außenminister stellte.

Ein Minister, ein beamteter Staatsekretär und ein Generalinspekteur mussten ihre Posten nicht etwa wegen selbst erkannten Fehlverhaltens räumen, sondern im Ergebnis augenscheinlicher Überforderung und interner Ränkespiele. Der am 30. November 2009 als Arbeitsminister zurückgetretene Jung hatte nach dem

Luftschlag zunächst mitgeteilt, seinen Erkenntnissen zufolge seien „ausschließlich terroristische Taliban" getötet worden, obwohl die Faktenlage bereits eine andere war. Für die Übermittlungsdefizite mussten, wie später beim Rauswurf durch zu Guttenberg, Wichert und Schneiderhan herhalten. In Wirklichkeit war Jung außerstande, die mit dem Luftschlag verbundene politische Brisanz zu erkennen. Er überließ das Feld seinen Beamten und wollte offenbar mit Details nicht behelligt werden. Dennoch kamen die Abgeordneten der schwarz-gelben Koalition im Untersuchungsausschuss Anfang Juli 2011 zu dem Schluss, Verteidigungsministerium und Bundesregierung hätten weder vor noch nach der Wahl vom 27. September 2009 die Dinge verfälscht dargestellt. Der Bundesregierung wurde ein durchweg korrekter Umgang mit den Folgen des Luftschlags bescheinigt. Abgeschottet von der Öffentlichkeit ging die Bundeswehrkarriere von Georg Klein weiter, der Ende März 2013 zum Brigadegeneral aufstieg.

Die Bundeswehr überwies den betroffenen Opferfamilien von Kundus insgesamt 450 000 Dollar. Anwälte, die 79 Mandanten aus diesem Kreis vertraten, forderten deutlich höhere Zuwendungen pro Familie. Sie gingen zudem von 137 Toten aus. Die deutsche Seite betonte hingegen, die erfolgten Zahlungen seien keine „Entschädigung im Rechtssinn", sondern eine freiwillige humanitäre Geste.[30] Das hinterließ einen schalen Beigeschmack. Die Kundus-Affäre kann als Synonym für den gesamten Afghanistan-Einsatz gelten: Niemand will die Verantwortung für das Desaster übernehmen.

Zwei Männer – ein Ziel

Zweifellos lieferten die am Hindukusch gesammelten Erfahrungen einen starken Impuls für den Umbau der Bundeswehr zu einer Armee im Einsatz. In einem Bericht des Verteidigungsministeriums zum Stand der Neuausrichtung der Streitkräfte von Mai 2013 wurde festgestellt: „Die verstärkte infanteristische Befähigung des Heeres umfasst Jägerbataillone mit dem gepanzerten Transportkraftfahrzeug Boxer, Panzergrenadierbataillone mit dem Schützenpanzer Puma sowie Fallschirm- und Gebirgsjägerverbände. Damit verfügt das Heer über die Fähigkeit zum erfolgreichen Kampf in allen Operationsarten, Intensitäten und unter nahezu allen Gelände- sowie Klimabedingungen." Die Luftwaffe verlagere ihren Schwerpunkt von der Fähigkeit zum Kampf gegen das gegnerische Luftkriegspotential hin zu unterstützenden Luftoperationen sowie zur Überwachung und Aufklärung. Die Marine stelle in erster Linie Einsatzverpflichtungen sicher und sei befähigt, in multinationalen Operationen Führungsverantwortung zu übernehmen.[31]

Die erfolgten Weichenstellungen verbinden sich vor allem mit den Namen Karl-Theodor zu Guttenberg und Thomas de Maizière. Zu Guttenberg setzte eine Strukturkommission unter Leitung des Chefs der Bundesagentur für Arbeit, Frank-Jürgen Weise, ein. Diese übergab Ende Oktober 2010 ihren Abschlussbericht. Die wichtigsten Empfehlungen lauteten: Aussetzung der Wehrpflicht, Reduzierung der Streitkräfte auf etwa 180 000 Soldaten und komplette Verlegung des Verteidigungsministeriums von Bonn nach Berlin. Gespart wurde nicht mit Kritik am administrativen Wasserkopf und dem daraus entstehenden Kompetenzwirrwarr: „Die fachlichen Aufgaben im Ministerium verteilen sich zurzeit auf 17 verschiedene Abteilungen und Stäbe. Damit verbunden sind Reibungsverluste entlang der zahlreichen Schnittstellen, die Zersplitterung fachlicher und truppendienstlicher Aufgaben sowie langwierige Abstimmungsprozesse. Auch die Verantwortlichkeiten innerhalb der administrativen und militärischen Prozesse sind zersplittert. Zahlreiche Schnittstellen, heterogene Zuständigkeiten sowie der hohe Koordinierungs- und Abstimmungsaufwand stehen in krassem Gegensatz zum Prinzip ‚Führung und Verantwortung aus einer Hand' und der Forderung, ‚Vom Einsatz her denken'. Die allgemeine Verantwortungsdiffusion im Ministerium macht eine gezielte, sachgerechte und energische Steuerung unmöglich. Gut ausgebildete und hoch motivierte Mitarbeiterinnen und Mitarbeiter behindern sich gegenseitig in Strukturen, die nicht erfolgsfähig sind. Diese ungünstige Situation wird durch die Aufteilung des Ministeriums auf die Dienstsitze Bonn und Berlin weiter verschärft."[32]

Die Strukturkommission griff Gedanken aus dem Bericht „Gemeinsame Sicherheit und Zukunft der Bundeswehr" auf, der unter Führung des ehemaligen Bundespräsidenten Richard von Weizsäcker erarbeitet und im Mai 2000 vorgestellt worden war. Darin hieß es, die Bundeswehr sei „zu groß, falsch zusammengesetzt und zunehmend unmodern".[33] Die von der damaligen rot-grünen Bundesregierung berufene Kommission forderte angesichts einer veränderten Bedrohungslage eine Struktur, deren Messgröße „die Fähigkeit zur gleichzeitigen und zeitlich unbefristeten Beteiligung an bis zu zwei Kriseneinsätzen sein sollte".[34] Entsprechend schlug die Strukturkommission 2010 vor: „Das Anspruchsniveau sollte von heute 7000 auf ca. 15 000 durchhaltefähig für Einsätze verfügbare Soldatinnen und Soldaten in etwa verdoppelt werden. Bündnissolidarität und Bündnisfähigkeit lassen sich heute allem voran an den nachhaltigen Beiträgen zu verschiedenen Einsatzkontingenten bemessen."[35]

Die Wehrpflicht war bis dahin „ein Markenkern" der Union. Der charismatische, in der Truppe beliebte zu Guttenberg kassierte ihn nahezu im Alleingang, obwohl CSU-Chef Horst Seehofer die Wehrpflicht noch Ende Juni 2010 zur „Identitätsfrage" für seine Partei erklärt hatte. Doch die miserablen Umfragewerte in Bayern im Auge und den Freiherrn im Nacken, verzichtete Seehofer auf einen Machtkampf und beugte sich dem Unvermeidlichen. Die CDU schloss sich dieser Position an, die FDP war schon seit Jahren für eine Änderung des bisherigen Zustandes. In dem ganzen Trubel ging unter, dass der Verteidigungsminister noch im Mai 2010 im CSU-Organ „Bayernkurier" ein flammendes Bekenntnis zur Wehrpflicht abgelegt hatte.[36] Diese wurde zum 1. Juli 2011 offiziell ausgesetzt. Zuvor hatte die Strukturkommission das Ihrige getan, um wankelmütige Politiker zu überzeugen. In dem vorgelegten Bericht wurde festgestellt: „Die Allgemeine Wehrpflicht hat die Integration der Streitkräfte in die Gesellschaft gefördert. Heute aber schwindet die gesellschaftliche Akzeptanz der Wehrpflicht. Generell ist eine solche nur dann sinnvoll, wenn dies die äußere Sicherheit des Staates zwingend gebietet. Durch den Wegfall einer massiven, unmittelbaren militärischen Bedrohung kann die Wehrpflicht in der heutigen Form sicherheitspolitisch nicht mehr gerechtfertigt werden."[37] Noch vier Jahre zuvor hatte es im Weißbuch geheißen: „Die Allgemeine Wehrpflicht hat sich für Deutschland auch unter wechselnden sicherheitspolitischen Rahmenbedingungen uneingeschränkt bewährt."[38]

Die Streitkräfte sollten kleiner, flexibler und effizienter werden. Dafür sprachen ein verändertes Anforderungsprofil, die angespannte Haushaltslage und der demographische Faktor. Weniger Soldaten brauchen jedoch auch weniger Kasernen. Über die Standortfrage wurde im Herbst 2011 entschieden. Da war zu Guttenberg wegen Plagiats in seiner Doktorarbeit schon nicht mehr im Amt. Erstmals unter Druck geriet der Aufsteiger Anfang 2011, als die Opposition nach Vorkommnissen auf dem Segelschulschiff „Gorch Fock", geöffneten Feldpostbriefen und dem Tod eines Soldaten bei Waffenspielen in Afghanistan Aufklärung über die Missstände in der Bundeswehr verlangte. Die „Bild"-Zeitung setzte sich damals noch vehement für den Minister ein. In einem Kommentar hieß es: „Die Meute hetzt das Alpha-Tier: Ein Rudel missgelaunter, missgünstiger, missmutiger Politiker links und rechts der Mitte hat die Verfolgung aufgenommen. Irgendeine der diversen Bundeswehraffären muss doch irgendwie hängen bleiben am Volksliebling und Verteidigungsminister Karl-Theodor zu Guttenberg."[39] Die „Frankfurter Allgemeine Zeitung" bemerkte bissig zum Kurs des führenden deutschen Boulevard-Organs: „Insbesondere im familiären Kontext der Amtsführung des bayerischen Adeligen ist das Blatt stilprägend. So entsteht eine politisch-mediale Verbindung, die zumindest zeitweise den Charakter einer strategischen Partnerschaft trägt."[40] Allerdings rissen sich auch die anderen Medien um Storys über den Freiherren und seine ebenfalls aus adligem Geschlecht stammende Ehefrau Stephanie, wenn auch meistens in Zweitverwertung. Je nach Auftritt des Berliner Traumpaares wurden die Politik oder das Vermischte bedient. Die „Bild"-Zeitung bewies in dem erwähnten Kommentar auch noch eine prophetische Gabe: „In diesen Wochen entscheidet sich, ob Karl-Theodor zu Guttenberg ein ganz Großer der Politik wird. Adler oder Suppenhuhn? Die Antwort kann nur Guttenberg selbst geben. Nämlich ob er sich als schussfest erweist oder doch als verletzbar."[41]

Der Minister war verletzbar. Ab Mitte Februar 2011 kursierten Vorwürfe, der Politiker hätte in seiner Dissertation zum Thema „Verfassung und Verfassungsvertrag. Konstitutionelle Entwicklungsstufen in den USA und der EU" geistigen Diebstahl begangen. Zu Guttenberg wies das zunächst strikt zurück, wollte dann bis zur Klärung des Sachverhaltes vorübergehend auf das Führen des Doktortitels verzichten und legte ihn schließlich dauerhaft nieder. Selbst als die Universität Bayreuth am 23. Februar 2011 den Titel aberkannte, standen Merkel und Seehofer noch hinter zu Guttenberg. Die promovierte Physikerin Merkel hatte zuvor erklärt, sie habe schließlich keinen wissenschaftlichen Assistenten, sondern einen Minister berufen. Erst der Sturm der Entrüstung in der wissenschaftlichen Elite beendete die unwürdige Vorstellung. Am 1. März 2011 trat der Verteidigungsminister zurück und gab zugleich sein Bundestagsmandat auf.

Der Fall des einstigen Hoffnungsträgers war tief. Der CSU-Mann zog 2002 in den Bundestag ein, bei der Wahl 2005 holte er als Direktkandidat 60 Prozent der Erststimmen, 2009 sogar 68,1 Prozent – das beste Ergebnis bundesweit. Zu Guttenberg profilierte sich in der Unionsfraktion schnell als außenpolitischer Experte. Umso überraschender kam die Berufung zum Wirtschaftsminister im Februar 2009. In diesem Amt setzte der Jurist schnell Akzente. Er sprach sich im Tauziehen um die Zukunft von Opel für eine geordnete Insolvenz aus und soll sogar mit Rücktritt gedroht haben, konnte sich damit aber nicht gegen Bundeskanzlerin Merkel und andere Minister durchsetzen. Seinem Ansehen schadete das keineswegs. Zu Guttenberg (Jahrgang 1971) wurde als unverbrauchte konservative Kraft wahrgenommen, die den Mut zu unbequemen Entscheidungen hat. Dass er im März 2009 selbstverliebt über den New Yorker Times Square flanierte, um gleich auch noch seine Weltoffenheit zu demonstrieren, wurde hier und da als Indiz für ein übergroßes Ego gedeutet. Kritiker sprachen von Politik-Marketing. Der Hang zur eigenen Inszenierung offenbarte sich auch nach dem Ressortwechsel. Bei seinen häufigen Afghanistan-Besuchen gab der frühere Gebirgsjäger den Soldaten-Versteher, der sich bis in die vordersten Stützpunkte wagte. Mitte Dezember 2010 reiste zu Guttenberg mit Gattin Stephanie an den Hindukusch. Zum Tross gehörte auch der Fernsehmoderator Johannes B. Kerner, der mit dem Minister im Bundeswehr-Camp Mazar-i-Scharif talkte. Stephanie zu Guttenberg gab sich ganz staatstragend. „Das ist kein spaßiger Ausflug, das ist bitterer Ernst", betonte sie. Sie wolle sich aber nicht durch die angespannte Sicherheitslage davon abhalten lassen, „als

Bürger dieses Landes Danke zu sagen". Ehemann Karl-Theodor schlug den gesamtgesellschaftlichen Bogen. Die gemeinsame Visite solle zeigen, „dass der Einsatz der Soldaten nicht nur politisch getragen wird, sondern darüber hinaus". Um dann noch die zentrale Botschaft zu transportieren: „Es ist eine Frage des Herzens."[42]

Der auch in der Bevölkerung populäre Minister hatte den Bogen überspannt, saß aber zu diesem Zeitpunkt noch ganz fest im Sattel. Umso schwerer fiel ihm dann der Abgang. Zu Guttenberg zog sich mit seiner Familie zu einem „politischen Sabbatical", zu einer Auszeit, in die USA zurück. Er nahm Kontakt zur angesehenen Washingtoner Denkfabrik Center for Strategic and International Studies (CSIS) auf. Hinzu kam ein Berater-Job für Internetfragen bei der EU. Dem „Zeit"-Chefredakteur Giovanni di Lorenzo gab der Ex-Verteidigungsminister im Herbst 2011 ein langes Interview, das unter dem programmatischen Titel „Vorerst gescheitert" auch als Buch veröffentlicht wurde. Danach kamen Spekulationen über ein Comeback Karl-Theodor zu Guttenbergs auf, der allerdings mit despektierlichen Äußerungen über die CSU und die Universität Bayreuth erneut wenig Einsicht zeigte. CSU-Chef Seehofer warb mehrfach um eine Rückkehr zu Guttenbergs in die Politik, doch dieser erteilte eine Abfuhr nach der anderen. Derart frustriert verglich der bayerische Ministerpräsident seinen Parteifreund mit einem „Glühwürmchen", dessen Leuchten nicht von langer Dauer sei.[43]

Der Unterschied zwischen dem katholisch-fränkischen Freiherren und seinem protestantisch-preußischen Nachfolger könnte kaum größer sein. Thomas de Maizière (Jahrgang 1954) würde es wohl nie in den Sinn kommen, in Afghanistan im Bundeswehr-T-Shirt vor den Kameras zu posieren. Seine Ehefrau Martina erklärte: „Ich werde sicherlich nicht mit meinem Mann nach Afghanistan reisen. Das würde nur eine Aufmerksamkeit erzeugen, die ich nicht will."[44] Die Diplom-Sozialpädagogin übernahm im Oktober 2012 ohne großes Aufheben die Schirmherrschaft über die Familienbetreuung der Bundeswehr. Diese besteht aus einem Netz von 31 Familienbetreuungszentren und bis zu 50 Familienbetreuungsstellen, die temporär an den Standorten der jeweiligen Einsatzkontingente zu finden sind. Die Einrichtungen wirken als wichtiges Bindeglied zwischen den Soldaten und ihren Familien.[45] Die Auslandseinsätze, bei denen es wie in Afghanistan um Leben und Tod gehen kann, sind eine harte Belastungsprobe. Etwa ein Drittel der Partnerschaften zerbricht daran.

Der Sohn des ehemaligen Bundeswehr-Generalinspekteurs Ulrich de Maizière verfügte bei seinem Amtsantritt als Verteidigungsminister am 3. März 2011 über reichlich Regierungserfahrung in Bund und Ländern. Bereits 1990 war er beteiligt am Aufbau des Amtes des Ministerpräsidenten der letzten DDR-Regierung. An deren Spitze stand Cousin Lothar de Maizière (CDU). Aus dieser Zeit stammt die Bekanntschaft mit Angela Merkel, zu der sich im Laufe der Jahre ein enges Vertrauensverhältnis entwickelte. Thomas de Maizière leitete zwischen 1990 und 2005 in Mecklenburg-Vorpommern und Sachsen die jeweiligen Staatskanzleien. Darüber hinaus stand er an der Spitze der Ministerien für Finanzen, Justiz und Inneres. Der promovierte Jurist galt als umsichtig agierender Manager der Macht. Nur in Zusammenhang mit dem sogenannten Sachsensumpf kam der bis dahin makellose Politiker kurz ins Gerede. Ihm wurde vorgeworfen, als sächsischer Innenminister die Parlamentarische Kontrollkommission des Landtages (PKK) nicht über brisante Erkenntnisse des Verfassungsschutzes informiert zu haben. In den geheimen Akten waren nach Medienberichten Hinweise auf Verbindungen von Justiz, Polizei und Politik im Freistaat zur organisierten Kriminalität enthalten. Der Bogen spannte sich von Kinderzuhälterei bis hin zu Mord. PKK-Chef Gottfried Teubner (CDU) warf seinem Parteifreund einen „glatten Rechtsbruch" vor.[46] Dieser ließ die Attacke mit der Bemerkung abperlen, für eine Unterrichtung der Parlamentarischen Kontrollkommission sei die „Erkenntnisdichte" damals zu gering gewesen.[47]

Zu diesem Zeitpunkt war der nächste Schritt auf der Karriereleiter mit der Berufung zum Chef des Bundeskanzleramtes im ersten Kabinett Merkel längst vollzogen. De Maizière trug maßgeblich dazu bei, dass die Zusammenarbeit zwischen Union und SPD in der Großen Koalition von 2005 bis 2009 weitgehend harmonisch verlief. Es folgte der Wechsel ins Innenressort im zweiten Kabinett Merkel im Jahr 2009. Als Mann für alle Fälle musste der Minister dann bald Karl-Theodor zu Guttenberg ersetzen und auf einem heißen Stuhl Platz nehmen.

De Maizière leistete zwar ab 1972 seinen Wehrdienst beim Panzergrenadierbataillon 142 in Koblenz ab, aber mit dem Militär hatte er seitdem wenig zu tun. Seine späteren Auftritte bei der Truppe waren stets sachorientiert und dürften die Herzen der Soldaten nicht besonders erwärmt haben. Die Distanz wurde auch in Interviewäußerungen des Ministers deutlich, der bei etlichen Soldaten einen „verständlichen, aber oft übertriebenen Wunsch nach Wertschätzung" ausmachte. Diese seien „vielleicht geradezu süchtig danach". Es folgten dann jene Aussagen, die für den eigentlichen Wirbel sorgten: „Hört einfach auf, dauernd nach Anerkennung zu gieren. Die Wertschätzung anderer bekommt man nicht dadurch, dass man danach fragt, sondern dass man gute Arbeit leistet."[48] Die Bundeswehr, so das Credo des Unionspolitikers, müsste effizienter und weniger hierarchisch werden. Zahlen der Europäischen Verteidigungsagentur (European Defence Agency/ EDA) von Mitte 2011 stützten diese Einschätzung eindrucksvoll. Während Deutschland 7000 Soldaten gleichzeitig ins Ausland schicken konnte, waren es bei den Briten 22 000 und bei den Franzosen 30 000. Hinter jedem Bundeswehrsoldaten im Einsatz standen 35 Soldaten und 15 zivile Mitarbeiter zu Hause. Bei den Franzosen waren es acht plus zwei, bei den Briten neun plus vier und EU-weit 16 plus vier.[49] Eine Änderung dieses Zustandes bedeutete, im eigenen Ministerium eine beharrungsfähige Ministerialbürokratie von 3500 auf 2000 Dienstposten drastisch zurückzustutzen. Der Generalität musste klar gemacht werden, dass mehr Verantwortung für die unteren Ebenen einen Paradigmenwechsel darstellt. Eine bis 2017 zu vollziehende Reduzierung der Streitkräfte erforderte soziale Lösungen für all jene, die nicht mehr gebraucht werden. Es ging darum, ausreichend geeignete Kandidaten für den freiwilligen Wehrdienst zu finden. Die Anfänge waren ernüchternd: Etwa 30 Prozent der Bewerber gaben in der sechs Monate betragenen Probezeit entweder von allein auf oder erfüllten die Anforderungen nicht, um eine Dienstzeit zwischen sieben und 23 Monaten zu absolvieren. Ende 2012 waren nach Bundeswehr-Angaben 11 150 Freiwillige im Bestand der Streitkräfte. Dazu kamen 180 668 Berufs- und Zeitsoldaten.[50]

Die mühselige Kandidatensuche spricht nicht unbedingt für die Attraktivität eines Arbeitgebers, der den freiwillig Wehrdienstleistenden am Ende rund 1150 Euro Sold monatlich zahlt sowie unentgeltliche Unterkunft und Verpflegung bietet. Die Bundeswehr weist ausdrücklich darauf hin, dass zu einer Verpflichtung für 12 Monate oder länger die schriftliche Bereitschaftserklärung gehört, an einer Auslandsverwendung grundsätzlich teilzunehmen. In der Praxis war bislang die Zahl der freiwillig Wehrdienstleistenden im Einsatz außerhalb Deutschlands sehr überschaubar. 26 von ihnen dienten Mitte März 2013 bei einer Mandatsobergrenze von 4400 Bundeswehrsoldaten im ISAF-Kontingent.[51] Der sogenannte Auslandsverwendungszuschlag von 110 Euro netto pro Tag stellt offenbar kaum einen Anreiz dar.

Die um Fachkräfte buhlende Privatwirtschaft offeriert bessere Perspektiven. Als untauglich dürfte sich der Vorschlag erweisen, personelle Engpässe bei der Bundeswehr durch die Gewinnung von Kandidaten mit Migrationshintergrund zu beheben. Der Vorstoß des Wehrbeauftragten Königshaus verdeutlichte lediglich, wie groß die Not ist.[52] In einer Bundestagsdebatte betonte de Maizière: „Junge Menschen werden sich nur dann für den Dienst in der Bundeswehr entscheiden, im äußersten Fall ihr Leben für unser Land und unsere Freiheit einsetzen, wenn unsere Gesellschaft den soldatischen Dienst als wertvoll, ja als ehrenhaft ansieht."[53] Zwischen Wunsch und Wirklichkeit liegen jedoch Welten.

Das Interesse am Bundesfreiwilligendienst (BFD), dem Ersatz für den früheren Zivildienst, ist dagegen sehr hoch. Im Jahr 2012 waren alle 35 000 Plätze durchgehend ausgebucht - und das, obwohl die sogenannten Bufdis deutlich weniger verdienen. Das als Aufwandsentschädigung für das Ehrenamt gezahlte Taschengeld beträgt maximal 330 Euro monatlich. Hinzu können kostenlose Unterkunft, Verpflegung und Dienstkleidung kommen. Die Abbrecherquote für den Dienst bei Wohlfahrtsverbänden oder Sozialeinrichtungen liegt unter 15 Prozent. Die Regeldauer sind 12 Monate. Die Einsatzgebiete reichen von der Kinder- und Jugendhilfe bis zum Zivil- und Katastrophenschutz.[54]

Die eingeleitete Umstrukturierung der Bundeswehr hat schließlich Folgen für zahlreiche Kommunen, die in den kommenden Jahren von Standortschließungen betroffen sind. In Bayern wird die Zahl der Dienstposten von 50 700 auf 31 000 verringert. In besonderem Maße betroffen sind auch Baden-Württemberg, Niedersachsen, Rheinland-Pfalz und Schleswig-Holstein. Im Oktober 2011 war die Bundeswehr noch an 394 Standorten präsent. 13 von ihnen sollten bereits auf Grundlage vorheriger Entscheidungen geschlossen werden. 58 Kommunen, in denen es weniger als 15 Dienstposten gibt, werden nicht mehr als Standorte geführt. Fünf, die vorher organisatorisch anders zugeordnet waren, kamen hinzu. Damit verblieben 328 Standorte, welche die Basis für künftige Reduzierungen bildeten. Das Stationierungskonzept sieht vor, weitere 32 Standorte zu schließen und 91 signifikant zu verkleinern. 33 davon werden dann unter 15 Dienstposten haben und kein Standort mehr sein. Von einst 394 Standorten in Deutschland bleiben somit noch 263 übrig.[55]

Die Bundeswehr erlebte in den vergangenen Jahrzehnten etliche Reformen, weil sich die Aufgaben änderten. Von de Maizières Vater Ulrich stammt der Satz: „Eine Armee ist immer in Bewegung. Sie ist niemals fertig."[56] Aber kaum hat ein Umbau für eine solche Unruhe gesorgt wie der jetzige. Das belegte eine erste Befragung, die die Technische Universität Chemnitz im Auftrage des Bundeswehrverbandes unter Führungskräften vom Hauptfeldwebel bis zum General vom 26. Juni bis zum 31. Juli 2012 durchgeführt hatte. Die Ausrichtung auf Einsätze bezeichneten 27,3 Prozent der Soldaten als schlecht bzw. sehr schlecht, deren Umsetzung aber bereits 46,7 Prozent. Besonders negativ beurteilt wurden die Belastungssituation (81 Prozent), die Vereinbarkeit von Familie und Partnerschaft (74,2 Prozent) und die Stimmung in der Truppe (73,4 Prozent). Aufgrund dessen gaben 58 Prozent der Befragten an, darüber nachgedacht zu haben, die Streitkräfte vorzeitig zu verlassen. 63,6 Prozent würden einer nahestehenden Person den Dienst in der Bundeswehr nicht empfehlen.[57] Verbandschef Oberst Ulrich Kirsch nutzte die Präsentation der Befragungsergebnisse, um die Politik zu attackieren. Es sei nicht zu erkennen, „dass die Bundesregierung die Neuausrichtung gemeinschaftlich zum Erfolg führen will". Neuausrichtung sei Gestaltung, und Gestaltung koste Geld. Nach fast zweieinhalb Jahren Reform wisse der Einzelne immer noch nicht sicher, wie es mit ihm und seiner Familie weitergehe.[58] Auffiel bei der Befragung, dass die Politik im Allgemeinen und die Bundesregierung wesentlich schlechter eingeschätzt wurden als das Verteidigungsministerium. Das sprach für einen gewissen Korpsgeist und einen immer noch vorhandenen Bonus für de Maizière.

Aufgeschreckt vom verbreiteten Unmut in der Truppe, bemühten sich Bundeskanzlerin und Verteidigungsminister auf einer Bundeswehrtagung mit zivilen und militärischen Führungskräften Ende Oktober 2012 im brandenburgischen Strausberg die Wogen zu glätten. Merkel sah sich zu der Klarstellung genötigt, die gesamte Regierung unterstütze die Neuausrichtung der Streitkräfte. De Maizière wählte in seiner Grundsatzrede eine Mischung aus Angriff und Verteidigung, um einzelne Kritikpunkte zu entkräften oder zu entschärfen. Er stellte das Erreichte heraus, indem er darauf hinwies, dass es gemeinsam gelungen sei, von März bis Dezember 2011, in nur zehn Monaten, die einsatzorientierte Neugestaltung der Bundeswehr zu beraten, zu entscheiden und zu planen. Er hob hervor, dass Partner wie Frankreich, Großbritannien, Polen, die Niederlande und Norwegen ebenfalls an der Neuordnung ihrer Strukturen, nicht nur der Truppen- und Standort-, sondern auch der Führungsstrukturen arbeiten würden. Der Minister räumte alsdann ein, dass es bei der Vereinbarkeit von Dienst und Familie, der Einsatz-Nachbereitung, den Gutachten und Verwaltungsverfahren bei PTBS-Fällen Defizite gäbe, die zu beheben seien. Zugleich ließ er keinen Zweifel daran, dass die Neuausrichtung der Bundeswehr für viele eine Mehrbelastung bedeute. Wie de Maizière unter den bestehenden Zwängen von strukturierter, absehbarer und dauerhafter Mangelverwaltung zu einer nachhaltig finanzierten Bundeswehr kommen wollte, blieb offen. Ein Ablenkungsmanöver war wohl eher der Satz: „Dauerhafte Planungssicherheit kann ernsthaft niemand bieten in einem Umfeld von Unsicherheit."[59]

Als Hemmnis für die Neuausrichtung erweist sich, dass erhebliche finanzielle Mittel in langfristigen Rüstungsprojekten gebunden sind, die sich an klassischen Kriegsszenarien orientierten, aber unzureichend asymmetrischen Konflikten wie in Afghanistan Rechnung tragen. Der Versuch, sich von überholten Vorhaben zu verabschieden und die frei werdenden Ressourcen in aus Sicht des Militärs zeitgemäßes Kriegsgerät zu investieren, trifft auf Grenzen. Diese resultieren aus Verträgen mit den Waffenschmieden, die an den

Großprojekten kräftig verdienen. Immer wenn Stückzahlen weiter gekürzt werden sollen, folgt umgehend die Drohung mit einem Arbeitsplatzabbau. Wurde tatsächlich mit der Industrie eine deutliche Reduzierung der Stückzahlen etwa bei Helikoptern vereinbart, war ausgehend vom ursprünglichen Kaufpreis die erreichte Kostenersparnis gering. Manch zukunftsträchtiges Waffensystem ist zudem politisch umstritten. Das betrifft unter anderem den lukrativen und umkämpften Markt für Drohnen.

Wenige Monate auf dem neuen Posten, verkündete der ambitionierte de Maizière gezielt seine politischen Botschaften über Interviews mit großen deutschen Tageszeitungen. Er bereitete die Öffentlichkeit auf weitere Auslandseinsätze vor, um gleich absichernd anzufügen: „(…) Soldaten sind Teil der Außenpolitik, und ein politischer Prozess muss begleitend zum Einsatz von Soldaten stattfinden – nicht nur klassische Außenpolitik sondern auch Wirtschaftspolitik, Entwicklungszusammenarbeit, gegebenenfalls Finanzpolitik, Sanktions- und Nachbarschaftspolitik."[60] Offen gab der Minister zu, sich in einem Dilemma zu befinden. Da man nicht vorhersagen könne, was in drei oder fünf Jahren für eine Lage herrsche, „müssen wir uns flexibel auf unterschiedliche, denkbare und undenkbare Risiken und Bedrohungen einstellen". Dazu würde die Einteilung in Eingreifkräfte, Stabilisierungskräfte und Unterstützungskräfte aufgegeben. Das Resultat wäre dann ein „single set of forces".[61] Klartext gab es zum Thema Zusammenarbeit auf dem Kontinent: „Ich finde die Bemühungen um eine europäische Sicherheits- und Verteidigungspolitik gelinde gesagt ernüchternd. Da setze ich lieber auf eine starke NATO."[62] Keine Erörterung fand die Frage, ob die NATO nach dem Scheitern in Afghanistan nicht eine andere ist – mit möglicherweise weitreichenden Folgen für das Bündnis und die Bundeswehr.

Am Ende der Neuausrichtung sollte jedenfalls nach den Vorstellungen von Thomas de Maizière eine leistungsfähige Bundeswehr stehen, die sieben Forderungen erfüllen kann:

1. Die Bundeswehr soll der Politik ein breites Spektrum an Fähigkeiten und damit Handlungsoptionen bieten.

2. Die Bundeswehr soll personell und materiell einsatzorientiert, einsatzfähig und einsatzbereit sein.

3. Die Bundeswehr soll in Strukturen und Verfahren effektiv wie effizient sein.

4. Die Bundeswehr soll demografiefest sein und eine ausgewogene Personalstruktur vorweisen.

5. Die Bundeswehr soll nachhaltig finanziert sein.

6. Die Bundeswehr soll als Freiwilligenarmee fest in der Gesellschaft verankert sein.

7. Die Bundeswehr soll ihren Angehörigen, Soldaten und zivilen Mitarbeitern, Heimat und Kameradschaft bieten.[63]

Mitte 2013 wurde klar, dass die Stimmung in der Truppe noch schlechter war als im Jahr zuvor. Eine zweite Befragung vom 2. April bis zum 10. Mai, die erstmals militärische und zivile Führungskräfte der Bundeswehr berücksichtigte, belegte das Versagen der politischen Führung im Allgemeinen und des Verteidigungsministers im Besonderen. Bei den militärischen Führungskräften bewerteten nur 7,8 Prozent die Umsetzung der Neuausrichtung der Bundeswehr bei einer Gesamtbetrachtung als gut bzw. sehr gut – im Rahmen der ersten Befragung waren es noch 15,2 Prozent. Etwa drei Viertel (75,4 Prozent) bezeichneten den aktuellen Nachsteuerungsbedarf bei der Reform als groß bzw. sehr groß. Zu den wichtigsten Forderungen gehörten die Erhöhung der beruflichen Planungssicherheit (83,2 Prozent) sowie die Verbesserung der Vereinbarkeit von Familie und Beruf (72,6 Prozent).[64] Mehr als zwei Drittel (68,3 Prozent) betrachteten die angestrebte Größe der Bundeswehr als zu klein bzw. viel zu klein, um den sicherheitspolitischen Herausforderungen Deutschlands und seiner Verbündeten gerecht zu werden.[65] Mehr als drei Viertel (77,6 Prozent) waren der Auffassung, dass die

Qualität des Nachwuchses in allen Laufbahnen der Bundeswehr seit dem Aussetzen der Wehrpflicht abgenommen bzw. stark abgenommen hat.[66]

Die Beteiligungsquote der militärischen Führungskräfte an der zweiten Befragung (58,1 Prozent) übertraf die der ersten (44,3 Prozent) deutlich. Das wurde in der Studie als Signal dafür gewertet, dass „das Mitteilungsbedürfnis, das Problembewusstsein und wohl auch die Probleme gewachsen sind".[67] Die Einschätzung der zivilen Führungskräfte bestätigte dies. Mit einem dramatischen Appell wandte sich Bundeswehrverbandschef Kirsch an die Öffentlichkeit. Er betonte: „Die Personal-Reduzierung verläuft zu schnell. Dazu kommen zeitweilig Doppelstrukturen, die durch den Umbruch bedingt sind, und zusätzliche Einsätze wie in der Türkei oder Mali. In der Folge werden die Stehzeiten im Ausland immer länger, die Regenerationsphasen in der Heimat immer kürzer. Das alles belastet die Soldatinnen und Soldaten enorm. Hier spart man Truppe und Familien kaputt. Das Ergebnis: Die Bundeswehr steht kurz vor der Implosion." Wenn jetzt nicht schnell gehandelt werde, drohe das innere Gefüge der Streitkräfte nachhaltig Schaden zu nehmen. Kirsch forderte einmalig und befristet bis 2017 zusätzlich 10 000 Haushaltsstellen, um die Reform zum Erfolg zu führen.[68]

Aber nicht aufgrund des unüberhörbaren Knirschens bei der Neuausrichtung der Bundeswehr forderte damals die Opposition den Rücktritt von Thomas de Maizière. Mitte Mai 2013 gab das Verteidigungsministerium bekannt, dass die Beschaffung von Aufklärungsdrohnen Euro Hawk, hergestellt vom US-Konzern Northrop Grumman und ausgerüstet mit Sensoren-Technik vom europäischen Luft- und Raumfahrtkonzern (European Aeronautic Defence and Space Company/EADS), nicht weiter verfolgt werde. Die Notbremsung erfolgte angesichts der Zulassungsprobleme für den europäischen Luftraum, die Mehrkosten für eine etwaige Zulassung wurden mit bis zu 600 Millionen Euro angegeben. Die eigentliche Brisanz ergab sich aus dem späten Stopp des kostenintensiven Rüstungsprojektes, das eine rot-grüne Bundesregierung im Jahr 2001 angestoßen und eine Große Koalition im Jahr 2007 einen vertraglichen Rahmen gegeben hatte. Erste Zweifel an der Zulassung von Euro Hawk kamen bereits 2009 auf. Spätestens

2011 hätte nach Auffassung des Bundesrechnungshofes das Projekt insgesamt neu bewertet werden müssen. Damit war de Maizière in der Verantwortung und unter Erklärungszwang. Der sonst stets selbstbewusst auftretende Minister zeigte ungewohnte Schwächen. Er vermittelte den Eindruck, sein Ministerium nicht im Griff zu haben und musste sich erstmals in eigener Sache verteidigen - mal den Ahnungslosen, mal den Zerknirschten, mal den Kämpferischen gebend. Für den als wenig kritikfähig geltenden und von seiner eigenen intellektuellen Überlegenheit überzeugten Politprofi stellte das eine völlig neue Erfahrung dar. Der Nimbus des Alleskönners war zerstört. Der Makel, mit militärischen Großprojekten fahrlässig umzugehen und an der Verschwendung von Steuergeldern beteiligt gewesen zu sein, blieb im Falle von Euro Hawk gleich an fünf Verteidigungsministern hängen.

Im gewissen Sinne war es folgerichtig, dass Merkel nach der Bundestagswahl am 22. September 2013 de Maizière das Verteidigungsministerium entzog und in das Innenressort versetzte. Das hatte jedoch zur Folge, dass sich nach Karl-Theodor zu Guttenberg und Thomas de Maizière nun mit der CDU-Politikerin Ursula von der Leyen erneut jemand anderes mit einer hochkomplexen Materie befassen musste, deren Bearbeitung Kontinuität im Amt erfordert. Von der Leyen (Jahrgang 1958), zuvor in der schwarz-gelben Bundesregierung zuständig für Arbeit und Soziales, verfügte bei ihrer Ernennung am 17. Dezember 2013 über keinerlei sicherheits- und verteidigungspolitische Expertise. Darauf kam es Merkel offenbar auch gar nicht an, sondern auf einen Schlagzeilen liefernden Überraschungscoup. Sie stellte nicht nur die erste Frau in der Geschichte der Bundesrepublik an die Spitze des Verteidigungsressorts, sondern heizte zugleich die Spekulationen über ihre Nachfolge an. Von ihrem Vorgänger wird von der Leyen gelernt haben, dass Kanzlernähe, Managerqualitäten, Ehrgeiz und Fleiß keineswegs den Erfolg in einem Job mit großer Fallhöhe garantieren.

„Es muss klar sein, dass die Afghanen die Verantwortung für ihre Sicherheit übernehmen müssen und dass Amerika kein Interesse daran hat, einen endlosen Krieg in Afghanistan zu kämpfen."[1]
(US-Präsident Barack Obama in einer Rede an der Militärakademie West Point am 1. Dezember 2009)

Seit 2009 gaben auch deutsche Regierungsmitglieder die Parole von der „selbsttragenden Sicherheit" in Afghanistan aus. Diese wiederum sollte eine Abzugsperspektive eröffnen. Auf ein Datum wollte sich damals noch niemand festlegen. Im Januar 2010 wagte sich mit SPD-Fraktionschef Frank-Walter Steinmeier erstmals ein führender Oppositionspolitiker aus der Deckung. Laut Steinmeier sollte die Rückverlegung der Bundeswehr „spätestens im Korridor zwischen 2013 und 2015 stattfinden und abgeschlossen" werden.[2] Schließlich einigte sich die NATO im November 2010 auf Ende 2014 als magisches Datum. Zweifel daran säte Bundeskanzlerin Merkel, als sie am 12. März 2012 bei einem Besuch am Hindukusch auf die schlechte Sicherheitslage und den schleppenden Versöhnungsprozess hinwies. Mit Blick auf das Jahr 2014 fügte sie hinzu: „Der Wille ist da, wir wollen das schaffen, und daran wird gearbeitet."[3] Das wurde von den internationalen Medien sofort als Infragestellung des vereinbarten Planes interpretiert. Merkel musste deshalb klarstellen: „2014 ist der Abzugstermin."[4] Zum damaligen Zeitpunkt lag die Mandatsobergrenze bei 4900 Bundeswehrsoldaten. Im Februar 2014 sollten am Hindukusch höchstens noch 3300 deutsche Soldaten im Einsatz sein. Allein der Rücktransport der gesamten Logistik wurde als eine Mammut-Aufgabe angesehen, die weit über 2014 dauern könnte und in jedem Fall Hunderte Soldaten binden würde.

Die Übergabe der Sicherheitsverantwortung an afghanische Armee (Afghan National Army/ANA) und Polizei (Afghan National Police/ANP) begann je nach Lage teilweise oder ganz im März 2011 in einigen Provinzen. Im Juni 2013 verkündete Präsident Karsai den Beginn der fünften und letzten Phase der sogenannten Transition. In dieser Phase sollte die ISAF schrittweise die noch verbliebenen

91 Distrikte in den kritischen südlichen und östlichen Provinzen an die einheimischen Kräfte übergeben. Bis dahin waren die Afghanen bereits in 312 Distrikten des Landes für die Planung und Ausführung der Aufstandsbekämpfung zuständig, konnten dabei aber stets auf die Fähigkeiten der internationalen Truppen zurückgreifen. Die ISAF zählte Mitte 2013 noch rund 98 000 Soldaten, deren Halbierung bis Ende 2013 angestrebt wurde.

Die Übergabe der Sicherheitsverantwortung galt als Voraussetzung für den Abzug der ausländischen Kampftruppen. Zunächst war von insgesamt 400 000 Sicherheitskräften (Afghan National Security Forces/ANSF) die Rede, dann von 352 000 bis Ende 2012, die bis 2017 auf 228 500 gesenkt werden sollten. Die afghanische Regierung beteiligte sich 2011 mit lediglich rund drei Prozent an den Gesamtkosten für die ANP-Gehälter, ähnliches galt für die Finanzierung der ANA.[5] Die Kosten für Armee und Polizei nach dem Ende der Intervention wurden auf jährlich 4,1 Milliarden Dollar geschätzt. Die USA kündigten an, die Hälfte der Summe zu übernehmen. Deutschland sagte 195 Millionen Dollar zu.

Bereits im Sommer 2008 startete die ISAF für Kabul ein Pilotprojekt, indem der Schutz der Hauptstadt in afghanische Hände gelegt wurde. Seitdem demonstrierten die Aufständischen, dass sie in der Lage sind, überall zuzuschlagen. Sie attackierten die US-Botschaft und das ISAF-Hauptquartier ebenso wie das Luxushotel Serena und Supermärkte. Die Angreifer verfügten offenbar über Unterstützer in den Sicherheitskräften. Sie hatten in einer schnell wachsenden Metropole mit über vier Millionen Einwohnern leichtes Spiel. Bei einer weiteren Verschärfung der Kontrollen wäre bei mittlerweile 700 000 Fahrzeugen der öffentliche Verkehr zum Erliegen gekommen und das Chaos noch größer geworden.[6] Ein geheimer NATO-Bericht konstatierte zudem eine direkte Zusammenarbeit von afghanischen Sicherheitskräften und Taliban in Gebieten, aus denen sich die internationalen Truppen zurückgezogen hatten.[7]

Für die umkämpften Provinzen war symptomatisch, dass die ausländischen Truppen im Verbund mit der afghanischen Armee zwar immer wieder Geländegewinne erzielten, aber Polizei und Beamte das nachfolgende Vakuum nicht füllen konnten. Insbesondere in den Taliban-Hochburgen Kandahar und Helmand blieb deshalb trotz großspurig angekündigter Offensiven ein durchschlagender Erfolg aus. Die Operationen führten lediglich dazu, dass sich die Lebensumstände der Menschen weiter verschlechterten. Die monatelangen Kämpfe zwangen zahlreiche Familien zur Flucht, machten die medizinische Versorgung noch schwieriger und schränkten den Zugang zu Nahrungsmitteln ein. Ein Pentagon-Bericht an den US-Kongress kam zu einer deprimierenden Einschätzung der Lage. In 120 Distrikten, die für die künftige Stabilität Afghanistans als kritisch angesehen wurden, beurteilte nur ein Viertel der Bevölkerung die Regierung positiv. Diese hatte dem Bericht zufolge lediglich die volle Kontrolle über weniger als ein halbes Dutzend dieser Distrikte.[8]

Die im Mai 2002 neu gegründete afghanische Armee zählte Ende 2011 rund 170 000 Mann, bis Oktober 2012 sollte die eigentliche Stärke von 195 000 Mann erreicht sein – was aufgrund von Problemen bei der Rekrutierung nicht ganz gelang. Ursprüngliche Planungen gingen von 70 000 Soldaten bis 2009 aus. Vor dem kommunistischen Umsturz im April 1978 dienten rund 100 000 Afghanen in den Streitkräften. Danach übernahmen sowjetische Militärberater das Kommando. Der Kreml konnte jedoch den späteren Zerfall der afghanischen Armee nicht verhindern. Diese bestand Ende der 1980er-Jahre trotz massiver Unterstützung nur noch aus etwa 30 000 Soldaten. Mit dem Sturz des Nadschibullah-Regimes 1992 hörte sie auf zu existieren.

Der Zustand der ANA spiegelte von Beginn an die Zerrissenheit der gesamten Gesellschaft wider. Die wenigsten Soldaten identifizierten sich mit den Streitkräften. Sie kämpften für bestimmte Interessengruppen in der Regierung, nicht für das Land. Die westlichen Geldgeber beobachteten mit Sorge, dass sich die Paschtunen in den südlichen Provinzen als Anhänger der Taliban oder aus Angst vor deren Rache einer Rekrutierung weitgehend entzogen. In den Provinzen Kandahar und Helmand leben etwa zwei Millionen Menschen. Aber aus diesen Provinzen traten seit 2009 nur knapp 1200 junge Männer in die Armee ein, weit weniger als ein Prozent des Gesamtbestandes. Dagegen kamen aus der nördlichen Provinz Kundus mit rund 900 000 Einwohnern mehr als 16 500 künftige Soldaten.[9] Damit entstand der Eindruck, die Armee werde vom tadschikisch/usbekischen Norden dominiert und sei ein Instrument gegen den paschtunischen Süden, was die Spannungen zwischen den Volksgruppen verstärkte und eine Gefahr für die Einheit des Landes darstellte.

Die Spitzenpositionen beim Militär wurden wie in anderen Bereichen nach dem Günstlingsprinzip vergeben. In den unteren Rängen fand sich auch nach Abschluss des Aufbaus wie bei der Polizei eine hohe Rate an Analphabeten (landesweit bei etwa 70 Prozent), die mangels anderer beruflicher Alternativen dem Ruf der Werber folgten. Wer die Ernte einbringen musste oder das Ende des Ramadan mit seinen Familien feiern wollte, blieb unentschuldigt dem Dienst fern. Im Sommer erreichte die Abwesenheitsquote bis zu 40 Prozent.[10] Bundeswehrsoldaten berichteten, die Afghanen seien im Gefecht durchaus mutig und entschlossen, ließen aber oft eine ausreichende Planung und taktische Disziplin vermissen. Hinzu kämen massive Probleme bei der Logistik, der Verpflegung und den Unterkünften sowie die mangelnde Abstimmung mit den anderen afghanischen Sicherheitskräften. Als Erfolg wurde im Anfangsstadium schon gewertet, wenn eine ANA-Marschkolonne mit vollen Tanks bereitstand. Zur gängigen Praxis gehörte, die Fahrzeuge über Nacht nicht einsatzbereit stehen zu lassen, weil ansonsten der Sprit gestohlen worden wäre.[11]

Ein Problem stellte stets die extrem hohe Fluktuation dar. Aufgrund der Abgänge mussten jedes Jahr etwa ein Drittel der Regierungstruppen ersetzt werden.[12] Hinzu kamen ausufernde Korruption und ausgeprägte Drogenabhängigkeit. Das erinnerte an die Zeiten der sowjetischen Besatzung. Auf einer Politbüro-Sitzung im Jahr 1986 wurde festgestellt, dass bei der afghanischen Armee die Zahl der Eingezogenen genau so groß sei wie die der Deserteure. General Walentin Warennikow, damals Chef der Afghanistan-Abteilung im Verteidigungsministerium, erklärte bei einer erregten Debatte im Politbüro ein Jahr später: „Der Zustand der afghanischen Armee erlaubt ihnen keine selbständigen Aktionen. Jeden Monat desertieren bis zu 1000 Mann, darunter auch Offiziere. Gruppen bis zu Bataillonsstärke laufen zur anderen Seite über."[13] Vor einem Zerfallsprozess stehen auch die aktuelle afghanische Armee sowie die Polizei des Landes. Ex-Generalinspekteur Harald Kujat hielt es bereits 2011 für wahrscheinlich, dass „viele dieser Kräfte rasch zu den Taliban überlaufen, wenn die Bundeswehr und ihre Verbündeten das Land verlassen haben".[14]

Albtraum Partnering

Seit die ausländischen Kontingente die afghanischen Truppen nicht nur ausbildeten, sondern mit diesen zu gemeinsamen Einsätzen ausrückten, wuchs das Misstrauen. Immer wieder richteten afghanische Soldaten ihre Waffen gegen ihre NATO-Verbündeten. Betroffen war auch die Bundeswehr. Im Februar 2011 erschoss ein Wachsoldat auf einem Außenposten in der Provinz Baghlan drei Deutsche. Im April 2011 tötete ein afghanischer Luftwaffen-Oberst auf dem militärischen Teil des Kabuler Flughafens acht amerikanische Offiziere und einen US-Söldner. Im Januar 2012 eröffnete ein afghanischer Soldat in der östlichen Provinz Kapisa das Feuer auf seine französischen Kameraden. Vier starben, fast 20 wurden verletzt.

Die Regierung in Paris stellte daraufhin ihre Ausbildungsprogramme für die afghanische Armee vorerst ein. Präsident Nicolas Sarkozy schloss auch einen vorzeitigen Abzug der etwa 3600 am Hindukusch stationierten Soldaten nicht aus. Sarkozy erklärte: „Die französische Armee ist nicht in Afghanistan, um sich von afghanischen Soldaten beschießen zu lassen."[15] Danach hieß es, Frankreich würde bis Ende 2012 etwa 1000 Soldaten abziehen, den Rest im Jahr 2013. Der sich um das Präsidentenamt bewerbende Sozialist Francois Hollande verschärfte die Gangart noch. Er gab Ende 2012 als Zielmarke aus und bekräftigte dies nach seiner Wahl. Der knappe Termin war aus logistischen Gründen gar nicht zu halten. Hollande konkretisierte sein Wahlversprechen dahingehend, dass bis Ende 2012 die etwa 2000 Soldaten umfassenden Kampftruppen abgezogen werden sollten. Daran hielt er sich. Das verbleibende Kontingent wurde für den Rücktransport der Ausrüstungen gebraucht. Alles andere, wie Ausbildungshilfe an einer Offiziersschule und Unterstützung bei der Organisation des Kabuler Flughafens, hatte nur Alibifunktion.

Die NATO versuchte lange, die Vorkommnisse als tragische Ausnahmen abzutun, um ja kein schlechtes Licht auf das sogenannte Partnering fallen zu lassen. Aber laut einem geheimen US-Militärbericht gab es schon seit Jahren Angriffe von afghanischen Soldaten und Polizisten auf die internationalen Truppen. Die „New York Times" zitierte aus diesem Report. Danach wurden zwischen Mai 2007 und dem Ende des Berichtszeitraums vier Jahre später mindestens 58 westliche Soldaten von einheimischen Sicherheitskräften getötet. Das machte für diese Spanne immerhin sechs Prozent aller gefallenen Soldaten aus. Insgesamt gab es in den vier Jahren 26 solcher Angriffe. Diese als Taten von „gestörten einzelnen Soldaten oder von Taliban-Spitzeln" herunterzuspielen sei „unredlich". Es bestehe eine „systematische Tötungsgefahr", wurde in dem Report unterstrichen.[16] Zahlen, die die ISAF verbreitete, bestätigten die düstere Lagebeurteilung. Danach starben im Jahr 2011 bei 21 sogenannten Insiderattacken 35 ausländische Soldaten. Im Jahr 2012 wurden 39 solcher Vorfälle registriert, bei denen mindestens 48 Angehörige des internationalen Kontingents ihr Leben verloren.[17] Die NATO ordnete deshalb an, dass künftig alle Koalitionssoldaten stets eine geladene Waffe tragen müssten. Aufgrund der sich dramatisch häufenden Vorfälle wurden gemeinsame Aktivtäten mit der afghanischen Armee vorübergehend eingeschränkt.

Der afghanische Geheimdienst (National Directorate of Security/NDS) schätzte, dass in den Reihen der ANA und der ANP 130 bis 150 Schläfer auf ihren Einsatz gegen die internationalen Truppen warteten. Zirka sieben Prozent aller regulären Sicherheitskräfte sympathisierten demnach mit den Taliban.[18] In Wirklichkeit dürften es weit mehr gewesen sein. In einer seiner seltenen Internetbotschaften betonte Taliban-Chef Mullah Omar: „Dank der Infiltration sind die Mudschaheddin in der Lage, sicher in Basen, Büros und Geheimdienstzentralen des Feindes einzudringen." Er rief Soldaten und Polizisten auf, sich den Aufständischen anzuschließen. Die Zeit sei reif, „weil der Tag nicht fern ist, an dem die Invasionsarmee des Feindes aus Afghanistan fliehen wird".[19] US-Generalstabschef Martin Dempsey musste zugeben, dass Hunderte afghanische Soldaten ausgemustert wurden, von denen eine Radikalisierungsgefahr ausging. Viele dieser Soldaten hätten sich verdächtig oft nach Pakistan begeben.[20] Exemplarisch dafür war der Fall des 19-jährigen Wachsoldaten Sayed Afzal, der im deutschen Camp OP North drei Bundeswehrsoldaten tötete und sechs weitere Männer verletzte, ehe er selbst erschossen wurde. Afzal stammte aus der Provinz Khost, seine Familie lebte auf der pakistanischen Seite der Grenze. Bei häufigen Besuchen, so die Vermutung, wurde der junge Paschtune von Extremisten aufgehetzt.[21]

Zweifellos vollzog sich der Aufbau der afghanischen Sicherheitskräfte in großer Hast und ohne die notwendige Sorgfalt bei der Rekrutierung des Personals. Hinzu kamen wachsende Spannungen zwischen den rivalisierenden Fraktionen innerhalb der Streitkräfte sowie eine spürbare Kluft zwischen Offizieren und Mannschaften. All das erleichterte die Unterwanderung durch die Aufständischen. Maßnahmen wie Bürgschaften geachteter Persönlichkeiten für die Rekruten, Überprüfungen des Vorstrafenregisters und Untersuchungen auf Drogenkonsum konnten den Trend nicht stoppen. BND-Chef Gerhard Schindler stellte sarkastisch fest: „Wenn mit dem Jahr 2014 weniger westliche Soldaten im Land sind, wird auch die Gefahr von Anschlägen geringer. Es sind dann weniger potentielle Anschlagsziele im Land. Das Feindbild des ungläubigen Besatzers schwindet."[22]

Selbst hohe afghanische Militärs standen in Verdacht, ein doppeltes Spiel zu treiben. Nach einem NATO-Geheimbericht vom September 2011, der dem ARD-Magazin Kontraste zugespielt wurde, pflegte General Zalmay Wesa Kontakte zum für zahlreiche spektakuläre Angriffe verantwortlichen Haqqani-Netzwerk. Wesa kommandierte damals das 209. Korps der ANA, das über 12 000 Soldaten umfasste und zuständig für die nördlichen Provinzen war. Zu den Anschuldigungen gehörte weiter, der General habe die Freilassung einer Gruppe afghanischer Soldaten veranlasst, die in einen Anschlag auf Bundeswehrangehörige in der Provinz Baghlan im Juni 2011 verwickelt gewesen sein soll. Ein 23-jähriger Soldat starb, als eine 200 Kilogramm schwere Sprengladung ein gepanzertes Fahrzeug zerstörte. Es gab Hinweise darauf, dass die Deutschen von ihren Partnern in eine Falle gelockt worden waren. Das Verteidigungsministerium in Berlin wollte die Vorwürfe gegen Wesa nicht bestätigen, sondern hob die positive Entwicklung des 209. Korps hervor. Der NATO-Bericht kam zuvor zu einer anderen Einschätzung. Der Kommandeur würde Gelder aus dem Armeebudget für private Zwecke abzweigen, interne Konflikte schüren und die Truppen schlecht führen. Weiter hieß es, die Armee greife zu spät ein, wenn die Polizei in Not gerate. Das war nicht nur ein vernichtendes Zeugnis für Wesa, denn dem General standen Bundeswehroffiziere als Berater zur Seite. Aber der Paschtune blieb offenbar aufgrund seiner engen verwandtschaftlichen Bande zu Präsident Karsai unantastbar. Wesas Bruder und eine Schwester des Staatschefs waren verheiratet.[23]

Für Karsai wiederum ging es darum, im Kernland der Nordallianz seine Position zu stärken. Das traf auf heftigen Widerstand des Tadschikenführers Mohammed Atta, Gouverneur der Provinz Balkh. Die unversöhnlichen Positionen zwischen den Volksgruppen untergruben einen effektiven Einsatz der Sicherheitskräfte, was augenscheinlich wurde beim Sturm und der nachfolgenden Verwüstung einer UN-Vertretung durch einen fanatisierten Mob in Mazar-i-Scharif im April 2011. Die von Wesa befehligte Armee rückte angeblich nicht rechtzeitig aus, weil die von Atta kontrollierte Polizei das Problem im Alleingang lösen wollte.

Das beeinträchtigte in erheblichem Maße die Zusammenarbeit zwischen ANA und ISAF. Vertieft wurden ohnehin bestehende Ressentiments. Afghanische Soldaten schilderten vor allem die US-Truppen als arrogant und grob. Fehlende Sprachkenntnisse, die Missachtung kultureller Werte und das Nichteingehen auf die Mentalität behinderten den Aufbau einer Vertrauensbasis. Die Insiderangriffe vergifteten das Klima noch stärker. Das Resultat war gegenseitige Verachtung. Das Konzept des sogenannten Partnerings galt somit als gescheitert, obwohl das offiziell niemand eingestehen wollte. Ein Bundeswehr-Feldwebel stellte lakonisch fest: „Das einzige Partnering, das hier funktioniert, ist das zwischen (deutschen) Panzergrenadieren und Fallschirmjägern.“[24] Dass im Gefecht mit Aufständischen am Karfreitag 2010 nach Bundeswehrdarstellung versehentlich fünf afghanische Soldaten durch Geschosse aus einer Marder-Kanone starben, illustrierte das Spannungsfeld. Hohe Militärs in Kabul beschwerten sich außerdem immer wieder bei der ISAF über eine unzureichende medizinische Hilfe durch Rettungshubschrauber und mangelnde Luftunterstützung im Gefecht.

Steigende Verluste bei Afghanen

Die Verluste der afghanischen Sicherheitskräfte waren stets höher als die der internationalen Truppen. Sie stiegen mit der schrittweisen Übernahme der Sicherheitsverantwortung noch, während die der ISAF sanken. Nach Angaben des Verteidigungsministeriums in Kabul fielen monatlich etwa 300 ANSF-Angehörige. Die Polizei erlitt etwa zwei Drittel der Verluste, der Rest entfiel auf die Armee.[25] Die prozentuale Verteilung der Verluste, in den vergangenen Jahren nahezu unverändert, wurde auf die unterschiedlichen Einsatzbedingungen zurückgeführt. Die Polizei operierte oft in Kleingruppen in abgelegenen Gebieten, besetzte dort Kontrollpunkte oder Stationen. Das machte sie leicht angreifbar durch mobile Taliban-Trupps. Die afghanische Armee verlor 2012 insgesamt 1056 Soldaten, davon 75 Prozent durch Landminen und Sprengfallen an Straßen. Damit stieg die Zahl der Getöteten im Vergleich zu 2011 um etwa 20 Prozent.[26] Die ISAF verlor 2012 dagegen 405 Soldaten, die niedrigste Zahl seit 2008.[27] In diesem Zusammenhang lag die Vermutung nahe, dass die Aufständischen ihre Kräfte für die Zeit nach dem ISAF-Abzug schonten. Ähnliche Beobachtungen machte die Sowjetführung zum Ende der Afghanistan-Präsenz, als die Mudscheddin ihre militärischen Operationen einschränkten.

Nach offiziellen Angaben konnten Mitte 2012 rund 80 Prozent der aufgestellten afghanischen Armeeverbände selbständig oder mit Unterstützung von ISAF-Mentoren ihre Operationen durchführen.[28] Eine Pentagon-Untersuchung für die Zeit von April bis September 2012 kam zu dem Ergebnis, dass nur eine von insgesamt 23 afghanischen Armee-Brigaden in der Lage war, eigenständig ohne Luft- oder andere Unterstützung der USA beziehungsweise ihrer NATO-Partner zu operieren.[29] Niederschmetternd fiel auch das Fazit der in Brüssel ansässigen Nichtregierungsorganisation International Crisis Group (ICG) aus. Diese betrachtete nur sieben Prozent der Armee und neun Prozent der Polizei als fähig, eigenständig Operationen durchzuführen.[30]

Der deutsche Beitrag wurde Mitte Juli 2012 auf sogenannte Partnering Advisory Task Forces (PATF) umgestellt. In einer Mitteilung der Bundeswehr über die neue Struktur hieß es, diese Einheiten unterstützten und berieten jeweils eine afghanische Brigade, einen Verband mit mehreren tausend Soldaten. Bis dahin erfüllten diese Aufgaben sowohl die Ausbildungs- und Schutzbataillone in Kundus und Mazar-i-Scharif als auch spezielle kleinere Mentorenteams auf Brigadeebene, die Operational Mentoring and Liaison Teams (OMLT). Beide Stränge wurden in den PATF gebündelt. Von der reinen Ausbildung (Mentoring) über das gemeinsame Planen und Durchführen von Operationen (Partnering) sollte die afghanische Armee möglichst nur durch Beratung (Advisory) zu mehr Eigenständigkeit gelangen. Lageabhängig wurden zudem Spezialfähigkeiten wie Aufklärungs-, Pionier- und Artilleriekräfte bereitgestellt.[31] Die veränderte Aufgabenstellung trug zu den signifikant sinkenden Verlusten bei der Bundeswehr bei.

Als Beleg für das gewachsene Selbstvertrauen der afghanischen Sicherheitskräfte wurde unter anderem angeführt, dass diese im Februar 2012 landesweite Unruhen nach Koranverbrennungen durch US-Soldaten in der Basis Bagram nahezu allein unter Kontrolle gehalten hätten. Kaum Erwähnung fand, dass die eigentlichen Schwachstellen bis Ende 2014 keineswegs zu beseitigen waren: massive Defizite bei der Ausbildung und komplexen Operationsplanung, fehlende Aufklärungs-, Pionier- und Artilleriekräfte sowie unzureichend ausgebildetes Personal für Luftwaffe und Lufttransport.[32] Die Situation wurde dadurch verschärft, dass die Bevölkerung zunehmend auf Abstand zur ISAF ging und sich damit auf die Zeit nach dem Abzug einzustellen versuchte.

Die desolate Verfassung der regulären Sicherheitskräfte manifestierte sich auch in der von den Amerikanern gegen den Widerstand der afghanischen Führung betriebenen Aufstellung von lokalen Milizen. Damit sollte vor allem in entlegenen Gebieten der Bewegungsraum der Taliban eingeschränkt und die Bevölkerung besser vor Übergriffen geschützt werden. In Wirklichkeit wuchs rapide die Gefahr, dass sich eine weitere irreguläre Kraft mit bis zu 10 000 Zivilisten unter Waffen darum bemüht, illegal Straßenzölle zu kassieren und am Drogenschmuggel zu partizipieren. Die Menschenrechtsorganisation Human Rights Watch (HRW) warf der Hilfstruppe Afghan Local Police (ALP) Erpressung, Raub und Mord vor.[33] Der mit dem Strategiewechsel 2009 eingeleitete „Verteidigungsplan für die Nachbarschaft" erhöhte zugleich das Risiko von Rivalitäten zwischen den diversen Clans. Zu einer grundlegenden Verbesserung der Sicherheitslage trugen die offiziell vom Innenministerium in Kabul kontrollierten Milizen nicht bei. Vielmehr wurde das staatliche Gewaltmonopol weiter ausgehöhlt. Schätzungen zufolge gibt es in Afghanistan bis zu einer Million Waffenträger. Neben der ALP existierte eine Vielzahl von Gruppierungen, die von örtlichen Machthabern oder von Geschäftsleuten bezahlt wurden. Zwischen diesen Gruppierungen fand in bestimmten Bereichen wie dem Drogenhandel eine enge Zusammenarbeit statt.

Der maßgeblich vom Westen ausgebildeten und finanzierten regulären Polizei, deren Zielgröße 157 000 Angehörige umfasste, eilte stets ein schlechter Ruf voraus. Zu massiven Korruptionsvorwürfen und Raubzügen auf eigene Rechnung kamen willkürliche Verhaftungen sowie Folter in Polizeiposten. Ein 84 Seiten starker UN-Bericht registrierte nach Recherchen in 47 Haftanstalten im ganzen Land unhaltbare Zustände bei der Behandlung von Insassen. Schläge mit Stromkabeln, Aufhängen an den Handgelenken und Todesdrohungen gehörten zur gängigen Praxis. Nach dem Bericht wurden mehr als ein Drittel der befragten Häftlinge im Gewahrsam der Nationalpolizei gequält. In den Gefängnissen des Inlandsgeheimdienstes NDS waren es fast die Hälfte (46 Prozent).[34]

Die wachsende Ratlosigkeit westlicher Regierungen, die der eigenen Bevölkerung eine erfolglose Endlosmission nicht mehr als Antiterroreinsatz oder Nation-Building verkaufen konnten, diktierte schließlich das Jahr 2014 als Abzugsdatum. Bitter resümierte Karsais Sicherheitsberater Rangin Dadfar Spanta auf die Frage, ob Armee und Polizei zur Übernahme der Sicherheitsverantwortung bereit seien: „Wenn man zehn Jahre daran gearbeitet hätte - Ja. Aber das hat man nicht gemacht. Man hat erst in den letzten eineinhalb Jahren angefangen, tatsächlich an der Ausbildung und Bewaffnung der afghanischen Sicherheitskräfte zu arbeiten."[35] Der monierte Aktionismus änderte jedoch nichts an den Fakten. Selbst eine hochgerüstete ISAF-Truppe war unfähig, die Aufständischen aus ihren Kerngebieten im Süden und Osten zu vertreiben. Die Taliban, das Haqqani-Netzwerk und andere Gruppierungen nutzten diese Schwäche aus, um den Druck in besonders verwundbaren Gebieten zu verstärken. Dazu gehörten die Provinzen Ghazni, Kunar, Logar, Nuristan, Paktika, Paktia und Wardak. Dort bestand seit Jahren ein Vakuum, das ANA und ANP nicht füllen konnten. Die International Crisis Group kam zu dem Schluss, dass sich seit den ersten Wahlen im Jahr 2004 die Sicherheitslage in Afghanistan trotz eines massiven Einsatzes internationaler Hilfe und militärischer Ressourcen immer weiter verschlechtert habe. Armee und Polizei des Landes seien „überfordert mit und unvorbereitet auf den Übergang". Verwiesen wurde auf die reale Gefahr, dass das Regime in Kabul beim Rückzug der NATO kollabiere. Dabei könnte ein neuerlicher Urnengang mit Fälschungen wie bei den Präsidentschafts- und Parlamentswahlen 2009 und 2010 zu unkontrollierbaren Unruhen führen, die wie ein Katalysator wirkten.[36] Die Tokioter Afghanistan-Konferenz hatte zuvor die Regierung Karsai aufgefordert, für glaubwürdige und transparente Präsidentschafts- und Parlamentswahlen in den Jahren 2014 und 2015 auf Grundlage der Verfassung zu sorgen.

Die afghanische Regierung reagierte erbost auf die ICG-Analyse. In einer Stellungnahme wurde betont: „Unsere Nation wurde nicht erst 2002 geboren. Wir haben eine 5000 Jahre alte Geschichte. Schon in der Vergangenheit haben wir gegen übermächtige Staaten gekämpft. Unsere nationale Polizei und Armee sind bereit, die Seele und Souveränität des Landes zu verteidigen." Wenn die internationale Gemeinschaft ihre Zusagen für eine weitere Unterstützung einhalte, wäre der Rückzug der NATO-Truppen im Jahr 2014 kein Problem.[37]

Die markige Erklärung stand im auffälligen Kontrast zur prekären Lage. Die Taliban ließen keinen Zweifel daran, dass nach dem Abzug der internationalen Truppen die Kollaborateure den Preis für ihren Verrat zahlen werden. Damit ging die Angst bei all jenen um, die sich als Dolmetscher, Wach- und Reinigungskräfte sowie in anderen Verwendungen der ISAF, bei der Polizeiausbildung und in Entwicklungshilfeprojekten nützlich gemacht hatten. Für die Bundeswehr arbeiteten im Herbst 2013 noch etwa 1000 Ortskräfte, zumeist seit Jahren fest angestellt und für afghanische Verhältnisse sehr gut verdienend. Ein Wachmann im deutschen Camp Marmal am Rande von Mazar-i-Scharif erhielt 450 US-Dollar monatlich.

Im Vergleich dazu: Ein einfacher Soldat in der ANA kam auf 240 Dollar monatlich, und das Einstiegsgehalt eines Polizisten lag bei 165 Dollar.

Klar war stets, dass einzig die Ausstellung von Visa wirklich Schutz vor Verfolgung bot. Bei deren großzügiger Erteilung erhielten jedoch unter Umständen radikale Elemente die Chance auf eine Ausreise nach Deutschland. Darüber hinaus käme eine solche Praxis einem Eingeständnis gleich, in Afghanistan gescheitert zu sein. Entsprechend zurückhaltend wurde im Fortschrittsbericht 2012 formuliert: „Die Bundesregierung will die afghanischen Ortskräfte im Rahmen der bestehenden Möglichkeiten dabei unterstützen, alternative Beschäftigungen in Afghanistan zu finden. Für die nachhaltige Entwicklung und den wirtschaftlichen Wiederaufbau Afghanistans ist es wichtig, dass qualifizierte afghanische Fachkräfte auch zukünftig einen Beitrag für ihr Heimatland leisten können. Im Einzelfall wird geklärt werden müssen, ob infolge der Verringerung der deutschen Präsenz eine besondere Gefährdung einzelner Ortskräfte eintreten kann. Die Bundesregierung beabsichtigt, in solchen Fällen entsprechende Maßnahmen zum Schutz der betreffenden Person zu prüfen."[38]

Eine restriktive Regelung hätte schwerwiegende Folgen für andere Auslandsmissionen gehabt. Wer bedrängten Helfern die Aufnahme verweigere, werde in anderen Ländern schwerlich die notwendigen lokalen Kräfte finden, warnte der Bundestagsabgeordnete Omid Nouripour von den Grünen. Diese wüssten genau, „dass sie im Zweifelsfall alleine für sich stehen werden und dass die Zusammenarbeit mit den Deutschen einfach lebensgefährlich ist".[39] Nach heftiger Kritik von Organisationen wie Pro Asyl sowie der Opposition im Bundestag wurden die Kriterien für die Aufnahme afghanischer Ortskräfte etwas gelockert. Bis Ende Oktober 2013 erteilte das Bundesinnenministerium 182 Helfern sowie deren Familien eine Aufnahmezusage. Die Regierung habe damit ihrer Fürsorgepflicht „umfassend Rechnung" getragen, wurde in einer Mitteilung betont.[40] Die Hoffnung bestand allerdings darin, dass möglichst wenige Ortskräfte von dem Angebot Gebrauch machten und sich stattdessen mit einer finanziellen Zuwendung begnügten. Zudem sollte eine eigens eingerichtete Jobbörse die einheimischen Mitarbeiter bei der Arbeitsplatzsuche unterstützen.

Helfer hinter hohen Mauern

Wegen der permanenten Anschlagsgefahr verschärften Botschaften und Hilfsorganisationen in den vergangenen Jahren ihre Schutzmaßnahmen drastisch. Tom Koenigs, der von 2006 bis 2007 die UN-Mission in Afghanistan leitete und 2009 für die Grünen in den Bundestag einzog, informierte sich als Abgeordneter mehrfach über die Lage am Hindukusch. Die Reiseberichte veröffentlichte Koenigs auf seiner Homepage. Die Eindrücke von der deutschen Vertretung und der Hauptstadt Kabul im September 2011 fasste er wie folgt zusammen: „Die Botschaft ist zur Festung ausgebaut worden: Hohe Mauern und Sichtblenden schirmen sie ab. Es jammert mich, wie das schöne, einmal das schönste Viertel der Stadt, Wazir Akbar Khan, von tausenden von Betonbarrikaden jedes Mal mehr verbaut wird. Es heißt, der Sohn des Verteidigungsministers Wardak habe ein Geschäft, das die Betonbauteile herstellt. Das ist doch Besatzung in materieller Form, Beton und Stacheldraht, Wachen und Verkehrsbehinderungen oder -sperrungen überall, Schlagbäume ohne Sinn und Zahl, ein Heer von privaten Sicherheitsbullen, ein Ärgernis für jeden stolzen Kabuli, und es wird jedes Mal schlimmer; natürlich, ja, die Taliban, die Sicherheit, aber die Stadt ist kaputt. Wir haben sie nicht wieder aufgebaut, sondern weiter zerstört."[41]

Zusätzliche Schutzmaßnahmen erhöhten die Kosten, denn gepanzerte Fahrzeuge sind wesentlich teurer als ungepanzerte. Die dafür genutzten Gelder fehlten beim Wiederaufbau. Zum Teil dubiose Sicherheitsfirmen verdienten am Geschäft mit der Angst. Diplomaten und Helfer kamen kaum noch ins Land, konnten sich folglich kein Bild von der wirklichen Lage machen. Untersuchungen ergaben, dass internationale Nichtregierungsorganisationen 60 Prozent aller verfügbaren Mittel für eigene Ausgaben verwenden.[42] In der Bevölkerung sprach sich schnell herum, dass vor allem die Hauptstadt zum Sündenpfuhl verkommen war, in dem Ausländer in geschlossener Gesellschaft mit Alkohol ihren Frust herunterspülten und sich auch mit leichten Mädchen vergnügten. Auf der anderen Seite blieben bei der Mission der Vereinten Nationen in Afghanistan (United Nations Assistance Mission in Afghanistan/UNAMA) trotz attraktiver Bezahlung zahlreiche Stellen unbesetzt.

Dabei käme gerade der UN eine Schlüsselrolle bei der Koordinierung der zivilen Anstrengungen zu. Afghanistan blieb das zweitärmste Land der Welt mit einer durchschnittlichen Lebenserwartung von 48,6 Jahren (in Deutschland 80,7). Das Bruttoinlandsprodukt pro Kopf vervierfachte sich zwar seit dem Sturz der Taliban auf 626 US-Dollar (in Deutschland 43 952 US-Dollar/jeweils Schätzungen des IWF für 2013), das sagt jedoch wenig über die Lage breiter Bevölkerungsschichten aus. In den abgelegenen ländlichen Gebieten herrschte weiter extreme Armut, während Städte wie Kabul und Mazar-i-Scharif boomten. Jedes sechste Kind erlebte seinen fünften Geburtstag nicht, und jedes zehnte war akut unterernährt.[43] Afghanistan wies die zweithöchste Kindersterblichkeit der Welt auf. Der Zugang zu sauberem Trinkwasser vollzog sich schleppend. Er stieg von 27 Prozent der Bevölkerung 2008 auf knapp 39 Prozent 2012. Nur 7,5 Prozent der Bevölkerung verfügten über einen Zugang zu gesundheitlich akzeptabler Sanitärversorgung.[44]

Gemessen an den Militärausgaben flossen äußerst bescheidene Mittel für den Wiederaufbau nach Afghanistan. Im ersten Fortschrittsbericht Afghanistan zur Unterrichtung des Deutschen Bundestages wurde eingestanden: „In den ersten Jahren nach der Intervention 2001 hat die internationale Gemeinschaft nur vergleichsweise geringe Mittel für die wirtschaftliche und soziale Entwicklung Afghanistans eingesetzt."[45] Hilfs- und Menschenrechtsorganisationen wie medico international kritisierten zudem die Strategie der „vernetzten Sicherheit". „Die Vermischung von ziviler Hilfe und militärischen Einsätzen macht unsere Projektpartner verstärkt zur Zielscheibe", stellte medico international fest. Die Helfer könnten nicht mehr frei agieren, sondern würden als Teil des Militärs gesehen. Die Folge seien tödliche Angriffe mit Opfern vor allem unter den lokalen Mitarbeitern der Hilfswerke.[46]

Die zivile Unterstützung nahm erst zu, als die Taliban immer aktiver wurden. Keineswegs zufällig verdoppelte Deutschland die Mittel für Wiederaufbau und Entwicklung ab 2010 auf jährlich bis zu 430 Millionen Euro. Allein die Tatsache, dass von der Bundesregierung für die genannten Bereiche bis Ende 2011 insgesamt 1,9 Milliarden Euro zur Verfügung gestellt wurden, dokumentierte deutlich die falsche Prioritätensetzung.[47] Die notwendige Korrektur erfolgte viel zu spät und sollte wohl vor allem der Beruhigung des eigenen schlechten Gewissens dienen. Nach den USA und Japan avancierte Deutschland zum drittgrößten zivilen Geldgeber.

Nie ein Geheimnis war, dass selbst die beschränkte Unterstützung nicht in vollem Umfang beim Bau von Schulen, Krankenhäusern und Bewässerungssystemen Verwendung fand, sondern zum Teil in dunklen Kanälen versickerte, weil korrupte Beamte und zwielichtige Unternehmer die Hand aufhielten. Der zwischen UN, EU, NATO und der afghanischen Regierung bestehende Kompetenzwirrwarr erschwerte Kontrolle und Koordination. Warlords und Kriminelle, die das System unterwanderten, profitierten von den vielfach bestehenden Parallelstrukturen im humanitären und entwicklungspolitischen Bereich.

Allein die Versorgung der US-Truppen war eine gigantische logistische Herausforderung, an der sich gut verdienen ließ. Fast alles musste aus dem Ausland herangeschafft werden: Nahrungsmittel, Wasser, Benzin und Munition. Die Güter wurden per Lkw vor allem aus Pakistan zu den mehr als 200 amerikanischen Stützpunkten in Afghanistan transportiert. Den Auftrag dafür mit einem Volumen von 2,1 Milliarden Dollar vergab das Militär an acht afghanische Unternehmen. Ein Untersuchungsausschuss des Kongresses in Washington, der diese Praxis unter die Lupe nahm, förderte interessante Details zutage. Ein 79 Seiten umfassender Bericht mit dem Titel „Warlord AG: Erpressung und Korruption in der US-Versorgungskette in Afghanistan" verwies Mitte 2010 auf zwielichtige Kommandanten, die bei den Fahrten durch ihr Einflussgebiet kräftig abkassierten. Zwischen 1500 und 15 000 Dollar pro Lkw wurden dabei als Schutzgeld gezahlt. Für direkte Verbindungen zu den Taliban fanden sich keine Belege. Aber der Manager einer Transportfirma schätzte, dass pro Woche bis zu zwei Millionen Dollar in die Hände der Aufständischen gelangten. Folglich konnten die Regierungsgegner mit amerikanischen Steuergeldern einen Teil ihrer Waffenkäufe finanzieren.[48] Dass bei dem Geschäft mit der Truppenversorgung Provinzfürsten, hohe Beamte und die gefürchteten Warlords ihre Taschen füllen konnten, konterkarierte den hehren Anspruch der USA, die Korruption in Afghanistan einzudämmen.

Zu einem lukrativen Geschäft entwickelte sich auch der Abzug.

Die Preise für Containerüberführungen stiegen schon nach dessen Ankündigung im Jahr 2010. Die Logistiker der Allianz prüften deshalb nach einer Kosten-Nutzen-Analyse die Optionen Verschiffung, Verkauf oder Verschrottung. Die kanadische Armee soll im Zuge ihres Abzuges in Südafghanistan Ausrüstung im Wert von umgerechnet rund anderthalb Millionen Euro für gut 150 000 Euro verramscht haben.[49] Generalinspekteur Volker Wieker ging Ende 2012 davon aus, dass bis zu 40 Prozent des Bundeswehr-Gerätes nicht zurückgeführt werden müsste, weil es entweder ausgesondert, für eine Nachfolgemission genutzt oder möglicherweise an die Afghanen übergeben werden könnte.[50] Das schien jedoch aufgrund der unklaren Lage sehr hoch gegriffen.

Die ISAF hatte einmal rund 70 000 Fahrzeuge und 125 000 Container überall im Land verteilt. Allein vor der Bundeswehr stand die Aufgabe, 1200 Fahrzeuge sowie 4800 Container-Äquivalente zurück nach Deutschland zu bringen. Die Streitkräfte richteten Ende April 2013 eine Luftbrücke von Mazar-i-Scharif ins türkische Trabzon am Schwarzen Meer ein. Von dort sollten 85 Prozent des gesamten Einsatzmaterials in die Heimat verschifft werden. Für fünf Prozent besonders sensiblen Kriegsgerätes, darunter Waffen, Munition und Festplatten mit geheimen Daten, war der direkte Lufttransport nach Deutschland geplant. Für die restlichen zehn Prozent sahen die Planer zunächst den Schienenweg über Usbekistan, Kasachstan und Russland nach Lettland vor, wo die Fracht auf Schiffe umgeladen und durch die Ostsee an ihre Bestimmungsorte transportiert werden sollte. Die Bevorzugung des Lufttransportes gegenüber dem Landweg wurde mit Sicherheitserwägungen begründet. Eine Flugstunde mit den von einem russisch-ukrainischen Konsortium gemieteten Großraumflugzeugen vom Typ Antonow kostete 25 000 Dollar.[51]

Was die zivile Hilfe betraf, taten sich selbst einzelne Länder schwer damit, effektiv die Mittel einzusetzen. In Deutschland wachten Außen-, Innen-, Verteidigungs- und Entwicklungshilfeministerium eifersüchtig darüber, dass ihr Part nicht im Zusammenspiel von Diplomaten, Soldaten und Aufbauhelfern unterging. Dabei fiel auf, dass sich gleich drei Ministerien mit dem Bau von Schulen beschäftigten. Das Auswärtige Amt sah darin einen Teil seiner Kulturarbeit, das Entwicklungshilfeministerium betrachtete dies als originäre Aufgabe, und das Verteidigungsministerium wollte damit die Akzeptanz der Bundeswehr in der Bevölkerung verbessern.[52] Schwerpunkte der deutschen Entwicklungszusammenarbeit waren in der Vergangenheit die fünf nördlichen Provinzen Badakhschan, Takhar, Kundus, Balkh und Baghlan. Unterstützt wurden vor allem Vorhaben in den Bereichen Energie- und Trinkwasserversorgung, Bildung, Gesundheit und Polizeiaufbau.

Die Bundesrepublik beteiligte sich 2011 mit bis zu 200 Polizeibeamten an einem bilateralen Ausbildungsprojekt (German-Police-Projekt-Team/ GPPT) sowie mit bis zu 60 Experten an der europäischen Mission EUPOL Afghanistan.[53] Deutschland brachte seit 2002 rund 380 Millionen Euro für den Polizeiaufbau auf, davon 77 Millionen Euro im Jahr 2012.[54] Auch eine Imagekampagne für die Ordnungshüter am Hindukusch wurde mit 200 000 Euro unterstützt. Zehntausende Afghanen durchliefen inzwischen eine Polizeiausbildung. Über deren praktische Tätigkeit existierte ein höchst unvollständiges Bild, weil aufgrund der Sicherheitslage keine Vorortkontrollen im Rahmen des Programms „Focus District Development" mehr möglich waren. Unklarheit bestand auch darüber, wie viele Trainees langfristig bei der Polizei blieben. Fest stand lediglich, dass die Taliban bevorzugt Polizisten als Symbol des Karsai-Regimes töteten. Schätzungen zufolge überlebte jeder vierte afghanische Polizist das erste Jahr im Dienst nicht. Viele deutsche Beamte hielten die Schaffung eines Rechtsstaates in Afghanistan für eine pure Illusion. Das Land werde niemals nach den Regeln westlicher Zivilisation funktionieren. Dagegen würden auch die mächtigen Beziehungsgeflechte der Clans, Warlords und Taliban stehen. Die des Schreibens und Lesens unkundigen Rekruten könnten sich kaum länger als eine halbe Stunde konzentrieren. Ihnen fehlten vielfach die geistigen und körperlichen Voraussetzungen. Ihre Bewerbung erfolge meistens aus Not und nicht aus Überzeugung. Die Hälfte der Zeit gehe für die Übersetzung in Dari und Paschtu verloren.[55] Die Vorsitzende der afghanischen Menschenrechtskommission, Sima Samar, stellte fest: „Es gibt Polizeichefs, die keinerlei Ausbildung haben und in einer Nacht fünfzig- oder sogar hunderttausend Dollar durch Korruption verdienen. Solange dies der Fall ist, kann man auch von einem einfachen Polizisten nicht erwarten, dass er das Gesetz respektiert und sich nicht korrumpieren lässt." Für diese unhaltbaren Zustände machte Frau Samar auch die internationale Gemeinschaft verantwortlich, die durch ihre engen Beziehungen zu den Warlords die Vision von einer verlässlichen und verantwortungsvollen Polizei untergraben würde.[56]

Die Gewerkschaft der Polizei (GdP) sorgte sich zunehmend um die Sicherheit der Beamten. In einer Anfang Dezember 2011 verbreiteten Mitteilung hieß es: „Die Bundesregierung darf unsere Kolleginnen und Kollegen nicht im Regen stehen lassen, wenn die kämpfenden Truppen des internationalen Militärs Ende 2014 aus dem Bürgerkriegsland abziehen, die Polizei jedoch im Rahmen der Aufbauhilfe voraussichtlich bis 2024 am Hindukusch bleiben soll."[57] Als erstes Bundesland entschied Brandenburg im Februar 2010 keine weiteren Polizisten mehr an den Hindukusch zu entsenden. Als Grund wurde eine zuvor von Außenminister Westerwelle abgegebene Erklärung angeführt, wonach die Deutschen in Afghanistan an einem „bewaffneten Konflikt im Sinne des humanitären Völkerrechts" teilnehmen würden. Das sei eine völkerrechtliche Formel, die faktisch dasselbe wie Krieg bedeute. „Diese namens der Bundesregierung getroffene Aussage machte eine Neubewertung des Einsatzes unserer Polizisten erforderlich: An einem Krieg beteiligen sich brandenburgische Polizisten nicht, sie haben vielmehr ausschließlich einen zivilen Aufbauauftrag", wurde in einer Erklärung des Innenministeriums unterstrichen.[58] Brandenburg hatte sich bis dahin mit 15 Polizisten am Hindukusch-Einsatz beteiligt. Andere Bundesländer verzögerten wie Bayern die Entsendung von Beamten. In Hessen kam es zu juristischen Auseinandersetzungen zwischen der Landesregierung und der GdP. Nordrhein-Westfalen hatte Schwierigkeiten, überhaupt genügend Freiwillige zu finden. Der Rückzug der Polizisten vollzog sich nunmehr in Raten. Im Jahr 2012 wurde das Polizeitrainingszentrum in Faisabad an einheimische Kräfte übergeben, im darauffolgenden Jahr folgte die Zweigstelle in Kundus, und bis spätestens Ende 2014 sollte der Hauptstandort in Mazar-i-Scharif an die Partner gehen. Für die weitere Schulung könnten dann vielleicht noch 20 bis 30 Polizisten im Land bleiben.[59] Noch im Jahr 2010 hatte der damalige Innenminister de Maizière getönt: „Es macht ja keinen Sinn, etwas abzubrechen, was nachher in neue Unsicherheit umschlägt."[60]

„Nur ihr unbezwinglicher Hass auf jede Herrschaft und ihre Vorliebe für persönliche Unabhängigkeit verhindern, dass sie eine mächtige Nation werden; aber gerade diese Ziellosigkeit und Unbeständigkeit im Handeln machen sie zu gefährlichen Nachbarn, die leicht vom Wind der Laune aufgewühlt oder durch politische Intriganten, die geschickt ihre Leidenschaften entfachen, in Erregung versetzt werden können."[1]

(Der Philosoph und Gesellschaftstheoretiker Friedrich Engels über die Afghanen, geschrieben um den 10. August 1857)

Der damalige SPD-Chef Kurt Beck erntete Hohn und Spott beim Koalitionspartner CDU/CSU, als er im April 2007 forderte, gemäßigte Kräfte in Friedensgespräche einzubeziehen. Der Vorstoß wurde als Hirngespinst eines Provinzpolitikers abgetan. Die Taliban galten immer noch als Truppe ohne Programm und Perspektive, als Sammelbecken uneinsichtiger Fundamentalisten. Wenige Jahre danach änderte sich die Wortwahl. Da war von Aufständischen die Rede, mit denen ein Ausgleich gesucht werden müsste. Auf der Bonner Afghanistan-Konferenz Anfang Dezember 2011 wurden sieben Grundprinzipien für eine politische Friedenslösung formuliert:

Der Friedensprozess muss:

    1.) unter afghanischer Führung stehen und

    2.) inklusiv die legitimen Interessen aller Afghanen berücksichtigen

Die Friedenslösung muss beinhalten:

    3.) die Bestätigung eines souveränen, stabilen und geeinten Afghanistans

    4.) Gewaltverzicht

    5.) den Bruch mit dem internationalen Terrorismus und

    6.) die Respektierung der afghanischen Verfassung einschließlich der darin verankerten Menschenrechte

    7.) die Region muss den Friedensprozess und sein Ergebnis respektieren und unterstützen[2]

Manches daran war gar nicht neu. Karsai hatte erstmals 2004 eine Amnestie für jene Rebellen versprochen, die die Waffen niederlegen. Zwei Jahre später bezog er in dieses Angebot ausdrücklich Taliban-Chef Mullah Omar und den Milizenführer Gulbuddin Hekmatyar mit ein. Durch saudische Vermittlung kam es Ende September 2008 zu Gesprächen in Mekka. Daran nahmen Vertreter der afghanischen Regierung und Abgesandte der Aufständischen teil. Ein weiteres Treffen folgte im Februar 2009.[3] Dies wurde als Versuch der Taliban gewertet, sich als national orientierte Bewegung vom international agierenden Terrornetzwerk Al Qaida zu distanzieren. Diese Kontakte stockten, als mit Abdul Ghani Baradar die Nr. 2 der Taliban im Februar 2010 in Pakistan festgenommen wurde. Der Mullah stand in dem Ruf, ein Vertrauter des pakistanischen Geheimdienstes ISI zu sein, dem offenbar Baradars vorsichtiges Vorfühlen bei Karsai nicht passte.[4] Anfang Januar 2012 erklärten die Taliban erstmals öffentlich ihre Bereitschaft, in einen Verhandlungsprozess mit den USA einzutreten. Im Monat darauf bot Karsai, der sich gegen die Anbahnung separater Kontakte durch Washington gesträubt hatte, den Aufständischen direkte Gespräche mit seiner Regierung an. Zehn Jahre zuvor hatten die Taliban nach ihrer schweren Niederlage 2001 und der nachfolgenden monatelangen Desorganisation von sich aus solche Gespräche gesucht, die im Jahr 2002 über eine Amnestie die Chance auf eine Integration und Aussöhnung eröffnet hätten. Die USA waren jedoch dagegen.[5]

Seit Bestehen eines Reintegrationsprogrammes 2010 sollen nach NATO-Angaben 5400 Aufständische die Waffen niedergelegt haben, die Hälfte davon stammte aus dem Norden. Die Aussteiger erhalten monatlich 120 Dollar. Darunter wird ein hoher Prozentsatz von Betrügern vermutet, die einfach nur ihr schmales Einkommen aufbessern wollen. Da diverse afghanische Stellen entscheiden, wer an dem Programm teilnehmen darf, sind dem Missbrauch Tür und Tor geöffnet. Der harte Kern der Taliban entzieht sich ohnehin. Lediglich einzelne Freizeit-Kämpfer könnten versucht sein, längere Gefechtspausen mit westlichem Salär zu überbrücken.[6]

Die Gotteskrieger selbst sind kein monolithischer Block. Den jungen, radikalen Feldkommandeuren in Südafghanistan wird nachgesagt, gegen jegliche Friedensgespräche zu sein. Die im pakistanischen Quetta residierende Exil-Führung um Mullah Omar suchte dagegen vorsichtig den Ausgleich, indem sie dem globalen Dschihad abschwor. Die pragmatischen Kräfte schließen offenbar eine

Machtteilung nicht gänzlich aus, weil sie bei einer Alleinregierung in Kabul neuerlich in die internationale Isolation geraten würden. Und sie hätten wie in den 1990-er Jahren letztlich die Bevölkerung gegen sich, weil sie zwar kämpfen können, aber über kein Konzept zur Lösung der wirtschaftlichen und sozialen Probleme verfügen. Ihr zunehmender Rückhalt basiert darauf, dass große Teile der Bevölkerung die Besetzung ihres Landes als Werk einer unheilvollen Allianz zwischen westlichen Militärs, korrupten afghanischen Politikern, Warlords und Kriminellen betrachten. Die Herrschaft der Taliban wird damit im Nachhinein verklärt.

Mullah Omar, der in Südafghanistan seine eigentliche Machtbasis besitzt, befindet sich in Konkurrenz zu den Anführern der Paschtunen-Stämme aus Ostafghanistan und Pakistan. Zu deren schillerndsten Figuren gehören Jalaluddin Haqqani und dessen Sohn Sirajuddin. Die Familie stammt aus Khost. Sie hat ihr Zentrum im pakistanischen Nord-Waziristan und war dort mehrfach das Ziel von US-Drohnenangriffen. Ähnlich wie die radikale palästinensische Hamas im Gazastreifen unterhält das Haqqani-Netzwerk dort Schulen und Kliniken, dazu Bau- und Dienstleistungsunternehmen. Jalaluddin Haqqani (Jahrgang 1950) hatte sich im Kampf gegen die sowjetischen Besatzer den Ruf eines Haudegens erworben, was Präsident Ronald Reagan mit einem Empfang in Washington belohnte. Im Jahr 1995 schloss er sich den Taliban an, wurde aber von Mullah Omar ausgegrenzt, der alle wichtigen Entscheidungen in Kandahar traf.[7] Sirajuddin Haqqani (die Angaben über sein Geburtsdatum liegen zwischen 1973 und 1980) steht auf der westlichen Liste gesuchter Terroristen ganz oben. Die USA setzten für Hinweise zu seiner Ergreifung fünf Millionen Dollar aus. Er leitet die operative Tätigkeit des Netzwerkes in Afghanistan, dem spektakuläre Angriffe in Kabul zugeschrieben werden.

Unter einer straffen Führung agieren im Wesentlichen vier Gruppierungen: Kämpfer, die bereits unter Jalaluddin Haqqani den Sowjets widerstanden, Paschtunen aus der afghanischen Grenzprovinz Paktia, die nach 2001 zum Netzwerk stießen, Paschtunen aus Nord-Waziristan, die sich über die Jahre den Haqqanis anschlossen sowie ausländische Militante, darunter Araber, Tschetschenen und Usbeken. Zumindest zu diesem Umfeld gehörten auch Deutsche.[8]

Waffenkäufe werden durch Schutzgelderpressung, Schmuggel und Entführungen finanziert. Von herausragender Bedeutung ist die Provinz Khost, die im Osten an Waziristan grenzt und sich aufgrund zahlreicher Verbindungswege zum Waffentransfer in beiden Richtungen sowie leichte Grenzübertritte eignet. Spenden sollen von den arabischen Golfstaaten fließen. Die Mitglieder des Haqqani-Netzwerkes, vielfach an Koranschulen gedrillt, sind besonders radikalisiert und ideologisiert. Die Führung, nach ihrem Sitz in Nord-Waziristan Miram Shah-Schura genannt, hebt sich damit von der weniger dogmatischen Quetta-Schura ab.

Die USA versuchten etwa zwei Jahre lang, mit einer Doppelstrategie das Haqqani-Netzwerk zu neutralisieren. Pakistan wurde bedrängt, entschiedener gegen die Aufständischen in den Stammesgebieten vorzugehen. Zugleich lotete Washington in Geheimgesprächen mit Vertretern des Netzwerkes im August 2011 aus, ob diese in den afghanischen Friedensprozess mit eingebunden werden könnten.[9] Anfang Oktober 2011 berichtete Sirajuddin Haqqani in einem Interview von Kontakten mit diversen Geheimdiensten islamischer und nichtislamischer Staaten, darunter die CIA. Danach soll seiner Organisation eine wichtige Rolle in der afghanischen Regierung angeboten worden sein, wenn sie im Gegenzug den Dschihad aufgäbe und in Verhandlungen einwilligte. Haqqani wies das als Versuch zurück, die Aufständischen zu spalten. Er anerkannte ausdrücklich die Führerschaft von Mullah Omar, das damit verbundene Agieren nach einem militärischen Gesamtplan und verwies auf die Verantwortung des Haqqani-Netzwerkes für bestimmte Gebiete.[10] Bereits zuvor hatte der damalige Generalstabschef Admiral Mike Mullen vor dem US-Senat das Haqqani-Netzwerk als „veritablen Arm" des ISI bezeichnet. Er warf dem Geheimdienst vor, in Afghanistan einen Stellvertreterkrieg zu führen und direkt Attacken auf amerikanische und andere Ziele zu unterstützen.[11]

Tatsächlich ist die Lage wesentlich komplexer. Das Haqqani-Netzwerk befindet sich durch seine Position im afghanisch-pakistanischen Grenzgebiet in einer strategisch exponierten Lage. Das ermöglicht die Zusammenarbeit mit unterschiedlichen Akteuren, die unterschiedliche Ziele verfolgen. Dazu gehören Al Qaida und die Quetta-Schura ebenso wie die pakistanischen Taliban (Tehreek-e-

Taleban Pakistan/ TTP) und der ISI. All diese Akteure sind deshalb am Erhalt des Netzwerkes interessiert. Die Beziehungen zu Al Qaida gehen auf die Zeit des Widerstandes gegen die sowjetischen Besatzer zurück. Die besondere ideologische Nähe drückte sich unter anderem dadurch aus, dass bin Laden seine antiwestliche Fatwa von 1998 in einem Haqqani-Camp und nicht in einer Taliban-Hochburg unterzeichnete. Später waren die Stammesgebiete lange ein sicherer Hafen für Al Qaida. Mit der Quetta-Schura besteht trotz aller Rivalität ein Zweckbündnis, weil das Haqqani-Netzwerk allein nicht in der Lage ist, einen Machtwechsel in Kabul herbeizuführen. Deshalb wird aus taktischen Gründen immer wieder die Autorität Mullah Omars hervorgehoben. Für die pakistanischen Taliban leistet das Netzwerk logistische und nachrichtendienstliche Unterstützung. Zugleich fungiert es als neutraler Nachrichtenüberbringer zwischen ISI und TTP, wenn diese Gespräche anbahnen wollen. Der pakistanische Geheimdienst versucht wiederum, das Haqqani-Netzwerk für die Umsetzung seiner Afghanistan-Pläne zu instrumentalisieren. Vornan stehen dabei Attacken gegen die indische Präsenz am Hindukusch. Betroffen waren in den vergangenen Jahren sowohl diplomatische Vertretungen als auch Baufirmen. Für Aufsehen sorgte unter anderem der schwere Anschlag auf die Kabuler Botschaft im Juli 2008.

Das lange Zögern der USA, nicht nur einzelne Personen, sondern das gesamte Haqqani-Netzwerk als terroristisch einzustufen, hatte zwei Gründe. Es wurde befürchtet, die ohnehin belasteten Beziehungen zu Pakistan könnten sich weiter verschlechtern. Zudem ging man davon aus, dass die afghanischen Friedensgespräche mit den Taliban sich dann noch schwieriger gestalten würden. Mit der Zurückhaltung war es vorbei, als die US-Kongressabgeordneten erfuhren, dass ein Teil der milliardenschweren Finanzhilfe für Pakistan über dunkle Kanäle beim Haqqani-Netzwerk landete. Das State Department wurde ultimativ aufgefordert, dazu Stellung zu nehmen. Im Ergebnis erfolgte Anfang September 2012 der Schritt, auf den führende Militärs und das Pentagon entschieden gedrängt hatten: Das Haqqani-Netzwerk stand nunmehr auf der Schwarzen Liste. Zweifel an der Wirksamkeit dieser Maßnahme wurden schnell laut. Diese betrafen nicht nur die beabsichtigte Austrocknung des

Spendenzuflusses. Ein verstärkter Drohneneinsatz in Nord-Waziristan sowie in den afghanischen Provinzen Paktia, Paktika und Khost kann das Haqqani-Netzwerk vielleicht schwächen, aber nicht kampfunfähig machen. Darüber hinaus fiel die Doppelbödigkeit der Entscheidung auf. Wenn Admiral Mullens Einschätzung des ISI zutrifft, müsste dieser offiziell als Unterstützer einer terroristischen Organisation behandelt werden. Und neben dem Haqqani-Netzwerk müssten auch Mullah Omars Taliban auf die Schwarze Liste gesetzt werden. Darin zeigt sich das ganze Dilemma der US-Politik in Afghanistan und Pakistan. Noch mehr Druck auf Islamabad hätte einen geordneten Rückzug der internationalen Truppen gefährdet. Die Taliban werden für eine politische Regelung des innerafghanischen Konfliktes gebraucht.

Die Gotteskrieger verbreiten selbst ein differenziertes Bild von sich selbst. Eine Gruppe bezeichnet sich als die wahren afghanischen Taliban. Diese greifen nach eigenen Aussagen nur die US-Streitkräfte an, nicht die afghanischen Sicherheitskräfte und keine Zivilisten. Sie sehen sich als Mudschaheddin und keinesfalls als Terroristen. Die lokalen Taliban sind auf der unteren Ebene von der ländlichen Bevölkerung nicht zu unterscheiden. Sie gehen in der Regel einer Arbeit nach und können nach Bedarf aktiviert werden. Dabei spielen weniger ideologische Verbohrtheit, sondern vor allem pragmatische Fragen eine Rolle. Die Freizeitkrieger werden mit einem Zubrot gelockt. Bewusst wird eine Distanz zu den aus den Stammesgebieten in Waziristan einsickernden Kämpfern hergestellt, denen mangelnde Schonung von Zivilisten vorgeworfen wird. Die „wahren Taliban" streuen zudem, die Amerikaner würden systematisch junge, arbeitslose Afghanen kaufen, die mit verheerenden Anschlägen gegen die Bevölkerung den Vorwand für einen Verbleib am Hindukusch liefern sollten.[12] Für letztere Behauptung gab es keine Beweise. Fest steht nur, dass die Taliban nicht für alle Anschläge die Verantwortung übernommen haben. Bei einigen Attentaten etwa in Kandahar wurde als Hintergrund die Auseinandersetzung zwischen Karsais Gefolgsleuten und unliebsamen Konkurrenten vermutet.[13]

Tief verfeindete Volksgruppen

Die bestimmenden Ethnien im Norden sind Tadschiken und Usbeken. Gemeinsam mit den mongolischstämmigen Hazara im Zentrum führten sie jahrelang Krieg mit den Taliban und fürchten, dass sich Karsai mit Mullah Omar in einer großen paschtunischen Lösung auf Kosten der anderen Volksgruppen einigen könnte. Bei den Kämpfen in den 1990er-Jahren kam es zu Massakern, an denen alle Seiten beteiligt waren. Ethnische Säuberungen und religiöse Verfolgungen zerstörten vollends die Grundlage einer muslimischen Gesellschaft, die vorher eher tolerant und konsensorientiert war. Daher rührt ein tiefes Misstrauen untereinander.

Der Nordallianz fehlt nach der Ermordung ihres Kommandeurs Ahmed Schah Massud, der am 9. September 2001 bei einem Terroranschlag umkam, ein starker Führer. Der legendäre Ruf des Tadschiken geht auf seine militärischen Erfolge über die sowjetischen Invasionstruppen zurück. Das etwa 100 Kilometer nördlich von Kabul gelegene Pandschir-Tal war seine wichtigste Basis. Siebenmal versuchte die 40. Russische Armee Massud in die Falle zu locken, aber immer wieder entwischte dieser. Der Afghanistan-Veteran und spätere russische Vize-Präsident Alexander Ruzkoi nannte den stets mit einer Aura des Geheimnisvollen umgebenen Kommandeur einen „Meisterstrategen". Im Jahr 1988, da hatte Moskau gerade den Rückzug eingeleitet, wagte sich der selbstbewusste Massud sogar bis an die afghanisch-tadschikische Grenze vor und attackierte das Territorium der damaligen Sowjetrepublik. Nach dem Fall des kommunistischen Regimes 1992 wurde Massud durch die Peshawar Accords, einen Friedensvertrag verschiedener Mudschaheddin-Gruppierungen, zum Verteidigungsminister in der Regierung von Präsident Burhanuddin Rabbani ernannt. Der Friedensvertrag war nicht tragfähig. Es begann ein erbitterter, von Hekmatyar mit Rückendeckung Pakistans initiierter Machtkampf um die Herrschaft in Kabul, in dessen Verlauf tausende Zivilisten umkamen und Teile der Hauptstadt schwer zerstört wurden. Als die Taliban 1996 Kabul einnahmen, zog sich Massud wieder ins Pandschir-Tal zurück, um den Widerstand gegen die neue Kraft zu organisieren.

Während des Studiums der Ingenieurwissenschaften an der Kabuler Universität Anfang der 1970-er Jahre, das er nicht abschloss, kam Massud (Jahrgang 1953) mit islamisch orientierten Kreisen um den damaligen Theologieprofessor Rabbani in Berührung. Seitdem war der Tadschike ein überzeugter Gegner des damals aufkommenden kommunistischen Dogmatismus und des paschtunischen Nationalismus. Er wird bis heute von seinen zahlreichen Anhängern kultisch verehrt.

Die Paschtunen stellen die größte Volksgruppe in Afghanistan und dominierten über Jahrhunderte das Staatswesen, auch wenn die Zentralgewalt nie stark war. Dieser Volksgruppe gehören mehrheitlich die Taliban an. Als der Paschtune Hamid Karsai Anfang Oktober 2003 die USA und Großbritannien besuchte, trafen sich der zum Verteidigungsminister aufgerückte Tadschike Mohammed Fahim und ein halbes Dutzend regionaler Militärführer zum Kriegsrat in Kabul. Die offene Revolte wagten sie aber nicht. Aus Mangel an Alternativen setzten die USA weiter auf den umstrittenen Karsai, der sich aufgrund der desolaten Lage aus Selbsterhaltungstrieb immer stärker vom Westen abgrenzte. Das selbst unter Manipulationsverdacht stehende Staatsoberhaupt warf seinen ausländischen Förderern vor, bei den afghanischen Präsidentschaftswahlen im Jahr 2009 in großem Stil betrogen zu haben. Karsai drohte, bei anhaltendem Druck von außen könnten die Taliban zu einer legitimen Widerstandsbewegung werden und er selbst sich dieser Gruppierung anschließen.[14] Danach folgte eine Fundamentalkritik an der Strategie der ausländischen Truppen am Hindukusch. Und schließlich gab der Präsident eine aufsehenerregende Bankrotterklärung ab, indem er betonte, die Bemühungen seiner Regierung und der internationalen Gemeinschaft um Sicherheit in Afghanistan seien „gescheitert".[15]

Karsai (Jahrgang 1957) schien zunächst die Idealbesetzung für den Präsidentenposten zu sein. Er wurde nahe Kandahar geboren und stammte aus einer einflussreichen und begüterten Familie, die ihre Machtbasis im Popalsai-Clan besaß. Sein Großvater und sein Vater bekleideten während der Regentschaft von König Zahir Schah hohe Staatsposten. Während der sowjetischen Besatzung unterstützte der Karsai-Clan die Mudschaheddin finanziell. Nach dem Sturz Nadschibullahs war Karsai von 1992 bis 1994 Vize-Außenminister im Kabinett von Präsident Rabbani. Als Chaos und Anarchie im Land zunahmen, näherte sich die Familie Karsai kurzzeitig den Änderung versprechenden Taliban an, ehe sie auf Gegenkurs ging und sich dem Widerstand gegen die Gotteskrieger anschloss.

Hamid Karsai hatte zuvor von 1978 bis 1983 in Indien Politikwissenschaft studiert und in den USA, wo sich ein Großteil der Familie im Exil befand, westliche Umgangsformen erlernt. Vermutlich gehen die Kontakte mit der CIA auf die Zeit in den Vereinigten Staaten zurück. Eloquent und elegant beeindruckte der Mann im grün-schillernden Umhang, der außer seiner Muttersprache Paschtu fließend Persisch, Hindi, Französisch und Englisch beherrscht, nach seinem Aufstieg zum Staatsoberhaupt den Rest der Welt. Karsai erweckte den Eindruck, dass alles möglich sei, sogar die Einführung eines abendländischen Demokratiemodells. Und von Washington bis Berlin wurde begeistert Beifall geklatscht. Nostalgiker zogen bereits den Vergleich zu dem Modernisierer König Amanullah, der 1928 mit Reichspräsident Paul von Hindenburg im offenen Wagen durch die deutsche Hauptstadt fuhr. Ironie der Geschichte: Amanullah wurde gestürzt und landete im Exil.

Karsai kündigte im Mai 2013 an, sich 2014 nach Ablauf seiner zweiten und damit nach der Verfassung letzten Amtszeit definitiv aus der Politik zurückziehen zu wollen. Aus seinem Umfeld wurde zugleich lanciert, der Abzug der internationalen Truppen sei nicht der richtige Zeitpunkt für einen Führungswechsel. Karsais Bilanz ist in jedem Fall verheerend. Die Bevölkerung wandte sich ab, der Hauptsponsor USA ging auf Distanz. Enthüllungsreporter Bob Woodward berichtete in seinem Buch „Obama`s Wars" (Obamas Kriege) von schweren Verstimmungen zwischen Washington und Kabul. Woodward berief sich in diesem Zusammenhang auch auf US-Geheimdienstinformationen, wonach Karsai manisch depressiv sei und medikamentös behandelt werde. Das Dementi aus dem afghanischen Präsidentenpalast folgte umgehend. In einer Erklärung hieß es, bei der Darstellung in dem Buch handle es sich um „unbegründete, aufrührerische Äußerungen", die gegen die persönliche Integrität des Staatsoberhauptes gerichtet seien.[16] Keineswegs überdecken konnte dies, dass zwischen Obama und Karsai die Chemie nicht stimmte. Insofern beschrieb Woodward eine äußerst delikate

Situation. Bei einem der berühmtesten amerikanischen investigativen Journalisten durfte man davon ausgehen, dass die Quellen zuverlässig waren. Zusammen mit seinem Kollegen Carl Bernstein deckte Woodward Anfang der 1970-er Jahre in der „Washington Post" die Watergate-Affäre auf, die den damaligen Präsidenten Richard Nixon zum Rücktritt zwang.

Vom Bürgerkrieg in Afghanistan profitierten vor allem die Familie Karsai, Teile des Regierungsapparates, regionale Kriegsherren, Stammesführer, Drogenbarone sowie bewaffnete Banden. Diese sind tief in den Waffen- und Warenschmuggel aus China und Pakistan verstrickt; dazu kommt die Kontrolle des Opium-Marktes. Die sogenannten Warlords spielten erst im Kampf gegen die sowjetischen Besatzer, dann in der Auseinandersetzung zwischen den Mudschaheddin-Gruppierungen und schließlich im Konflikt mit den Taliban eine Rolle. Weder Karsai noch seine Gönner nahmen Anstoß daran, dass der Usbeken-General Abdul Rashid Dostum und Massuds frühere rechte Hand Mohammed Fahim bereits in der Zeit vor dem Aufkommen der Taliban zahlreiche Kriegsverbrechen begangen hatten. Beide dienten sich zuletzt den Amerikanern als Helfer an. Dostum (Jahrgang 1954) ließ bei der US-Invasion 2001 bis zu 2000 gefangen genommene Taliban in Container sperren und qualvoll in der Wüstenhitze ersticken sowie eine Revolte in der Festung Qala Jangi blutig niederschlagen.[17] Er gehört zu jenen Warlords, die mit jedem paktieren, wenn ein Vorteil dabei herausspringt. Nadschibullah zeichnete Dostum, damals noch Armeekommandeur, für sein brutales Vorgehen gegen die Mudschaheddin in Ostafghanistan zweimal mit dem Titel „Held der Republik" aus. Danach wechselte der Usbeke die Seiten, besetzte die Stadt Mazar-i-Scharif und schnitt Kabul den Nachschub aus dem Norden ab. Um sich nach Nadschibullahs Ende eine Teilhabe an der Macht zu sichern, folgten wechselnde Bündnisse mit Massud und Hekmatyar. Anfangs erblickte Dostum in den Taliban ein neues Geschäftsfeld. Er schickte Techniker nach Kandahar, die MiG-Kampfflugzeuge für die Miliz reparierten.[18] Das änderte sich mit dem Vormarsch der Taliban in Richtung Norden. Der skrupellose Warlord belebte sein früheres Bündnis mit Massud wieder. Beim US-Angriff stellte die Nordallianz die Bodentruppen und wurde dafür reichlich mit hohen Ämtern belohnt. Karsai ernannte Dostum zum Vize-Verteidigungsminister und Generalstabschef. Für die Kooperation mit dem neuen Regime ließ sich Dostum fürstlich entlohnen. Er erhielt aus umfangreichen Bargeldzuwendungen, die CIA-Agenten über ein Jahrzehnt lang persönlich im Präsidentenpalast ablieferten, bis zu 100 000 Dollar monatlich. Bedacht wurden auch andere Kriegsherren sowie Mitglieder des Parlaments und Delegierte der Loja Dschirga, um Karsais Kurs abzusichern.[19]

Mohammed Fahim (Jahrgang 1957) zählte seit 2001 zu den besonderen Nutznießern der Bestechungsgelder, weil ihm die Amerikaner eine zentrale Rolle beim Sturz und der nachfolgenden Niederhaltung der Taliban zudachten. Fahim stammt aus dem Pandschir-Tal und kam mit dem sowjetischen Einmarsch zum bewaffneten Widerstand. Er übernahm nach Massuds Tod die Führung der Nordallianz. Human Rights Watch stellte fest: „Er ist einer der berüchtigsten Kriegsherren des Landes, mit dem Blut vieler Afghanen an seinen Händen."[20] Der bullige Tadschike soll in den Drogen- und Waffenhandel verwickelt sowie an Entführungen beteiligt gewesen sein. Ein Verdacht auf ihn fiel auch in Verbindung mit der Ermordung von Vize-Präsident Hadschi Abdul Kadir Anfang Juli 2002. In Kabul machten Spekulationen die Runde, die Exekution habe mit der Auseinandersetzung um die Rauschgift-Pfründe zu tun. Auf Fahim war zuvor in der ostafghanischen Stadt Dschalalabad, in der Kadir seine Machtbasis hatte, ein Sprengstoffanschlag verübt worden. Fahim blieb unverletzt. Sein weiterer Aufstieg vom Verteidigungsminister zum Vize-Präsidenten vollzog sich problemlos. Karsai verlieh ihm den prestigeträchtigen Titel „Marschall auf Lebenszeit". Der Hochdekorierte starb am 9. März 2014 nach Angaben lokaler Medien an einem Herzinfarkt.

Wieder Schlagzeilen lieferte Gulbuddin Hekmatyar. In den 1970er-Jahren wurden er und seine Anhänger von der „Muslimischen Jugendbewegung" dadurch bekannt, dass sie unverschleierten Studentinnen Säure ins Gesicht schütteten. Die von ihm geführte Hisb-e-Islami (Partei des Islam) wurde im Krieg gegen die sowjetischen Besatzer massiv von den USA, Pakistan und Saudi-Arabien unterstützt. Ein Neuanfang nach 1992 scheiterte maßgeblich an seiner Person. Während der Taliban-Herrschaft von 1996 bis 2001

tauchte er im iranischen Exil ab und gehörte danach zu den erbitterten Gegnern der Regierung von Karsai. Hekmatyar (Jahrgang
1951) wurde von den Nachrichtendiensten als permanente Gefahr
für die ISAF eingestuft. Seine Gruppierung soll bei dem tödlichen
Anschlag auf das deutsche Kontingent im Juni 2003 in Kabul eine
Rolle gespielt haben. Die Aktivitäten konzentrierten sich zunächst
auf den Osten und den Süden Afghanistans. Der Milizenchef wei-
tete jedoch mittlerweile sein Aktionsfeld auf die nördliche Provinz
Kundus aus, in der er geboren wurde. Hekmatyar steht auf der UN-
Terrorliste. Die USA setzten mehrere Millionen Dollar Belohnung
für seine Ergreifung aus.

Karsai hielt das nicht davon ab, eine ranghohe Delegation der
Hisb-e-Islami zu Gesprächen nach Kabul einzuladen. Diese be-
gannen am 22. März 2010. Ein von Hekmatyar zuvor vorgelegter
Friedensplan sah den Abzug der ausländischen Truppen ab Juli
2010 vor. Dieser sollte in sechs Monaten abgeschlossen sein. Dazu
kam es nicht, aber der wendige Hekmatyar blieb im Geschäft. Der
Paschtune, ein Opportunist reinsten Wassers, erhofft sich über ein
Zweckbündnis, mit wem auch immer, in Kabul einzuziehen. Die
Hisb-e-Islami verfolgt nach Einschätzung deutscher Geheimdienste
eine Doppelstrategie. Zum einen werden die nationalen und internationalen Sicherheitskräfte in Afghanistan angegriffen. Zum anderen gibt man sich verhandlungsbereit. Mit Abdul Hadi Arghandiwal
schaffte es der Führer des zugelassenen Flügels der Hisb-e-Islami
als Wirtschaftsminister bis ins Kabinett. Obwohl dieser Flügel auf
Distanz zu Hekmatyar ging, glaubten viele Afghanen den Bekun-
dungen nicht. Gulbuddin Hekmatyars langer Arm reicht bis nach
Deutschland, wo er mehrere hundert Anhänger in der afghanischen
Diaspora mit Schwerpunkten in Hamburg und München haben
soll. Diese werben in Internetforen für eine ideelle und materielle Unterstützung der Hisb-e-Islami in deren Kampf gegen die
NATO-Truppen.[21]

Karsais Taktieren in auswegloser Lage vergrößerte noch den Mythos, von dem Taliban-Chef Mullah Omar umgeben ist. Bin Laden
wurde zur Strecke gebracht, aber nicht Mullah Omar trotz eines
Kopfgeldes von zehn Millionen Dollar. Ihren spirituellen Führer
hatten die meisten Afghanen während der Taliban-Herrschaft nie

zu sehen und kaum zu hören bekommen. Nach dem Sturz der Taliban soll er sich nach Pakistan abgesetzt haben. Als Aufenthaltsorte werden Karatschi oder Quetta vermutet. Omars Ausstrahlung unterminierte die Anstrengungen der NATO und hielt die divergierenden Gruppierungen innerhalb der Taliban zusammen. Karsai forderte Mitte 2012 den Taliban-Chef beinahe flehentlich auf, den bewaffneten Kampf gegen seine Regierung aufzugeben und sich stattdessen politisch zu engagieren. Omar könne überall in Afghanistan „mit seinen Freunden" eine Partei gründen und selber Kandidat bei der für den 5. April 2014 angesetzten Präsidentschaftswahl werden. Das Angebot gipfelte in dem Satz: „Wenn die Leute ihn wählen, gut für ihn, dann kann er die Führerschaft in die Hand nehmen."[22]

Die Taliban lehnten jedoch in einer Anfang August 2013 verbreiteten Erklärung eine Teilnahme an dem Votum ab. Der Ghilzai-Paschtune Mohammed Omar (wahrscheinlich Jahrgang 1959) wurde in dem Dorf Nodeh nahe Kandahar in der Familie eines armen, landlosen Bauern geboren. Zur Legendenbildung trug bei, dass er 1989 als Mitglied einer Miliz das Gefecht gegen die Truppen des Nadschibullah-Regimes fortsetzte, obwohl ihm dabei Splitter das rechte Augenlicht nahmen. Insgesamt wurde er viermal verwundet. Sein Aussehen ist weitgehend unbekannt, weil die Taliban ein Foto- und Fernsehverbot erließen. Strukturen, Führungsstil und Entscheidungsprozesse der von ihm angeführten Bewegung blieben intransparent. Omar zeigte sich selten in Kabul, das eigentliche Machtzentrum blieb während der Taliban-Herrschaft Kandahar. Kolportiert wurde, Mullah Omar hätte im Traum den Propheten Mohammed getroffen, der ihn dazu aufforderte, das Land aus dem Chaos zu führen. Um seine Stellung zu festigen, entnahm er aus einem heiligen Schrein in Kandahar den Umhang des Propheten Mohammed. In einer grandiosen Inszenierung präsentierte er sich am 4. April 1996 vom Dach eines Gebäudes in Kandahar mit diesem Umhang. Etwa 1500 begeisterte Mullahs, die sich zu einer Schura versammelt hatten, riefen „Amir-ul Momineen" (Führer der Gläubigen). Danach brach ein Streit darüber aus, ob Omar den Umhang tatsächlich trug oder lediglich vor der Menge in den Händen hielt. Das war letztendlich unerheblich: Mit Omar stieg ein mittelloser Dorfmullah ohne Ansehen und Verbindungen in der traditionellen Stammesgesellschaft zum unangefochtenen Herrscher auf.[23] Ausschlaggebend dafür soll nach Aussagen von Weggefährten sein unerschütterlicher Glauben an den Islam gewesen sein. Die damit verbundene Mission lautete, Afghanistan von den gottlosen Mudschaheddin zu befreien und der Scharia uneingeschränkt Geltung zu verschaffen.

Zahlreiche Geschichten kursieren darüber, wie Omar den Grundstein für eine bald landesweit operierende Bewegung gegen die sich bekämpfenden Mudschaheddin-Gruppierungen legte. Am hartnäckigsten hält sich die folgende: Im Frühling 1994 ließ ein korrupter Kriegsherr aus Kandahar zwei Mädchen entführen, diese wurden in ein Militärlager gebracht und dort mehrfach vergewaltigt. Omar und etwa 30 Getreue griffen daraufhin die Basis an, befreiten die Mädchen und hängten den Befehlshaber am Kanonenrohr eines Panzers auf.[24] Erst später soll der ISI auf die zumeist jungen afghanischen Männer aufmerksam geworden sein, die vielfach in pakistanischen Flüchtlingslagern geboren waren und in dem Nachbarland auch ihre religiöse Ausbildung erhalten hatten. Die Taliban schienen unter anderem in der Lage, den Bürgerkrieg am Hindukusch zu beenden und damit sichere Transportwege nach Zentralasien zu garantieren.

Rote Linien, schwarze Zukunft

Die Neubewertung der desaströsen Lage begann unter Obama und wurde beschleunigt durch das gefeierte Ende Osama bin Ladens Anfang Mai 2011. Rache an dem Al-Qaida-Chef stellte für viele Amerikaner den eigentlichen Kriegsgrund dar, der sich nun erledigt hatte. Dazu kam die Erkenntnis, dass ohne die Aufständischen keine Verhandlungslösung möglich ist. Noch Anfang Dezember 2009 hatte Obama von den Taliban als „einer grausamen, repressiven und radikalen Bewegung" gesprochen.[25] Diese Bewegung zeigte sich jedoch durchaus flexibel. Sie hat die Jahre seit ihrem Aufkommen 1994 politisch überlebt. Sie benutzt Computer und Mobiltelefone. Sie betrachtet sich als Dienstleister für die Bevölkerung. Ohne ihre Einwilligung hätte etwa eine von den Vereinten Nationen landesweit durchgeführte Polio-Schluckimpfung gegen Kinderlähmung nicht stattfinden können. Mullah Omar persönlich setzte sich dafür ein.[26] Die Taliban haben längst ethnische Grenzen überschritten. Mit ihren landesweiten Operationen erhoben sie den Anspruch, eine nationale Bewegung zu sein. Sie versuchten zunehmend, Usbeken, Turkmenen und Tadschiken zu rekrutieren. Bei ihrem Vorgehen konnten die Aufständischen mit der Unterstützung der Geistlichkeit rechnen, die von der Bevölkerung respektiert wird.[27]

Mit großem Selbstbewusstsein sollen sich die Taliban bei Treffen mit US-Vertretern in Katar und Deutschland seit dem Herbst 2010 präsentiert haben. Sie verlangten nach amerikanischen Medienberichten die Freilassung von etwa 20 Guantanamo-Gefangenen, den Abzug aller ausländischen Truppen aus Afghanistan, eine ihrem Gewicht adäquate Regierungsbeteiligung und kündigten die Eröffnung einer eigenen Repräsentanz „womöglich in Katar" an.[28]

Dem stand gegenüber, was für den Westen nicht verhandelbar ist und als sogenannte rote Linien bezeichnet wird: totaler Bruch mit Al Qaida, Gewaltverzicht, Anerkennung der afghanischen Verfassung. Unklar blieb, wo bei derart unterschiedlichen Positionen die Kompromisslinie liegen sollte. Unklar blieb auch, ob die Taliban-Vertreter überhaupt ein Gesprächsmandat hatten. Die USA waren bei ihren Bemühungen um direkte Kontakte monatelang einem Hochstapler aufgesessen, der sich von der NATO nach Kabul einfliegen ließ und für sein Täuschungsmanöver auch noch viel Geld kassierte. Vorsichtig wurde deshalb von „Sondierungen vorläufiger Natur" gesprochen. Mitte März 2012 setzten die Aufständischen die Gespräche nach eigenen Angaben aus, weil sich die amerikanische Seite angeblich nicht auf einen Gefangenenaustausch als erste vertrauensbildende Maßnahme einlassen wollte.[29] Am 18. Juni 2013 eröffneten die Taliban ein Verbindungsbüro in Doha. Das verbanden sie mit der Erklärung, dass die politischen und militärischen Ziele der Bewegung auf Afghanistan beschränkt seien und anderen Ländern kein Schaden zugefügt werden sollte. Zugleich wurde betont, dass Verhandlungen aus einer Position der Stärke heraus geführt würden. Erstmals offizielle Gespräche mit US-Vertretern sollten unmittelbar danach beginnen. Sie kamen nicht zustande, weil Karsai eine Aufwertung der Taliban verhindern wollte. Der Präsident legte zugleich die Verhandlungen mit Washington über ein bilaterales Sicherheitsabkommen für die Zeit nach 2014 auf Eis.

Auf welch wackligen Füßen der Aussöhnungsprozess steht, machte der tödliche Anschlag auf Burhanuddin Rabbani am 20. September 2011 deutlich. Der Tadschike aus der Nordprovinz Badakhschan, seit Jahrzehnten Politiker und Kriegsfürst mit großem Einfluss, sollte im Auftrag von Karsai parallel zu den Amerikanern die Verhandlungen mit den Taliban führen. Er stand einem eigens geschaffenen Hohen Friedensrat vor. In dieser Eigenschaft empfing Rabbani (Jahrgang 1940) in seinem umfangreich gesicherten Haus in Kabul einen Gast, der sich als ranghoher Kommandeur der Aufständischen ausgab und als Verhandlungspartner anbot. Bei der Begrüßung zündete der Attentäter den Sprengsatz, den er in seinem Turban versteckt hatte. In Verdacht geriet schnell das Haqqani-Netzwerk, das Gespräche mit dem Westen oder auch mit Karsai strikt ablehnt, jedoch in diesem Fall jegliche Verantwortung bestritt. Die Taliban bekannten sich ebenfalls nicht, taten das jedoch nach der Eliminierung anderer prominenter Regierungsvertreter. Zu den Ermordeten gehörten der Polizeichef von Nordafghanistan, der Polizeichef der Provinz Kandahar und der Bürgermeister der gleichnamigen Stadt.

Es traf auch den Halbbruder des Präsidenten, Ahmed Wali Karsai. Dieser war aus den USA, wo er in der Restaurantkette seiner Familie mitarbeitete, zunächst nach Pakistan gegangen und dann nach Afghanistan zurückgekehrt. Ahmed Wali Karsai (Jahrgang 1961) gehörte zu den einflussreichsten Akteuren am Hindukusch. Offiziell fungierte er seit 2005 als Vorsitzender des Provinzrates von Kandahar. Damit ließ sich offenbar weitgehend ungestört und in großem Stil der Drogenhandel organisieren. Die Karriere endete abrupt am 12. Juli 2011. Karsai wurde von einem langjährigen Leibwächter erschossen, den die Taliban offenbar auf ihre Seite gezogen hatten. Die Familie fahndete seitdem nach den Erlösen, die aus den kriminellen Geschäften erzielt wurden. Die Rede war von mehreren hundert Millionen US-Dollar, deponiert auf geheimen Konten und verwendet für den Kauf luxuriöser Immobilien im Ausland, vorzugsweise in Dubai.

Die Ausschaltung exponierter Vertreter des Staatsapparates vergrößerten die Zweifel an einer wirklichen Verhandlungsbereitschaft der Taliban. Zugleich wurde auf tragische Weise ein Problem sichtbar: Rabbani, führender Vertreter der Nordallianz, konnte kein neutraler Makler zwischen der Regierung und den Aufständischen sein. Zu seinem Nachfolger als Vorsitzender des Hohen Friedensrates wurde Mitte April 2012 Salahuddin Rabbani berufen. Zuvor hatte er von seinem Vater im Oktober 2011 die Führung der wichtigsten Tadschiken-Partei Dschamiat-e-Islami (Islamische Vereinigung) übernommen. Salahuddin Rabbani (Jahrgang 1971) gehört nicht zu den kompromittierten Kriegsfürsten. Er studierte in den 1990-er Jahren an Eliteuniversitäten in Saudi-Arabien und Großbritannien, trat nach dem Sturz der Taliban in das afghanische Außenministerium mit einer ersten Verwendung bei der ständigen UN-Vertretung seines Landes in New York ein, absolvierte eine weitere Hochschule in den USA und war vor seiner Rückkehr nach Kabul Botschafter in der Türkei. Rabbani repräsentiert damit jene jungen Afghanen, die traditionalistisch erzogen und dennoch weltoffen sind. Da deren Zahl klein ist, bleibt ihr Einfluss gering.

Wer gerade mit wem die Weichen für die Zeit nach dem Abzug der internationalen Truppen zu stellen versuchte, war nie wirklich zu durchschauen. In Kabul kam im Juni 2012 das Gerücht auf, Karsais älterer Bruder Qayum (Jahrgang 1956) strebe das höchste Staatsamt an. Dass dies mehr als ein Gerücht darstellte, bestätigte sich am 6. Oktober 2013. Qayum Karsai reichte offiziell seine Bewerbung für die Präsidentschaft ein. Das Ex-Parlamentsmitglied soll an Geheimgesprächen mit den Taliban beteiligt gewesen sein, die unter Vermittlung Saudi-Arabiens stattfanden. Der Geschäftsmann mit zweifelhaftem Ruf, dem seit den 1980-er Jahren in den USA mehrere Restaurants gehören, kontrollierte jahrelang den Bau-, Logistik- und Sicherheitssektor im südlichen Afghanistan. Dabei erwiesen sich Kontakte mit den Aufständischen als unumgänglich. Einen Monat vor der Wahl zog Qayum Karsai jedoch wegen mangelnder Erfolgsaussichten seine Kandidatur zurück. Er erklärte stattdessen seine Unterstützung für den ehemaligen Außenminister Zalmay Rassoul. Der Paschtune Rassoul (Jahrgang 1943) besaß von Beginn an die Gunst des amtierenden Präsidenten. Der weltgewandte Royalist, der früher König Zahir Schah nahestand, wurde im Westen als

Gesprächspartner geschätzt und war in Afghanistan nicht durch schwere Menschenrechtsverletzungen diskreditiert. Hamid Karsai hatte bereits im August/September 2012 durch Umbesetzungen in den Sicherheitsministerien und beim Geheimdienst NDS versucht, Vorsorge zu treffen. Verteidigungsminister wurde der Tadschike Bismillah Khan Mohammadi (Jahrgang 1961), früher ein führender Kommandeur der Nordallianz. Damit wollte Karsai diese Gruppierung fest einbinden. Zum Innenminister avancierte der Paschtune Mushtaba Patang (Jahrgang 1963), der seine Polizeikarriere in der Zeit der sowjetischen Besatzung begonnen hatte. Dieser verfügte über keinen besonderen politischen und ethnischen Rückhalt. Für ihn sprach, kompetent und gut kontrollierbar zu sein.[30] Patang hielt sich nur kurz im Amt. Er musste gehen, weil sich die Sicherheitslage weiter verschlechterte. Im September 2013 übernahm Umar Daudsai, ein Vertrauter des Präsidenten, das Innenressort. Daudsai (Jahrgang 1957) soll jahrelang Bargeldzahlungen aus dem Iran erhalten haben.

An die Spitze des NDS, in dem heute noch viele Mitarbeiter vom einst gefürchteten kommunistischen Vorgänger KHAD aktiv sind, rückte im Rahmen der Umbesetzungen mit dem Paschtunen Asadullah Khaled (Jahrgang 1969) ein langjähriger Weggefährte des Staatsoberhauptes. In kanadischen Regierungsdokumenten wurde Khaled vorgeworfen, in seiner Zeit als Gouverneur der Provinz Kandahar (2005 bis 2008) persönlich an schweren Menschenrechtsverletzungen wie Folter beteiligt gewesen zu sein. Da Khaled mit Ghazni aus einer weiteren Schlüsselprovinz stammt, auch dort Gouverneur war (2001 bis 2005) und dabei zahlreiche Kontakte knüpfte, gehörte er zu Karsais Personaltableau. Darüber hinaus tauschte der Präsident ein Viertel der 34 Provinzgouverneure aus.

Der neue Geheimdienstchef verstärkte entschlossen die Operationen gegen die mittlere und obere Führungsebene der Taliban. Der NDS unternahm größere Anstrengungen, um Attacken aus den Reihen der afghanischen Sicherheitskräfte auf ISAF-Soldaten zu verhindern. Dafür wurde Asadullah Khaled vom Westen geschätzt, aber von den Taliban gehasst. Ein Selbstmordattentäter, der angeblich eine Verhandlungsbotschaft überbringen wollte, zündete am 6. Dezember 2012 in einem Kabuler Gästehaus eine 2,5-Kilogramm-

Sprengladung. Der Geheimdienstchef überlebte schwer verletzt und wurde zur weiteren Behandlung in die USA ausgeflogen. Wie schon im Falle von Burhanuddin Rabbani zeigte sich, dass selbst zentrale Figuren vor den Aufständischen nicht sicher sind. Karsai wird stets klar gewesen sein, dass er der nächste sein könnte. Der Präsident überstand 2002 in Kandahar und 2008 in Kabul Anschläge unversehrt. Sein Vater Abdul Ahad Karsai (Jahrgang 1922) wurde am 14. Juli 1999 von zwei Taliban-Killern in Quetta erschossen.

Nicht nur die tiefen Gräben zwischen den entscheidenden Volksgruppen verhindern stabile politische Strukturen. Ausgeprägte Partikularinteressen, die sich in der bestimmenden Rolle von Clans und Stammesgruppen manifestieren, machen einen gesamtgesellschaftlichen Entwicklungsansatz unmöglich. Ganze Generationen sind verroht und entwurzelt, weil sie nur Machtmissbrauch und Korruption kennengelernt haben. Die schiitische Minderheit fühlt sich von der sunnitischen Mehrheit bedroht. Die alte Elite setzte sich nach dem Einmarsch der Sowjets ins Ausland ab, eine neue entstand nicht. Stattdessen agieren unter den Augen des Westens Warlords, die vielfach vor den Internationalen Strafgerichtshof in Den Haag gehören. Hinzu kommen regionale Ungleichgewichte. Im nördlichen Teil befinden sich sowohl der größte Teil der landwirtschaftlich nutzbaren Fläche als auch der Rohstoffvorkommen. Der größte Teil der Bevölkerung lebt dagegen im südlichen Teil.[31]

Für eine Verhandlungslösung müssten die Taliban ihren allumfassenden Machtanspruch aufgeben und die Nicht-Paschtunen angemessen in der Bürokratie und im Militär berücksichtigen. Das könnte auf dem Wege einer Loja Dschirga oder einer islamischen Schura geschehen. Dafür fehlten jedoch bislang ausreichende Signale. Wenig aussichtsreich scheint auch ein von der UN überwachtes Waffenembargo, begleitet von einem Waffenstillstand und einer Entmilitarisierung im Innern. Unklar ist darüber hinaus, ob zwischen Iran und Pakistan ein Dialog zustande kommt, der sich stabilisierend auf die Lage in Afghanistan auswirken könnte. Zu simpel wäre die Vorstellung, bei den Taliban handle es sich um Marionetten, an deren Strippen der pakistanische Geheimdienst ISI oder das saudische Königshaus nur zu ziehen bräuchten. Die Aufständischen haben ihre eigenen Vorstellungen. Sie versuchen deshalb, sich dem Einfluss von Geld- und Gastgebern zu entziehen.

Die Erfahrungen, die zwei Deutsche im Auftrag der Vereinten Nationen in Afghanistan machten, ließen bereits tief blicken. Der Diplomat Norbert Holl sollte nach dem Sturz des Nadschibullah-Regimes als UN-Sonderbeauftragter zwischen den Kriegsparteien vermitteln. Dabei erkannte er schnell den schier unauflöslichen Konflikt zwischen der Nordallianz und den Taliban. Holl hielt sich im Juli 1996 in Kabul auf, dabei geriet er in einen Raketenhagel der Taliban. Der Emissär kritisierte daraufhin die Taliban scharf, die seine Friedensmission missachten würden. Der Mann aus dem Auswärtigen Amt leitete zu dieser Zeit eine 40-köpfige multinationale Gruppe von Militärs und zivilen politischen Beratern, die sogenannte UNSMA (United Nations Special Mission to Afghanistan). Deren Hauptquartier befand sich in Islamabad. Das zunächst im afghanischen Dschalalabad eingerichtete Büro musste aus Sicherheitsgründen aufgegeben werden. Mit einem Jahresetat von fünf Millionen Dollar ausgestattet, konnte der UN-Sonderbeauftragte den Afghanen keine lukrativen Angebote machen. Die Taliban gingen 1996 ohnehin von einer kompletten Machtübernahme aus und erkannten die UN nicht als neutralen Vermittler an. Die Nordallianz wiederum misstraute dem Vermögen der Weltorganisation, die Interessen der Tadschiken, Usbeken und Hazara ausreichend zu schützen. Hinzu kam die Destruktionspolitik umliegender Länder, die gar nicht daran dachten, ihre Waffenlieferungen an einzelne Gruppierungen einzustellen. Amerikaner und Russen hielten Distanz zum UN-Sonderbeauftragten. Nach über 30 Jahren im diplomatischen Dienst musste Holl (Jahrgang 1936) erkennen, dass seine Mission am Hindukusch gescheitert war. Ende 1997 gab er frustriert auf.

Zu seinen ganz persönlichen Niederlagen zählte die Hinrichtung des afghanischen Ex-Präsidenten Nadschibullah (Jahrgang 1947) durch die Taliban am 27. September 1996. Nadschibullah stand seit 1992 unter dem Schutz der Vereinten Nationen und lebte in einer Diplomatensiedlung im Zentrum von Kabul. Deren Immunität wurde bis dahin von allen kriegführenden Parteien respektiert. Die Taliban taten es nicht. Sie schlugen ihr Opfer bewusstlos, fuhren mit ihm zum Präsidentenpalast, dort wurde Nadschibullah kastriert, an einen Jeep gebunden mehrfach um den Palast geschleift und schließlich erschossen. Die Taliban hingen seine Leiche und die seines ebenfalls ermordeten Bruders an einer Betonplattform für Verkehrspolizisten im Zentrum der Hauptstadt auf. Damit wurde vor allem das Ziel verfolgt, die Bevölkerung einzuschüchtern.

Norbert Holl soll vergeblich versucht haben, Nadschibullah zur Flucht zu bewegen – und hatte ihn nach Medienberichten kurz vor dem Einmarsch der Taliban besucht.[32] Der Autor Ahmed Rashid gab hingegen der UN eine Mitschuld am Tode Nadschibullahs. Laut Rashids Version schickte der Ex-Präsident vor dem Fall Kabuls eine Nachricht an das UN-Hauptquartier in Islamabad, in der er Holl bat, ihn, seinen Bruder, seinen Privatsekretär und seinen Leibwächter zu evakuieren. Doch verfügten die Vereinten Nationen weder über die personellen noch die logistischen Strukturen für eine Rettungsaktion. Am 26. September bot der Tadschiken-Führer Massud dem Paschtunen Nadschibullah sicheres Geleit in den Norden an. Dieser lehnte ab, um nicht vor der eigenen Ethnie als Feigling dazustehen.[33]

Zehn Jahre nach Norbert Holl versuchte Tom Koenigs (Jahrgang 1944) als UN-Sondergesandter zur Befriedung Afghanistans beizutragen. Der studierte Betriebswirt, seit 1983 Mitglied bei den Grünen, konnte bis dahin auf eine wechselvolle Karriere zurückblicken. Er war unter anderem Übersetzer lateinamerikanischer Literatur, Buchhändler, Taxifahrer und Schweißer. Dann folgte der Wechsel in die Kommunalpolitik, der Kämmerer-Posten in Frankfurt/Main machte Koenigs bundesweit bekannt. Nahtlos schloss sich eine Karriere bei den Vereinten Nationen mit den Stationen Kosovo, Guatemala und Afghanistan an. Dabei gab es ein kurzes Zwischenspiel als Menschenrechtsbeauftragter der Bundesregierung. Hilfreich war dabei sicher die jahrzehntelange Bekanntschaft mit Joschka Fischer.

Aber auch der Seiteneinsteiger Koenigs begriff umgehend, dass Afghanistan eine ganz besondere Herausforderung darstellt. Im Weltsicherheitsrat, dem er regelmäßig über die Lage am Hindukusch Bericht erstatten musste, traf der Deutsche vielfach auf Ignoranz. Der UN-Sondergesandte hatte nach seinem Amtsantritt 2006 registriert, dass sich die Taliban wieder zu einem ernstzunehmenden Machtfaktor entwickelten und sich ihre Aktivitäten zu einem regelrechten Aufstand ausweiteten. Er kritisierte die ineffiziente Aufbauhilfe und das unzureichende Niveau der afghanischen Sicherheitskräfte. Besonders entrüstete Koenigs das brachiale Vorgehen der amerikanischen Truppen, das noch mehr Feinde schuf. Manches davon wurde erst später öffentlich. In seiner Ohnmacht hatte der Sondergesandte während seiner fast zwei Jahre am Hindukusch nebenbei Briefe an Verwandte und Freunde geschrieben, die nach der Demission in einem Buch Eingang fanden.[34] Seitdem besuchte der Grünen-Politiker mehrfach Afghanistan und seine Prognose mit Blick auf die Zeit nach 2014 klang nicht hoffnungsvoll.

Vieles spricht dafür, dass es zu keiner Befriedung kommt. Im gewissen Sinne weist die gegenwärtige Lage Parallelen zu der von 1987 auf. Damals erfolgte durch Teile des sowjetischen Militärs eine schonungslose Analyse der von der afghanischen Führung verkündeten Politik der nationalen Aussöhnung. Diese habe, so wurde in einem Brief an Verteidigungsminister Dmitri Jasow festgestellt, keine ausreichende Unterstützung im Staatsapparat und in den bewaffneten Kräften. Sie finde kein positives Echo in der Opposition, weil diese nicht heute einen Teil der Macht wolle, wenn sie morgen die ganze haben könne. Somit sei der Sinn der nationalen Aussöhnung, die Bildung einer funktionierenden Koalitionsregierung, eine Illusion. Überdies hätte dieser Kurs einen negativen Einfluss auf den moralischen Zustand der Armee. Verfasser des Briefes war Oberst Tsagolow, der im Jahr darauf aus der Armee entfernt wurde.[35]

Entschieden wird über den weiteren Fortgang am Hindukusch nach dem Abzug der ausländischen Truppen in Abhängigkeit von der wirklichen Stärke der innerafghanischen Gruppierungen. Die auf Grundlage der Nordallianz gebildete Nationale Front Afghanistans hält jegliche Verhandlungen mit den Taliban nur dann für akzeptabel, wenn alle relevanten Konfliktparteien in den Friedensprozess mit einbezogen werden. Die Front fordert darüber hinaus einen nationalen Dialog zu einer Überarbeitung der Verfassung, um die derzeitige Struktur durch eine Dezentralisierung des politischen Systems zu korrigieren und damit den vielfältigen ethnischen, sozialen und kulturellen Erfordernissen Afghanistans besser zu entsprechen. Im Kern zielt dies darauf ab, das auf eine Person konzentrierte Präsidialsystem und die damit verbundene Machtfülle abzuschaffen. An dessen Stelle soll ein parlamentarisches System mit einem Regierungschef treten, der von den Volksvertretern gewählt wird und diesen verantwortlich ist. Zugleich will das Bündnis mit dem Abbau der Überzentralisierung den Provinzen mehr Eigenständigkeit geben. Bei einem denkwürdigen Auftritt im Januar 2012 in Berlin ließen die führenden Köpfe der Allianz, der Tadschike Ahmed Zia Massud (der jüngere Bruder des Kriegshelden Ahmed Schah Massud), der Usbeke Abdul Rashid Dostum und der Hazara Haji Mohammed Mohaqiq, zugleich keinen Zweifel daran, dass sie ihre bedeutenden militärischen Ressourcen zur Durchsetzung der eigenen Interessen auch einsetzen würden.[36]

Ähnliche Positionen wie die Nationale Front Afghanistans vertritt die Nationale Koalition Afghanistans. Ihr Führer Abdullah Abdullah (Jahrgang 1960) gehört zu den bekanntesten Politikern des Landes. Der promovierte Augenarzt mit paschtunischen und tadschikischen Wurzeln schloss sich Mitte der 1980-er Jahre dem antisowjetischen Widerstand an, bekleidete führende Positionen nach dem Sturz des Nadschibullah-Regimes, kämpfte in der Nordallianz gegen die Taliban, war Außenminister unter Karsai und trat bei den Präsidentschaftswahlen 2009 als aussichtsreichster Oppositionskandidat an. Abdullah boykottierte die Stichwahl gegen Karsai, weil er auch für die zweite Runde keinen freien und fairen Urnengang erwartete. Der ambitionierte Politiker gründete danach die Koalition für Wandel und Hoffnung, die bei der Parlamentswahl 2010 beachtliche 90 von 249 Sitzen gewann. Im Jahr darauf wurde die Koalition auf eine noch breitere Basis gestellt und in Nationale Koalition Afghanistans umbenannt. Ihr gehören auch Monarchisten mit Verbindungen zum Königshaus und ehemalige Kommunisten an. Im Herbst 2013 ließ sich Abdullah Abdullah erneut als Präsidentschaftskandidat registrieren.

Ebenfalls 2011 wurde die Partei Recht und Gerechtigkeit gebildet. Diese bezeichnet sich selbst als zentristische Gruppierung, die sich sowohl von den Kräften um Karsai als auch von der Opposition klar abgrenzt. Beteiligt sind Führer aller relevanten ethnischen Gruppen. Zu den wichtigsten Persönlichkeiten des Bündnisses zählt

Dr. Sima Samar. Die Hazara, die in Kabul Medizin studierte, gehörte als Ministerin für Frauenangelegenheiten für einige Monate der ersten Karsai-Regierung an. Aufgrund der traditionellen Polarisierung in Afghanistan bestanden jedoch von Beginn an Zweifel daran, dass eine politische Kraft der Mitte wirklichen Einfluss erlangen kann. Bemerkenswert erscheint dennoch, dass nach der Ende 2010 erfolgten Entscheidung über den Rückzugstermin der internationalen Truppen die politische Landschaft in Bewegung geraten ist.

Zur Realität gehört, dass die afghanische Regierung die auf westliches Drängen verabschiedete Verfassung von 2004 weder durchsetzen konnte noch durchsetzen wollte. Das zeigte sich besonders in Hinblick auf die Lage der Frauen. Die Verfassung, fernab vom traditionellen Rollenverständnis und deshalb auf vielfältigen Widerstand treffend, beseitigte die allgegenwärtige Diskriminierung nur auf dem Papier. In der Praxis werden 70 bis 80 Prozent der Ehen arrangiert, 87 Prozent der afghanischen Frauen waren nach Erhebungen Opfer von Gewalt.[37] Da kein Vertrauen in die Justiz besteht und sexuelle Straftaten weitgehend tabuisiert sind, kommen Verbrechen kaum zur Anzeige. Stattdessen landen Frauen, die nach Vergewaltigungen oder Schlägen von ihren Männern weglaufen, vielfach im Gefängnis. Die Opfer werden zu Tätern gemacht, Polizei und staatliche Stellen spielen dabei eine dubiose Rolle. Ermunterung erhielten sie dabei von höchster Stelle. Präsident Karsai veröffentlichte auf seiner Website die Erklärung von rund 150 konservativen Islam-Gelehrten, die Frauen als „zweitrangig" hinter dem Mann einstufte und einen strengen Verhaltenskodex enthielt. So sei Frauen zu verbieten, gemeinsam mit Männern zu arbeiten, den Männern dagegen sei Gewalt gegen ihre Ehefrauen jederzeit erlaubt. Augenscheinlich ging es dem Präsidenten darum, seine Unterstützung für die Thesen der Gelehrten öffentlich zu machen. Der Aufschrei der internationalen Gemeinschaft, die zuvor Frauenrechte zu den roten Linien ohne Spielraum für Kompromisse gerechnet hatte, blieb aus. Washington sandte eine lauwarme diplomatische Note, Berlin schwieg beredt.[38]

Die Zeit der großen Töne ist vorbei, da die Lebenswirklichkeit in eklatantem Gegensatz zu früheren Lippenbekenntnissen steht. Das offizielle Heiratsalter von 16 Jahren bei Mädchen und 18 Jahren bei

Jungen kann kaum überprüft werden, weil nur rund zehn Prozent der Bevölkerung eine Geburtsurkunde besitzen und Ehen in der Regel nicht registriert werden. Ein Lichtblick stellt lediglich dar, dass Mädchen heute etwa ein Drittel der insgesamt acht Millionen Schülerinnen und Schüler stellen.[39] Während der Taliban-Herrschaft war Afghaninnen jeglicher Zugang zu Bildung verwehrt. Mädchen und Frauen sollten erst dann wieder zur Schule beziehungsweise zur Arbeit gehen können, sobald Einrichtungen und Straßen ausreichend abgesichert wären, um den Kontakt zwischen den Geschlechtern zu vermeiden.

Geradezu als Farce entpuppte sich der Versuch, ein Justizwesen zu etablieren, das im Einklang mit islamischen Grundsätzen, internationalen Normen, rechtsstaatlichen Verfahren sowie den heimischen Schuren und Dschirgas steht. Die Verfassung erlaubt ein duales Rechtssystem: traditionell-religiös wie auch formal-säkular. Festgeschrieben ist darüber hinaus, dass kein Gesetz im Widerspruch zu den Grundsätzen des Islam stehen darf. Erhebungen besagen, dass 80 Prozent der afghanischen Bevölkerung das von Stammes- und Dorfräten geprägte informelle Rechtssystem konsultieren.[40] Urteile fällen auch die Taliban, die für eine extreme Auslegung der Scharia bekannt sind. Dazu zählte im August 2010 die Steinigung eines unverheirateten Liebespaares in der Provinz Kundus, also im Verantwortungsbereich der Bundeswehr. Die Aufständischen nutzen die offene Flanke, die eine korrupte staatliche Justiz bietet. Sie urteilen schnell und oft hart. Das verschafft ihnen vor allem in der ländlichen Bevölkerung Respekt. Die Hinrichtung von Straftätern durch den Strang und deren öffentliche Zurschaustellung praktizierte mit dem näher rückenden internationalen Truppenabzug auch die Regierung Karsai. Der Präsident selbst genehmigte die Vollstreckung der Urteile, sandte damit ein Zeichen an die Taliban und die einheimische Bevölkerung aus.

Unangefochtene Drogenbarone

Das Drogenproblem belegt anschaulich die Unfähigkeit der internationalen Gemeinschaft, den Rauschgiftanbau zu unterbinden und durch alternative Anbaustrukturen zu ersetzen. Die NATO-Verteidigungsminister beschlossen zwar 2008, ISAF-Nationen könnten in Abstimmung mit der afghanischen Regierung gegen Drogenlabore und Drogentransporte vorgehen, aber wirklich passiert ist wenig. Deutschland hielt sich mit der Begründung, die Drogenbekämpfung sei nicht als militärische Aufgabe anzusehen, gleich ganz raus.

Nach Angaben des UNO-Büros für Drogen- und Verbrechensbekämpfung (United Nations Office on Drugs and Crime/ UNODC) wuchs die Anbaufläche für Schlafmohn 2013 verglichen mit 2012 um 36 Prozent auf 209 000 Hektar. Die Opiumproduktion aus der Mohnernte stieg um 49 Prozent auf 5500 Tonnen. Ein noch weitaus höheres Ergebnis auf der größten Anbaufläche seit Beginn der UN-Erhebungen 1994 verhinderten schlechte Wetterbedingungen im Süden. Die Exporterlöse aus afghanischen Opiaten wurden 2012 auf einen Wert von 2,4 Milliarden Dollar (15 Prozent des Bruttoinlandsproduktes) geschätzt.[41] Das US-Militär beschuldigte Afghanistans größte private Fluggesellschaft Kam Air, große Mengen Drogen nach Tadschikistan befördert zu haben.

Die klassische Seidenroute erlebte vor allem für den Schmuggel von Heroin und anderen Drogen eine Renaissance. Sie führt aus den Staaten des „goldenen Halbmondes" (Pakistan, Afghanistan, Iran) über die zentralasiatischen Länder Usbekistan, Tadschikistan, Kirgistan, Turkmenistan und Kasachstan nach Russland und von dort nach Westeuropa. Vor allem der deutsche und der französische Drogenmarkt werden auf diesem Wege versorgt. Parallel dazu existiert die Balkan-Route. Diese führt aus den Ländern des „goldenen Halbmondes" über die Türkei, die Nachfolgestaaten des früheren Jugoslawien sowie weitere Staaten Süd- und Mitteleuropas nach Westeuropa. Experten gehen davon aus, dass der westeuropäische Heroinmarkt jeweils zur Hälfte über die beiden Routen beliefert wird. Da die Transitländer immer auch Abnehmerländer des Rauschgifts sind, nahm der Drogenkonsum in den zentralasiatischen Ländern stark zu. Die Behörden in Kirgistan etwa führen die wachsende Zahl von Gewaltverbrechen vor allem auf das Rauschgiftproblem zurück. Massiv betroffen vom Drogenproblem sind zudem Afghanistans Nachbarländer Iran und Pakistan.

Die meisten zentralasiatischen Länder verfügen weder über die personellen noch über die finanziellen Ressourcen, um dem Drogenhandel wirksam Einhalt zu gebieten. Nicht selten sind staatliche Stellen in zwielichtige Geschäfte verwickelt. Die Schmuggler verfügen über neue Fahrzeuge, Satellitentelefone, Nachtsichtgeräte und moderne Waffen. Sie sind damit den Ermittlern immer einen Schritt voraus. Herausgebildet hat sich ein Geflecht von organisiertem Verbrechen, terroristischen Gruppierungen und lokaler Bevölkerung.

Russland hat immer wieder auf den engen Zusammenhang zwischen islamischem Extremismus und Drogenschmuggel hingewiesen. Trotz zahlreicher Willenserklärungen der Gemeinschaft Unabhängiger Staaten konnte der Rauschgiftfluss nicht einmal ansatzweise unterbrochen werden. Präsident Putin stellte fest: „Das Drogengeschäft nährt die kriminellen Banden politischer Extremisten, wir sind deren Opfer."[42] Schätzungen zufolge stammen 90 Prozent des Heroins in Russland aus Afghanistan. Die konsumierte Menge wird auf 80 Tonnen jährlich veranschlagt.[43] Die Behörden sind alarmiert. Allein im Jahr 2010 starben über 100 000 Russen an den Folgen ihres Drogenkonsums. Der Chef der nationalen Drogenkontrollbehörde, Viktor Iwanow, betonte, wer auf russischen Friedhöfen die vielen Gräber junger Menschen sehe, begreife schnell die „apokalyptische Dimension dieser Tragödie im Land". Landesweit ging er von fünf Millionen Rauschgiftsüchtigen unter den 140 Millionen Russen aus.[44]

Afghanisches Heroin trägt damit zu einer weiteren Verschlechterung der durch die weit verbreitete Alkoholsucht ohnehin angespannten demografischen Situation bei. Zahlreiche Gastarbeiter aus dem Transitland Tadschikistan sind in den Drogenhandel verwickelt. Bemerkenswert ist, dass die Russen in Meinungsumfragen die von der Drogenabhängigkeit ausgehenden Gefahren für ihr Land höher einstufen als den latenten Terrorismus. International Beachtung fand, dass im Oktober 2010 erstmals Spezialeinheiten aus Russland, Afghanistan und den USA gemeinsam gegen Drogenlabore im afghanisch-pakistanischen Grenzgebiet vorgingen.

Afghanistan spielt traditionell eine zentrale Rolle bei der Produktion und Raffinerie von Drogenrohstoffen. Bei Rohopium lag nach UN-Angaben der weltweite Anteil im Jahr 1999 mit 4600 Tonnen bei 77 Prozent. Sowohl im Einflussgebiet der Taliban als auch in den von der Nordallianz beherrschten Regionen wurde auf fast 100 000 Hektar Schlafmohn kultiviert, aus dem Rohopium als Grundlage für Heroin gewonnen wird. Nach ihrem Vormarsch in den Norden des Landes kontrollierten die Taliban über 90 Prozent der Schlafmohnfelder.[45] Die Fundamentalisten nutzten den von ihnen kontrollierten Drogenhandel zur Finanzierung ihres Kampfes gegen die Nordallianz. Anbau, Ernte, Weiterverarbeitung und Schmuggel wurden straff organisiert.

Im Sommer 2000 verbot Mullah Omar im Herrschaftsbereich der Taliban den Anbau von Schlafmohn. Im darauffolgenden Frühjahr bestätigten die UN, dass die Miliz diese Maßnahme auch rigoros durchgesetzt habe. Die Anbaufläche betrug 2001 im gesamten Land nur noch rund 7600 Hektar, ein Rückgang um 91 Prozent im Vergleich zu den 82 200 Hektar im Jahr 2000. Produziert wurden 2001 insgesamt 185 Tonnen Rohopium, 94 Prozent weniger als 2000, der Ertrag lag da bei etwa 3300 Tonnen. Der überraschende Schritt der Taliban zielte vor allem darauf ab, die weltweite Isolierung des Regimes zu durchbrechen. Da Afghanistan zu dieser Zeit von einer schweren Dürre heimgesucht wurde, machten die Gotteskrieger aus der Not eine Tugend. Im von der Nordallianz kontrollierten Gebiet wurden trotz der widrigen Umstände die Anstrengungen verstärkt, die Anbaufläche auszuweiten. Diese nahm in der Provinz Badakhschan von rund 2500 Hektar (2000) auf 6300 Hektar (2001) zu.[46] Fast die gesamte Anbaufläche befand sich damit im Norden. Die veränderte Situation führte dazu, dass der Rauschgiftschmuggel nach Tadschikistan merklich zunahm.

Nach dem Sturz der Taliban erreichte der Schlafmohnanbau in den südlichen Provinzen bald wieder seine üblichen Ausmaße. Knapp die Hälfte der Fläche lag zuletzt in einer einzigen Provinz: Helmand. Sie ist eine Hochburg der Aufständischen, die entsprechend partizipieren. Zwar wurde am 17. Januar 2002 ein Anbauverbot für Schlafmohn erlassen, doch zu diesem Zeitpunkt hatten die Bauern ihre Felder bereits bestellt. Afghanistan blieb der mit Abstand größte Opiumproduzent der Welt. Dies soll mittlerweile auch für die Erzeugung von Haschisch gelten. Als Voraussetzung dafür wurde der Anbau von Cannabis stark erweitert. Die Zahl der Drogenabhängigen im Inland nahm in den vergangenen Jahren stark zu. Sie wurde Ende 2013 auf 1,6 Millionen geschätzt, was etwa 5,3 Prozent der Gesamtbevölkerung entsprach.[47]

Russland warf der NATO mehrfach vor, nicht entschlossen genug gegen die Drogenbarone in Afghanistan vorzugehen. Die Allianz lehnte jedoch ein umfassendes Programm zur Mohnvernichtung ab, da viele Bauern davon leben und man diese nicht gegen sich aufbringen wollte. Bei einer flächendeckenden Zerstörung der Mohnfelder wurden massive Unruhen befürchtet. Die Vernichtung von 9600 Hektar Schlafmohn im Jahr 20012 hatte lediglich Alibi-Funktion. Zahlreiche lokale und nationale Machthaber haben kein Interesse an effektiven Alternativprogrammen, weil sie von der Drogenwirtschaft profitieren. Staatlich organisierte Kampagnen wurden vielfach mit dem Ziel gestartet, Konkurrenten auszuschalten.[48]

Gescheitert ist der Versuch der Vereinten Nationen, mit einem ehrgeizigen Programm gegen den Drogenanbau das Zusammenwirken von „Verbrechen, Drogen und Terrorismus" zu stoppen. Solange den Drogenbauern je Hektar 1750 Dollar für den Verzicht auf den Mohnanbau geboten werden, diese aber je Hektar ein Mehrfaches davon erzielen können, wird sich an der derzeitigen Situation nichts ändern. Der Drogenanbau ist auch deshalb schwer zu unterbinden, weil viele Bauern ihre Ernte für Kredite verpfänden. Die umfangreichen Lebensmittelhilfen aus dem Ausland haben zudem die Preise für Weizen und Reis gedrückt. Mit Weizen etwa lassen sich etwa 130 Dollar pro Hektar verdienen, eine Winzigkeit im Vergleich zu Rohopium.

Neben der unübersichtlichen politischen Lage und der ungenügenden wirtschaftlichen Entwicklung werden sich die Probleme auch aus demografischen Gründen verschärfen. Afghanistan verfügt über eine schnell wachsende Bevölkerung. Diese nimmt jährlich um eine Million Menschen zu. 80 Prozent der afghanischen Frauen wenden keine Form der Verhütung an. Zwei Prozent der Afghaninnen bekommen ihr erstes Kind bereits vor Erreichen des 15. Lebensjahres. Die hohe Geburtenzahl von durchschnittlich 6,3 Kindern pro Frau drückt sich in einer jährlichen Zunahme der Bevölkerung um 2,8 Prozent ebenso aus wie in der Altersstruktur, 46 Prozent der Menschen sind unter 14 Jahre alt.[49]

Versagen Bildungssystem und Arbeitsmarkt dieser großen

Gruppe absehbar eine Perspektive, entsteht noch größerer sozialer Sprengstoff. Die Arbeitslosigkeit wird schon jetzt auf 40 Prozent geschätzt. Ein prognostiziertes Wirtschaftswachstum von vier bis fünf Prozent reicht deshalb keineswegs aus, um die Zahl der in Armut lebenden Afghanen in den nächsten 15 Jahren dauerhaft zu verringern. Die Wachstumsraten der vergangenen Jahre waren in erster Linie auf externe Faktoren wie Unterstützungsleistungen im Sicherheitsbereich sowie für Wiederaufbau und Entwicklung zurückzuführen. Afghanistans Exportschwäche verdeutlicht unter anderem der Warenaustausch mit der EU, immerhin nach den USA und Pakistan drittwichtigster Handelspartner. Sämtliche afghanischen Exporte in die EU wiesen 2011 einen Umfang von 47,2 Millionen Euro auf, während aus der EU Güter im Wert von 894,6 Millionen Euro importiert wurden.[50]

Mit dem Abzug der ISAF wird die Wirtschaft in schwere Turbulenzen geraten, denn das militärische und zivile Engagement am Hindukusch gab zehntausenden Menschen Arbeit. Nur wurden damit keine nachhaltigen Strukturen geschaffen. Angesichts der bestehenden Korruption ist der Rat des Westens wohlfeil, den zu erwartenden Einbruch durch die effizientere Verwendung internationaler Hilfsgelder abzumildern. Großspurig angekündigte Pläne, mit einer Neuen Seidenstraße (New Silk Road) Afghanistan zu einer regionalen Handelsdrehscheibe zu machen, haben keine Chance auf eine Umsetzung. Das Land könnte bei einem Bruttoinlandsprodukt von nicht einmal 20 Milliarden US-Dollar Zolleinnahmen dringend gebrauchen. Stattdessen gehört die Erpressung von Schutzzöllen durch die Taliban und kriminelle Banden zum Alltag. Härten für die Bevölkerung wurden bisher dadurch kaschiert, dass zahlreiche Afghanen im Iran, in Pakistan und den Golfstaaten arbeiten, um mit Transferleistungen ihre Familien über Wasser zu halten. Als generell ungelöst gilt das Flüchtlingsproblem. Neben den Millionen Afghanen, die noch als Folge der Sowjetinvasion und sich anschließender Kampfhandlungen im Ausland leben, gibt es rund 600 000 Binnenvertriebene (Internally Displaced Person/ IDP).[51]

Weitere Hilfszusagen durch die internationale Gemeinschaft wurden an Bedingungen geknüpft. In der Erklärung der Tokioter Afghanistan-Konferenz im Juli 2012 hieß es dazu: „Die Teilnehmer waren sich einig, dass die weitere Unterstützung Afghanistans durch die internationale Gemeinschaft davon abhängt, ob die afghanische Regierung ihren Verpflichtungen als Teil dieser erneuerten Partnerschaft nachkommt. In diesem Zusammenhang bekräftigte Afghanistan seine bereits in Bonn zum Ausdruck gebrachte Entschlossenheit, darauf hinzuwirken, dass sein politisches System auch in Zukunft seine pluralistische Gesellschaft widerspiegelt und fest in der afghanischen Verfassung verankert bleibt. Das afghanische Volk wird weiterhin am Aufbau einer stabilen und demokratischen Gesellschaft auf der Grundlage von Rechtsstaatlichkeit, verantwortungsvollem staatlichem Handeln und einer handlungsfähigen und unabhängigen Justiz arbeiten, was auch Fortschritte bei der Korruptionsbekämpfung einschließt. Die afghanische Regierung bestätigte, dass die Menschenrechte und Grundfreiheiten ihrer Bürger, insbesondere die Gleichberechtigung von Mann und Frau, durch die Verfassung und Afghanistans internationale Menschenrechtsverpflichtungen garantiert sind. Die afghanische Regierung verpflichtete sich zur Durchführung freier, fairer und transparenter Wahlen in den Jahren 2014 und 2015, die niemanden ausgrenzen und an denen alle afghanischen Bürger frei und ohne Beeinträchtigung von innen oder von außen teilnehmen können."[52] Zu diesem Zeitpunkt war längst klar, dass Karsai und seine Regierung keine der übernommenen Verpflichtungen erfüllen können.

Für das leidgeprüfte Afghanistan wird 2014 nicht nur wegen des Abzugs der internationalen Truppen traumatisch nachwirken. Faktisch herrscht dann 40 Jahre Krieg, denn für die Islamisten begann der Kampf um die Macht 1974. Staatschef Mohammed Daud Khan, der im Jahr zuvor König Zahir Schah gestürzt und die Republik ausgerufen hatte, ließ den prominenten Muslimführer Mohammed Niazi und zahlreiche seiner Anhänger verhaften. Schüler Niazis wie Burhanuddin Rabbani konnten sich nach Pakistan absetzen, um von dort den Widerstand zu organisieren.[53] Rabbani steht wie kaum eine andere Person für die Irrungen und Wirrungen am Hindukusch. Er war Mudschaheddin-Führer, Staatspräsident, politischer Kopf der Nordallianz und schließlich Vorsitzender eines Hohen Friedensrates. Sein Tod dokumentierte die Unfähigkeit der verfeindeten afghanischen Seiten, die Spirale der Gewalt anzuhalten.

„Wir Afghanen glauben, dass wir mit einer ausländischen Invasion konfrontiert sind. Und die wird von unserem Nachbarland Pakistan organisiert."
(Der Sicherheitsberater der afghanischen Regierung, Rangin Dadfar Spanta, in einem am 5. Oktober 2011 veröffentlichten Interview)

Die Forderung der Internationalen Afghanistan-Konferenz Anfang Dezember 2011 in Bonn, die Region müsse den Friedensprozess respektieren und unterstützen, gehört in die Kategorie Wunschdenken. Afghanistans Nachbarn (Iran im Westen, China, Pakistan im Osten sowie Turkmenistan, Usbekistan und Tadschikistan im Norden) haben zwar erkennen lassen, dass sie an einem Zerfall des Landes und den damit verbundenen katastrophalen Folgen kein Interesse haben. Allerdings fehlt ein gemeinsamer politischer Wille von außen, ohne den sich der innerafghanische Konflikt nicht lösen lässt.

Das grundlegende Ziel Pakistans bleibt die Installierung einer eng mit Islamabad verknüpften Regierung in Kabul. Die Atommacht unterstützte die Taliban vor deren Sturz und maß ihnen auch danach zur Durchsetzung eigener Interessen erhebliche Bedeutung bei. Dazu zählen die Nutzung Afghanistans als strategisches Hinterland in der Auseinandersetzung mit Indien, die Herstellung von sicheren Transportwegen in die zentralasiatischen GUS-Republiken, die Verlegung einer Gas-Pipeline aus dem kaspischen Raum bis nach Karatschi und die Lösung des Flüchtlingsproblems. Pakistan, Saudi-Arabien und die Vereinigten Arabischen Emirate waren die einzigen Staaten, welche die Taliban als legitime Regierung Afghanistans anerkannt hatten. Pakistan brach die diplomatischen Beziehungen erst unter massivem Druck der USA am 19. November 2001 ab. Militärmachthaber Pervez Musharraf begann danach zu lavieren. Pakistan zeigte sich plötzlich offen für eine politische Lösung auf breiter Grundlage im Nachbarland. Dafür wurden Ex-König Zahir Schah, Stammesführer, Exil-Afghanen sowie „Elemente der Nordallianz und gemäßigte Taliban" ins Spiel gebracht. US-Außenminister Colin Powell stimmte diesem Ansatz zu. Islamabad konnte jedoch nicht verhindern, dass die Nordallianz in der

Ende Dezember 2001 gebildeten Übergangsregierung mit den Ressorts Verteidigung, Äußeres und Inneres Schlüsselpositionen übernahm. Die Minister waren ethnische Tadschiken, die entschlossen die Chance zur Zurückdrängung des von den Taliban verkörperten paschtunischen Einflusses ergriffen.

Für Pakistan war die Teilnahme am Antiterrorkampf an der Seite der Vereinigten Staaten von Beginn an eine Gratwanderung. Nach dem US-Angriff auf den Irak im März 2003 verstärkte sich die antiamerikanische Stimmung in Pakistan. Zwei Anschläge auf Staatschef Musharraf im Dezember 2003 waren ein erstes Zeichen dafür, dass die islamistischen Kräfte an die Macht strebten. In Armee und im Geheimdienst gibt es Strömungen, die sich zu fundamentalistischen Ideen hingezogen fühlen. Einigen radikal orientierten Parteien werden sowohl Verbindungen zu den Streitkräften als auch zu terroristischen Gruppierungen nachgesagt.

Im Frühjahr 2004 kam es erstmals zu größeren Gefechten zwischen pakistanischen Truppen und Islamisten. Der weitgehend erfolglose Vorstoß der Armee entsprach nicht einer inneren Überzeugung, sondern war eine Reaktion auf das amerikanische Drängen, energischer gegen die Terroristen vorzugehen. Die USA verzichteten im Gegenzug darauf, die Staatsspitze im Skandal um die illegale Lieferung von Nukleartechnologie an mehrere Länder durch das Netzwerk des populären Atomwissenschaftlers Abdul Qadeer Khan bloßzustellen. Westliche Geheimdienste waren lange vor Khans Auffliegen über dessen kriminelle Aktivitäten im Bilde. Nachfolgende Militäraktionen schlugen ebenfalls fehl. Das von Nord-Waziristan aus in Afghanistan operierende Haqqani-Netzwerk wurde sogar mit der Begründung geschont, es stelle keine direkte Bedrohung für Pakistan dar. Die Armee wies Kritik stets damit zurück, im Kampf gegen die Terroristen im eigenen Land mehr Verluste erlitten zu haben als die internationalen Truppen insgesamt in Afghanistan. Die Zahl der von 2004 bis Ende Oktober 2012 gefallenen Soldaten wurde mit 3585 angegeben.[2] Das bedeutete etwa 330 Tote mehr im Vergleich zum von der NATO geführten Kontingent.

Unübersehbar vollzog sich in den vergangenen Jahren eine Talibanisierung Pakistans und bedrohte damit das Regime in Islamabad. Ging es den widerspenstigen Paschtunenstämmen im Nordwesten vorher vor allem um die Behauptung ihrer Autonomie, strebten die radikalen Kräfte mit einer großangelegten Offensive im Jahr 2009 einen Machtwechsel an. Dabei rückten die Islamisten bis 100 Kilometer auf die Hauptstadt vor. Geheimdienste schätzen, dass die pakistanischen Taliban bis zu 94 000 Kämpfer unter Waffen haben.[3] Präsident Asif Ali Zardari reagierte auf die äußerst prekäre Lage mit Zugeständnissen an die Fundamentalisten. Ein Gesetz erlaubte die Einführung der Scharia im Swat-Tal, seit Sommer 2007 umkämpft, sowie in den umliegenden Distrikten. Dafür sollten die Taliban die Gewalt beenden. Erfahrungen aus früheren Friedensabkommen mit den Extremisten in den Stammesgebieten zeigten indes, dass die Aufständischen jedes Mal gestärkt aus der kampflosen Zeit hervorgingen. Um die Lage zu destabilisieren, heizen zudem Scharfmacher den Glaubenskampf zwischen Sunniten und Schiiten an, der bislang zahlreiche Todesopfer forderte. Es zündeln vermehrt Gruppierungen, die ihr eigentliches Einsatzgebiet vor dem 11. September 2001 in Afghanistan und im Kaschmir hatten. Ideologische Brutstätten für den militanten Nachwuchs sind nach wie vor die rund 10 000 Koranschulen im Land. Hassprediger scheren sich nicht um die von der Regierung verkündeten strengen Auflagen. Im Juli 2007 endete der Sturm von Sicherheitskräften auf die Rote Moschee in Islamabad in einem Blutbad.

Armee und Geheimdienst blieben dennoch bei ihrer Auffassung, dass Indien die Hauptbedrohung darstellt. Das führte zu einer weiteren Duldung oder Unterstützung diverser Stellvertreterkräfte, darunter das Haqqani-Netzwerk, Gulbuddin Hekmatyar und Lashkar-e-Toiba, die zur Durchsetzung außenpolitischer Ziele instrumentalisiert werden sollten. Es dauerte bis zum Jahr 2012, ehe der einflussreiche Armeechef General Ashfaq Parvez Kayani erstmals in der Geschichte Pakistans zugab, dass der Terror von innen an die erste Stelle der Gefährdungen für das Land gerückt sei.

Islamisten, Terroristen und Atombomben

Die Ansammlung von Islamisten, Terroristen und Atombomben stellt ein hochexplosives Gemisch dar. US-Vizepräsident Joe Biden bekannte, nicht Afghanistan und Iran, sondern Pakistan sei seine „größte Sorge".[4] Pakistans Ex-Geheimdienstchef Hamid Gul zeichnete ein düsteres Szenario: „Ich fürchte, dass es ähnlich laufen wird wie in Iran in den Siebzigern. Dort unterstützten die Amerikaner jahrzehntelang den korrupten Schah und ignorierten die Unzufriedenheit im Volk. Am Ende gab es eine Revolution gegen das Regime, angeführt von den Religiösen."[5] Der von Obama eingeleitete Versuch, das Afghanistan-Problem unter Einbeziehung Pakistans (AfPak-Konzept) komplexer anzugehen, kam zu spät und setzte auf die falschen Mittel. Der Präsident hatte versprochen: „Künftig werden wir uns voll für eine Partnerschaft mit Pakistan einsetzen, die auf den gemeinsamen Interessen, gegenseitigem Respekt und gegenseitigem Vertrauen beruht."[6] Ein NATO-Luftangriff im November 2011, bei dem im Grenzgebiet unter nicht vollständig geklärten Umständen 24 pakistanische Soldaten umkamen, sorgte danach für eine nachhaltige Verstimmung. Die Regierung in Islamabad sperrte daraufhin über sieben Monate lang eine wichtige Nachschubroute für die internationalen Truppen in Afghanistan.

Im Kern ging es beim AfPak-Konzept darum, die Aufständischen und ihre Verbündeten auch in ihren Rückzugs- und Rekrutierungsräumen auf der pakistanischen Seite der Grenze anzugreifen. Der von der CIA geführte unerklärte Drohnen-Krieg ermöglichte gezielte Luftschläge auf dem Territorium eines Verbündeten. Die unbemannten Fluggeräte mit den martialischen Namen Predator (Raubtier) und Reaper (Sensenmann) sind mit modernster Kommunikationstechnik und hocheffizienten Waffen ausgestattet. Sie werden ferngesteuert, ihre Piloten befinden sich weit entfernt von den eigentlichen Einsatzgebieten. In der CIA-Zentrale in Langley wird per Knopfdruck entschieden, wann wo auf wen die tödliche Last niedergehen soll. Im August 2009 wurde der Anführer der pakistanischen Taliban Baitullah Mehsud auf diese Art zur Strecke gebracht. Im November 2013 ereilte Nachfolger Hakimullah Mehsud das gleiche Schicksal. Die Regierung von Nawaz Sharif reagierte äußerst ungehalten auf die US-Attacke, denn sie unternahm gerade den Versuch, mit den einheimischen Taliban Friedensgespräche anzubahnen.

Die drastisch zugenommenen außerrechtlichen Exekutionen haben den Krieg grundlegend verändert. Symptomatisch dafür war, dass CIA-Chef Leon Panetta am 1. Juli 2011 an die Spitze des Pentagons rückte, während Top-General David Petraeus am 6. September 2011 die Führung des Geheimdienstes übernahm.[7] Gefangene werden in diesem Krieg nicht gemacht, oft genug gehören unbeteiligte Zivilisten zu den Opfern.

Zweifellos boten und bieten die Stammesgebiete im Nordwesten Extremisten aus zahlreichen Ländern Unterschlupf, beherbergen Terrorcamps. Die prominenten Köpfe von Al Qaida wurden jedoch woanders festgenommen oder eliminiert. Deren Personalchef Abu Subeida, der Chefplaner des 11. September 2001, Chalid Scheich Mohammed, und der Cheflogistiker, Ramzi Binalshibh, gingen den Sicherheitskräften in Faisalabad, Rawalpindi und Karatschi ins Netz. Osama bin Laden wurde nach US-Angaben durch Spezialkräfte in der Nacht zum 2. Mai 2011 in der Garnisonsstadt Abottabad liquidiert. Der Saudi mit jemenitischen Wurzeln soll dort unter den Augen von Armee und Geheimdienst residiert haben, was neuerliche Spekulationen über deren doppeltes Spiel auslöste. Informationen aus amerikanischen Quellen zu der Überraschungsattacke ließen ebenso etliche Fragen offen. Angeblich legte sich nach vollbrachter Tat zunächst ein 1,82 Meter großer US-Soldat neben den Leichnam. Da der Tote größer gewesen sei als die Vergleichsperson, hätten sich die Hinweise auf den 1,93 Meter messenden bin Laden verdichtet. Anschließend wurden Bilder des Toten an die Einsatzzentrale übermittelt, die unter Einbeziehung der gespeicherten Gesichtserkennungsdaten die Identifikation bestätigte.[8] Am Ende soll dann CIA-Chef Leon Panetta dem Weißen Haus die erlösende Botschaft überbracht haben: „Geronimo EKIA". EKIA - das steht für „Enemy Killed In Action", Feind im Kampf getötet. „Geronimo" war nicht nur der Codename der Militäraktion, sondern zugleich die interne Bezeichnung für bin Laden. Das zeugte von wenig Fingerspitzengefühl. Washington hatte einen international gesuchten Fundamentalisten in die Nähe eines der größten Helden der indianischen Geschichte gerückt. Der berühmte Apachen-Häuptling Geronimo widersetzte sich der Deportation seines Stammes in ein unfruchtbares Wüstenreservat, wurde jahrelang von der Armee gejagt und stellte sich schließlich 1886 zermürbt den Behörden.

In Pakistan glauben bis heute viele Menschen nicht daran, dass bin Laden wirklich in Abottabad unterschlüpfte und dort erschossen worden ist. Die Verschwörungstheorien halten sich, weil Fotos des ausgeschalteten Terrorchefs nicht veröffentlicht wurden. Die Leiche soll im Nordarabischen Meer entsorgt worden sein. Offiziell wurde in Washington mitgeteilt, dass nach Abwägen aller Optionen die Seebestattung als beste übrig geblieben sei, „denn die islamischen Gesetze schreiben vor, dass die Leiche innerhalb von 24 Stunden bestattet werden muss". Bin Laden in ein anderes Land zu bringen, hätte dieses Zeitlimit überschritten. Allerdings sei auch kein Land bereit gewesen, die sterblichen Überreste aufzunehmen. Amerikanische Medien berichteten, dass die US-Regierung in bin Ladens ehemaligem Heimatland Saudi-Arabien angefragt und die Regierung in Riad abgelehnt hätte.[9]

Weitere Details wurden später auf Drängen der Nachrichtenagentur AP bekannt, die mit dem Freedom of Information Act von der Regierung die Veröffentlichung von E-Mails erzwang. Große Teile des Schriftverkehrs waren jedoch geschwärzt. Ein Helikopter soll die Leiche des Al-Qaida-Chefs an Bord des Flugzeugträgers USS „Carl Vinson" gebracht haben. Der Eingang der Fracht wurde demnach mit der verschlüsselten Nachricht „Fedex hat das Paket geliefert" bestätigt. Den Mails zufolge verlief die Bestattung streng nach islamischem Ritual. Ein Offizier verlas religiöse Texte, die ins Arabische übersetzt wurden. Dann ließ man die Leiche über ein Brett von Bord der „Carl Vinson" ins Meer gleiten. Nur wenige Führungskräfte wussten davon. Die Dokumente waren von der Obama-Regierung trotz zahlreicher Anfragen unter Verschluss gehalten worden. Die Herausgabe von weiterem Material verweigerten Pentagon und CIA kategorisch. Das Verteidigungsministerium teilte mit, dass es über keine Fotografien oder Videos verfüge, die während der Zeremonie gemacht wurden oder bin Ladens Leiche zeigten. Zudem hieß es, auch ein Totenschein, Autopsiebericht oder die Resultate von DNA-Tests zur Feststellung die Identität bin Ladens lägen nicht vor.[10]

Es gab lediglich Fotos aus dem sogenannten Situation Room im Westflügel des Weißen Hauses, wo Obama mit seinen wichtigsten Ministern und Sicherheitsberatern auf zwei Flachbildschirmen den Einsatz in Abottabad verfolgte. Übertragen wurden dem Vernehmen nach per Standleitung aus dem CIA-Hauptquartier in Langley Livebilder von den Helmkameras der Eliteeinheit Navy Seals in Pakistan. Ein Jahr danach ließ der Präsident im Lagezentrum der Regierung die Ereignisse nochmals Revue passieren. Ein Kamerateam des TV-Senders NBC durfte dabei filmen. Einem möglichst breiten Publikum sollte im Jahr der Präsidentschaftswahl in Erinnerung gerufen werden, dass dem amtierenden Staatsoberhaupt gelang, woran seine Vorgänger George W. Bush und Bill Clinton scheiterten. Ein cooler Obama erklärte: „Du hast da das Bild eines leblosen Körpers - und unabhängig davon, wer das ist: Es geht um einen Toten, da bist du besonnen." Aber für das Land und das amerikanische Volk, für die Familien der Anschlagsopfer vom 11. September, sei dieser Moment sicherlich eine Genugtuung gewesen.[11]

Für innenpolitische Irritationen nach der verlautbarten Exekution des Al-Qaida-Chefs sorgte Bundeskanzlerin Merkel. Diese erklärte am 2. Mai 2011: „Ich freue mich darüber, dass es gelungen ist, Bin Laden zu töten. Ich glaube, dass es vor allen Dingen für die Menschen in Amerika, aber auch für uns in Deutschland eine Nachricht ist, dass einer der Köpfe des internationalen Terrorismus, der so viele Menschen schon das Leben gekostet hat, gefasst beziehungsweise getötet wurde und damit auch nicht mehr weiter tätig sein kann. Das ist das, was jetzt für mich zählt. Deshalb habe ich meinen Respekt für dieses Gelingen auch dem amerikanischen Präsidenten mitgeteilt, und das war mir auch ein Bedürfnis."[12] Die Aussage stieß nicht nur in Kirchenkreisen, sondern auch in den eigenen Reihen auf Kritik. „Ich hätte es so nicht formuliert", betonte der Vorsitzende des Bundestags-Rechtsausschusses, Siegfried Kauder. „Das sind Rachegedanken, die man nicht hegen sollte. Das ist Mittelalter", sagte der CDU-Politiker. Als „missverständlich und sehr irritierend" bezeichnete Alois Glück (CSU), der Präsident des Zentralkomitees der deutschen Katholiken (ZdK), die Reaktion der Kanzlerin. Typisch Merkel, setzte sofort der Versuch ein, die Debatte zu beruhigen, ohne sich wirklich zu korrigieren. „Das Motiv ihrer Freude war der Gedanke: Von diesem Mann wird nun keine Gefahr mehr ausgehen. Die Welt lebt hoffentlich ein Stück sicherer", ließ die Regierungschefin von ihrem Sprecher Steffen Seibert mitteilen. In diesem Zusammenhang würde die Kanzlerin diese Gefühle „auch wieder so ausdrücken", betonte Seibert. Merkel habe aber Verständnis dafür, dass „das Zusammenwirken der Worte Tod und Freude in einem Satz als unpassend empfunden" werden könne. Merkel-Biograf Gerd Langguth ging indes davon aus, dass der CDU-Chefin ihre Aussage nicht unbedacht über die Lippen kam. „Ich denke schon, dass sie genau wusste, was sie sagt. Sie wollte hier auch - ohne dass es finanziell etwas kostet - mit den Amerikanern einen Schulterschluss." Zudem habe Merkel ein sicheres Gespür dafür, was die normalen Menschen denken. „Und ich denke, dass die meisten mit der Erschießung von Osama bin Laden einverstanden sind. Insofern dürfte sie sich zur Mehrheitssprecherin gemacht haben."[13]

Das eigentlich Bemerkenswerte daran war, dass Merkel keinen Gedanken daran verschwendete, dass die Festnahme bin Ladens und ein nachfolgendes rechtsstaatliches Verfahren vor einem ordentlichen Gericht auch eine Option gewesen wäre. Es ging auch nicht allein um ihr christliches Selbstverständnis, sondern um eine erstaunlich offenherzige Zustimmung zu gezielten Tötungen. Auf eine Kleine Anfrage der Linken, ob die Bundesregierung nachgeprüft oder Beweise vorgelegt bekommen habe, dass bei der Kommandoaktion in Abottabad tatsächlich bin Laden getötet wurde, lautete die Antwort: „Die Bundesregierung hat keine eigene Prüfung im Sinne der Fragestellung vorgenommen und ihr wurden auch keine Beweise im Sinne der Fragestellung vorgelegt. Die Bundesregierung hat allerdings keinen Anlass, am Wahrheitsgehalt der Berichte der US-Regierung zu zweifeln."[14] Berlin begnügte sich mit der in Washington verbreiteten Pressemitteilung, das Ziel der Operation sei die Festnahme oder Tötung bin Ladens gewesen.

Der Einsatz von Spezialkräften und Drohnenangriffe zur Ausschaltung von Extremisten trugen nicht dazu bei, die Lage in Pakistan grundlegend zu verbessern. Sie brachten vielmehr den Fundamentalisten neuen Zulauf. Es besteht darüber hinaus die Gefahr, dass der Atomkomplex von Islamisten unterwandert wird, die in den Besitz von nuklearem Material für eine sogenannte schmutzige Bombe gelangen könnten. Wenn diese in einer westlichen Großstadt gezündet würde, wäre das unabhängig vom Grad der radioaktiven Strahlung von ungeheurer psychologischer Wirkung. Washington stellte in den vergangenen Jahrzehnten erhebliche Ressourcen für die Sicherung des Nuklearkomplexes zur Verfügung. Islamabad verweigert jedoch einen genauen Einblick in die Verwendung der Mittel. Der technologische Vater der „Islamischen Bombe", Abdul Qadeer Khan, belieferte nachweislich Libyen, Iran, Nordkorea und Syrien mit Komponenten für geheime Nuklearprogramme. Khan gestand im Februar 2004 seine Verfehlungen ein, wurde aber vom damaligen Machthaber Musharraf begnadigt. Der den Status eines Nationalhelden besitzende Wissenschaftler blieb danach unerreichbar für die CIA und die Internationale Atomenergie-Organisation (IAEO). Zwar hatte die pakistanische Regierung stets bestritten, von den Geschäften ihres Topmannes gewusst zu haben. Aber zumindest gab es Mitwisser in der Armeespitze. Khan nutzte für seine Machenschaften mehrfach Militärflugzeuge. Fraglos stellten Khan und seine Umgebung eine massive Gefahr dar. Der langjährige IAEO-Chef Mohammed al-Baradei kam zu dem Schluss: „Das Netzwerk verfügte über die Möglichkeiten, jedem, der es sich leisten konnte, kerntechnische Materialien, Gerätschaften und Know-how zur Verfügung zu stellen, und es ist mein Albtraum, dass irgendwo in einer abgelegenen Region wie dem Norden Afghanistans eine kleine Anreicherungsanlage eingerichtet worden sein könnte." Dies ließe sich angesichts zunehmender technologischer Versiertheit von Extremistengruppen nicht als Schauermärchen abtun.[15] Bin Laden bezeichnete es 1998 als „religiöse Pflicht", sich zur Verteidigung der Muslime Massenvernichtungswaffen zu verschaffen.[16]

Für den Fall, dass die Lage eskaliert, sollen die USA einen Notfallplan vorbereitet haben, um die Kontrolle über Pakistans Atomwaffen zu übernehmen oder diese außer Landes zu bringen. Das gab Außenministerin Condoleezza Rice im Januar 2005 bei einer Anhörung zu ihrer Amtsübernahme im US-Kongress bekannt, ohne dabei Details zu nennen. Entsprechende Szenarien werden bereits seit Jahren durchgespielt. Die geheime amerikanische Spezialeinheit Delta Force trainierte wiederholt die Eroberung eines Atomwaffenlagers. Gemeinsame Übungen soll es auch mit der israelischen Elitetruppe Sajeret Matkal gegeben haben. Allerdings wäre eine Kommandoaktion mit erheblichen Risiken verbunden, weil die USA nicht wissen, wie viele Nuklearwaffen Pakistan wirklich besitzt, wo sich diese befinden, ob Attrappen zur Ablenkung in den Depots gelagert werden und wie die Befehlskette funktioniert.

Dass Washington die Annäherung an Indien vorantrieb, um in Asien ein Gegengewicht zum aufstrebenden China aufzubauen, schwächte die Position der moderaten Kräfte in Pakistan zusätzlich. US-Präsident George W. Bush bot bei einem Besuch Anfang März 2006 Indien im Gegensatz zu Pakistan eine umfassende Zusammenarbeit bei der zivilen Nutzung der Kernenergie an und vollzog damit indirekt die Anerkennung des Landes als Atommacht. Aufgehoben wurde damit ein nach den indischen Nuklearwaffentests im Jahr 1998 verhängter Boykott. Zugleich will Washington dem südasiatischen Land hochmoderne Waffensysteme verkaufen. Pakistan zog daraus die Konsequenz, die Produktion von atomwaffentauglichem Brennstoff sowohl auf Uran- als auch Plutoniumbasis auszuweiten. Dazu gehört die Errichtung weiterer Schwerwasserreaktoren. Damit wird der Rüstungswettlauf zwischen den beiden Konkurrenten weiter angeheizt. Das arbeitet jenen Kräften in die Hände, die den Anfang 2004 zwischen Indien und Pakistan eingeleiteten Friedensprozess torpedieren wollen. Diesem Ziel diente die Anschlagsserie von Ende November 2008 in Mumbai, verübt durch muslimische Terroristen mit Rückzugsgebiet in Pakistan. Die zehn Attentäter sollen in Trainingslagern der Gruppierung Lashkar-e-Toiba (Armee der Reinen) ausgebildet worden sein, die ihr eigentliches Operationsfeld im indischen Teil Kaschmirs hat. Um das Gebiet des ehemaligen Fürstenstaates führten Indien und Pakistan seit ihrer Unabhängigkeit 1947 zwei ihrer drei Kriege.

Ein beträchtlicher Teil der vom Westen an die afghanischen Mudscheddin gelieferten Waffen waren nach dem Abzug der sowjetischen Truppen an die Kaschmir-Kämpfer umgeleitet worden. Pakistan und Saudi-Arabien setzten gleichzeitig die Rekrutierung und Ausbildung muslimischer Freiwilliger fort, die mit terroristischen Attacken Indien und die westliche Welt verunsicherten. Seit dem Sommer 1992 stieg die Zahl der Kämpfer, die Kaschmir infiltrierten, rapide an. Sie lag auf dem Höhepunkt der Auseinandersetzungen bei etwa 2000 Fanatikern aus Afghanistan, Pakistan, Algerien, Ägypten, Jordanien und Tunesien.[17] Indien hat deshalb ein elementares Interesse an der Auflösung der Terrorcamps im afghanisch-pakistanischen Grenzgebiet sowie der Verhinderung einer pro-pakistanischen Regierung in Kabul.

In diesem Punkt herrscht Übereinstimmung mit der afghanischen Führung, die zu Pakistan schwierige Beziehungen unterhält. Kabul wirft Islamabad vor, den Grenzübertritt von regierungsfeindlichen Kräften nicht entschlossen genug zu unterbinden sowie über den Geheimdienst ISI an der Vorbereitung und Durchführung von Anschlägen in Afghanistan direkt beteiligt zu sein. Das bilaterale Verhältnis ist außerdem durch eine umstrittene Grenzziehung historisch belastet. Als London nach zwei verlustreichen Kriegen am Hindukusch im Jahre 1893 mit der Durand-Linie bewusst die Paschtunengebiete trennte und damit etwa ein Drittel Afghanistans seiner indischen Kronkolonie einverleibte, legte es die Lunte für ein bis heute ungelöstes Problem. Kabul erkennt das auf 100 Jahre geschlossene und damit längst ausgelaufene Abkommen nicht an und verlangt die Rückgabe der Gebiete. Bereits nach der Gründung des Staates Pakistan erklärte Afghanistan die Durand-Linie für ungültig. Nach Ablauf der Frist im Jahr 1993 rückte die Demarkationslinie wieder verstärkt in das Blickfeld. Der ISI unterstützte den danach begonnenen Aufbau der radikalislamischen Taliban im Nachbarland wohl auch, um von der Territorialfrage abzulenken. Zumindest was die Kontrolle der 2500 Kilometer langen Grenze anbelangt, an der Pakistan nach eigenen Angaben bis zu 140 000 Soldaten und andere Sicherheitskräfte stationiert hat, scheint mehr Realismus angebracht. Schon aufgrund der schwierigen geografischen Voraussetzungen ist eine wirksame Überwachung der Grenze nicht möglich. Über diese wechseln die Paschtunen seit jeher, ohne sich an irgendwelche Regeln zu halten.

Pakistan wiederum beäugt misstrauisch die von Afghanistan betriebene Annäherung an Indien. Diese vollzieht sich auch vor dem Hintergrund, dass Delhi vielen Afghanen während des Bürgerkrieges Zuflucht und eine neue Existenz bot. Hindus und Sikhs, die im 19. Jahrhundert als Helfer der britischen Besatzer nach Afghanistan gekommen waren, kontrollierten bis 1992 traditionell den Geldmarkt in den Stadtzentren.[18] Von der DDR-Mark über den Schweizer Franken bis zum US-Dollar konnten fast alle Währungen getauscht werden. Afghanistan und Indien unterzeichneten im Oktober 2011 ein Abkommen zur Festigung der strategischen Partnerschaft. Indien engagiert sich zwar nicht militärisch am Hindukusch, gehört aber zu den wichtigen Geldgebern für zivile Wiederaufbauprojekte. Dadurch will die ambitionierte Großmacht Pakistans Einfluss zurückdrängen. Darüber hinaus sind verstärkt regionale Aktivitäten erkennbar, um die eigene Position zu festigen. Das energiehungrige Land baute im Iran den Hafen Chabahr, in Tadschikistan wird der einzige Luftwaffenstützpunkt im Ausland unterhalten.[19] Zugleich liegt die Bekämpfung fundamentalistischer Tendenzen im innenpolitischen Interesse. Die muslimische Minderheit in Indien zählt über 150 Millionen Menschen; sie ist damit fast so groß wie die Bevölkerungen Afghanistans, Irans, Iraks und Saudi-Arabiens zusammen. Diese Minderheit war bislang wenig vom Virus des Terrorismus infiziert, aber die Anschläge der vergangenen Jahre machten deutlich, dass die Attentäter nicht mehr allein aus Pakistan und Bangladesch kommen, sondern auch Einheimische sind.[20]

Zugleich blieb trotz der verbalen Schlagabtausche zwischen Kabul und Islamabad nicht verborgen, dass der gewiefte Karsai einen Ausgleich mit Pakistan und dessen Schützlingen vom Haqqani-Netzwerk suchte. Ein Treffen des Präsidenten mit dem Kommandeur Sirajuddin Haqqani soll nach Angaben des Fernsehsenders Al Dschasira Mitte 2010 im Beisein von Pakistans Armeechef Ashfaq Parvez Kayani und ISI-Chef Ahmad Shuja Pasha stattgefunden haben.[21] Damit reagierte Karsai darauf, dass die NATO den Krieg gegen die Taliban nicht gewinnen konnte.

Irans begrenzte Möglichkeiten

Iran scheiterte nach dem 11. September 2001 mit dem Versuch, ein islamisches Antiterrorbündnis als Alternative zu der von den USA angeführten Koalition zu installieren. Iran war gegen die amerikanischen Luftangriffe auf Afghanistan und ist gegen eine dauerhafte westliche Militärpräsenz im Nachbarland.

Die Mullahs unterstützten während der Taliban-Herrschaft die mit den Persern ethnisch verwandten Tadschiken und die ihnen religiös nahestehenden Hazara. Zwischen Teheran und den Taliban kam es nach der Ermordung iranischer Diplomaten durch Taliban-Kämpfer in Mazar-i-Scharif im August 1998 beinahe zum Krieg. Teheran kündigte Vergeltung an und ließ ein umfangreiches Militärkontingent an der gemeinsamen Grenze aufmarschieren. Tatsächlich fanden aber nur kleinere Gefechte statt. Iran, das bis heute nicht die Folgen des von 1980 bis 1988 währenden Krieges mit dem Irak überwunden hat, dämpfte seine grimmige Rhetorik merklich. Die Gegner eines militärischen Abenteuers setzten sich durch. Dabei dürften auch die Erfahrungen der Sowjets am Hindukusch eine Rolle gespielt haben. Dennoch zeigte das unüberhörbare Säbelrasseln Wirkung. Die Taliban begriffen, dass weitere Provokationen den Nachbarn zum Waffengang zwingen könnten. Die Staaten der Region waren durchaus beeindruckt von Teherans Drohkulisse. Der Ölkonzern Unocal verstand, dass ein Pipelinebau durch Afghanistan aufgrund des geplanten Verlaufs iranischen Wohlwollens bedurfte und legte auch deshalb seine Pläne zu den Akten.

Das Mullah-Regime investiert inzwischen vor allem in wichtige Infrastrukturprojekte wie Straßen in der angrenzenden Provinz Herat. Der langjährige Gouverneur von Herat und spätere Minister in der Regierung Karsai, Ismail Khan, verfügte über hervorragende Kontakte nach Teheran. Khan bezeichnete Iran als „bestes Vorbild in der Welt für ein islamisches Land".[22] Darüber hinaus postulierte Iran nach dem Zerfall der Sowjetunion einen Führungsanspruch in ganz Zentralasien. Das unterstrich der damalige Präsident Ali Akbar Rafsandschani bereits im Mai 1997 bei einem Treffen mit seinen Amtskollegen Emomali Rachmonow (Tadschikistan) und Burhanuddin Rabbani (Afghanistan) in Duschanbe.

Iran eröffnete bereits im November 2001 seine Botschaft in Kabul wieder und dokumentierte damit eine besondere Nähe zur Nordallianz. Damals hatte die Afghanistan-Konferenz auf dem Petersberg bei Bonn noch gar nicht begonnen. Teheran vertrat den Standpunkt, mit der Regierung unter Präsident Rabbani gebe es eine legitime, auch von der UNO anerkannte Exekutive. Diese müsste nur um die noch nicht eingebundenen ethnischen Gruppen erweitert werden. Die Lage entwickelte sich jedoch anders. Es wurde deutlich, dass Irans Möglichkeiten am Hindukusch begrenzt sind, obwohl es aufgrund einer gemeinsamen Geschichte, Kultur und Sprache durchaus Anknüpfungspunkte gibt. Das liegt vor allem daran, dass etwa 80 Prozent der Afghanen Sunniten sind und nur knapp 20 Prozent Schiiten. Die Taliban betrachten die Schiiten als Ketzer. Analog sind die Differenzen zwischen dem iranischen Klerus und den Gotteskriegern groß. Deshalb dienten aus westlichen Sicherheitskreisen gestreute Meldungen, wonach der Iran und die Taliban trotz tiefgehender Kontroversen ein Bündnis gegen die USA eingegangen sind, eher der psychologischen Kriegsführung. Es ging bei Berichten über Waffenlieferungen vor allem darum, Teheran in der Atomfrage weiter zu isolieren. Gezielt wurde auch verbreitet, die Taliban hätten in Zahedan, Hauptstadt der südöstlichen iranischen Provinz Sistan und Belutschistan, eine Vertretung eröffnet.[23]

In Wirklichkeit will Teheran nach dem Abzug der Amerikaner eine totale Machtübernahme der Taliban verhindern und mit einer Kontrolle über Westafghanistan die eigene Ostgrenze dauerhaft sichern. Es besteht ein massives Interesse an einer geregelten Rückführung der auf iranischem Territorium lebenden afghanischen Flüchtlinge, von denen sich eine Million legal und drei Millionen illegal aufhalten sollen. Schließlich geht es um eine Eindämmung des grenzüberschreitenden Drogenhandels. Trotz des bereits vollzogenen US-Abzugs aus dem benachbarten Irak besteht ein umfangreiches Drohpotential. Die Revolutionsgarden (Pasdaran) erklärten US-Stützpunkte in Afghanistan zu potentiellen Raketenzielen. Iran fühlt sich weiter umzingelt, da zu den amerikanischen Stützpunkten in der Türkei und auf der Arabischen Halbinsel nun auch noch die militärische Zusammenarbeit mit einigen ehemaligen Sowjetrepubliken wie Aserbaidschan und Georgien kommt.

Über den wirklichen Kampfwert von regulärer Armee und Revolutionsgarden deren Gesamtstärke auf 523 000 Mann geschätzt wird, können wegen strengster Geheimhaltung keine zuverlässigen Aussagen gemacht werden. Ein Teil der Militärtechnik, besonders bei der Luftwaffe, ist aufgrund der jahrzehntelangen Sanktionspolitik veraltet. Materielle Verluste aus dem Krieg gegen den Irak sollen vor allem durch russische Waffenlieferungen teilweise kompensiert worden sein. Das im Staatsfernsehen immer wieder vorgeführte Raketenarsenal kann sich nicht annähernd mit dem Israels messen.

Teheran befindet sich auch beim Pipelinepoker in einer schwierigen Situation. Mehrfach bot es den zentralasiatischen Ländern den Zugang zu seinen Golfhäfen an, aber das widerspricht den Intentionen Washingtons. Um im Atomkonflikt den Druck zu erhöhen, verhängte die EU ein Ölembargo, das am 1. Juli 2012 in Kraft trat. Sämtliche Empfängerverträge für iranisches Öl mussten bis zu diesem Zeitpunkt beendet werden. Das westliche Ölembargo zeigte Wirkung. Die Verluste betrugen 2012 nach Angaben der Internationalen Energieagentur (IEA) rund 40 Milliarden US-Dollar (fast 30 Milliarden Euro). Die Ölproduktion befand sich auf dem niedrigsten Stand seit drei Jahrzehnten. Teheran räumte Anfang 2013 ein, dass seine Exporte wegen des Embargos um etwa 40 Prozent eingebrochen sind. Die wichtigsten Abnehmer waren China, Indien, Südkorea und Japan.[24] Iran verfügt über die weltweit viertgrößten Öl- und die zweitgrößten Gasreserven, aber über unzureichende Raffineriekapazitäten. Es besitzt politischen Einfluss im nunmehr schiitisch dominierten Irak, unterhält enge Kontakte zur Hisbollah im Libanon, unterstützt die Hamas im Gazastreifen und soll auch über Verbindungen zu den Huthi-Rebellen im Jemen verfügen.

Drei Frontstaaten im Norden

Der Zerfall der Sowjetunion, das Aufkommen der Taliban, deren Sturz und Wiederauferstehung stellen die ehemaligen Sowjetrepubliken Turkmenistan, Usbekistan und Tadschikistan, die im Norden eine gemeinsame Grenze mit Afghanistan bilden, vor eine fundamentale Herausforderung. Die militärische Präsenz der USA ging einher mit einem Machtverlust Russlands. Die muslimisch geprägten Länder Zentralasiens sind durch Russifizierung und Sowjetherrschaft stark säkularisiert. Von einer Radikalisierung der Bevölkerung konnte auch nach dem Zerfall der UdSSR nicht die Rede sein. Die Autokraten schürten vielmehr die Angst davor, um die wachsende Repression zu rechtfertigen. Die Lage könnte sich jedoch ändern, wenn die sozialen Verwerfungen weiter zunehmen und der Ruf nach einem islamischen Gottesstaat lauter wird. Eine Rückkehr der Taliban an die Macht würde diesen Bestrebungen Auftrieb geben.

Das auf Tadschikistan, Usbekistan und Kirgistan aufgeteilte Fergana-Tal stellt seit Langem ein Pulverfass dar. Dort gibt es ethnische Konflikte, Land- und Wasserknappheit, kaum gebremstes Bevölkerungswachstum, hohe Arbeitslosigkeit und umstrittene Grenzziehungen aus der Stalin-Zeit. Im dreihundert Kilometer langen und siebzig Kilometer breiten Fergana-Tal leben etwa die Hälfte der kirgisischen, ein Drittel der tadschikischen und ein Viertel der usbekischen Bevölkerung – insgesamt zehn Millionen Menschen.

Die wirtschaftlichen Probleme, die zu einer zunehmenden Verarmung führen, sind ein potentieller Nährboden für fundamentalistische Gruppen in Usbekistan und jene Teile aus dem radikalen Lager in Tadschikistan, die nicht an der Macht in Duschanbe beteiligt sind. Ihr Ziel ist die Wiederherstellung des Khanats von Kokand, dessen Zentrum in der ersten Hälfte des 19. Jahrhunderts das Fergana-Tal war. Von dort aus soll der radikale Islam in die gesamte Region getragen werden.

Turkmenistan verhielt sich von Beginn an sehr zurückhaltend zur US-Invasion in Afghanistan. Zwar gestattete das Regime humanitäre Unterstützung von seinem Territorium aus, aber Militärstützpunkte für die Antiterrorallianz stellte Aschchabad nicht zur Verfügung. Zum einen ist das sowjetische Afghanistan-Abenteuer noch nicht vergessen, in dem viele junge Turkmenen gefallen sind. Zum anderen war das Land nicht bereit, Flüchtlinge aufzunehmen, obwohl in Afghanistan etwa eine Million ethnische Turkmenen leben. Während der Taliban-Herrschaft verfolgte Turkmenistan eine zweigleisige Politik. Aschchabad unterhielt im Islamischen Emirat Afghanistan zwei Konsulate, die Taliban waren seit 1996 offiziell in der turkmenischen Hauptstadt präsent. Das rohstoffreiche Turkmenistan setzte alles daran, sich von den Pipelinerouten in Richtung Russland unabhängig zu machen. Deshalb beobachtete der damalige Präsident Saparmurad Nijasow aufmerksam, wie die Taliban nach Jahren des Bürgerkrieges das Land zunehmend unter ihre Kontrolle brachten, womit die Chancen auf einen Pipelinebau durch Afghanistan nach Pakistan stiegen. Diese machte die Nordallianz zunichte, die weiter hartnäckig Widerstand leistete. Es scheiterte der Versuch, im Frühjahr 1999 unter UN-Vermittlung in Aschchabad zu einer Annäherung zwischen Taliban und Opposition zu kommen. International blieben die Taliban isoliert. Das führte dazu, dass der vorsichtige Nijasow auch enge Kontakte mit der Nordallianz unterhielt. Das Bündnis, das vor Beginn des US-Angriffs nur zehn Prozent des afghanischen Territoriums kontrollierte, war in Aschchabad mit einem eigenen Botschafter präsent. Über Turkmenistan wurde ein Teil der Waffenlieferungen an die Nordallianz abgewickelt.

Auf Nijasow, der einen unglaublichen Personenkult betrieb, folgte im Dezember 2006 Gurbanguly Berdymuchammedow. Der studierte Zahnarzt und ehemalige Gesundheitsminister ist wie sein Vorgänger ein geschickter Taktiker. Er macht Geschäfte mit Russland und China, wurde vom Westen heftig für die Nabucco-Pipeline umworben und hält zugleich an den Pipelineprojekten via Afghanistan fest. Die turkmenische Regierung gibt die eigenen Gasvorkommen mit über 20 Billionen Kubikmeter an; Schätzungen von British Petroleum (BP) mit 2,9 Billionen Kubikmeter sind wesentlich zurückhaltender. Deshalb wird bezweifelt, dass Aschchabad auch nur annähernd in der Lage wäre, alle Pipelines zu füllen. Das eigentliche Ziel dürfte vielmehr darin bestehen, möglichst viele Interessanten anzulocken, um dann die Vorräte meistbietend zu verkaufen. Wie schon unter Nijasow kommt vom Gasreichtum wenig bei der Bevölkerung an. Unverändert wird auch die Opposition verfolgt.

Usbekistan erhebt den Anspruch, demografisch, wirtschaftlich und kulturell die kommende Regionalmacht zu sein. Der langjährige Staatschef Islam Karimow bewies dabei ein hohes Maß an Flexibilität, was der Umstand erleichterte, dass das Land weder mit Russland noch mit China über eine gemeinsame Grenze verfügt. Karimow stellte dem Westen Militärstützpunkte zur Verfügung, schloss aber auch mit Moskau einen Beistandspakt. Mit mehr als 70 000 Mann verfügt Taschkent über die größten Streitkräfte in Zentralasien. Ausgebaut werden sollen auch die Truppen des Innenministeriums und der Geheimdienst. Dafür besteht großes Interesse an Waffenlieferungen. Darauf kann sich Usbekistan, wichtiges Transitland für die internationalen Truppen, berechtigte Hoffnungen machen. Vor allem die USA bekundeten ihre Bereitschaft, beim Abzug aus Afghanistan einen Teil ihres Kriegsgerätes angrenzenden Ländern zu überlassen. Bislang standen die Bestrebungen Usbekistans in keinem Verhältnis zu den wirtschaftlichen Möglichkeiten. Umweltsünden aus der Sowjetzeit haben die Wasserressourcen in einer Region weiter verknappt, in der vier Fünftel des Ackerlandes von intensiver Bewässerung abhängig sind. Mehrere Dürrejahre brachten um die Jahrhundertwende Zentralasien sowie weite Teile Afghanistans an den Rand einer Klimakatastrophe. Die Umgestaltung der ehemals zentral gesteuerten Planwirtschaft geht nur äußerst schleppend voran. Maßgebliche Ursachen dafür sind bürokratische Hemmnisse, Korruption und Vetternwirtschaft. Die Unterdrückung der Opposition ist an der Tagesordnung. Die Zahl der politischen Häftlinge wird auf fünf- bis zehntausend geschätzt.

Karimows Haltung zum Taliban-Regime war widersprüchlich. Ursprünglich unterstützte Taschkent General Abdul Rashid Dostum, der bis zum Vorrücken der Taliban große Teile Nordafghanistans mit der Metropole Mazar-i-Scharif beherrschte. Als die Gotteskrieger im Jahr 1998 Mazar endgültig eroberten, spielte Dostum vorübergehend keine Rolle mehr. Dieser hatte sich ins türkische Exil begeben. Usbekistan suchte nach Möglichkeiten, mit den Taliban einen Handel abzuschließen. Im Juni 1999 traf sich Außenminister Aziz Kamilow zum ersten Mal mit Taliban-Chef Mullah Omar in Kandahar. Anfang Oktober 2000 ließ Karimow seinen Botschafter in Islamabad Kontakt mit den ehemaligen Koranschülern aufnehmen. Wenig später teilte der Präsident in Taschkent mit, er könne sich eine Zusammenarbeit mit den Taliban vorstellen.[25] Im Auge hatte Karimow dabei vor allem einen wirtschaftlichen Austausch nach dem Vorbild Turkmenistans, das die Taliban gegen Devisen mit Rohstoffen belieferte. Außerdem verband der Präsident mit einer Annäherung offenbar die Hoffnung, das Regime in Kabul würde den auf afghanischem Boden befindlichen islamistischen usbekischen Kämpfern das Gastrecht entziehen.

All das blieb Wunschdenken. Zu Beginn des amerikanischen Bombardements auf Afghanistan drohten die Taliban Usbekistan sogar mit einem Angriff, falls Taschkent die USA unterstützen sollte. Die Grenzstadt Termes war damals bereits im Visier der Taliban-Geschütze. Auf das Drängen der internationalen Gemeinschaft, die seit 1997 wegen des Vorrückens der Taliban blockierte Brücke über den Grenzfluss Amu Darja endlich zu öffnen, reagierte Taschkent mit Sicherheitsbedenken. Erst am 9. Dezember 2001 wurde der Übergang bei der Stadt Termes wieder geöffnet. Die Stahlkonstruktion hatten 1982 die Sowjets erbaut, über sie strömten 1989 die letzten Soldaten der geschlagenen 40. Armee unter General Boris Gromow aus Afghanistan zurück.[26]

Das Karimow-Regime profitierte vom Sturz des Taliban, weil dadurch die Islamische Bewegung Usbekistans (IBU) geschwächt wurde. Zu deren Operationsfeldern gehörten seit Ende der 1990-er Jahre Usbekistan, Tadschikistan, Kirgistan und Afghanistan. IBU-Chef Dschuma Namangani soll im November 2001 bei Kämpfen im Kessel von Kundus getötet worden sein. Namangani gehörte zu den engsten Mitstreitern Osama bin Ladens und stand deshalb auf den US-Fahndungslisten. Seine Bewegung wurde nach Angaben russischer Sicherheitskreise von bin Laden mit 20 Millionen US-Dollar finanziert.[27]

Taschkent öffnete vor allem aus finanziellen Erwägungen seine Tore für die internationalen Truppen. Die Bundeswehr begann ab Februar 2002 den Flughafen von Termes als Drehscheibe für den Personentransport, logistischen Umschlagspunkt sowie Rückzugsort für Notfallevakuierungen zu nutzen. Der Flughafen war damit von strategischer Bedeutung, um die Handlungsfähigkeit des in Afghanistan stationierten Kontingents sicherzustellen. Für Termes sprachen die Sicherheitslage vor Ort, die vorhandene Infrastruktur und die Nähe zum Einsatzgebiet. Eine vorübergehende Unklarheit über die weiteren Nutzungsrechte entstand im Mai 2005. Der Westen kritisierte damals das Karimow-Regime scharf für ein Massaker an mehreren hundert Demonstranten in der im Fergana-Tal gelegenen Stadt Andischan. Taschkent forderte daraufhin die USA auf, die Luftwaffenbasis Chanabad zu räumen. Deutschland durfte die Basis in Termes weiter in Anspruch nehmen. Die Bundesregierung zeigte sich dafür erkenntlich, indem sie Innenminister Zakirdzhon Almatow zur medizinischen Behandlung einreisen ließ, obwohl dieser wegen des Massakers auf einer Bannliste der EU stand.[28]

Termes geriet danach 2007 in Zusammenhang mit der unschädlich gemachten Sauerland-Gruppe wieder in das Blickfeld. Diese wollte mit Attacken in der Bundesrepublik auch die Schließung des Stützpunktes in Usbekistan erreichen. Taschkent kassierte eine jährliche

„Ausgleichszahlung" von rund 16 Millionen Euro für die Bereitstellung von Termes.[29] Hinzu kommen Zahlungen im Rahmen der
Entwicklungszusammenarbeit, diese betrugen für 2011 und 2012
insgesamt 15 Millionen Euro.[30]

Die Sanktionen, darunter ein Waffenembargo, wurden 2009 vollständig aufgehoben. Die Menschenrechtslage verbesserte sich seit
den Vorgängen in Andischan nicht grundlegend, sondern bleibt
unbefriedigend, wie die Bundesregierung im Mai 2012 auf eine
Kleine Anfrage der Grünen einräumen musste. Als Fortschritte
wurden die Einleitung einer Justizreform 2006, die Abschaffung der
Todesstrafe 2008 und die Wiederaufnahme von Gefängnisbesuchen
durch das Internationale Komitee vom Roten Kreuz (IKRK) 2009
erwähnt. Zugleich hieß es: „Berichte über die Anwendung von Folter nimmt die Bundesregierung mit Sorge zur Kenntnis."[31]

Im Afghanistan-Konflikt nimmt Tadschikistan seit Jahrzehnten
eine Schlüsselrolle ein. In beiden Ländern gibt es Kräfte, die ein
Groß-Tadschikistan befürworten. Diesbezügliche Pläne gehen davon aus, dass in Afghanistan mehr Tadschiken leben als in Tadschikistan. Das Mullah-Regime in Teheran wiederum denkt auf Grundlage gemeinsamer ethnischer Wurzeln sogar über die Bildung einer
„Union der persischsprachigen Länder" nach, der neben Iran auch
Tadschikistan sowie die tadschikischen Siedlungsgebiete in Nordafghanistan angehören sollen.[32] Iran befindet sich dabei in Konkurrenz zu Russland, das noch aus Sowjetzeiten Militärbasen unterhält.
Eine Verlängerung dieser Präsenz um weitere 30 Jahre (bis 2042)
wurde im Oktober 2012 vereinbart. Nach dem Vertrag sorgt Russland für die Sicherheit Tadschikistans, dessen Armee mit Kriegs-
technik versorgt wird. Präsent ist zugleich China, das verstärkt in die
Infrastruktur investiert und damit vorausschauend Ressourcen für
die eigene Wirtschaft sichert. Für die NATO gewinnt Tadschikistan
vor allem aus sicherheitspolitischen Überlegungen an Bedeutung.
Geprüft werden Pläne, dort ein Antiterrorzentrum zu errichten.

Die ehemalige Sowjetrepublik war während der Auseinandersetzung mit den Taliban Nachschub- und Rückzugsbasis der Nordallianz. Nach dem tödlichen Anschlag auf den Militärführer der
Nordallianz, Ahmed Schah Massud, trafen sich in Duschanbe Vertreter Russlands, Irans, Indiens, Usbekistans und Tadschikistans mit

dem Massud-Vertrauten General Fahim, um die entstandene Lage zu erörtern. Befürchtet wurde damals, die Anti-Taliban-Koalition und das von ihr im Nordosten Afghanistans kontrollierte Puffergebiet stünden vor dem Zusammenbruch. Gesprochen wurde deshalb über zusätzliche Waffenlieferungen.[33]

Während regionale Clans nach einem 1997 beendeten Bürgerkrieg die reale Macht ausüben, verarmt die Masse der Tadschiken immer mehr. Nach UN-Statistiken leben 85 Prozent der Bevölkerung unter der Armutsgrenze. Das Land ist von funktionierenden marktwirtschaftlichen Strukturen weit entfernt. Tief sind die Gegensätze zwischen dem höher entwickelten Norden, der zu Sowjetzeiten traditionell alle Schlüsselpositionen besetzte, und dem ländlich geprägten Süden. Das seit 1992 amtierende Staatsoberhaupt Emomali Rachmonow schaltete nach und nach alle Konkurrenten aus, aber immer wieder kam es zu Spannungen in einigen Landesteilen. Aufgrund der unübersichtlichen Lage ließ sich fast nie ermitteln, ob es dabei um die Begleichung alter politischer Rechnungen, islamistische Umtriebe oder Auseinandersetzungen im Drogenmilieu ging.

Gespannt bleibt auch das Verhältnis zwischen Tadschikistan und Usbekistan, wofür bereits frühere Grenzdiktate sorgten. Die weltberühmten Städte Samarkand und Buchara, welche die Tadschiken seit jeher als ihr geistiges Zentrum ansehen, wurden im Jahre 1924 Usbekistan zugeschlagen. In Tadschikistan gibt es mit 23 Prozent Anteil an der Gesamtbevölkerung eine starke usbekische Minderheit, die als Karimows Fünfte Kolonne betrachtet wird.

Nicht zu Afghanistans direkten Nachbarn, aber zu den wichtigsten staatlichen Akteuren in der Region gehört Saudi-Arabien. Das Königreich brach die Beziehungen zu den Taliban am 25. September 2001 ab. Die Regierung in Riad beschuldigte die Taliban in einer von der amtlichen Nachrichtenagentur SPA verbreiteten Mitteilung, „diese Kriminellen zu beherbergen, zu bewaffnen und zu fördern", die für den internationalen Terrorismus verantwortlich seien. Die Terroranschläge in den USA seien eine Verleumdung des Islams und des Ansehens der Muslime in aller Welt.[34] Der afghanischen Bevölkerung sagte Saudi-Arabien jedoch weiterhin Unterstützung zu. Das war reichlich heuchlerisch und verlogen. Wie Pakistan unterstützte Saudi-Arabien nach dem Abzug der Sowjettruppen die

Taliban finanziell, militärisch, ideologisch und diplomatisch. Erst dadurch wurde deren Machtübernahme möglich. Nur so konnte Afghanistan ein fundamentalistisches Regime übergestülpt werden. Deshalb hält Riad auch jetzt den Schlüssel für die weitere Entwicklung mit in den Händen. Nichts deutet daraufhin, dass das sunnitische Saudi-Arabien seine Pläne zu den Akten gelegt hätte, über eine Einflussnahme in Afghanistan den schiitischen Iran zurückzudrängen. Das Atompotential Pakistans, das seit Jahrzehnten als strategischer Partner betrachtet wird, spielt in diese Überlegungen mit hinein. Allerdings haben aufgrund der Vorgänge in Pakistan die Unwägbarkeiten zugenommen. Mit der Lieferung von billigem Erdöl und dem Vertrauen auf die Integrität der Streitkräfte allein wird sich das korrupte Regime in Islamabad nicht ewig halten lassen. Riad denkt deshalb über die Produktion einer eigenen Bombe nach. Ende der 1990-er Jahre soll sich eine Delegation in Islamabad über das dortige Waffenprogramm informiert haben. Danach gab es Berichte, wonach pakistanische Atomwissenschaftler zwischen 2003 und 2005 in Saudi-Arabien an einem geheimen Nuklearwaffenprogramm arbeiteten.[35] Erhärtet werden konnten diese Berichte nicht, aber als sicher gilt, dass Riad die pakistanische Bombe finanzierte und damit Anspruch auf eine Gegenleistung hat. König Abdullah warnte Washington 2008 davor, dass bei einer Entwicklung von Kernwaffen im Iran „jeder in der Region dasselbe tun" werde. Ex-Geheimdienstchef Prinz Turki erklärte drei Jahre später, die Existenz einer iranischen Atomwaffe würde Saudi-Arabien „dazu nötigen, eine Politik zu verfolgen, die unabsehbare und möglicherweise dramatische Konsequenzen" haben könne. Noch deutlicher wurde danach ein hoher Regierungsbeamter: „Wenn der Iran eine Atomwaffe entwickelt, dann ist das für uns nicht akzeptabel und wir müssen nachziehen."[36] Zuvor hatte die saudische Führung darauf hingewiesen, dass der Konflikt mit dem Iran auch darin begründet sei, dass Israel Nuklearsprengköpfe besitzen dürfe. Das veranlasse andere Staaten, diesem Beispiel zu folgen. „Niemand erwähnt, dass Israel hundert Atomwaffen besitzt, auch wenn dies ein offenes Geheimnis ist", sagte Außenminister Prinz Saud al-Faisal.[37]

DESASTER MIT ANSAGE

„Die hören sollen, sie hören nicht mehr,
Vernichtet ist das ganze Heer,
Mit dreizehntausend der Zug begann,
Einer kam heim aus Afghanistan."
(Theodor Fontane in seiner Ballade „Das Trauerspiel von Afghanistan" von 1857 zum Ausgang des ersten der drei anglo-afghanischen Kriege)

Als US-Präsident George W. Bush 2001 nach den Anschlägen in New York und Washington unter dem Beifall einer im patriotischen Taumel befindlichen Presse den weltweiten Krieg gegen den Terror (global war against terror) ausrief, um Al Qaida auszuschalten, stand die militärische Komponente im Vordergrund. Die Supermacht wollte in Afghanistan Vergeltung üben, dabei sollten die renitenten Taliban mitbestraft und gleich noch strategische Geländegewinne erzielt werden. Erst als sich herausstellte, dass es nicht reicht, eine ausgesuchte Regierungsmannschaft in Kabul einzusetzen, wurde einem Demokratieexport das Wort geredet. Der Westen versprach mehr Sicherheit und bessere Lebensbedingungen in einem traditionellen Armenhaus. Es dauerte fast ein Jahrzehnt, ehe das Scheitern zumindest ansatzweise zugegeben wurde. Im ersten Fortschrittsbericht Afghanistan von 2010 räumte die Bundesregierung „unrealistische Zielstellungen" ein.[2] Um die Fortsetzung des Einsatzes dennoch zu rechtfertigen, hieß es: „Erfahrungen von Wahlbetrug und Manipulation haben die Bevölkerung zwar enttäuscht; der Weg einer demokratisch verfassten Gesellschaft wurde aber nicht verlassen."[3]

Unter Bush-Nachfolger Obama nahmen die USA einen Strategiewechsel vor. Obama versprach, Afghanistan mehr Aufmerksamkeit zu schenken, da er das Land von Bush zugunsten Iraks vernachlässigt sah. Die amerikanischen Truppen wurden nach einer sich dramatisch entwickelnden Lage noch einmal massiv aufgestockt und die Ausbildung der afghanischen Sicherheitskräfte forciert. Es folgte der NATO-Beschluss, bis Ende 2014 alle Kampfeinheiten abzuziehen. Das war die Botschaft an die kriegsmüden Wähler zuhause. Obama und der Franzose Sarkozy wollten sich 2012 in ihren Staaten als Präsident bestätigen lassen. Das gelang nur Obama trotz einer dürftigen Bilanz, die Vizepräsident Biden mit der griffigen Formulierung als Erfolg zu verkaufen versuchte: „Osama bin Laden ist tot und General Motors lebt."[4]

Dem Strategiewechsel waren heftige Debatten über den künftigen Kurs sowohl innerhalb der Administration als auch zwischen politischer Führung und Top-Militärs vorausgegangen. Vizepräsident Biden sprach sich dafür aus, das Kontingent spürbar zu reduzieren und stattdessen mit Spezialeinheiten den Antiterrorkampf im afghanisch-pakistanischen Grenzgebiet zu führen. Die Generale forderten mehr Soldaten und ein langfristiges Engagement am Hindukusch. Obama entschied sich für folgendes Vorgehen: substantielle Truppenverstärkung und schnellstmöglicher Rückzug. Seine Berater entwickelten einen umfassenderen Ansatz für die Aufstandsbekämpfung. Die sogenannte Counter-Insurgency-Doktrin (COIN) umfasste die Elemente Partnering (Ausbildung und gemeinsamer Kampfeinsatz mit einheimischen Kräften), Spezialkräfte-Operationen gegen regierungsfeindliches Führungspersonal, Schutz der Bevölkerung, Halten von gewonnenen Räumen und Aufbau funktionierender Verwaltungsstrukturen sowie Wiedereingliederung von aufständischen Kämpfern. Mit einem ISAF-Großaufgebot, das von anfangs 3000 auf über 132 000 Soldaten bis Ende 2011 wuchs, sollten die Taliban geschwächt werden. Parallel dazu wurden die afghanischen Sicherheitskräfte weit über das einst geplante Maß hinaus aufgestockt, um zumindest auf dem Papier die Voraussetzung für die Übergabe der Sicherheitsverantwortung und damit den Rückzug für das Gros der internationalen Truppen zu schaffen.

Obama hatte bei seiner Exit-Strategie die immensen Kosten des Engagements und die mangelnden Erfolgsaussichten im Auge. Die internen Auseinandersetzungen führten zu spektakulären personellen Konsequenzen, nachdem ein Artikel über den Afghanistan-Befehlshaber General Stanley McChrystal im Musikmagazin „Rolling Stone" zu schweren Spannungen mit dem Weißen Haus geführt hatte. In dem Artikel wurde die Geringschätzung des Generals gegenüber führenden Vertretern der Regierung deutlich. McChrystal ließ weder an Obama, Biden, Sicherheitsberater James Jones noch an Afghanistan-

Botschafter Karl Eikenberry und den Sonderbeauftragten Richard Holbrooke ein gutes Haar. Ein wütender Obama entband Mitte 2010 einen offenbar über den Kriegsverlauf zutiefst frustrierten McChrystal von seinem Posten.[5] An seine Stelle trat General David Petraeus.

Petraeus und McChrystal waren jene Militärs, die zuvor im Irak eine Trendwende erreicht hatten. Doch diese gelang am Hindukusch auch 2010, das zum Jahr der Entscheidung erklärt worden war, nicht. Das Scheitern war programmiert, weil Afghanistan anders ist als der Irak. Dieser verfügt trotz des Krieges mit dem Iran und zwei US-Interventionen über eine bessere Infrastruktur. Das Zweistromland besitzt eine deutlich höher gebildete Bevölkerung. Und schließlich erlauben die ergiebigen und nicht erst in ferner Zukunft zur Verfügung stehenden Ölreserven umfangreiche Investitionen. Obwohl dem Langzeitherrscher Saddam Hussein Kontakte zu Al Qaida unterstellt wurden, um seinen Sturz zu rechtfertigen, konnten fundamentalistische Kräfte bis 2003 im Irak nie wirklich Fuß fassen. Die Amerikaner hatten es danach mit drei relativ klar abgegrenzten und damit über-

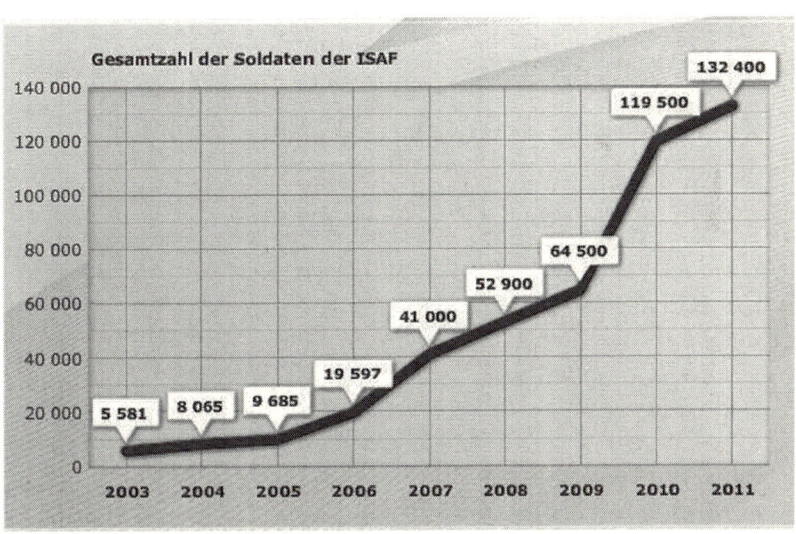

Auf dem Höhepunkt des Einsatzes zählte das von der NATO geführte ISAF-Kontingent über 132 000 Soldaten, darunter waren 100 000 aus den USA. Damit wurde die Truppenstärke der sowjetischen Interventen noch übertroffen. (Quelle: NATO/ISAF)

schaubaren Gruppierungen zu tun, die austariert werden mussten. Auf den umfassenden Machtanspruch der von Saddam unterdrückten schiitischen Bevölkerungsmehrheit reagierte Washington, indem es die sunnitischen Milizen aufrüstete. Zugleich wurden Armee und Polizei neu aufgebaut. Die Kurden im Norden konnten unterdessen ihre Autonomierechte festigen. Alle Gruppierungen verständigten sich unter dem Druck der US-Präsenz darauf, die Einheit des Landes zu erhalten und sich einem demokratischen Wahlprocedere zu unterwerfen. Der Wille zu Dialog und Kompromiss nahm jedoch ab, als Obama am 21. Oktober 2011 den vollständigen Abzug der eigenen Truppen bis Ende 2011 verkündete. Der Wunsch des Pentagon, dauerhaft im Irak einige Militärbasen zur Eindämmung Irans zu unterhalten und dafür bis zu 15 000 Soldaten im Land zu belassen, fand in Bagdad kein Gehör. Washington hatte darauf bestanden, dass diesem Kontingent wie bisher volle Immunität vor Strafverfolgung gewährt werden müsste. Das lehnten die einflussreichen schiitischen Parteien im Irak strikt ab. Radikale Milizen drohten mit Anschlägen. Der Irak fand nach dem Abzug der Amerikaner keine Stabilität, sondern versank in einer Welle religiös motivierter Gewalt. Terrorgruppen, die ideologisch Al Qaida nahestanden, erzielten beträchtliche Geländegewinne. Noch im Jahr 2009 hatte der erfahrene Diplomat Ryan Crocker, sowohl US-Botschafter in Bagdad als auch in Kabul, festgestellt: „Gnadenlose interne Konflikte sind für den Irak nicht kennzeichnend, für Afghanistan schon."[6]

Typisch für Afghanistan war über Jahrhunderte eine schwache Zentralgewalt, die sich aus den Angelegenheiten der mächtigen Stämme weitgehend heraushielt. Als König Amanullah (1919 – 1929) versuchte, Religion und Staat zu trennen, die traditionelle Rolle der Frauen zu verändern sowie die Schulpflicht für Jungen und Mädchen einzuführen, traf er auf die entschiedene Gegenwehr paschtunischer Stämme. Er scheiterte, die Reformen wurden zurückgenommen. Unter der Herrschaft von Zahir Schah (1933 – 1973) verlief die Entwicklung die längste Zeit ohne größere Erschütterungen. Ab 1969 nahmen die Spannungen zu. Aufeinanderfolgende Dürreperioden zerstörten die Lebensgrundlage zahlreicher Menschen und führten zu einer großen Hungersnot. Zahir Schahs Cousin Mohammed Daud Khan putschte im Juli 1973 mit Hilfe in der Sowjetunion ausgebildeter Offiziere gegen den Monarchen. Im Jahr 1978 übernahmen die Kommunisten die Macht. Daud und der größte Teil seiner Familie wurden erschossen. Die nachfolgenden Feindseligkeiten zogen sämtliche politische, wirtschaftliche und soziale Strukturen schwer in Mitleidenschaft. Washington wollte nach 2001 mit einer starken Zentralgewalt das Land befrieden. Das misslang. Der Afghanistan-Beauftragte Richard Holbrooke räumte ein: „Wenn wir 1995 in Bosnien eine starke Zentralregierung installiert hätten, wäre der Krieg nie zu Ende gegangen. Deswegen mussten wir einen gewissen Grad an Autonomie schaffen. Afghanistan ist wie Bosnien, es gleicht nicht einem Zentralstaat wie Frankreich."[7] In einem irrte Holbrooke: Afghanistan ist nicht wie Bosnien, sondern noch viel komplizierter.

Bereits das Britische Empire machte bei drei militärischen Interventionen zwischen 1839 und 1919 die Erfahrung, dass man Afghanistan nicht dauerhaft beherrschen kann. Besonders der erste Krieg von 1839 bis 1842 zerstörte den Nimbus von der Unbesiegbarkeit der Engländer. Ein abziehender Tross der Besatzer wurde nach einer vielfach kolportierten Version bis auf den Militärarzt Dr. Brydon vollständig von Stammeskriegern vernichtet. Tatsächlich soll eine größere Anzahl von Verwundeten und Gefangenen überlebt haben, was nichts an der erlittenen Schmach änderte. Londons Marionetten konnten sich nie halten. Sie mussten flüchten oder wurden exekutiert.

Moskaus Zögling Mohammed Nadschibullah erging es nicht anders. Dessen Regime war optimistisch, sich bei Überstehen einer kritischen Phase von drei bis vier Monaten nach dem Sowjetabzug dauerhaft halten zu können. Diese Hoffnung basierte auf kontinuierlichen Waffen- und Treibstofflieferungen Moskaus. Die Führung in Kabul bahnte Kontakte zu Teilen der bewaffneten Opposition an und setzte auf die schweren Spannungen innerhalb der Peshawar-Allianz. Der sowjetische Außenminister Eduard Schewardnadse plädierte dafür, nach dem Abzug 10 000 bis 15 000 Soldaten weiter in Afghanistan zu stationieren, um den Nachschub auf der Route von Hairaton an der afghanisch-usbekischen Grenze nach Kabul abzusichern. Es blieben 300 Militärberater im Land.[8]

Nadschibullah schaffte es dennoch, den Zusammenbruch über drei Jahre hinauszuzögern. Allerdings hätte das Regime auch dann langfristig keine Perspektive gehabt, wenn die Waffenlieferungen nicht mit dem Ende der Sowjetunion und dem Beginn von Jelzins turbulenter Regentschaft in Russland unterbrochen worden wären. Das kommunistische Experiment, von dem zum Schluss nur noch die verzweifelte Beschwörung der nationalen Einheit übrig blieb, war am Ende. Nadschibullah und der staatstragenden DVPA gelang es wie zuvor der Monarchie und der Präsidialrepublik nicht, den grundlegenden innerafghanischen Konflikt zwischen der modernisierungswilligen städtischen Bevölkerung und einer sich jedem Wandel gewaltsam widersetzenden Landbevölkerung zu entschärfen. Die Khalq-Fraktion innerhalb der DVPA versuchte nach ihrer Machtübernahme 1978 Islamisten, Maoisten und die parteiinternen Gegner vom Parcham-Flügel auszuschalten. Zugleich wurden Maßnahmen eingeleitet, die vom Verbot der Kinderheirat über Alphabetisierungskurse bis zu einer Landreform reichten. Die zumeist tief religiösen Bauern, durch vielfältige Bande mit den Großgrundbesitzern verwoben, wollten sich jedoch nicht von gottlosen Kommunisten eine Reform aufzwingen lassen. Auf dieser Basis entwickelte sich ein Bündnis mit den islamistischen Parteien, das zu einem gemeinsamen bewaffneten Widerstand führte.[9] Zum Schluss erkannte auch die Kreml-Führung das eklatante Versagen auf dem Lande an, wo fast 80 Prozent der afghanischen Menschen in einer in archaischen Strukturen verharrenden Stammesgesellschaft leben. Das Zentralkomitee der KPdSU teilte die Gründe für das Scheitern am Hindukusch erstmals am 10. Mai 1988 in einem internen Brief an alle Parteimitglieder mit. Angeführt wurde dabei unter anderem die Nichtbeachtung der wichtigsten nationalen und historischen Faktoren.[10] Karsai und seine Förderer hätten diesen Brief lesen sollen.

Die sowjetischen Besatzer machten schnell die Erfahrung, dass der Schutz der strategisch wichtigen Städte und Verkehrsverbindungen sowie der eigenen Stützpunkte erhebliche Kräfte bindet. Bereits im Februar 1980 umfasste das „Besondere Kontingent" rund 85 000 Soldaten, das 1985 mit 109 000 Mann seine maximale Stärke während des Krieges erreichte. Bei einer von Kabul geforderten weiteren Aufstockung befürchtete der Kreml verheerende innenpolitische Folgen. Nadschibullah soll um die Entsendung von zusätzlichen 500 000 Mann gebeten haben, was als Versuch gewertet wurde, die eigenen in Panik geratenen Anhänger zu beruhigen. Gorbatschow machte im Politbüro klar, dass bereits bei einer Aufstockung des Kontingents um 200 000 Mann die gesamte Politik der Perestroika zusammenbrechen würde.[11]

Die Truppen, die sich zum großen Teil aus Reservisten zusammensetzten, waren unerfahren im Antiguerillakampf, nicht ausgerüstet für das bergige Land und einen äußerst mobilen Gegner. Viele der einfachen Soldaten, die überwiegend aus der Arbeiterschicht, aus Kleinstädten oder vom flachen Land stammten, glaubten anfangs daran, eine edle Mission zu erfüllen. Der eigentliche Auftrag war jedoch mit zunehmender Verstrickung in den Konflikt nicht mehr erkennbar. Immer wenn die sowjetischen Bodentruppen unter Druck gerieten, forderten sie Artillerie oder Luftunterstützung an. Das führte insbesondere in bewohnten Gegenden zu großen Kollateralschäden und steigerte den Hass der Bevölkerung. Erst eine Änderung der Taktik führte kurzzeitig dazu, dass die 40. Armee aus der Defensive kam. Statt auf Panzer, Artillerie und schweres Gerät setzte die Truppenführung auf kleine, selbstständig operierende Einheiten, die mit Hubschraubern abgesetzt wurden. Die Situation änderte sich jedoch entscheidend ab Mitte der 1980-er Jahre. Die Mudschaheddin begannen damit, von den USA gelieferte 900 Stinger-Systeme einzusetzen. Die von nur einem Mann zu bedienende Anti-Flugzeug-Waffe führte mit mindestens 270 Abschüssen zu massiven Verlusten bei der sowjetischen Luftwaffe. Obwohl 50 000 Sowjetsoldaten zur Abriegelung der Grenzen eingesetzt wurden, konnten diese nicht annähernd das Einsickern der bewaffneten Opposition vor allem von Pakistan aus verhindern.

Gorbatschow rügte, das Militär habe aus dem Kriegsverlauf nicht die nötigen Lehren gezogen und sich unzureichend auf die veränderte Lage eingestellt. Nachdem der Generalsekretär im Oktober 1985 vorgeschlagen hatte, eine baldige „Entscheidung zu Afghanistan" zu fällen, wurde er im November 1986 konkreter: Beendigung des Krieges in einem, spätestens zwei Jahren, weil man ansonsten noch 20 bis 30 Jahre im Afghanistan-Sumpf stecken würde. Es blieb dem stellvertretenden Generalstabschef Sergej Achromejew vorbehalten, auf dieser historischen Politbüro-Sitzung Klartext zu reden. Der General sagte: „Wir haben den Kampf um die afghanischen Menschen verloren. Die Regierung wird von einer Minder-

heit unterstützt.“[12] Gorbatschows enger Berater Anatoli Tschern-
jajew schilderte den Verlauf einer Politbüro-Sitzung im Oktober
1985, die die ganze Hilf- und Machtlosigkeit der Führung offenbarte.
Gorbatschow beschrieb dabei ein Treffen mit Karmal, dem er klar
gemacht habe: Wenn du überleben willst, verbreitere die Basis deines
Regimes, vergiss den Sozialismus, handle eine Übereinkunft mit den
einflussreichen Mudschaheddin-Kommandeuren aus, betone den
Islam, respektiere die Traditionen, unterstütze den privaten Sektor
und stärke die Armee. Als Karmals Nachfolger Nadschibullah diese Handlungsanleitung befolgte, ging der Kreml auf Distanz. Gorbatschow betonte: „Nadschibullah ist nicht einfach, nicht so, wie wir
ihn uns vorgestellt haben. Er hat Kontakte weit in verschiedene Krei-
se hinein, und oft wissen wir gar nichts davon, das heißt: Er agiert in
afghanischer Manier…“[13] Eine Erfahrung, die später die Amerikaner
auch mit ihrem Schützling Karsai machen sollten.

Die Schätzungen über die Zahl der afghanischen Kriegstoten
während der Besatzung zwischen 1979 und 1989 reichen bis zu 1,2
Millionen. Es fielen etwa 14 500 sowjetische Soldaten. Von 642 000
Soldaten, die bis zum Rückzug in Afghanistan dienten, wurden
mehr als 70 Prozent verwundet oder erkrankten ernsthaft, etwa
150 000 Mann allein an Hepatitis oder Typhus.[14] Der Schriftsteller
Wladimir Rybakow beschrieb in seinem Buch „Afghanzy“ eindrucksvoll, wie sich die stolze Sowjetarmee in einen blutigen Guerillakrieg
verstrickte, sich die ursprüngliche Ordnung auflöste und nur noch
der Kampf ums eigene Überleben zählte. Betäubt durch Drogen und
verwickelt in Waffengeschäfte mit dem Feind verkamen die Streitkräfte vielfach zu einer marodierenden Truppe. Die der Hölle lebend
entkamen, finden bis heute keine innere Ruhe.[15]

Aber auch die Kampfhandlungen seit Ende 2001 schlugen tiefe
Wunden. Der von der NATO geführte Afghanistan-Einsatz übertraf
die Dauer des sowjetischen Engagements bei weitem. Obwohl die
Zahl der Toten und Verletzten sowohl bei der Zivilbevölkerung als
auch bei den Streitkräften weit geringer ist, fällt die Bilanz – ausgehend von den formulierten Zielen - desaströs aus. Die Zahl der
getöteten Zivilisten lag nach Berechnungen der UN-Mission in Afghanistan im Jahr 2011 bei 3131. Danach waren 77 Prozent Opfer
der Aufständischen; 14 Prozent starben bei Operationen der NATO

und der afghanischen Armee. Bei neun Prozent war keine Zuordnung möglich. Konstatiert wurde ein stetiger Anstieg der Opfer in den vorangegangenen Jahren 2007 (1523), 2008 (2118), 2009 (2412) und 2010 (2790). Im Jahr 2012 war ein Rückgang im Vergleich zu 2011 zu verzeichnen. 2754 Zivilisten verloren bei Anschlägen und Kampfhandlungen ihr Leben. Die Vereinten Nationen wollten dies aber keineswegs als Trendwende werten. Dies bestätigte sich 2013, als 2959 Zivilisten umkamen.[16]

Die während des gesamten Einsatzes erlittenen Verluste der internationalen Truppen lagen Ende 2013 bei 3409 Soldaten.[17] Die ISAF profitierte von der besseren Ausrüstung für den Bodenkampf und der uneingeschränkten Lufthoheit. Eine Rolle spielte darüber hinaus, dass ein Großteil des Kontingents in festungsartig gesicherten Stützpunkten stationiert war und für den Selbstschutz erhebliche personelle und materielle Ressourcen zur Verfügung standen. Am Widerstand gegen die sowjetischen Besatzer beteiligten sich mit den Paschtunen und den Tadschiken die beiden wichtigsten Bevölkerungsgruppen. Den Kampf gegen die NATO-Truppen führten die Paschtunen im Wesentlichen allein. Die Tadschiken hatten sich mit Karsai und dem Westen arrangiert.

Die Taliban unterschätzt

Dennoch stellte es eine fatale Fehleinschätzung der USA dar, die Taliban im Jahr 2005 für besiegt zu erklären. Zu diesem Zeitpunkt waren Hunderte Kämpfer in einigen Regionen Afghanistans aktiv. Ihre Zahl stieg stetig. Im Jahr 2006 wurden erstmals die internationalen Truppen massiv angegriffen. Im Jahr 2009 operierten die Taliban auf fast 75 Prozent des Territoriums, inklusive die vormals ruhigen westlichen und nördlichen Provinzen.[18] Sie hatten in 33 der 34 Provinzen (mit Ausnahme der Hauptstadt) sogenannte Schattengouverneure ernannt.[19] Obamas Anfang Dezember 2009 an der Militärakademie West Point verkündeter Strategiewechsel sollte die Wende bringen. Der Präsident schickte 30 000 zusätzliche Soldaten an den Hindukusch. Damit wuchs das US-Kontingent im ersten Halbjahr 2010 auf 100 000 Militärangehörige (der Höchststand im Irak lag bei 160 000) an. Zu Beginn der ersten Amtszeit Obamas waren es 32 000 Soldaten. Als Ziele formulierte dieser in West Point: „Wir müssen Al Qaida einen sichereren Zufluchtsort verweigern. Wir müssen die Schlagkraft der Taliban reduzieren und ihnen die Fähigkeit nehmen, die Regierung zu stürzen. Und wir müssen die Kapazitäten der afghanischen Sicherheitskräfte und Regierung stärken, so dass sie federführend die Verantwortung für die Zukunft Afghanistans übernehmen können."[20]

Die Aufständischen passten sich jedoch den veränderten Bedingungen an und erregten mit spektakulären Aktionen Aufmerksamkeit. Die Schlagkraft der Taliban konnte nicht gebrochen werden, weil das afghanisch-pakistanische Grenzgebiet ein Rekrutierungs- und Rückzugsraum blieb. Der Westen unterließ es, nach 2001 auf die Regierung in Islamabad starken Druck auszuüben. Dieser wurde erst erhöht, als die Lage zunehmend außer Kontrolle geriet. Die regierungsfeindlichen Kräfte setzten verstärkt Selbstmordattentäter und Sprengfallen ein. Nach einem UN-Bericht lag von Januar bis August 2011 die Zahl der Selbstmordanschläge bei durchschnittlich zwölf pro Monat.[21] Im ganzen Jahr 2002 gab es einen, 2003 zwei, 2004 sechs und 2005 bereits 21.[22] Die Aufständischen nutzen mittlerweile fast nur noch Plastiksprengstoff und Plastikminen mit Aluminiumzündkabel, die mit den üblichen Metalldetektoren schwer zu orten sind. In Afghanistan operieren mit den Taliban, dem Haqqani-Netzwerk, Hekmatyars Miliz und ausländischen Islamisten diverse bewaffnete Gruppierungen. Das macht deren Bekämpfung in diesem asymmetrischen Krieg noch schwieriger und erschwert eine Verhandlungslösung.

Die USA und ihre Verbündeten folgten mit beispielloser Ignoranz der Linie, dass der westliche Lebensstil der überlegene sei und folglich durchgesetzt werden müsste. Doch einer zunächst installierten Exekutive fehlte trotz nachfolgender Parlaments- und Präsidentschaftswahlen die Legitimation, weil es bei den Urnengängen zu schweren Unregelmäßigkeiten kam, aufgrund der Sicherheitslage in Teilen des Landes die Bedingungen für eine reguläre Stimmabgabe nicht gegeben waren sowie beträchtliche Teile der Paschtunen das Regime als von Tadschiken und Usbeken beherrscht ablehnten.

Zu spät wurde erkannt, dass den Menschen kommunistische Ideen ebenso suspekt sind wie liberale Demokratievorstellungen. Danach begnügte man sich mit der Forderung nach guter Regierungsführung, was erneut mangelnde Kenntnis der afghanischen Realität offenbarte. Ohne Korruption läuft am Hindukusch traditionell fast gar nichts. Im Korruptionsindex von Transparency International lag Afghanistan 2013 auf Rang 175, den man sich mit Nordkorea und Somalia am Ende der Skala teilte.[23] Davon betroffen sind alle Ebenen staatlicher Verwaltung. Darin verstrickt sind in zunehmender Verflechtung Politik, Wirtschaft und Sicherheitsbehörden. Obwohl in der Bevölkerung Vorteilsgewährung nicht als ehrenrührig gilt, sorgt doch die schamlose Selbstbedienungsmentalität hoher Funktionsträger für Empörung. Diese wird noch dadurch geschürt, dass Ermittlungen mehrfach auf Weisung aus dem Präsidentenpalast im Sande verliefen. Die Korruption stellt nach Umfragen ein noch größeres Problem dar als die Sicherheitslage oder die Arbeitslosigkeit.[24]

Mangelnde Bankenaufsicht, faule Kreditgeschäfte und riskante Immobilienspekulationen hätten 2010 beinahe zum Zusammenbruch der privaten Kabul Bank und des gesamten Finanzsystems geführt. Veruntreut wurden dabei etwa 935 Millionen US-Dollar. Eine unabhängige Untersuchungskommission, die aus afghanischen und internationalen Experten bestand, förderte in einem Ende November 2012 veröffentlichten Bericht Unglaubliches zutage. Das Geld wurde zum Teil in Servierwagen von Flugzeugen der afghanischen Gesellschaft Pamir Airways in mehr als zwei Dutzend Länder gebracht. Es fand unter anderem für den Villen-Kauf in Großbritannien, Dubai, der Schweiz und den USA Verwendung. Die Regierung habe immer wieder versucht, die Strafverfolgung von Verantwortlichen und das Aufspüren fehlender Geldbeträge zu verhindern, hieß es in dem auf Drängen des Internationalen Währungsfonds (IWF) von der Zentralbank in Auftrag gegebenen Report. Was nicht überraschte, denn Karsais Bruder Mahmoud sowie ein Bruder von Vizepräsident Mohammed Fahim waren involviert. Beide gehörten zu den Eignern des Kreditinstituts und bestritten jede Verwicklung in den Betrug. Einige Medien des Landes verbreiteten daraufhin, die Herrschaft der Kommunisten und des Taliban-Regimes sei weniger verkommen gewesen.[25] Nach offiziellen Angaben wurden bis Ende 2012 von der unterschlagenen Summe 128 Millionen Dollar eingezogen. Dazu kamen im In- und Ausland beschlagnahmte Immobilien für geschätzte 200 Millionen Dollar, deren Wiederverkauf aber wegen ungeklärter Rechtsfragen zum Teil nicht ohne weiteres möglich ist.[26] Gemessen am Umfang des Betruges kamen der Gründungsdirektor und der ehemalige Geschäftsführer der Kabul Bank Anfang März 2013 mit Haftstrafen von jeweils fünf Jahren glimpflich davon. Die eigentlichen Hintermänner blieben unbehelligt. Der Fall der staatseigenen Pashtany Bank stellte eher die Ausnahme von der Regel dar. Deren ehemaliger Präsident Hayatullah Dayani wurde Mitte 2012 wegen Korruption und Unterschlagung von 741 Millionen US-Dollar zu 20 Jahren Haft verurteilt. Auch andere leitende Angestellte erhielten teils hohe Haftstrafen.[27]

Die Verwicklung der Elite in zahlreiche Skandale verstärkte die Ablehnung in der Bevölkerung gegen das bestehende Regime. Der Kampf um die Hirne und Herzen der Menschen ging verloren. Diese gerieten immer mehr zwischen die Fronten. Vor allem die US-Truppen brauchten bis zum Sommer des Jahres 2009, um langsam umzusteuern. Seitdem sollte mit einer neuen „Richtlinie zur Aufstandsbekämpfung" mehr Rücksicht auf Zivilisten genommen werden. Immer wieder gab es Fälle, die Wut und Hass auf die Besatzer anstachelten. Soldaten drangen während nächtlicher Razzien ungeniert in Frauengemächer ein. Lachende und scherzende Marines urinierten auf getötete Taliban, drehten von der perfiden Leichenschändung gleich noch ein Video. Bei Luftangriffen wurden harmlose Hochzeitsgesellschaften oder auf Feldern arbeitende Kinder getroffen. Wenn am Straßenrand stehende Obstbäume die Manövrierfähigkeit des schweren Kampfgerätes behinderten, wurden diese rücksichtslos niedergewalzt. Durch die Ortschaften rasende NATO-Patrouillen verursachten Verkehrsunfälle, ohne sich um die afghanischen Opfer zu kümmern. Es bildete sich eine Mischung aus verletzten religiösen Gefühlen, enttäuschten Hoffnungen und radikalem Extremismus. Der Aufstand bekam damit neben der militärischen zunehmend eine zivile Komponente, die sich besonders augenfällig in den wütenden Protesten gegen Mohammed-Karikaturen und Koranverbrennungen manifestierte.

Der frühere russische NATO-Botschafter Dmitri Rogosin stellte fest: „Man darf sich niemals auf einen langfristigen militärischen

Einsatz in Afghanistan einlassen. Wenn Truppen eingesetzt werden, dann nur, um klar definierte Aufgaben zu erledigen. Danach sollten sie sich unverzüglich zurückziehen. Man darf sich auf keinen Fall in die internen Ränke zwischen den verschiedenen Clans hineinziehen lassen und sich auf bestimmte Politiker festlegen. Und das wichtigste: Um den religiösen Extremismus wirksam zu bekämpfen, muss man den Menschen Alternativen bieten. Sie können Extremismus nicht mit Gewalt vernichten, sie müssen den Menschen eine Alternative bieten."[28] Stanley McChrystal kam, als er noch Kommandeur der ISAF-Truppen in Afghanistan war, zu einer identischen Einschätzung: „Terrorismus bekämpft man nicht mit Militäreinsätzen, sondern indem man die Grundvoraussetzungen für Entwicklung im Land schafft."[29] Zehn Jahre nach Interventionsbeginn, zu diesem Zeitpunkt nicht mehr im Amt, zeichnete McChrystal ein trostloses Bild von der Mission. Die Amerikaner hätten den Krieg völlig unvorbereitet mit einem „beängstigend simplen Bild" vom Land begonnen. „Wir wussten nicht genug, und wir wissen immer noch nicht genug." Für die schwierige Lage machte er auch den Irak-Krieg verantwortlich.[30] Obama schätzte das ebenso ein. Der Einsatz in dem arabischen Staat habe den größten Teil der Streitkräfte, der finanziellen Ressourcen, der diplomatischen Aktivitäten gebunden und zudem beträchtliche Konflikte zwischen Amerika und einem Großteil der Welt verursacht.[31]

Tricksen, Tarnen, Täuschen

Je offensichtlicher das Fiasko wurde, desto energischer operierte die NATO an der Propagandafront. Die unabhängige Forschungsgruppe Afghanistan Analysts Network wertete zwischen Dezember 2009 und September 2011 fast 3800 ISAF-Pressemitteilungen aus. Danach entsprachen Berichte über die Tötung oder Festnahme „ranghoher Kommandeure" auf Seiten der Aufständischen oftmals nicht den Tatsachen. Eine Untersuchung ergab, dass einige Anführer nur vier oder fünf Männer befehligten.[32] Übertrieben schienen auch die Berichte über die Verluste bei den Taliban. Bei einer geschätzten Stärke von 35 000 Mann müssten diese längst entscheidend geschwächt sein.

Selbst ein ansonsten sachlich auftretender Politiker wie Bundesverteidigungsminister Thomas de Maizière widerstand nicht der Versuchung, die Lage schönzufärben. Bei einem Besuch im Einsatzgebiet der Bundeswehr Ende 2011 konstatierte er „einen Rückgang der sicherheitsrelevanten Zwischenfälle um 25 Prozent in ganz Afghanistan und um die Hälfte im Norden". Die Vereinten Nationen zählten hingegen bis Ende November 2011 landesweit 21 Prozent mehr Vorfälle als im Vorjahreszeitraum.[33] Das Verteidigungsministerium unter Führung von Franz Josef Jung versuchte eine Zeit lang, Anschläge zu verschweigen. Danach sollten Journalisten im August/September 2006 die Bundeswehr nicht mehr am Hindukusch besuchen. Vorgeschoben wurde dabei die Gefahrenlage, in Wahrheit bestand angesichts der bevorstehenden Verlängerung des Afghanistan-Mandats kein Interesse an Berichten über zunehmende Attacken auf das deutsche Kontingent. Das Ministerium informierte gar nicht oder verspätet über einzelne Vorfälle.[34]

Sich der Macht der Bilder vom Kriegsschauplatz durchaus bewusst, wurde in der Regel nur gezeigt, was sich nicht verhindern ließ, etwa Trauerfeiern für ums Leben gekommene Bundeswehrsoldaten. Der amerikanische Fotograf Peter van Agtmael, im Irak und in Afghanistan im Einsatz, resümierte: „Was ich am US-Militär sehr schätze, ist, dass sie einem als Journalist erlauben, den Krieg so zu zeigen, wie er ist. Aus Europa kam damals so viel Kritik an diesem embedded-System, bei dem die Journalisten quasi Teil der Einheit sind. Ob man da nicht zu sehr sympathisiere mit den Soldaten, ob es wirklich um Fakten gehe? Es ist verrückt, denn genau die Länder, aus denen die Kritik kam, halten Journalisten von allen Gefechten fern. Ich frage mich, ob es in Deutschland im kollektiven Gedächtnis ein einziges Bild eines verwundeten oder getöteten deutschen Soldaten in Afghanistan gibt."[35]

Durchhalteparolen wechselten am Hindukusch mit Zweckoptimismus. Anfang September 2010 kündigte der britische General Nick Carter den Sieg über die Taliban in der Provinz Kandahar binnen zwei bis drei Monaten an.[36] Daraus wurde nichts, weil der Widerstand anhielt. Das beschädigte die NATO schwer und zerstörte endgültig die Erwartung, die Regierung in Kabul und ihre Verbündeten könnten für Sicherheit im Land sorgen. Afghanistan-Befehlshaber

Petraeus gebrauchte eine Formulierung, auf die in dieser oder in ähnlicher Form auch gern Politik und Wirtschaft zurückgreifen, um die Bevölkerung auf zunehmende Belastungen und Opfer einzustimmen. Der General sagte: „Wir hatten schlimme Verluste. Und es wird schlimmer, bevor es besser wird."[37]

Zugleich war die rhetorische Abrüstung in vollem Gange. Wurden die Taliban in den ersten Jahren nach ihrem Sturz als Steinzeitkrieger, religiöse Fanatiker oder gewalttätige Fundamentalisten bezeichnet, änderte sich das mit deren zunehmenden Aktivitäten. „Nicht jeder Aufständische bedroht gleich die westliche Gemeinschaft", betonte zu Guttenberg Ende 2009.[38] Aus den Taliban wurde dann eine afghanische Bewegung mit nationalen Ambitionen, gerichtet vor allem auf die Schaffung eines islamischen Staates. Die Rede war fortan von Aufständischen, Rebellen oder regierungsfeindlichen Kräften. US-Außenministerin Hillary Clinton erklärte die Kurskorrektur folgendermaßen: „Ich weiß, dass es zuerst geschmacklos erscheint, Frieden mit einem Gegner zu schließen, der so brutal sein kann wie die Taliban. Aber das ist, wie man Frieden macht. Das wusste schon Präsident Reagan, als er sich mit den Sowjets an einen Tisch setzte."[39]

Manches sollte beruhigend klingen, war aber der Lage völlig unangemessen. Etwa wenn de Maizière den Abzug mit der Übergabe eines Steuers verglich: „Wir haben bisher auf dem Fahrersitz gesessen und die Afghanen auf dem Beifahrersitz. Jetzt wechseln wir das allmählich. Und anschließend sind wir dann noch ein bisschen Fahrlehrer."[40] Als im Vorfeld der Bonner Afghanistan-Konferenz Anfang Dezember 2011 eine Teilnahme der Taliban diskutiert wurde, erklärte ein Sprecher des Auswärtigen Amtes in Berlin, die afghanische Regierung würde dabei ein entscheidendes Wort mitreden. Diese säße „im Driver Seat".[41] Tatsächlich geriet die Konferenz zur Enttäuschung. Die Taliban kamen nicht. Und Pakistan boykottierte das Treffen nach dem US-Angriff auf einen Grenzposten. Bundeswehr-Generalinspekteur Wieker fand eine interessante Formulierung: „Wir gehen ja nicht raus, das sollte man mit aller Deutlichkeit sagen. Wir nehmen unsere eigene Silhouette zurück."[42] Das damit verbundene Ziel bis zum offiziellen Ende des Einsatzes 2014 fasste de Maizière nicht weniger verschwommen zusammen:

ein „Mindestmaß an Sicherheit mit afghanischem Gesicht".[43] Die Begriffe Transition und Transformation wurden eingeführt, um den Eindruck zu erwecken, alles erfolge geschäftsmäßig und in geordneten Bahnen. Die Militärs sprachen von einer Rückverlegung der internationalen Truppen, denn Rückzug hätte zu sehr nach Niederlage geklungen.

Der ehemalige CDU-Politiker und Afghanistan-Kenner Jürgen Todenhöfer schlug vor, jeder Bundestagsabgeordnete, der für den Einsätze der Streitkräfte am Hindukusch stimme, solle selbst für „vier Wochen mit an die Front". Und er fügte hinzu: „Die Zahl der Kriege würde dramatisch sinken."[44] Möglicherweise wäre es schon hilfreich gewesen, wenn die Parlamentarier entschlossener Informationen über die Vorgänge in Afghanistan eingefordert hätten. Stattdessen existierte, wie der „Spiegel" registrierte, „eine Art Informationskaskade von Eingeweihten in der Regierung, etwas eingeweihten Obleuten im Parlament, schon deutlich weniger Eingeweihten in den zuständigen Ausschüssen und weitgehend Ahnungslosigkeit im ganzen Plenum".[45] Aber selbst die Regierungsspitze war offenbar nicht immer auf dem Laufenden. Unmittelbar vor der Bundestagswahl 2009 soll Bundeskanzlerin Merkel Verteidigungsminister Jung gefragt haben, was denn hinter der geheimnisumwitterten, in Nordafghanistan operierenden amerikanischen Task Force 373 stecke. Jung musste gestehen, weder den Namen zu kennen noch über entsprechende Informationen zu verfügen.[46]

Die Bundesregierung gab sich trotz offenkundiger Probleme zuversichtlich. Im ersten Fortschrittsbericht Afghanistan hieß es: „Insgesamt besteht jedoch die begründete Erwartung, dass sich die bisherigen Anstrengungen und Opfer in den kommenden Jahren in Form einer nachhaltigen Stabilisierung auszahlen werden."[47] Wohl um die Fortschritte vorzuführen, landete der zivile Regierungs-Airbus mit de Maizière an Bord am 12. November 2012 erstmals direkt im nordafghanischen Mazar-i-Scharif. Bis dahin war es üblich, dass Kabinettsmitglieder bei Reisen an den Hindukusch aus Sicherheitsgründen im usbekischen Termes zwischenlanden und dort für den Rest der Reise in ein Transall-Flugzeug mit Raketenabwehrsystem umsteigen mussten. Aber die Schlagzeile „De Maizière reist ohne militärischen Schutz nach Afghanistan" versprach natürlich mehr

Aufmerksamkeit. Der angestrebte Propaganda-Coup wurde komplettiert durch den Bundeswehr-General Günter Katz, der in seiner Funktion als ISAF-Sprecher mitteilte, die Aufständischen seien „extrem geschwächt".[48] Daran glaubte offenbar nicht einmal de Maizière. Einschränkend fügte er hinzu, solche Direktflüge werde es nicht immer geben. Für den Weiterflug nach Kabul nutzte der Minister eine Transall-Transportmaschine, in der Splitterschutzwesten und Stahlhelme bereitlagen. In der Hauptstadt galten dann wie immer schärfste Sicherheitsvorkehrungen. Während des Besuches schlugen in Kabul drei Raketen ein. De Maizière bemerkte dazu, die Lage bleibe „labil, aber sie ist stabil".[49]

Verschleiert wurden auch die wahren Kosten des Afghanistan-Krieges. Wissenschaftler des Deutschen Instituts für Wirtschaftsforschung (DIW) untersuchten diese Kosten erstmals im Jahr 2010. Der offizielle Betrag wurde im Zeitraum von 2001 bis 2010 mit 4,1 Milliarden Euro, allein für das Jahr 2010 mit 1,06 Milliarden Euro beziffert. Die DIW-Schätzung ging hingegen für 2010 von fast zwei Milliarden Euro aus, wobei auflaufende Zinsen für Kredite nicht berücksichtigt wurden. Für jedes weitere Einsatzjahr veranschlagten die Experten 2,5 bis drei Milliarden Euro. Sie wiesen darauf hin, dass in Diskrepanz zum ausgewiesenen Budget des Verteidigungsministeriums die tatsächlichen Ausgaben für den Afghanistan-Einsatz jährlich um 25 Prozent überschritten werden. Hinzu kämen Ausgaben, die nicht in diesem Budget Berücksichtigung fänden, aber dennoch Teil der Kriegskosten seien. Dazu gehörten der Sold der Soldaten und die Gehälter der Polizisten. Das bilaterale Projekt zur Ausbildung afghanischer Polizisten durch ihre deutschen Kollegen werde erst durch die Präsenz der Bundeswehr am Hindukusch ermöglicht. Einbezogen wurde auch die Wertminderung bei der Ausrüstung, die unter Kampfbedingungen in einem unwegsamen Terrain einem ungleich höheren Verschleiß ausgesetzt sei. Dabei ließen die Forscher, was nicht nachvollziehbar ist, die Anschaffung des Kriegsgerätes außer Acht. Diese stellt unter den speziellen Einsatzbedingungen zweifellos einen über das übliche Maß hinausgehenden Kostenfaktor dar. Sie listeten jedoch die für den Staat anfallenden Ausgaben aufgrund von Verletzungen und Behinderungen auf. Familien von gefallenen Soldaten würden eine Entschädigung sowie eine Witwen- oder Witwerrente erhalten. Der Verlust von Soldatenleben und Produktivitätseinbußen bei verletzten Soldaten floss ebenfalls in die Rechnung mit ein. Im direkten Zusammenhang mit dem Afghanistan-Krieg stehen nach DIW-Auffassung Kosten, die etwa von Auswärtigem Amt und Entwicklungshilfeministerium getragen werden. Verwiesen wurde in diesem Zusammenhang auf die Pacht für die Basis Termes, Zahlungen für Flugrechte und zusätzliche Infrastrukturprojekte in Usbekistan. Die Gesamtrechnung fiel erhellend aus: „Von den gesamten Kriegskosten, einschließlich wirtschaftlicher Kosten, fallen nur etwa 27 Prozent unter das offizielle staatliche Kriegsbudget." Der steuerlich finanzierte Anteil würde zudem zu einer Verdrängung anderer Investitionen unter anderem im Bildungsbereich führen.[50] Je nach Abzugsszenario könnte das Afghanistan-Abenteuer nach konservativer Annahme insgesamt mit 25 bis 35 Milliarden Euro zu Buche schlagen. Diese Zahlen stehen in scharfem Kontrast zu den von der Bundesregierung in den ersten zehn Jahren offiziell veranschlagten 5,5 Milliarden Euro.[51]

Zu einer regelrechten Farce entwickelte sich der NATO-Gipfel im Mai 2012 in Chicago. In seiner Heimatstadt wollte sich Präsident Obama als unangefochtener Weltenlenker präsentieren, der entschlossen den Afghanistan-Einsatz beendet. Aber es gelang nicht einmal, die Fassade solidarischen Handelns innerhalb der Allianz aufrechtzuerhalten. Der neugewählte französische Präsident Hollande zerstörte die Harmonie, indem er den Wettlauf um den schnellsten Abzug eröffnete. Es blieb Bundeskanzlerin Merkel vorbehalten, das Treffen dennoch als Erfolg umzudeuten. Sie sah von Chicago „ein großes Signal der Gemeinsamkeit" ausgehen.[52] Einigkeit bestand allein darin, das militärische Engagement am Hindukusch in der bisherigen Größenordnung definitiv bis spätestens Ende 2014 abzuschließen. Alles andere waren Verlautbarungen, von denen die Teilnehmer wussten, dass sie dem Realitätstest nicht standhalten werden.

Die Ankündigung einer 2015 beginnenden Nachfolgemission sollte Standhaftigkeit symbolisieren, obwohl ihr Zustandekommen zaghaft betrieben wurde. Der personelle Umfang der Mission trat in den Hintergrund, weil sich die USA und Afghanistan erst Ende November 2013 auf ein bilaterales Sicherheitsabkommen einigen konnten. Danach verweigerte Karsai die Unterschrift unter das Papier. Von deutscher Seite war inoffiziell zunächst von 1000 bis 1500 Bundeswehrsoldaten für die neue Mission die Rede. Damit hätte die Kontingentstärke in etwa der zu Beginn des Einsatzes entsprochen. Offiziell wurde die Bereitschaft zu einer „Beteiligung an einer Beratungs-, Ausbildungs- und Unterstützungsmission" verkündet, die „nicht als Kampfmission ausgeplant werden soll". Voraussetzung dafür seien eine Einladung der Regierung von Afghanistan, eine Resolution des UN-Sicherheitsrates und die Zustimmung des Bundestages.[53]

Vorläufige NATO-Planungen sahen einen Personalkorridor von 8000 bis 12 000 Soldaten vor. Mitte April 2013 unterbreitete Deutschland als erster großer Truppensteller ein konkretes Angebot für die Nachfolgemission. Dieses umfasste die Entsendung von 600 bis 800 Soldaten für zwei Jahre. Als Einsatzgebiete wurden der bisherige Zuständigkeitsbereich im Norden und Kabul genannt. Danach sollte der Beitrag auf 200 bis 300 Soldaten reduziert und auf die Hauptstadtregion konzentriert werden. Das Angebot wurde an die Bedingung geknüpft, dass die Verbündeten ihrerseits Verantwortung im Süden, Osten und Westen übernehmen. Die Bundesregierung hob zugleich hervor, dass die Sicherheitslage in Afghanistan eine Fortsetzung des Engagements zulassen müsse.[54] Die ganze Konfusion ließ sich an dem Rat de Maizières ablesen, weiterhin in verschiedenen Szenarien zu denken: „Von der Variante, am 31.12.2014 macht hier jeder das Licht aus, bis hin zur der Variante, dass wir in einer Größe X im Norden und in Kabul noch sind, und alles dazwischen."[55]

„Im Islam gibt es klare Regeln. Die werden von Gott bestimmt."
(Der Konvertit Fritz Gelowicz am 11. August 2009 im Prozess gegen die Sauerland-Gruppe auf die Frage, wie er zur Demokratie steht)

Kaum lag das New Yorker World Trade Center in Trümmern, begann auch schon die Schuld- und Fehlersuche. US-Medien fuhren schweres Geschütz gegen die Bundesrepublik auf. Der Kernvorwurf lautete, Hamburg und Deutschland als Ganzes seien ein risikofreies Gebiet für islamische Fundamentalisten gewesen. Eingedenk der Nazi-Vergangenheit hätten sich die Sicherheitsbehörden gescheut, Moscheen zu beobachten. Dies sei aus Angst vor dem Vorwurf geschehen, rassistisch zu sein oder eine Religion zu verfolgen. Der Autor Lawrence Wright schrieb in seinem Buch „The Looming Tower" (deutscher Titel: „Der Tod wird euch finden"): „Der unausgesprochene Pakt der Deutschen mit radikalen, ausländischen Elementen lautete: Solange die Deutschen verschont blieben, würden sie die Fremden in Ruhe lassen. Indem Deutschland vor seiner eigenen extremistischen Vergangenheit zurückwich, wurde es versehentlich Gastgeber einer neuen totalitären Bewegung."[2] Zutreffend daran war, dass Deutschland schon vor dem 11. September 2001 eine Rolle als Ruhe- und Vorbereitungsraum für Terroristen spielte. Ende der 1990-er Jahre bildete sich in der weltoffenen Hansestadt Hamburg der harte Kern jener Zelle, ohne die es die apokalyptischen Bilder von New York und Washington nicht gegeben hätte. Die vier Mitglieder stammten aus Ägypten, dem Jemen, dem Libanon und den Vereinigten Arabischen Emiraten. Drei von ihnen steuerten als Todespiloten gekaperte Zivilmaschinen. Die scheinbar bestens integrierten Studenten technischer Fächer wurden durch Hasspredigten in der Hamburger Al-Quds-Moschee aufgestachelt. Und leugnen ließ sich auch nicht, dass trotz der schweren Anschläge auf die US-Botschaften in Nairobi und Daressalam im Jahr 1998 sowie der Attacke gegen ein amerikanisches Kriegsschiff im Hafen von Aden im Jahr 2000 damals die Mentalität vorherrschte, uns wird es schon nicht treffen.

Aus der Hamburger Zelle erwuchs dann auf politischer Ebene in Deutschland jenes schlechte Gewissen, das unter anderem mit der Teilnahme am Afghanistan-Abenteuer an der Seite der USA beruhigt werden sollte. Das war angeblich ganz im Sinne der langfristigen Strategie von Al Qaida. Deren Ziel soll es in der ersten Phase von 2000 bis 2003 gewesen sein, die Vereinigten Staaten zu Kriegen in der islamischen Welt zu provozieren, um die Muslime „aufzuwecken". Zugleich ging Al Qaida gegen die Bündnispartner der Amerikaner vor. In Spanien hatten die Madrider Attentate am 11. März 2004 einen Regierungswechsel und einen Rückzug aus dem Irak zur Folge. In Großbritannien, engster Verbündeter der USA im Antiterrorkrieg, überschatteten die Londoner Anschläge am 7. Juli 2005 den in Schottland stattfindenden Gipfel von acht Industrienationen (G8) und den Olympiazuschlag für 2012. Die misslungenen Anschläge auf Regionalbahnen in der Bundesrepublik am 31. Juli 2006 standen womöglich in Zusammenhang damit, dass Deutschland für seine Haltung im Nahost-Konflikt, insbesondere seine Unterstützung Israels, bestraft werden sollte. Wie sich zeigte, war die Bundesrepublik mittlerweile auch zum Angriffsziel geworden.

Der Fall der Sauerland-Gruppe

Die Sauerland-Gruppe galt als erster Fall von „Homegrown Terrorism" in Deutschland. Bei dieser neuen Generation von Terroristen handelt es sich nicht um Täter aus islamischen Ländern, die für einen Anschlag einreisen, sondern um Menschen, die im Land des Anschlagsziels aufgewachsen sind. Kopf der Gruppe war der Konvertit Fritz Gelowicz. Ihr gehörte mit Daniel Schneider ein weiterer zum Islam Konvertierter an. Hinzu kamen der Deutsch-Türke Attila Selek und der Türke Adem Yilmaz. Die Gruppe plante vor der Entscheidung des Bundestages über die Verlängerung Afghanistan-Einsatzes der Bundeswehr am 12. Oktober 2007 unter anderem Bombenanschläge auf US-Einrichtungen in Deutschland mit einem hochexplosiven Wasserstoffperoxid-Gemisch. Die Menge hätte laut Bundesanwaltschaft die Sprengkraft von etwa 410 Kilogramm TNT gehabt – mehr als bei den Anschlägen von Madrid und London.[3]

Das Ziel waren möglichst viele Opfer, der Zeitpunkt entsprach der perfiden Kalkulation. Diese ging nicht auf. Am 4. September 2007 stürmten Sicherheitskräfte ein angemietetes Ferienhaus im beschaulichen Ort Medebach-Oberschledorn im Sauerland. Drei mutmaßliche Terroristen wurden festgenommen. Der vierte hielt sich in der Türkei auf, wurde dort zwei Monate später gefasst und nach Deutschland ausgeliefert. Schon vor den Festnahmen hatten die Ermittler die gefährliche Lösung gegen eine harmlose Ersatzflüssigkeit ausgetauscht, um jedes Risiko auszuschließen. US-Geheimdienste hatten den deutschen Sicherheitsbehörden in einem frühen Stadium Hinweise auf das Quartett zukommen lassen.

Der Prozess, der im März 2010 mit Haftstrafen zwischen fünf und zwölf Jahren endete, brachte auch die Ausbildung junger Männer aus Europa in pakistanischen Terrorcamps und die damit verbundenen organisatorischen Verflechtungen zur Sprache. Drei der vier Mitglieder der Sauerland-Gruppe waren von Mitte 2006 bis zu ihrer Festnahme im September 2007 Mitglieder der Islamischen Dschihad-Union (IJU). Die vierte Person war als Unterstützer der IJU in die Anschlagspläne involviert. Bei dieser im Jahr 2002 in den pakistanischen Stammesgebieten gebildeten Gruppierung soll es sich um eine Abspaltung der Islamischen Bewegung Usbekistans (IBU) handeln. Ihr Name fiel zunächst in Zusammenhang mit Angriffen auf nationale Ziele und internationale Einrichtungen in Usbekistan. Danach wurde Afghanistan zum Hauptkampfgebiet erklärt. Schließlich geriet Europa ins Visier. Eine deutsche Zelle soll 2006 gegründet worden sein. Während einige Experten nicht ausschlossen, dass die IJU eine Erfindung von Staatschef Islam Karimow zur Legitimierung wachsender Repression in Usbekistan darstellte, bestanden beim Düsseldorfer Oberlandesgericht offenbar keine Zweifel an der Existenz der Islamischen Dschihad-Union und ihrer Nähe zu Al Qaida. Die IJU hat nach Geheimdienstangaben ihr Hauptquartier in der Region Mir Ali, die zu Waziristan gehört. Die Zahl der Kämpfer wird auf etwa 500 geschätzt. Ihr Anführer und Gründer, Najmiddin Jalolov, soll im Herbst 2009 bei einem US-Drohnenangriff umgekommen sein. Die militärisch bedeutsamere IBU ist nach schweren Verlusten 2001 seit 2008 wieder verstärkt in Nordafghanistan aktiv und war Berichten zufolge auch an schweren Anschlägen auf die Bundeswehr beteiligt. Sie soll über 1000 Kämpfer in ihren Reihen haben.

Neben den geschulten Extremisten gibt es auch Amateure des Dschihad, die auf eigene Faust handeln. Autonom agierende Einzeltäter oder kleine Gruppen ohne Anbindung an Netzwerke wie Al Qaida, die vorher unauffällig in der westlichen Gemeinschaft lebten, fallen praktisch durch jedes Raster. Zu ihnen gehörten offenbar die beiden Libanesen, die auf dem Kölner Hauptbahnhof zwei Kofferbomben in Regionalzügen nach Hamm und Koblenz platzierten und zur Explosion bringen wollten. Die Zünder lösten zwar aus, die Sprengsätze waren jedoch konstruktionsbedingt nicht explosionsfähig. Ein Täter wurde vom Oberlandesgericht Düsseldorf im Dezember 2008 wegen vielfach versuchten Mordes zu einer lebenslangen Haftstrafe verurteilt. Der zweite erhielt im Libanon zwölf Jahr Freiheitsentzug, wohin er sich abgesetzt hatte. Beide bestritten jede Mordabsicht. Bei den Bomben habe es sich lediglich um Attrappen gehandelt. Deponiert worden seien diese nur, um gegen die in zahlreichen europäischen Medien veröffentlichten Karikaturen des Propheten Mohammed zu protestieren. Der Vorsitzende Richter Ottmar Breidling betonte hingegen in seiner Urteilsbegründung vor dem Oberlandesgericht in Düsseldorf, ein verheerendes Blutbad mit einer Vielzahl von Toten hätte es allein deshalb nicht gegeben, weil die Täter einem Irrtum beim Bau der Sprengsätze unterlegen waren. „Wer die heimtückische Tötung einer Vielzahl von Menschen aus Hass und Feindseligkeit und zudem mit gemeingefährlichen Mitteln plant und aus seiner Sicht alles für den Erfolg der Tat getan hat, der hat solche Schuld auf sich geladen, dass nur die Höchststrafe die gerechte Antwort des Gesetzes sein kann", erklärte Breidling.[4]

Ein Einzeltäter verübte am 2. März 2011 den ersten tödlichen Anschlag mit islamistischem Hintergrund in Deutschland. Der 21-jährige Kosovare Arid Uka hatte sich zuvor auf dem Schwarzmarkt eine Waffe besorgt. Er passte damit eine Gruppe von US-Soldaten auf dem Flughafen in Frankfurt/Main ab, fragte einen der GIs nach einer Zigarette – und zog dann seine Waffe. Er erschoss zwei Amerikaner, zwei weitere wurden schwer verletzt. Nur die Ladehemmung seiner Waffe verhinderte Schlimmeres. Nach seiner

Festnahme berichtete der später zu lebenslanger Haft verurteilte Uka, dass ihn ein am Abend vor dem Anschlag gesehenes Internetvideo der Islamischen Bewegung Usbekistans letztlich zu seiner Tat veranlasst habe. In dem Video wurde die Vergewaltigung afghanischer Frauen durch amerikanische Soldaten geschildert. Dazu gezeigte Bilder stammten jedoch aus einem anderen Film, in welchem in Anlehnung an tatsächliche Ereignisse die Vergewaltigung eines irakischen Mädchens durch amerikanische Besatzer im Jahr 2006 thematisiert wurde. Uka griff nach eigenen Aussagen die auf dem Weg nach Afghanistan befindlichen US-Soldaten an, um weiteren Vergewaltigungen am Hindukusch vorzubeugen.

Der Fall Uka zeigte für die Behörden exemplarisch einen Täter, der aus dem „Nichts" kommt. Uka war zwar gläubig, aber keineswegs als gewaltbereit aufgefallen. Er radikalisierte sich über das Internet und verfügte über keinen direkten Kontakt zu einer terroristischen Organisation. Damit war es für die Sicherheitsbehörden nahezu aussichtslos, rechtzeitig auf ihn aufmerksam zu werden und die Tat zu verhindern. Im Mai 2011 fasste der damalige Chef des Bundesnachrichtendienstes die Lage kurz und knapp zusammen: „Wir müssen derzeit besonders auf Einzeltäter achten, die nicht aus fest strukturierten Zusammenhängen kommen, sondern mit Bestrafungsaktionen ihren Beitrag zum Dschihad leisten wollen", warnte Ernst Uhrlau.[5]

Nach Angaben der Sicherheitsbehörden des Bundes sollen seit Anfang der 1990-er Jahre insgesamt rund 235 Personen (deutsche Konvertiten, Deutsche mit Migrationshintergrund und in der Bundesrepublik lebende Ausländer) eine paramilitärische Ausbildung bereits erhalten haben oder noch darauf warten. Zu rund 100 dieser 235 Personen existierten konkrete Hinweise, die für eine absolvierte paramilitärische Ausbildung bzw. die Beteiligung an Kampfhandlungen in Krisenregionen sprächen. Es sei davon auszugehen, dass sich mehr als die Hälfte dieser 100 Personen wieder in Deutschland aufhalte.[6]

Der pakistanische Geheimdienst ISI mutmaßte, dass sich Ende 2010 etwa 20 Deutsche zur Ausbildung in Terrorlagern in den Stammesgebieten befanden.[7] Andere Quellen gingen von rund 40 Personen aus. Einige spektakuläre Fälle gingen durch die Medien.

Der aus Bayern stammende Deutsch-Türke Cünyet Ciftci spreng-
te sich im März 2008 im afghanischen Khost in die Luft; bei dem
Selbstmordanschlag kamen vier Menschen um. Der Saarländer Eric
Breininger, der zum Umfeld der Sauerland-Gruppe gehörte, starb
im April 2010 bei einem Feuergefecht mit der pakistanischen Armee in den Stammesgebieten. Getötet wurden dabei auch der in
Deutschland geborene Türke Ahmet Manavbasi und der Berliner
Danny Reinders. Breininger (Jahrgang 1987) war eine der prägenden
Kräfte der Deutschen Taliban Mudschaheddin (DTM), die aus der
IJU hervorging. Er konvertierte im Januar 2007 zum Islam und soll
von seinem Freund Daniel Schneider für den Dschihad rekrutiert
worden sein. In Waziristan schloss sich Breininger zunächst der IJU
an. Die DTM bestand nach Schätzungen nur aus rund 15 Mitgliedern, darunter deutsche Konvertiten, Deutsch-Türken und Türken.
Nach Erkenntnissen der Sicherheitsbehörden zerstreute sich die
mitgliederschwache Gruppierung aufgrund der vorangegangenen
Verluste im afghanisch-pakistanischen Grenzgebiet. Vieles deutet
darauf hin, dass die DTM mit der Produktion von Videos eine Rolle als Propagandainstrument spielte, nicht aber als Kampfgruppe in
Afghanistan.[8]

Weitere Extremisten mit Deutschlandbezug wurden bei US-
Drohnenangriffen in Nord-Waziristan getötet – so im Oktober
2010 und im März 2012. Radikalisierte Rückkehrer, die ihr Leben
„für die Ehre des Islam" opfern wollen, werden als besonders gefährlich eingestuft. Fundamentalisten mit westlichen Pässen, die
keinerlei Einträge im Strafregister haben, können ihre Heimatländer
leichter infiltrieren und kennen sich aus. Im Blickfeld der Sicherheitsbehörden in Deutschland befinden sich insgesamt rund 1000
Islamisten. Etwa 130 davon stehen im Verdacht, terroristische Anschläge zu planen.[9]

Ende 2012 gab es 30 bundesweit aktive islamistische Organisationen, die Zahl ihrer Mitglieder und Anhänger wurde mit 42 550
angegeben.[10] Deren Aktivitäten finden nicht selten in einer Grauzone statt. Eine wachsende Herausforderung stellt der Salafismus
dar, eine besonders radikale und rückwärtsgewandte Strömung innerhalb des Islamismus. Ihre Anhänger vertreten die Auffassung,
dass die Scharia jeglicher weltlichen Gesetzgebung übergeordnet ist.

In letzter Konsequenz geht es um die Errichtung eines islamischen Gottesstaates, der die freiheitlich demokratische Grundordnung ersetzen soll. Der Salafismus gilt nach Einschätzung der Sicherheitsbehörden sowohl in Deutschland wie auch international als die zurzeit dynamischste islamistische Bewegung. In der Bundesrepublik werden dieser Bewegung etwa 5500 Personen zugerechnet. Diese Zahl umfasst sowohl das politische als auch das gewaltbereite Spektrum, wobei die Übergänge vielfach fließend sind. Erwähnung verdient in diesem Zusammenhang der Verein „Einladung zum Paradies e.V." (EZP). Dieser wurde 2006 gegründet und war bis zu seiner Selbstauflösung 2011 eine einflussreiche Plattform salafistischer Ideologie. Der Verein hatte durch vielfältige Bemühungen, die von der Kooperation mit Predigern über den Druck und Verkauf von Literatur bis hin zu einer ausgeprägten Internetpräsenz reichten, die Aufmerksamkeit staatlicher Stellen auf sich gezogen. Es bestand der Verdacht, dass die Aktivitäten zu einer Radikalisierung beitrugen und gegen die verfassungsmäßige Ordnung gerichtet waren. Nach Durchsuchungen im Rahmen eines vereinsrechtlichen Ermittlungsverfahrens im Dezember 2010 erfolgte dann die Selbstauflösung im Jahr darauf. Im Jahr 2012 verbot der Bundesinnenminister die Vereinigung Millatu Ibrahim. In einer entsprechenden Verfügung hieß es, dass diese Vereinigung gewalttätige Ausschreitungen nachdrücklich befürwortete und zu weiterer Gewalt anstachelte.

Der Verfassungsschutz räumte ein, in Hinblick auf das wirkliche Potential im Dunkeln zu tappen. Als Gründe dafür wurden angegeben, dass sich salafistische Gruppierungen zum Teil durch schwer erkennbare und dynamische Netzwerkbildungen und Hierarchien auszeichneten, Personenzusammenschlüsse zum Teil nicht formell organisiert, sondern durch Schüler-Lehrer-Beziehungen gekennzeichnet seien. Die Bewegung und ihre maßgeblichen Akteure präsentierten sich zunehmend auch in Netzwerken, wie zum Beispiel Facebook. Für die vor allem über das Internet verkündeten Botschaften sind offenbar Konvertiten und Muslime der zweiten und dritten Einwanderergeneration besonders empfänglich. Nach Angaben der Sicherheitsbehörden sollen fast ausnahmslos alle Personen mit Deutschlandbezug, die den gewaltsamen Dschihad befürworten, Berührungspunkte mit dem salafistischen Spektrum gehabt haben. Das traf auf die Mitglieder der Sauerland-Gruppe ebenso zu wie auf den Kosovaren Uka.[11]

Gefahrenabwehr als Gratwanderung

Obwohl 2009 die Reisen von Extremisten in pakistanische Camps zunahmen und sich Hinweise auf langfristige Anschlagsplanungen durch Al Qaida auch in Deutschland verdichteten, blieb der damalige Innenminister Thomas de Maizière bis zum Oktober 2010 bei seiner Linie, auf öffentliche Terrorwarnungen zu verzichten. Diese würden die Bevölkerung abstumpfen und – wie von den Terroristen beabsichtigt – ein Klima der Unsicherheit schaffen. Vorausgegangen war ein Bericht des US-Senders Fox News, wonach Islamisten in Berlin das Luxus-Hotel Adlon am Brandenburger Tor, den Hauptbahnhof und den Fernsehturm als mögliche Ziele ausgewählt hätten. Fox News berief sich dabei auf Geheimdienstinformationen, deren Erkenntnisse wiederum aus Verhören mit einem inhaftierten Deutsch-Afghanen gestammt haben sollen. Der 36-jährige Ahmad Sidiqi gehörte nach Angaben aus Sicherheitskreisen zu einer elfköpfigen Gruppe Hamburger Islamisten, die im März 2009 ins pakistanisch-afghanische Grenzgebiet aufgebrochen war, um sich in Terrorcamps ausbilden zu lassen. Angeblich berichtete der Verdächtige seinen US-Vernehmern in der Basis Bagram bei Kabul von Szenarien wie in Mumbai. Ende November 2008 hatten bewaffnete Angreifer die indische Wirtschaftsmetropole attackiert. Sie stürmten zwei Luxushotels, den Hauptbahnhof, ein Krankenhaus und weitere Ziele. Bei den genau koordinierten Aktionen starben 170 Menschen, darunter neun der zehn Terroristen.

Unklar blieb, ob sich der Deutsch-Afghane nur wichtigmachen wollte, um seiner in Kabul festsitzenden schwangeren Frau die Heimreise nach Hamburg zu ermöglichen. Dafür sprach, dass sich die offenbarten Pläne als sehr vage herausstellten. Zweifel kamen auch an den verbreiteten Anschlagszielen auf. Diese seien nach Angaben von de Maizière schon vor über einem Jahr genannt worden. Es gebe dazu „keine neuen Erkenntnisse". Es lägen „gegenwärtig keine konkreten Hinweise auf unmittelbar bevorstehende Anschläge in Deutschland vor".[12] Bemerkenswert war immerhin: Ahmad Sidiqi und die übrigen Mitglieder der aktuellen Hamburger Gruppe hatten sich in der Taiba-Moschee getroffen, der früheren Al-Quds-Moschee. Die Innenbehörde der Hansestadt schloss die Moschee nach jahrelangen Ermittlungen im August 2010. Das Gebetshaus war nach Erkenntnissen des Verfassungsschutzes auch nach 2001 ein Hauptanziehungspunkt für die extremistische Szene geblieben.

Am 17. November 2010 ging der Innenminister jedoch in die Offensive und sprach eine Terrorwarnung aus. Es gab offenbar konkrete Hinweise von zwei unabhängigen Quellen. De Maizière formulierte damals vorsichtig: „Wir halten vieles davon für glaubwürdig, sicher können wir nicht sein."[13] Der „Spiegel" berichtete, eine Gruppe von Attentätern wolle unter anderem den Berliner Reichstag stürmen.[14] Die Sicherheitskräfte wurden daraufhin in Alarmzustand versetzt. Schwer bewaffnete Polizisten patrouillierten auf Flughäfen und Bahnhöfen. Die Geheimdienste verstärkten ihre Aktivitäten. Die Länder prüften das Gefährdungspotential von Großveranstaltungen. Der Druck war immens, weil Ende November als mögliches Anschlagsdatum kursierte.

Es passierte nichts. Es zeigte sich aber zugleich, dass schon allein Drohungen für Angst, Nervosität und Unruhe sorgen. Nach dem 11. September 2001 hatten die Sicherheitsexperten Dutzende solcher Attacken wie in New York und Washington erwartet. Ausgehend davon wurde vor allem in den USA mit immensen Mitteln ein gigantischer Überwachungsapparat aufgebaut. Die Zahl der Mitarbeiter aller 16 Nachrichtendienste wird auf etwa 200 000 geschätzt. Das im Jahr 2003 geschaffene Heimatschutzministerium verfügt über rund 240 000 Mitarbeiter. Ein solcher Überwachungsapparat, den auch die Verbündeten unterhalten, lässt sich nur mit der weiteren Beschwörung einer terroristischen Gefahr aufrechterhalten. Staatliche Stellen verweisen auf eine diffuse Bedrohungslage, um mit dieser Begründung die dauerhafte Einschränkung von Bürgerrechten zu sanktionieren. Manche bereits in einem sehr frühen Anfangsstadium durchkreuzte Anschlagspläne erwiesen sich sehr bald als das Werk von Amateuren des Dschihad. Bei der großangelegten Terroristenjagd fehlt es offenbar mitunter an Zielen. Nach offiziellen Angaben gab es von Seiten der deutschen Sicherheitsbehörden 2009 im Bereich der Flugdaten (4), der Finanzbranche (14) und der Telekommunikationsunternehmen (62) insgesamt nur 80 Anfragen.[15]

Unübersehbar vollführen die offenen westlichen Gesellschaften eine gefährliche Gratwanderung. In großer Eile verabschiedete der Bundestag am 14. Dezember 2001 das sogenannte Terrorismusbekämpfungsgesetz. Durch das neue Gesetz wurden die Befugnisse der Geheimdienste ausgeweitet und der Datenschutz in erheblichem Umfang gelockert. Den Deutschen, aber auch den Amerikanern, sollte Entschlossenheit demonstriert werden. Dabei ging es nicht allein um Gefahrenabwehr. Die rot-grüne Bundesregierung stand mit Blick auf das ungehinderte Agieren der vom Ägypter Mohammed Atta angeführten Hamburger Gruppe auch auf nationaler Ebene unter Handlungszwang. Aufschlussreich war dabei, dass einstige Gegner der Notstandsgesetze und der Antiterrorgesetze der 1970-er Jahre nach dem 11. September 2001 Maßnahmen einleiteten, deren Verhältnismäßigkeit bis heute umstritten bleibt. Zu ihren maßgeblichen Wegbereitern gehörte Innenminister Otto Schily, der als Rechtsanwalt RAF-Terroristen verteidigte, später zu den Mitbegründern der Grünen zählte und dann den Wechsel zur SPD vollzog. Im Verlaufe der Jahre wurde die Schraube immer weiter angedreht, nicht selten als Reaktion auf Bedrohungslagen. Nach den Terroranschlägen in Madrid verschärfte der Bundestag im Juli 2004 das Zuwanderungsrecht, um als gefährlich eingestufte Ausländer schneller abschieben zu können. Schily gehörte auch verbal zu den Hardlinern. Auf die handschriftliche Notiz des 1975 im Libanon geborenen und seit 1996 in Deutschland lebenden Todespiloten Ziad Jarrah vom Oktober 1999 „Ich bin zu euch gekommen mit Männern, die den Tod lieben, genauso, wie ihr das Leben liebt", entgegnete der Minister: „Diese Haltung, die das eigene Leben und das von anderen nicht achtet, zieht sich seit Jahrhunderten als Leitmotiv durch die Geschichte. Die Terroristen sollten aber wissen: Wenn ihr den Tod so liebt, dann könnt ihr ihn haben."[16] Zu gezielten Tötungen wollte sich Schily nicht bekennen, die Todesstrafe lehnte er entschieden ab. Um gleich hinzuzufügen: „Aber wir müssen und werden uns zur Wehr setzen - notfalls auf eine Art, die das Leben der Terroristen nicht schonen kann. Der Kampf gegen den Terrorismus erfordert im Extremfall wie etwa in Afghanistan auch den Einsatz militärischer Mittel."[17] Wolfgang Schäuble (CDU), Nachfolger im Innenresort, zeigte sich nicht weniger entschlossen. Der ließ wissen: „Nehmen wir an, jemand wüsste, in welcher Höhle Osama bin Laden sitzt. Dann könnte man eine ferngesteuerte Rakete abfeuern, um ihn zu töten."[18] Allerdings musste Schäuble wie Schily zugeben, dass die Grenzen von Straf-, Polizei- und Kriegsrecht verschwimmen würden und viele damit verbundene Fragen ungeklärt seien.

Als Konsequenz aus den Aktivitäten der Sauerland-Gruppe und den Reisen junger Islamisten zur militärischen Ausbildung ins Ausland legte Justizministerin Brigitte Zypries (SPD) im September 2008 zwei neue Antiterrorgesetze vor. Dem ersten zufolge sollte der Aufenthalt in einem ausländischen Terrorlager künftig in Deutschland strafbar sein. Nach dem zweiten machte sich auch strafbar, wer Viren, Gifte, radioaktive Stoffe, Sprengstoff oder Zünder für eine Gewalttat beschafft oder herstellt. Die vereinzelt vorgetragene Forderung, angesichts der Terrorgefahr notfalls die Pressefreiheit einzuschränken, fand kein positives Echo. Es handelte sich dabei um den überflüssigen Profilierungsversuch einiger Politiker, denen Aktionismus offenbar mehr bedeutete als Artikel 5 des Grundgesetzes. Ein merkwürdiges rechtsstaatliches Denken zeigte Innenminister Schäuble, als er im April 2007 forderte, im Zuge der Terrorabwehr dürfe der Grundsatz der Unschuldsvermutung nicht gelten. Wörtlich sagte Schäuble: „Die Unschuldsvermutung heißt im Kern, dass wir lieber zehn Schuldige nicht bestrafen als einen Unschuldigen zu bestrafen. (…) Wäre es richtig zu sagen: Lieber lasse ich zehn Anschläge passieren, als dass ich jemanden, der vielleicht keinen Anschlag begehen will, daran zu hindern versuche. Nach meiner Auffassung wäre das falsch." Er schloss auch nicht aus, unter Folter gewonnene Informationen bei der Terrorabwehr zu verwenden.[19]

Von den weltweit etwa 1,3 Milliarden Muslimen leben zwischen 3,8 und 4,3 Millionen in Deutschland. Nach Einschätzung der Sicherheitsbehörden verhält sich der weitaus größte Teil davon völlig unauffällig und hat nichts mit dem globalen Dschihad zu tun. Eine Gleichsetzung der Religion Islam mit den Exzessen fanatischer Glaubenskämpfer stellt die Muslime insgesamt unter Generalverdacht und vertieft die gesellschaftlichen Gräben. Extremistische Zusammenschlüsse wie die in Nordrhein-Westfalen aktive Partei „Bürgerbewegung pro Nordrhein-Westfalen" („pro NRW") geben vor, im Namen einer schweigenden Mehrheit zu handeln, die sich vor einer „Überfremdung und Islamisierung Deutschlands" fürchtet. Die Partei, die rund 1000 Mitglieder hat, grenzt Muslime aufgrund ihrer religiösen Überzeugung pauschal aus und stellt diese als nicht integrierbar hin. „pro NRW" macht vor allem Front gegen den Bau von Moscheen, der als Zeichen der Unterwanderung westlicher Gesellschaften gewertet wird. Im Kern geht es dabei um die Einschränkung grundgesetzlich verbürgter Rechte gegenüber einer ganzen Bevölkerungsgruppe.[20] Sowohl die Salafisten als auch „pro NRW" stören als ideologisch verbohrte Splittergruppen den inneren Frieden. Sie stehen sich unversöhnlich gegenüber, wobei die Polizei zwischen die Fronten gerät. Vor der Landtagswahl in Nordrhein-Westfalen am 13. Mai 2012 kam es unter anderem im Umfeld der König-Fahd-Akademie in Bonn-Bad Godesberg zu Gewaltausbrüchen von Salafisten gegen Beamte, die die verfeindeten Kräfte auf Distanz halten wollten. Die Radikalislamisten hatten sich zuvor durch Mohammed-Karikaturen provoziert gefühlt, die von Rechtsextremisten hochgehalten wurden. 29 Polizisten trugen durch Messerstiche und Steinwürfe Verletzungen davon.[21] Die Sicherheitsbehörden kamen in ihrer Analyse dieser Vorgänge zu dem Ergebnis, dass es sich um eine neue, höchst beunruhigende Aktionsform des Salafismus in Deutschland handele. Diese weise Merkmale einer Straßenmilitanz und Parallelen zu linksextremistischen Ausschreitungen auf. Dies werde sichtbar durch das Mitführen von Fahnen, Steinen und Messern, das teilweise Vermummen und Tragen von martialisch anmutender Kleidung.[22]

Wenige Monate danach verlagerte sich das Geschehen ins Ausland. Am 14. September 2012 stürmte eine aufgebrachte Menge die deutsche Botschaft in der sudanesischen Hauptstadt Khartum. Der Gewaltausbruch war aber nicht die Folge eines in den USA produzierten antiislamischen Films, sondern richtete sich direkt gegen die Bundesrepublik. Fundamentalistische Prediger und indirekt auch die Regierung hatten zuvor zu einer Demonstration vor der Botschaft aufgerufen. Mehrere Imame hetzten ihre Anhänger mit der Aussage auf, dass in Deutschland bei Demonstrationen das Bild des heiligen Propheten geschändet werde. Die Prediger spielten dabei auf Aktionen von „pro NRW" an. Das Außenministerium in Khartum warf Bundeskanzlerin Merkel vor, in Deutschland Demonstrationen mit den umstrittenen Mohammed-Karikaturen nicht verhindert zu haben. Zudem wurde Merkel dafür getadelt, dass sie im Jahr 2010 den Dänen Kurt Westergaard bei der Verleihung eines Medienpreises in Potsdam ausdrücklich als Beispiel für die Meinungsfreiheit gewürdigt hatte. In einer Stellungnahme des Ministeriums hieß es: „Die deutsche Kanzlerin hat leider eine Beleidigung des Islam begrüßt und damit das friedliche Nebeneinander der Kulturen in Frage gestellt."[23] Die Replik bezog sich vor allem auf eine von Westergaard 2005 in der Tageszeitung „Jyllands Posten" veröffentlichte Karikatur des Propheten Mohammed mit einer Bombe im Turban, was in der islamischen Welt zu gewalttätigen Protesten führte.

Durchaus Nachdenkliches steuerte der damalige Bundespräsident Christian Wulff zur Debatte bei, indem er in einer Rede zum 20. Jahrestag der Wiedervereinigung sagte: „Zuallererst brauchen wir eine klare Haltung: Ein Verständnis von Deutschland, das Zugehörigkeit nicht auf einen Pass, eine Familiengeschichte oder einen Glauben verengt. Das Christentum gehört zweifelsfrei zu Deutschland. Das Judentum gehört zweifelsfrei zu Deutschland. Das ist unsere christlich-jüdische Geschichte. Aber der Islam gehört inzwischen auch zu Deutschland."[24] Kaum überraschend war, dass der Christdemokrat Wulff für den letzten Satz vom eigenen konservativen Lager angegriffen wurde. Sein Nachfolger Joachim Gauck ging ebenfalls auf Distanz. Diesen Satz könne er so nicht übernehmen, „aber seine Intention nehme ich an", sagte Gauck in einem Interview. Wulff habe die Bürger auffordern wollen, sich der Wirklichkeit zu öffnen. „Und die Wirklichkeit ist, dass in diesem Lande viele Muslime leben. (...) Ich hätte einfach gesagt, die Muslime, die hier leben, gehören zu Deutschland." Und das Staatsoberhaupt fügte hinzu: „Jeder, der hierhergekommen ist und nicht nur Steuern bezahlt, sondern auch hier gerne ist, auch weil er hier Rechte und Freiheiten hat, die er dort, wo er herkommt, nicht hat, der gehört zu uns, solange er diese Grundlagen nicht negiert. Deshalb sind Ein-Satz-Formulierungen über Zugehörigkeit immer problematisch, erst recht, wenn es um so heikle Dinge geht wie Religion. Da kann ich diejenigen eben auch verstehen, die fragen: Wo hat denn der Islam dieses Europa geprägt, hat er die Aufklärung erlebt, gar eine Reformation? Dafür habe ich Verständnis, solange das keinen rassistischen Unterton hat."[25]

Unbestreitbar bestehen Probleme bei der Integration muslimischer Mitbürger, die ihren Ausdruck unter anderem in einer abgeschotteten Parallelgesellschaft und tiefsitzenden Ressentiments finden. Das versuchen radikale Kräfte auszunutzen. Zur Hilfe kommt ihnen dabei die Heuchelei der freien Gesellschaften, die einerseits den entschlossenen Kampf gegen den Terrorismus ausgerufen haben und diesen andererseits selbst konterkarieren. Mouhanad Khorchide, der in Beirut geboren wurde, in Saudi-Arabien zur Schule ging, in Österreich Soziologie studierte und 2010 die Leitung des Zentrums für Islamische Theologie in Münster übernahm, bemerkte: „Betrachtet man die realen Verhältnisse genauer, dann erkennt man schnell, dass politische und wirtschaftliche Interessen die Beziehungen zwischen islamischen und nichtislamischen Staaten prägen und keineswegs religiöse Zugehörigkeiten beziehungsweise Zugehörigkeiten zu bestimmten Wertesystemen. Schauen wir uns zum Beispiel den Salafismus an. Der 11. September ist von saudischen Salafisten verantwortet. Die Salafisten stellen in Europa eine große Gefahr für das friedliche Zusammenleben dar. Das salafistische Gedankengut wird aus Saudi-Arabien importiert. Entsprechend müssten nun die Beziehungen zwischen der westlichen Welt und Saudi-Arabien konsequenterweise ziemlich gestört sein. Doch Saudi-Arabien gilt als einer der wichtigsten Verbündeten der westlichen Welt. Es geht eben um wirtschaftliche Interessen - ums Öl in diesem Fall. Dabei spielen weder religiöse Zugehörigkeiten noch Wertesysteme eine Rolle. Europa und Nordamerika nehmen sogar die Gefährdung ihrer nationalen Sicherheit in Kauf, um wirtschaftliche Interessen zu verfolgen. Jede Unterstützung westlicher Regierungen von Staaten wie Saudi-Arabien bedeutet eine Förderung vom Salafismus in den eigenen, westlichen Ländern. Während also viele westliche Staaten den Salafismus und Extremismus im eigenen Land bekämpfen, unterstützen sie dessen Quellen im Ausland."[26]

Die Ressentiments zwischen Muslimen und Nichtmuslimen wurden eher noch verstärkt durch die beispiellosen Vorgänge um die Zwickauer Terrorzelle, die zwischen 2000 und 2006 neun Mitbürger mit Migrationshintergrund ermordet haben soll. Die Taten erzeugten Angst und Unsicherheit bei den Migranten. Der rechtsextremistische Nationalsozialistische Untergrund (NSU) war nach Auffassung der Ermittler für weitere Gewalttaten verantwortlich. Die deutsch-iranische Tochter des Besitzers eines Kölner Lebensmittelgeschäftes erlitt 2001 bei einer Sprengstoffexplosion schwere Verletzungen. 22 Verletzte forderte ein Nagelbomben-Attentat 2004 in einer Kölner Einkaufsstraße mit vielen türkischen Geschäften. Eine junge, aus Thüringen stammende Polizistin wurde 2007 auf einem Parkplatz in Heilbronn erschossen, ihr Kollege überlebte schwer verletzt. Hinzu kamen mindestens 14 Banküberfälle sowie der Überfall auf einen Lebensmitteldiscounter.

Seit die Zwickauer Terrorzelle nach einem Banküberfall im November 2011 aufflog, müssen Politik, Sicherheitsbehörden und auch die Medien erklären, warum die mutmaßlichen Täter über ein Jahrzehnt lang untertauchen und ihr Unwesen treiben konnten, warum die Spur von Beate Zschäpe, Uwe Mundlos und Uwe Böhnhardt nicht entschlossen verfolgt und stattdessen lange von einer Auseinandersetzung im kriminellen Milieu ausgegangen wurde, warum bei Islamisten eine hohe Sensibilität besteht und das von Rechtsextremisten ausgehende Gefährdungspotential unentschuldbar unterschätzt wurde. Die üblichen Reflexe (Einsetzen von Untersuchungsausschüssen, Schritte zur Ingangsetzung eines zweiten NPD-Verbotsverfahrens, Rücktritte führender Angehöriger des Verfassungsschutzes, juristische Aufarbeitung vor dem Oberlandesgericht München) dürften nicht reichen, um das nachhaltig erschütterte Vertrauen in den Rechtsstaat wiederherzustellen. Das völlige Versagen im Falle des Nationalsozialistischen Untergrunds ließ tief blicken. Diverse Ermittlungspannen, eklatante organisatorische Defizite, dubioser Einsatz von V-Leuten und die Vernichtung von Akten stellten die Funktionsfähigkeit und Daseinsberechtigung der Geheimdienste generell infrage. Diesen fehlte es an Abstimmung, Führung und Kontrolle. Die Einrichtung eines Gemeinsamen Abwehrzentrums gegen Rechtsextremismus (GAR) von Bund und Ländern am 16. Dezember 2011 war bestenfalls ein erster Schritt, um Informationen und Aktivitäten zu bündeln. Elf Monate später nahm Bundesinnenminister Hans-Peter Friedrich (CSU) das Gemeinsame Extremismus- und Terrorismusabwehrzentrum (GETZ) in Betrieb. Damit wurde das Abwehrzentrum gegen Rechtsextremismus um die Bereiche Ausländerextremismus/Ausländerterrorismus, Linksextremismus/Linksterrorismus und Spionage/Proliferation erweitert. Kritiker sprachen von einem Allround-Zentrum, in dem zusammengeführt werde, was nicht zusammengehöre – weder thematisch noch behördlich. Befürchtet wurde, dass die mit dem Abwehrzentrum gegen Rechtsextremismus gewonnene neue Schlagkraft wieder aufgeweicht werde angesichts der vielen Arbeitsfelder. Bezweifelt wurde, dass das neue Zentrum vereinbar mit dem Trennungsverbot zwischen Polizei und Verfassungsschutz ist sowie dem Föderalismus Rechnung trägt. Sechs von sechszehn Ländern verweigerten zunächst die Mitarbeit an dem Projekt, weil sie sich von Friedrich überrumpelt fühlten. Es handelte sich dabei um Baden-Württemberg, Hamburg, Mecklenburg-Vorpommern, Nordrhein-Westfalen, Rheinland-Pfalz und Schleswig-Holstein.

Anfang Juli 2013 vorgestellte Pläne für eine Reform des Verfassungsschutzes klangen nicht nach großem Aufbruch. Eine verantwortungsbewusste und einheitliche Aktenführung gehört zu den Selbstverständlichkeiten. Ein gemeinsames Register für V-Leute hat nur Sinn, wenn der Zugriff darauf nicht durch ein hürdenreiches Verfahren erschwert wird. Die Verfassungsschützer in Bund und Ländern legen nach wie vor Wert auf ihre Arbeitsgeheimnisse, was eine effektive Zusammenarbeit behindert. Der Versuch, Zuständigkeiten zu verändern, führt immer wieder zu Kompetenzstreitigkeiten. Das beeinträchtigt letztlich auch Bestrebungen, durch eine verbesserte Analysefähigkeit Zusammenhänge herzustellen und die notwendigen Schlussfolgerungen daraus zu ziehen.

Ohne die Behebung grundlegender struktureller Probleme und einen tiefgehenden Mentalitätswandel im Sicherheitsapparat wird auch die zentrale Neonazi-Datei keine große Wirkung erzielen. Diese passierte am 6. Juli 2012 den Bundesrat. Die Datei soll von den zuständigen Behörden mit Informationen über gewaltbereite Rechtsextremisten und deren Kontaktpersonen gefüttert werden. Nach Einschätzung des Bundesamtes für Verfassungsschutz dürfte die Datei einmal knapp 10 000 Namen umfassen. Allein in Deutschland leben nach Erkenntnissen des Dienstes 9600 gewaltbereite Rechtsextremisten, in die Datensammlung sollen aber auch Ausländer aufgenommen werden.[27] In Hinblick auf mögliche Nachahmer des NSU hieß es: „Vor dem Hintergrund einer stark durch Gewaltbereitschaft und Gewaltanwendung geprägten rechtsextremistischen Szene können vergleichbare Radikalisierungsverläufe für die Zukunft nicht ausgeschlossen werden."[28]

Propagandainstrument Internet

Zum Kampfplatz entwickelt sich zunehmend das Internet, das islamistischen Hardlinern und ihren Unterstützern als wichtigstes Propaganda- und Mobilisierungsinstrument dient. Es werden Videos, Audiodateien, Online-Zeitschriften und -Bücher, Bekenntnisse zu Anschlägen, Interviews mit Anführern oder Mitgliedern terroristischer Gruppierungen verbreitet. Diskussionsforen, Chatrooms und Netzwerke dienen der Kontaktaufnahme zu Gleichgesinnten. Der Austausch erfolgt über offen zugängliche oder passwortgeschützte Kommunikationsplattformen. Das trägt dazu bei, dass sich Aktivisten und Sympathisanten des globalen Dschihad als Teil einer einzigen Bewegung begreifen, selbst wenn sich ihre Ziele und Handlungsmotive zuweilen stark unterscheiden.[29] Insbesondere die neuen sozialen Medien wie Facebook und Twitter sowie Videoplattformen wie YouTube eröffnen den Fundamentalisten größere Möglichkeiten, über Sympathisanten ihre Propaganda umfassender zu verbreiten und ein größeres Publikum zu erreichen.

Videos sollen eine wichtige Rolle bei der Radikalisierung und Rekrutierung junger Deutscher gespielt haben. Den geeigneten Anlass dafür bot die sich verschärfende Auseinandersetzung am Hindukusch. Dabei tat sich der 2005 gegründete deutsche Ableger der Globalen Islamischen Medienfront (GIMF) hervor. Dieser sorgte mit einem am 10. März 2007 veröffentlichten Video für erhebliches Aufsehen. Gedroht wurde mit Anschlägen in Deutschland und Österreich, falls beide Staaten nicht ihre Truppen aus Afghanistan zurückziehen. Die Ankündigung blieb folgenlos, aber sie produzierte aufgrund der Berichterstattung in den Medien das Gefühl einer näher rückenden Gefahr. Die deutsche GIMF bestand bis zur Verhaftung der Betreiber 2008. Ihr eigentlicher Kopf, ein Österreicher ägyptischer Abstammung namens Mohammed Mahmoud, saß in seiner Wahlheimat eine mehrjährige Haftstrafe ab, siedelte dann nach Deutschland um und setzte sich schließlich nach Ägypten ab. Dorthin soll sich auch der im Juni 2012 untergetauchte Berliner Ex-Rapper Denis Cuspert begeben haben.[30] Diesen zog es danach in das Bürgerkriegsland Syrien, für kampfwillige Islamisten und deren Einpeitscher ein Dschihad-Schauplatz von großer Anziehungskraft.

Die Staatsanwaltschaft Berlin hatte gegen Cuspert (alias Abu Maleeq, Abu Talha al-Almani) wegen Volksverhetzung ermittelt und einen Haftbefehl ausgestellt. Grund dafür waren Videos, auf denen der bekennende Salafist mit islamischen Liedern, sogenannten Nasheeds, im Internet unter anderem Osama bin Laden verherrlichte und zum Heiligen Krieg aufrief. Cuspert zog auch Arid Uka in seinen Bann. Dieser schrieb vor seiner Tat auf der Internetplattform Facebook: „Abu Maleeq, ich liebe dich für Allah." Während des Prozesses gegen Uka stellte die Bundesanwaltschaft zum Einfluss von Nasheeds auf den Angeklagten fest: „Die Lieder haben ihn heiß gemacht."[31] Cuspert (Jahrgang 1975) bekannte sich nach seinem Rückzug aus dem Musikgeschäft (Künstlernamen Deso Dogg) offen zur fundamentalistischen Positionen. Seine Erfahrungen als Rapper trugen offensichtlich dazu bei, militante Ideologie mit Elementen moderner Popkultur zu verbinden und damit speziell junge Menschen anzusprechen. Die Sicherheitsbehörden stuften den Sohn einer deutschen Mutter und eines ghanaischen Vaters „als Radikalisierungsfaktor" ein.

Die Deutschen Taliban Mudschaheddin traten zum ersten Mal am 24. September 2009 mit einem Video öffentlich in Erscheinung, das von Elif Media produziert wurde. Während ein Sprecher mit Anschlägen drohte, waren in der rechten oberen Bildecke Fotos des Brandenburger Tors in Berlin, der Skyline von Frankfurt/Main, des Oktoberfestes in München, des Hamburger Hauptbahnhofs und des Kölner Doms zu sehen. Timing und Botschaft drei Tage vor der Bundestagswahl am 27. September zeugten von einem professionellen Herangehen der Islamisten und erzielten damit noch mehr

Aufmerksamkeit als das GIMF-Video von 2007. Elif Media war eine deutsch- und türkischsprachige Medienstelle, die 2007 im Umfeld der Islamischen Dschihad-Union in Pakistan entstand. Initiator der Medienstelle und Anführer der Deutschen Taliban Mudschaheddin war Ahmet Manavbasi. Zum bekanntesten Gesicht beider als personell identisch angesehenen Gruppierungen avancierte zwischen 2008 und 2010 Eric Breininger (alias Abdul Ghaffar al-Almani). Dieser agitierte auch in zahlreichen IJU-Videos nicht ohne Erfolg für eine Teilnahme deutscher Jugendlicher am Dschihad in Afghanistan, was eine zunehmende Zahl von Ausreisen nach Pakistan belegte. Mit dem Tod von Manavbasi und Breininger verlor die Medienstelle Elif Media ihre Bedeutung.[32]

Bis dahin bestand eine Verbindung zu Filiz Gelowicz. Das Berliner Kammergericht verurteilte im März 2011 die Frau des Anführers der Sauerland-Gruppe wegen Unterstützung und Werbens um Mitglieder für ausländische terroristische Vereinigungen zu einer Freiheitsstrafe von zweieinhalb Jahren. Das Gericht sah es als erwiesen an, dass Frau Gelowicz in der Zeit vom 7. Oktober 2009 bis zum 8. Februar 2010 durch über tausend ins Internet eingestellte Textbeiträge und Videos sowie durch Geldtransfers Al Qaida, die Islamische Dschihad-Union sowie die Deutsche Taliban Mudschaheddin unterstützt hatte. Da die Deutsche türkischer Herkunft ein umfassendes Geständnis ablegte und sich wie ihr Ehemann während des Verfahrens vom Terrorismus lossagte, wurde ein Teil der Haftstrafe „wegen guter Führung" zur Bewährung ausgesetzt. Zweifel an der Läuterung blieben. Die Verhaftung ihres Mannes Fritz führte bei Frau Gelowicz nicht etwa zu einem Umdenken. Sie wurde vielmehr zu einer glühenden Dschihad-Propagandistin, die auch Elif-Media-Videos in Foren und auf eigens eingerichteten YouTube-Kanälen verbreitete sowie selbst in Erscheinung trat.

Nach Einschätzung des Verfassungsschutzes entwickelte sich insbesondere die Islamische Bewegung Usbekistans zu einer der medial aktivsten Gruppierungen. Neben der „Medienstelle Jundullah", die Beiträge und Videos produziert, verfüge die IBU auch über eine eigene Homepage. Mit teilweise mehrsprachigen Video- und Textbotschaften versuche die Gruppierung, ihre Anhängerschaft zu vergrößern, weitere Kämpfer zu rekrutieren und neue finanzielle

Ressourcen zu erschließen. Eine zentrale Rolle spielten dabei die aus Bonn stammenden Brüder Monir und Yassin Chouka. In ihren Verlautbarungen würden sich diese bewusst an ein deutschsprachiges Publikum wenden und zur Teilnahme am gewaltsamen Dschihad aufrufen. Hauptthema sei die Beteiligung der Bundeswehr an der ISAF-Mission in Afghanistan. Der „Kampf gegen Deutschland" wurde meist mit der steigenden Anzahl von Bundeswehrsoldaten und deren Auseinandersetzungen mit den Taliban gerechtfertigt. Demnach erklärte Yassin Chouka in einer am 2. Juni 2011 auf der Homepage der IBU eingestellten Videobotschaft: „Die Zahl der Toten in Afghanistan ist eine Zahl, die uns den Schlaf raubt und an diesem gewaltigen Verbrechen haben die Deutschen eine der Führungspositionen eingenommen. Deswegen soll sich niemand wundern, wenn der Afghane Miqdaad sagt: ‚Ich will unbedingt Deutsche töten.'"[33]

Um die Propagandaflut einzudämmen, wurde Anfang 2007 das Gemeinsame Internet-Zentrum (GIZ) in Berlin eingerichtet. Dort arbeiten – nach dem Vorbild des Ende 2004 gegründeten Gemeinsamen Terrorismusabwehrzentrums (GTAZ) zur Bekämpfung islamistischer Umtriebe – Vertreter des Bundesamtes für Verfassungsschutz, des Bundeskriminalamtes, des Bundesnachrichtendienstes, des Amtes für den Militärischen Abschirmdienst sowie der Generalbundesanwaltschaft eng zusammen. Dadurch sollen die jeweiligen sprachlichen, technischen und fachlichen Kompetenzen der beteiligten Behörden an einem Ort zusammengeführt werden. Die Experten beobachten arbeitsteilig und systematisch die relevanten Internetseiten. Die dabei gewonnenen Erkenntnisse fließen in gemeinsam abgestimmte Bewertungen, die dem Bundeskanzleramt, den zuständigen Ministerien sowie den Sicherheitsbehörden in Bund und Ländern zur Verfügung gestellt werden.[34]

Aber aufgrund der extremen Zunahme des verfügbaren Materials können die Sicherheitsbehörden objektiv nicht alles im Blick haben. Rechtliche Grauzonen und ein mögliches Ausweichen ins Ausland tun ihr übriges. Eine Studie kam zu dem Schluss: „Die Internetszene profitierte davon, dass es viel mehr Aktivisten gab und gibt, als von den Sicherheitsbehörden aufgespürt werden können, und dass diese Aktivisten ausgezeichnet vernetzt sind. Zwar bedeuteten die Inhaftierung wichtiger Persönlichkeiten und die Schließung von Webseiten häufig empfindliche Rückschläge, doch mit der Zeit ersetzten neue Formate die alten." Darüber hinaus seien sich Sicherheitsbehörden und Öffentlichkeit in vielen Fällen oft lange Zeit nicht klar, inwieweit die Propaganda auch terroristische Aktionsfähigkeit widerspiegele.[35]

„Wenn man keinen Kompass hat, wenn man also nicht weiß, wo man steht und wo man hin will, und daraus abgeleitet dann entsprechend auch keinen Führungs- und Gestaltungswillen, dann hängt man auch nicht an dem, was wir unter Kontinuitäten deutscher Außenpolitik verstehen, ganz einfach weil man keinen Sinn dafür hat. So einfach und doch wiederum so kompliziert ist das."[1]
(Altbundeskanzler Helmut Kohl in einem am 1. September 2011 veröffentlichten Interview)

Deutschland beteiligte sich nicht allein aus Bündnissolidarität am Afghanistan-Einsatz. Dieser wurde als Möglichkeit gesehen, Machtbewusstsein und Handlungsfähigkeit zu demonstrieren, ohne dabei übermäßig viel zu riskieren. Bundeskanzler Gerhard Schröder selbst machte das sehr deutlich, indem er im Oktober 2001 die Etappe deutscher Nachkriegspolitik für unwiederbringlich beendet erklärte, in deren Mittelpunkt infrastrukturelle und finanzielle Hilfeleistungen gestanden hätten. Deutschland müsse seiner neuen Verantwortung umfassend gerecht werden. „Das schließt – und das sage ich ganz unmissverständlich – auch die Beteiligung an militärischen Operationen zur Verteidigung von Freiheit und Menschenrechten, zur Herstellung von Stabilität und Sicherheit ausdrücklich ein."[2]

An der Seite der Sozialdemokraten befanden sich die Grünen, die noch 1990 in ihrem ersten gesamtdeutschen Wahlprogramm für „eine Welt ohne Militärblöcke und eine Gesellschaft ohne Waffen und Armeen" eingetreten waren. Sie plädierten damals für eine „Strategie einseitiger Abrüstungsschritte und für eine vollständige Konversion der Rüstungsproduktion in eine zivil nützliche und ökologisch verträgliche Güterproduktion und für die Entwicklung von Formen nichtmilitärischer Sicherheit und gewaltfreien Konfliktaustrags". Weiter hieß es: „Wir müssen raus aus der NATO, weil es mit der NATO keinen Frieden geben kann (…). Friedenspolitik kann nicht auf der Basis von Militärblöcken betrieben werden." Nach dem Willen der Grünen sollten sämtliche Rüstungsausgaben gestrichen und die Bundeswehr aufgelöst werden.[3] Im Wahlprogramm von 1994 wurde erneut die Auflösung der NATO gefordert. Dafür erhoben die Grünen die unteilbaren Menschenrechte, friedliche Konfliktverarbeitung und vorbeugende Konfliktvermeidung, machtpolitische Selbstbeschränkung und radikale Abrüstung sowie den weltweiten ökologisch-solidarischen Interessenausgleich zu Leitgedanken ihrer Außenpolitik. Zugleich unterstrich die Partei: „Eine Beteiligung der Bundeswehr an UNO-Blauhelmmissionen lehnen wir weiterhin ab. (…) Wir wissen, dass die Bundeswehr (...) nicht von heute auf morgen aufzulösen ist. Ihre Abschaffung ist ein Prozess der Abrüstung und Konversion, der politisch und gesellschaftlich schrittweise durchgesetzt werden muss."[4]

Ein fundamentales Umdenken der Grünen in der Außen- und Sicherheitspolitik setzte ein, nachdem die Spitzen von Fraktion und Partei im Herbst 1996 Bosnien-Herzegowina besucht und sich ein Bild vom Ausmaß der Kriegszerstörungen gemacht hatten. Gewaltfreie Solidarität und Politik – so das Fazit – seien an ihre Grenzen gestoßen. Nicht einmal zwei Jahre später vollzog die Bundestagsfraktion am 19. Juni 1998 eine historische Wende: Sie stimmte mehrheitlich der Verlängerung der Bundeswehrbeteiligung an SFOR, einem nach Kapitel VII der UNO-Charta mandatierten friedenssichernden Einsatz, zu. Damals befand sich die Partei noch in der Opposition, doch schon bald darauf übernahm sie Regierungsverantwortung. Die rot-grüne Koalition war gleich in ihrer ersten Amtsperiode mit der Kosovo-Krise und den Anschlägen in den USA konfrontiert.

Winfried Nachtwei, der für die Grünen von 1994 bis 2009 im Bundestag saß und dabei unter anderem Sprecher für Sicherheits- und Abrüstungspolitik war, fasste den damit verbundenen Spagat in die Worte: „Der politische Pazifismus findet dort enge Grenzen, wo die Akteure unmittelbar über den Einsatz von Gewalt zu entscheiden haben. Eine Regierungspartei, die im Gegensatz zu Oppositionsparteien und nichtstaatlichen Akteuren eine verfassungsrechtliche Schutzpflicht gegenüber den Staatsbürgern hat und Mitverantwortung für Militär und das staatliche Gewaltmonopol trägt, kann durchaus beanspruchen, sich für pazifistische Leitbilder und Visionen zu engagieren. Sie kann aber nicht beanspruchen, eine radikalpazifistische Politik zu betreiben."[5]

Die Grünen, die ihre Wurzeln in der Friedensbewegung der

1980-er Jahre hatten, veränderten ihr Verhältnis zur Gewaltfreiheit. Korrigiert wurde auch die Haltung zu Bundeswehr und NATO. Nachtwei räumte ein, dass unter Führung von Gerhard Schröder und Joschka Fischer zwischen 1998 und 2005 die Auslandseinsätze der Bundeswehr eine Ausweitung erreichten, wie sie zehn Jahre zuvor niemand für möglich gehalten hätte. Rot-Grün habe die erstmalige Teilnahme eines demokratischen Deutschland an zwei Kriegseinsätzen – dem Kosovo-Luftkrieg der NATO gegen die Bundesrepublik Jugoslawien und dem Einsatz von Spezialkräften an der Antiterroroperation Enduring Freedom in Afghanistan – zu verantworten.[6]

Die bereits unmittelbar nach der Einheit eingeleitete außen- und sicherheitspolitische Neuorientierung traf stets auf Vorbehalte. Diese waren noch relativ schwach, als die Bundeswehr zu Einsätzen nach Kambodscha (1992), Somalia (1993) und Bosnien-Herzegowina (1995) ausrückte. Sie wurden stärker, als sich deutsche Tornados 1999 ohne UN-Mandat an den völkerrechtswidrigen Luftangriffen auf das aus Serbien und Montenegro bestehende Rest-Jugoslawien beteiligten, um den Boden für eine Intervention im Kosovo wiederum mit Bundeswehr-Beteiligung zu bereiten. Die rot-grüne Regierung rechtfertigte ihr Vorgehen mit einem unangemessenen geschichtlichen Vergleich. Im Kosovo hätte sich eine Art Auschwitz, ein Genozid abgezeichnet. Übersehen wurde dabei unter anderem, dass die 1994 entstandene nationalistische Kosovo-Befreiungsarmee (UCK) mit Unterstützung der USA mit aller Gewalt das Kosovo von Serbien abtrennen und damit international anerkannte Grenzen verändern wollte. Das gelang schließlich mit Unterstützung des Westens. Die im Jahr 2008 erklärte Unabhängigkeit erkennen nicht einmal alle EU-Staaten an. Führende Repräsentanten des Kosovo haben einen zweifelhaften Ruf.

In Serbien verfestigte sich über die Jahre der Eindruck, der Internationale Strafgerichtshof für das ehemalige Jugoslawien messe bei der Verfolgung von Gräueltaten auf dem Balkan mit zweierlei Maß. Die meisten der 64 bis Ende 2012 rechtskräftig verurteilten Angeklagten sind serbischer Nationalität. Mit Verbitterung und Empörung wurde auf den Freispruch für den kroatischen Ex-General Ante Gotovina reagiert. Dieser war 2011 wegen Kriegsverbrechen zu 24 Jahren Haft verurteilt worden. Gotovina hatte die „Operation Sturm" befehligt, bei der kroatische Armeeeinheiten 1995 die von ethnischen Serben kontrollierte und bewohnte Region Krajina eroberten. Der Internationale Strafgerichtshof sah es zunächst als erwiesen an, dass der General maßgeblich für ungesetzliche Angriffe sowie Morde, Vertreibungen und Plünderungen verantwortlich ist. Bei der „Operation Sturm" waren mehr als 300 serbische Zivilisten ermordet und mehr als 90 000 gewaltsam vertrieben worden. Die Richter des UNO-Tribunals in Den Haag hoben jedoch Mitte November 2012 den vorangegangenen Schuldspruch mit der Begründung auf, dass die Aktion im Sinne der Selbstverteidigung legitim gewesen sei. Daher könnte Gotovina auch keine Schuld nachgewiesen werden.[7] Kroatien feierte die Freilassung seines Nationalhelden frenetisch. Für Aufsehen in Deutschland sorgte der beim FC Bayern München unter Vertrag stehende kroatische Fußball-Profi Mario Mandzukic, der im Spiel gegen den 1. FC Nürnberg nach einem erzielten Treffer militärisch salutierte und damit Gotovina seinen Gruß entbot.

Gleich zweimal wurde der Albaner Ramush Haradinaj, der 2005 kurzzeitig das Amt des Kosovo-Premiers innehatte, vom Vorwurf der Kriegsverbrechen freigesprochen. Bereits 2008 war er in einem ersten Prozess für nicht schuldig befunden worden. Von den Zeugen, die damals gegen ihn aussagen sollten, waren viele Opfer mysteriöser Autounfälle und nie aufgeklärter Anschläge geworden. In einem zweiten Prozess, der Ende November 2012 endete, ging es um die Beteiligung Haradinajs an der Ermordung, Vertreibung, Folterung und Vergewaltigung von serbischen Bewohnern in der Provinz Kosovo im Jahr 1998. Haradinaj war damals ein hochrangiger Kommandeur der Kosovo-Befreiungsarmee. Die zuständige Strafkammer des UN-Tribunals für das ehemalige Jugoslawien stellte nicht in Frage, dass seitens der UCK Verbrechen begangen wurden. Es gebe jedoch keine eindeutigen Beweise für eine Schuld Haradinajs, urteilte das Gericht.[8] Umso aufmerksamer beobachten die Serben die Prozesse in Den Haag gegen Radovan Karadzic und Ratko Mladic, die wegen Verbrechen im Bosnien-Krieg vor Gericht stehen. Ihre Verhaftung und Auslieferung war von der EU zur Vorbedingung für eine schrittweise Annäherung Serbiens an Europa erklärt worden.[9]

Nachtwei resümierte ernüchtert: „Die Entscheidung zur Unterstützung des Kosovo-Luftkrieges wurde überschattet durch den in der öffentlichen Debatte geäußerten Verdacht, dass Spitzenpolitiker wie der damalige Verteidigungsminister Rudolf Scharping in ihren Reden für eine deutsche Beteiligung an einem Kriegseinsatz die Wahrheit verbogen hätten. Im Streit um den Kosovo-Luftkrieg als entweder Nothilfe oder Sündenfall trennten sich die politischen Wege vieler Friedensbewegter, Pazifisten und Grüner. Die pazifistische und die Friedensbewegung schrumpften weiter. Das Tabu, es dürfe ‚Nie wieder Krieg' von Deutschland ausgehen, war gebrochen. Militär war nun wieder zu einem Mittel der operativen deutschen Außen- und Sicherheitspolitik geworden."[10]

Der Sozialdemokrat Scharping hatte mit einseitigen Schuldzuweisungen an die serbische Seite versucht, den Kriegseinsatz im Kosovo zu legitimieren. Scharping malte mit unbewiesenen Behauptungen über die Einrichtung von Konzentrationslagern und dem angeblichen Hufeisenplan Belgrads zur systematischen Vertreibung der 90 Prozent ausmachenden albanischen Bevölkerung eine humanitäre Katastrophe an die Wand. Sowohl die UCK als auch serbische Sonderpolizei, Armee und Paramilitärs begingen während der Kämpfe Kriegsverbrechen. Deshalb wäre rechtzeitiger und starker Druck auf beide Seiten nötig gewesen, um zu einer politischen Konfliktlösung zu gelangen. Aber daran bestand auf westlicher Seite kein ausreichendes Interesse. Im Ergebnis entstand ein kaum lebensfähiges Gebilde, dessen Zukunft ungewiss ist.

Große Kluft zur Bevölkerung

In Bezug auf Afghanistan besteht zwischen der Haltung der Politik und der Stimmung in der Bevölkerung eine gewaltige Diskrepanz. Während in allen Bundestagsabstimmungen seit 2001 stets mehr als 70 Prozent der Abgeordneten für eine ISAF-Beteiligung votierten, glaubten zehn Jahre nach Beginn des Einsatzes Umfragen zufolge 70 Prozent der Deutschen nicht mehr an einen Erfolg der Mission, 68 Prozent hielten die Entsendung der Bundeswehr an den Hindukusch für falsch.[11] Das spricht dafür, dass es in der Bevölkerung fast

70 Jahre nach dem Ende des Zweiten Weltkrieges eine fest veran-
kerte pazifistische Grundstimmung gibt. Millionen Kriegstote, zerstörte Städte und der Holocaust haben sich tief in das Gedächtnis
eingegraben. Das geteilte Deutschland gehörte jahrzehntelang unterschiedlichen Blöcken an, die sich militärisch neutralisierten. Der
Kalte Krieg war zugleich ein Kalter Frieden. Die Deutschen mussten nicht kämpfen, und sie gewöhnten sich daran.

Der Schriftsteller Botho Strauß unterbreitete dazu in einem 1993
veröffentlichten Essay einige Überlegungen, die eine kontroverse
Debatte auslösten. Strauß betonte unter anderem, es zögen Konflikte herauf, die sich nicht mehr ökonomisch befrieden ließen.
Wörtlich hieß es: „Wir kämpfen nur nach innen um das Unsere.
Wir werden nicht zum Kampf herausgefordert durch feindliche
Eroberer. Wir werden herausgefordert, uns Heerscharen von Ver-
triebenen und heimatlos Gewordenen gegenüber mitleidvoll und
hilfsbereit zu verhalten, wir sind per Gesetz zur Güte verpflichtet.
Um dieses Gebot bis in die Seele der Menschen (nicht nur der Wähler und Wählerinnen) zu versenken, bedürfte es nachgerade einer
Rechristianisierung unseres modernen egoistischen Heidentums.
Da die Geschichte nicht aufgehört hat, ihre tragischen Disposi-
tionen zu treffen, kann niemand voraussehen, ob unsere Gewalt-
losigkeit den Krieg nicht bloß auf unsere Kinder verschleppt.‟[12]
Der Politikwissenschaftler und Zeithistoriker Hans-Peter Schwarz
befand in einem in den 1980-er Jahren veröffentlichten Buch, dass
die Deutschen von der einstigen Machtversessenheit in eine Machtvergessenheit getaumelt seien.[13]

In die aktuelle Debatte griff auch Bundespräsident Gauck in einer Rede vor der Führungsakademie der Bundeswehr in Hamburg
ein. Dabei sagte der ehemalige Pfarrer und Bürgerrechtler: „Wir
wollen nicht behelligt werden mit Gedanken, dass es langfristig
auch uns betreffen kann, wenn anderswo Staaten zerfallen oder Terror sich ausbreitet, wenn Menschenrechte systematisch missachtet
werden. Wir denken eben nicht gerne daran, dass es heute in unserer Mitte wieder Kriegsversehrte gibt. Menschen, die ihren Einsatz
für Deutschland mit ihrer seelischen oder körperlichen Gesundheit
bezahlt haben. Und noch viel weniger gerne denken wir daran, dass
es wieder deutsche Gefallene gibt, das ist für unsere glückssüch-

tige Gesellschaft schwer zu ertragen. Die Abscheu gegen Gewalt ist dabei verständlich. Gewalt, auch militärische Gewalt, wird ja immer ein Übel bleiben. Aber sie kann – solange wir in der Welt leben, in der wir leben – eben nicht in einer geheilten, sondern in einer tief gespaltenen Welt, sie kann in einer solchen Welt notwendig und sinnvoll sein, um ihrerseits Gewalt zu überwinden oder zu unterbinden. Allerdings müssen wir dann, wenn wir zu dem letzten Mittel der militärischen Gewalt greifen, diese gut begründen." Mit Blick auf die Konsequenzen für Leib, Seele und Leben forderte das Staatsoberhaupt, Auslandseinsätze nicht allein in Führungsstäben und auch nicht allein im Parlament zu diskutieren, sondern in der Mitte der Gesellschaft.[14]

Altbundeskanzler Helmut Schmidt (SPD) äußerte Verständnis für das weitverbreitete Unbehagen gegenüber dem Militärischen. Der von einigen Medien zum Ratgeber der Nation hochstilisierte Schmidt warnte davor, sich einzubilden, „dass alle Probleme irgendwo auf der Welt unsere Aufgaben sind". Und er fügte hinzu: „Ich neige dazu, jeden Einzelfall unter die Lupe zu nehmen und in vielen Fällen Nein zu sagen. Wenn andere Leute sich gegenseitig umbringen wollen, dann ist das nicht notwendigerweise unsere Sache, das zu verhindern. Es ist auch nicht unsere Sache, dafür das Leben der eigenen Soldaten aufs Spiel zu setzen." Der Kern des deutschen strategischen Interesses sei die Europäische Union.[15]

Daran haben sich die wechselnden Bundesregierungen nur bedingt gehalten. Im Weißbuch 2006 zur Sicherheitspolitik Deutschlands fand sich die Feststellung, die Bundeswehr sei „immer mehr zu einer Armee im Einsatz geworden".[16] Internationaler Terrorismus, Weiterverbreitung von Massenvernichtungswaffen sowie die Folgen innerstaatlicher und regionaler Konflikte werden als neue asymmetrische, häufig durch nichtstaatliche Akteure verursachte Bedrohungen bezeichnet.[17] Als Anspruch wurde selbstbewusst formuliert: „Aufgrund seiner Größe, Bevölkerungszahl, Wirtschaftskraft und seiner geografischen Lage in der Mitte des Kontinents fällt dem vereinigten Deutschland eine wichtige Rolle bei der künftigen Gestaltung Europas und darüber hinaus zu."[18] Es bestehe ein elementares Interesse „an einem offenen Welthandelssystem und freien Transportwegen".[19] Zu den Störfaktoren wurde die zunehmende Piraterie gezählt. Um Beeinträchtigungen der Rohstoff- und Warenströme weitestgehend auszuschalten, sollten nicht in erster Linie militärische, sondern gesellschaftliche, ökonomische, ökologische und kulturelle Bedingungen, die nur in multinationalem Zusammenwirken beeinflusst werden könnten, die künftige sicherheitspolitische Entwicklung bestimmen – zusammengefasst unter dem Begriff vernetzte Sicherheit.[20] Die Bundeswehr sichere „die außenpolitische Handlungsfähigkeit".[21]

Im Kontext des Weißbuches mutete die Aufregung nach Äußerungen des damaligen Bundespräsidenten Horst Köhler reichlich übertrieben an. Köhler hatte in einem Rundfunk-Interview gesagt, dass für ein Land von der Größe Deutschlands „mit dieser Außenhandelsorientierung und damit auch Außenhandelsabhängigkeit" zur Wahrung seiner Interessen „im Notfall auch militärischer Einsatz notwendig ist". Es gehe darum, „ganze regionale Instabilitäten zu verhindern", die negative Auswirkungen auf Handel, Arbeitsplätze und Einkommen hätten.[22] Zwar wurden im Weißbuch militärische Mittel nur als eines von vielen Instrumenten erwähnt, der Einsatz von Streitkräften aber auch nicht ausdrücklich ausgeschlossen. Am Horn von Afrika ist er zur Unterbindung der Piraterie seit Jahren Realität. Unerklärlich blieb lediglich, warum Köhler seine Meinung ausgerechnet am Rande eines Afghanistan-Besuches kundtat und damit die Vorlage für Mutmaßungen lieferte, die Bundeswehr sei eigentlich aus ökonomischen Interessen am Hindukusch. Dort führten zumindest die deutschen Streitkräfte keinen Wirtschaftskrieg, sondern waren daran beteiligt, ein korruptes Regime zu stützen.

Als sich im Jahr 2002, zu diesem Zeitpunkt war das Afghanistan-Desaster noch nicht absehbar, die Anzeichen für eine US-Intervention im Irak verdichteten, ging Schröder auf Distanz zu Washington. Ausschlaggebend dafür waren neben der konstruierten amerikanischen Argumentation vor allem innenpolitische Gründe. Vor den Wahlen zum Bundestag wollte sich die rot-grüne Koalition als entschiedenes Antikriegsbündnis präsentieren. Das sicherte im Verbund mit Schröders beherztem Auftreten in den deutschen Hochwassergebieten den knappen Sieg. In einer Regierungserklärung nach dem Urnengang sagte Schröder: „Gegenüber dem Irak und anderen Gefahrenherden muss eine konsequente Politik der

Abrüstung unter internationaler Kontrolle vorrangiges Ziel bleiben. An einem etwaigen Militärschlag gegen den Irak werden wir uns nicht beteiligen."[23]

Das war nur die halbe Wahrheit, denn die Bundesrepublik fungierte als logistische Drehscheibe für die Angriffshandlungen der USA gegen den Irak. Deutsche Besatzungsmitglieder flogen weiterhin an Bord der AWACS-Aufklärungsflugzeuge der NATO mit, die den irakischen Luftraum von der Türkei aus erkundeten. ABC-Abwehrkräfte waren mit Fuchs-Spürpanzern in Kuwait stationiert. Für die Bewachung von US-Kasernen hierzulande wurden bis zu 7000 Bundeswehrsoldaten bereitgestellt. Dennoch hielt die Union unter der Oppositionsführerin Merkel Rot-Grün vor, den Bruch mit Amerika zu riskieren. Dieser trat nicht ein, obwohl die Dissonanzen unüberhörbar waren. Sichtbar wurde, dass innerhalb der NATO nach dem Ende des Kalten Krieges die Gegensätze zunahmen, weil mit dem Zusammenbruch der Sowjetunion das alle Allianzmitglieder vereinende Feindbild abhandengekommen war. Gegen den von Großbritannien mitgetragenen völkerrechtswidrigen US-Angriff auf den Irak im März 2003 bildete sich ein Bündnis aus Deutschland, Frankreich und Russland. Die Europäische Union war gespalten. Der von George W. Bush ausgerufenen Koalition der Willigen traten in erster Linie ost- und mitteleuropäische Mitglieder bei. Die Neinsager wurden von Verteidigungsminister Donald Rumsfeld abschätzig als „altes Europa" klassifiziert. Angesichts des Einsturzes des gesamten Lügengebäudes, mit dem Washington den Angriff zu rechtfertigen versuchte, wurden die überzeugten Transatlantiker in Deutschland bald merklich stiller. Als Merkel selbst Kanzlerin wurde, dürfte sie aufgrund der schwierigen Lage in Afghanistan froh gewesen sein, dass die Bundeswehr nicht auch noch in den Irak-Schlamassel geraten war. Das Führen zweier großer Kriege zeigte sogar der Supermacht USA ihre finanziellen und personellen Grenzen auf.

Die Bemühungen Deutschlands, sich im Einklang mit nationalen Interessen außenpolitisch zu emanzipieren und zu profilieren, kamen auch im Iran-Konflikt zum Ausdruck. Als im Jahr 2002 Satellitenbilder auf den Bau einer Urananreicherungsanlage nahe der Stadt Natanz hindeuteten, entstand der Verdacht, Teheran arbeite an einem geheimen Atomwaffenprogramm. Im Oktober 2003 reiste eine EU-Troika, bestehend aus den Außenministern Deutschlands, Frankreichs und Großbritanniens, in den Iran. Teheran kündigte danach an, während weiterer Verhandlungen mit der Troika Aktivitäten zur Urananreicherung und zur Wiederaufbereitung auszusetzen. Im Gegenzug erkannte die EU das Recht Irans auf Erwerb ziviler Kerntechnologie bei Nachweis von dessen friedlicher Nutzung an. Wie der Friedensnobelpreisträger Mohammed al-Baradei später feststellte, wollten die Europäer durch ihren Dialog mit dem Iran das Risiko eines Angriffs durch Israel und die USA verringern.[24] Obwohl der Start durchaus hoffnungsvoll war, endeten die Gespräche schließlich ergebnislos. Deutschland zeigte sich noch am ehesten kompromissbereit, verfügte jedoch ohne die Unterstützung Frankreichs und Großbritanniens nicht über das nötige Gewicht, um einen Durchbruch zu erreichen.[25] Entscheidend für das Scheitern der Verhandlungen war, dass ein Verzicht auf die Urananreicherung ultimativ zur Vorbedingung von substantiellen Verhandlungen erhoben wurde und nicht an deren Ende stehen sollte. Auf die EU-Troika folgten die fünf ständigen Mitglieder des UN-Sicherheitsrates USA, Russland, China, Frankreich, Großbritannien plus Deutschland. Die Bundesregierung konnte das als Beleg für einen gewachsenen außenpolitischen Stellenwert betrachten.

Irans Präsident Mahmud Ahmadinedschad versuchte, Merkel auf seine Seite zu ziehen. In einem Brief an die Regierungschefin schrieb der Präsident: „Das iranische und das deutsche Volk sind zwei große Nationen, die die Zivilisation befördert haben. Sie besitzen reiche Kulturschätze, standen an vorderster Front der Wissenschaft, Literatur, Kunst und Philosophie. (…) Ohne Zweifel könnten durch die Zusammenarbeit der beiden Regierungen und durch Unterstützung der beiden großen Völker große Schritte zur Beseitigung der Missstände und der Abnormitäten in der Welt unternommen werden.“[26] Ahmadinedschad stellte ausführlich das deutsche und auch das iranische Volk als jahrzehntelange Opfer der Siegermächte des Zweiten Weltkrieges dar. Dieser unhaltbare Zustand, so seine zentrale Botschaft, müsse beendet werden. Die Bundesregierung reagierte scharf. Sie nannte viele Aussagen in dem Brief, etwa zum Existenzrecht Israels und zum Holocaust, „nicht akzeptabel". Sowohl eine Veröffentlichung als auch eine Beantwortung des Schreibens wurden abgelehnt. Inoffiziell hieß es, das Schreiben sei „ziemlich wirr".[27] Dabei war dessen Intention klar: Ahmadinedschad wollte das ohnehin uneinige Verhandlungssextett zum Atomkonflikt weiter auseinanderdividieren. Er versuchte daran anzuknüpfen, dass die bilateralen Beziehungen auch nach dem Schah-Sturz und Khomeinis Machtübernahme lange gut funktionierten. Ansonsten wäre undenkbar gewesen, dass deutsche Heeresflieger und Bundeswehrärzte im Frühjahr 1991 aus dem Irak in den Iran geflüchtete kurdische Golfkriegsopfer in einer staubigen Gebirgswüste mit Zelten, Decken, Nahrungsmitteln und Medikamenten versorgten.

Allerdings war Berlins Handeln im Atomkonflikt mit dem Iran namentlich unter Merkel stark vom Verhältnis zu Israel geprägt. Deutschland wird bis 2017 insgesamt sechs U-Boote nach Israel liefern, die auch mit atomwaffenfähigen Mittelstreckenraketen einer Reichweite von 1500 Kilometern ausgerüstet werden können. Im Falle von drei 1999 und 2000 gelieferten U-Booten soll das bereits geschehen sein. Die Bundesrepublik übernimmt nicht nur einen Teil der Kosten für die Boote vom Typ Dolphin, sondern stärkt auch das nukleare Potential Israels. Die U-Boote werden von der ThyssenKrupp Marine Systems GmbH in Kiel gebaut. Die Bundesregierung erklärte stets, dass sie nichts von einer atomaren Bewaffnung der Schiffe wüsste. Israel selbst gibt keine offiziellen Stellungnahmen zu seinem Nuklearwaffenprogramm ab, sondern betreibt eine Politik der „nuklearen Zweideutigkeit". Es wird weder etwas zugegeben noch dementiert. Eine entsprechende Vereinbarung trafen 1969 Ministerpräsidentin Golda Meir und US-Präsident Richard Nixon. Die Vereinigten Staaten verpflichteten sich im Gegenzug, keinen Druck auf den Partner auszuüben. Die Ministerpräsidenten Ariel Scharon und Ehud Olmert deuteten 2004 bzw. 2006 lediglich indirekt den Besitz von Atomwaffen an. Brisante Informationen über das geheim gehaltene Forschungsprogramm, die 1986 in der Londoner „Sunday Times" veröffentlicht wurden, lieferte der israelische Techniker Mordechai Vanunu. Das Arsenal wird auf bis zu 200 Kernsprengköpfe geschätzt. Die ersten standen offenbar ab 1967 zur Verfügung. Frankreich hatte zuvor Israel beim Bau eines großen Reaktors bei Dimona in der Negev-Wüste unterstützt.

Aus Akten des Auswärtigen Amts geht nach „Spiegel"-Informationen hervor, dass die Bundesregierung seit 1961 über die nuklearen Ambitionen des jüdischen Staates informiert war. Nachweislich sprach zuletzt 1977 der damalige Bundeskanzler Helmut Schmidt mit dem israelischen Außenminister Moshe Dayan über das Thema.[28] Insofern war es eine bewusste Irreführung der Öffentlichkeit, wenn etwa die Regierungen von Helmut Kohl, Gerhard Schröder und Angela Merkel die Ahnungslosen gaben. In diesem Lichte sind manche Äußerungen umso aufschlussreicher. Schröder betonte 2002 im Bundestag: „Ich will ganz unmissverständlich sagen: Israel bekommt das, was es für die Aufrechterhaltung seiner Sicherheit braucht, und es bekommt es dann, wenn es gebraucht wird."[29] Merkel sagte sechs Jahre später vor der Knesset: „Jede Bundesregierung und jeder Bundeskanzler vor mir waren der besonderen historischen Verantwortung Deutschlands für die Sicherheit Israels verpflichtet. Diese historische Verantwortung Deutschlands ist Teil der Staatsräson meines Landes. Das heißt, die Sicherheit Israels ist für mich als deutsche Bundeskanzlerin niemals verhandelbar."[30]

Wer kritische Fragen zu Israels Außen- und Sicherheitspolitik stellt, muss damit rechnen, in die antisemitische Ecke gedrängt zu werden. Diese Erfahrung machte der Schriftsteller Günter Grass, der mit seinem Gedicht „Was gesagt werden muss" eine hitzige Debatte auslöste. In diesem Werk, erschienen im April 2012 in der „Süddeutschen Zeitung", der „New York Times" und der „La Repubblica", setzte sich Grass mit dem seiner Meinung nach von Israel behaupteten Recht auf den Erstschlag auseinander, „der das von einem Maulhelden unterjochte und zum organisierten Jubel gelenkte iranische Volk auslöschen könnte, weil in dessen Machtbereich der Bau einer Atombombe vermutet wird". Grass befürchtete, dass die Deutschen mit den U-Booten „Zulieferer eines Verbrechens werden könnten, das voraussehbar ist, weshalb unsere Mitschuld durch keine der üblichen Ausreden zu tilgen wäre". Er forderte dazu auf, darauf zu bestehen, „dass eine unbehinderte und permanente Kontrolle des israelischen atomaren Potentials und der iranischen Atomanlagen durch eine internationale Instanz von den Regierungen beider Länder zugelassen wird".[31] Die Sorgen des greisen Literaturnobelpreisträgers waren und sind legitim, auch wenn man über Inhalt und Form des Vortrages durchaus unterschiedlicher Meinung sein konnte. In Israel und anderswo war nie die Rede von atomaren Angriffen auf den Iran. Bei den Planspielen ging es seit Jahren um gezielte Luftattacken mit konventionellen Waffen auf Anlagen, die zum Atomprogramm gehören. Aber richtig ist, dass Israel im Gegensatz zum Iran nicht den Kernwaffensperrvertrag unterzeichnet hat und erst eine nuklearwaffenfreie Zone im Nahen Osten wirkliches Vertrauen schaffen kann.

Von offizieller deutscher Seite waren im September 2012 bemerkenswerte Äußerungen zum Thema Iran zu vernehmen. Verteidigungsminister de Maizière führte bei einer in englischer Sprache geführten Diskussion beim Europäisch-Israelischen Dialog aus, ein Angriff auf den Iran „wäre nicht illegitim, aber es ist nicht klug" („it would not be illegitimate, but it is not wise").[32] Merkel wollte darauf nicht näher eingehen und wiegelte mit der Bemerkung ab: „Ich glaube, dass der politische Spielraum nicht ausgeschöpft ist."[33] Zuvor hatte sich Bundespräsident Gauck bei einem Israel-Besuch Ende Mai 2012 indirekt von der Aussage Merkels distanziert, das Existenzrecht Israels sei deutsche Staatsräson. Gauck sagte, die Sicherheit und das Existenzrecht Israels seien „bestimmend" für die deutsche Politik. Er wolle nicht in Kriegsszenarien denken, unterstrich der Bundespräsident mit Verweis auf die Debatte um einen möglichen Krieg zwischen Israel und Iran. Merkels Wort von der Staatsräson könne die Kanzlerin aber noch in „enorme Schwierigkeiten" bringen.[34]

Tatsächlich wäre eine vorbeugende Attacke nach der damaligen Faktenlage illegal gewesen. Es fehlten die eindeutigen Beweise. Selbst im Besitz der Bombe würde Iran keinen Nuklearangriff auf Israel wagen. Das Land müsste mit seiner vollständigen Vernichtung rechnen. Die Mullahs werden aber mit Blick auf Nordkorea registriert haben, dass eine solche Waffe ein wichtiges Instrument gegen einen Regimewechsel sein und die eigene Position in der Region stärken kann. Mit der Wahl Hassan Rohanis zum Staatspräsidenten am 14. Juni 2013 wurden jene gemäßigten Kräfte gestärkt, die im Atomstreit für einen tragbaren Kompromiss eintreten, um die schrittweise Aufhebung der schwer auf dem Land lastenden internationalen Sanktionen zu erreichen. Rohani beschäftigte sich bereits 2003 detailliert mit Nuklearfragen. Der damalige Präsident Mohammed Chatami hatte ihn damals zum Chefunterhändler der Gespräche zwischen der EU-Troika und Iran berufen. Chatamis Nachfolger Ahmadinedschad besetzte 2005 den Posten neu. Bereits Ende November 2013 erreichte Iran in Verhandlungen mit den fünf UN-Vetomächten und Deutschland ein erstes Abkommen zur Lösung des Nuklearkonfliktes. Teheran verpflichtete sich unter anderem zu substantiellen Einschränkungen bei der Urananreicherung, im Gegenzug wurden einige Sanktionen aufgehoben. Die allgemein begrüßte Übereinkunft traf auf den entschiedenen Widerstand Israels und Saudi-Arabiens. Den Republikanern im US-Kongress reichten Irans Zugeständnisse nicht aus.

Als 2011 der Arabische Frühling ausbrach und nach machtvollen Massenprotesten die langjährigen Herrscher in Ägypten und Tunesien stürzten, entwickelte sich die ungelöste Libyen-Frage zu einer Nagelprobe für Berlin. Das Afghanistan-Dilemma vor Augen, beschloss die Regierung Merkel, vorsichtig zu taktieren, denn das nordafrikanische Land versank immer mehr in einem Bürgerkrieg. Bei der Abstimmung über die UN-Sicherheitsratsresolution 1973 am 17. März 2011, welche ein militärisches Eingreifen zur Durchsetzung eines Flugverbots in Libyen legitimierte, enthielt sich Deutschland der Stimme. Gleiches taten Brasilien, China, Indien und Russland. Deutschland stellte sich damit gegen seine traditionellen Verbündeten USA und Frankreich. Die EU präsentierte sich damit zutiefst zerstritten. Frankreichs Präsident Nicolas Sarkozy hatte zuvor vehement für einen Militäreinsatz plädiert und fand in Großbritanniens Premier David Cameron einen Verbündeten. Begründet wurde dies mit einem Ersuchen der Arabischen Liga, hinter dem die Golfstaaten standen.

Wie sich bald herausstellte, ging es bei dem Bombardement auf Gaddafis Armee und Infrastruktur keineswegs allein darum, die Zivilbevölkerung gegen Übergriffe zu schützen. Da die Aufständischen nicht in der Lage waren, das alte Regime zu stürzen, half die NATO mit einer massiven Luftunterstützung nach. Bei der Jagd auf Machthaber Muammar al-Gaddafi erhielten die Rebellen Geheimdienstinformationen und Ausrüstung zur Aufklärung. Angehörige der britischen Eliteeinheit Special Air Service (SAS) spielten bei der Koordinierung der Kämpfe in der Hauptstadt Tripolis eine Schlüsselrolle.[35] Der Golfstaat Katar, der auf arabischer Seite zu den treibenden Kräften für den Gaddafi-Sturz gehörte, war nach eigenen Angaben mit hunderten Soldaten an dem Konflikt beteiligt.[36]

Die UN-Sicherheitsratsresolution 1973 war da nur noch ein Stück Papier, benutzt von jenen, die von vornherein einen Regimewechsel im Auge hatten. Spätestens als Tripolis fiel, wollte auch Deutschland zu den Siegern gehören. Von da an begann es peinlich zu werden. Außenminister Westerwelle, der lange behauptete, die von der Bundesrepublik unterstützten Sanktionen hätten das Regime erschüttert, wurde von seinen liberalen Parteifreunden zurechtgewiesen. FDP-Chef Philipp Rösler dankte der NATO ausdrücklich dafür, „Gaddafis Mordeinheiten entscheidend in den Arm gefallen" zu sein.[37]

Dabei gab es durchaus Gründe, sich im Sicherheitsrat zu enthalten oder mit Nein zu stimmen. Etliche Anführer der Rebellen hatten bereits Gaddafi in Spitzenpositionen von Politik und Militär gedient. Das nährte den Verdacht, dass die alte Diktatur durch eine neue ersetzt werden sollte. Hinzu kam die latente Rivalität zwischen den beiden Kraftzentren Tripolis und Bengasi. Der Aufruhr gegen Gaddafi nahm im Osten seinen Anfang. Ohne einen Interessenausgleich mit den Fraktionen aus dem Westen bestand und besteht die Gefahr einer Teilung des Landes, wozu ein neuerlicher Krieg um die Kontrolle über die Öl-Förderstruktur führen könnte. Schließlich war die Opposition äußerst heterogen zusammengesetzt. Sie reichte von unzufriedenen jungen Leuten über ehemalige Gaddafi-Getreue bis zu radikalen Islamisten. Nach dem Regimewechsel kam es immer wieder zu Kämpfen zwischen verfeindeten Gruppierungen. Menschenrechtsorganisationen prangerten Foltermethoden in libyschen Gefängnissen an, welche die neuen Machthaber gegen Opponenten anwandten. Gewiss nicht zufällig am 11. September 2012 wurden bei einem Angriff auf das US-Konsulat in Bengasi Botschafter Chris Stevens und drei seiner Mitarbeiter getötet. Zunächst hieß es in Washington, es habe sich um einen spontanen Protest gegen ein antiislamisches Schmähvideo gehandelt. Später musste die US-Regierung einen terroristischen Hintergrund der Tat einräumen.

Es fehlte der Bundesregierung jedoch das Rückgrat, einen einmal eingeschlagenen Kurs durchzuhalten. Hohn und Spott prasselten national und international auf die schwarz-gelbe Koalition nieder. Ausgerechnet die Sozialdemokraten, die das Afghanistan-Desaster maßgeblich zu verantworten haben, warfen Merkel und Westerwelle vor, das Erbe der Bundeskanzler Konrad Adenauer (CDU) und Willy Brandt (SPD) zu verspielen. Altbundeskanzler Helmut Kohl (CDU) nahm Libyen, Energiewende und Griechenlandkrise zum Anlass, um in der Zeitschrift „Internationale Politik" seine Sicht der Dinge darzulegen. Deutschland sei schon seit einigen Jahren „keine berechenbare Größe mehr – weder nach innen noch nach außen". Das würde auch Freunde und Verbündete im Ausland beunruhigen. Kohl erklärte: „Die transatlantischen Beziehungen, das geeinte Europa, das Miteinander gerade auch mit den kleineren Partnern auf Augenhöhe, die deutsch-französische Freundschaft, die Beziehungen zu unseren Nachbarn im Osten, vor allem zu Polen, unser Verhältnis zu Israel, die Verantwortung für die Welt als Ganzes – das sind elementare Grundpfeiler, mit denen wir immer fest verankert waren und die für mich nach wie vor Gültigkeit haben – wenn auch, den Veränderungen angepasst, natürlich heute mit anderen Nuancen. Wenn wir diese feste Verankerung verlassen, treiben wir – im übertragenen Sinne – ohne Kompass und Anker im Weltmeer, laufen also Gefahr, beliebig und unberechenbar zu werden. Die Folgen wären katastrophal: Die Vertrauensbasis wäre verloren, Unsicherheiten breiteten sich aus, am Ende wäre Deutschland isoliert – das kann niemand wirklich wollen."[38] Doch Kohls Beharren auf „Standortbestimmungen", „Konstanten", „Verlässlichkeit", „Verantwortung" und „Führung" klang realitätsfern. Merkel fasste ihre ganze Rat- und Fassungslosigkeit in einem Satz zusammen: „Die Welt ist aus den Fugen."[39] Afghanistan-Desaster, Lehman-Crash, Fukushima-GAU, Euroraum-Turbulenzen, NSA-Affäre und Ukraine-Krise standen und stehen als Synonym dafür. Die Auswirkungen sind innen- und außenpolitisch gravierend. Und sie zerstören Gewissheiten.

In einem Interview zählte Präsident Obama die wichtigsten US-

Verbündeten im Libyen-Konflikt auf: Großbritannien, Frankreich, Kanada, Dänemark, Norwegen, Italien, Spanien, Griechenland und die Türkei. Deutschland erwähnte er mit keinem Wort.[40] Auffällig war, dass Obama während seiner ersten Amtszeit im Weißen Haus Berlin nicht einen einzigen offiziellen Besuch abstattete. Nur für einige Stunden besuchte der Präsident Anfang Juni 2009 das im Zweiten Weltkrieg durch alliierte Bomben weitgehend zerstörte Dresden und das ehemalige Konzentrationslager Buchenwald. Es war eine auf Symbolik ausgerichtete Visite, hinter der die Tagespolitik zurücktrat. In der wiedererrichteten Frauenkirche kam die Wertschätzung für die Aufbauleistung der Ostdeutschen nach dem Fall des Eisernen Vorhangs zum Ausdruck. Mit der Erinnerung an den Holocaust erging die Botschaft an Israel, dass die leidvolle Vorgeschichte des jüdischen Staates nicht vergessen ist. Zuvor hatte Obama Anfang April 2009 im Rahmen eines Gipfels zum 60. Jahrestag der NATO Baden-Baden besucht, das neben dem französischen Straßburg der Hauptaustragungsort war. Das abgekühlte deutsch-amerikanische Verhältnis wurde spätestens im November 2010 deutlich, als es am Rande des G20-Gipfels in Seoul zu einem Disput zwischen Obama und Merkel kam. Der US-Präsident wollte die Außenhandelsüberschüsse aller Länder auf vier Prozent des Bruttoinlandsproduktes beschränken. Das wäre gut für die Vereinigten Staaten gewesen, die wesentlich weniger Waren exportieren als importieren. Aber es hätte den Interessen Deutschlands und Chinas widersprochen, die um den Titel des Exportweltmeisters streiten. Obama konnte sich mit seinen Vorstellungen nicht durchsetzen. Das blieb offenbar im Gedächtnis haften. Bei seiner Europareise Ende Mai 2011 ignorierte der US-Präsident die Bundesrepublik und machte dafür in Irland, Großbritannien, Frankreich und Polen Station. Die Vereinigten Staaten überließen in Libyen weitgehend Frankreich und Großbritannien das Feld. Sarkozy wollte in erster Linie den Führungsanspruch seines Landes im Mittelmeerraum unterstreichen. Eigentlich war er es, der einen Alleingang unternahm und andere Partner mit in die Haftung nehmen wollte, was Deutschland ablehnte.

Im Juni 2013 kam Obama dann doch nach Berlin. Seine groß angekündigte Rede vor dem Brandenburger Tor lieferte vor allem schöne Bilder für den Bundestagswahlkampf von Frau Merkel. Verflogen war die Euphorie, die der damalige Präsidentschaftskandidat im Juli 2008 bei einem Auftritt vor 200 000 Zuhörern an der Siegessäule erzeugt hatte. Das amerikanische Staatoberhaupt sprach routiniert viele Themen an, ohne wirklich Akzente zu setzen. Am konkretesten wurde er bei der nuklearen Abrüstung. Sein Anfang April 2009 in Prag vorgetragenes Bekenntnis zu einer Welt ohne Atomwaffen folgte in Berlin eine Initiative zu einer weiteren Reduzierung der einsatzbereiten strategischen Sprengköpfe um ein Drittel. Ausgehend von mit Russland getroffenen Vereinbarungen blieben dann etwa 1000 Sprengköpfe für jede Seite übrig. Dabei handelte es sich um einen Vorstoß, der nicht mit Moskau abgestimmt war und dort auf starke Vorbehalte traf. Obama sprach auch die Reduzierung der taktischen Atomwaffen an, die Außenminister Westerwelle zu einem seiner wichtigsten Themen erklärt hatte. Im Ende Oktober 2009 von CDU, CSU und FDP unterzeichneten Koalitionsvertrag wurde ausdrücklich der Abzug der in Deutschland verbliebenen Atomwaffen zum Ziel erklärt. Dessen Umsetzung war die Bundesregierung auch am Ende der Legislaturperiode kein Stück näher gerückt.

Merkel bediente bei Erklärungen zur Außenpolitik gern Allgemeinplätze. Das zeigen Aussagen wie diese: „Der Einsatz der Bundeswehr ist und bleibt nur ultima ratio. Er kann stets nur das äußerste Mittel sein, streng gebunden an Völker- und Verfassungsrecht. (…) Militärische Zurückhaltung und der Einsatz militärischer Mittel als ultima ratio, das ist Staatsräson der Bundesrepublik Deutschland. Und zwar verbunden mit der politischen Verantwortung, die wir aufgrund unserer wirtschaftlichen Stärke, unserer geografischen Lage im Herzen Europas wie auch als Mitglied unserer Bündnisse wahrnehmen."[41] Oft lavierte die Kanzlerin, wenn es konkret wurde. Im Afghanistan-Konflikt überließ sie es ihrem Verteidigungsminister zu Guttenberg, die Worthülse vom Stabilisierungseinsatz zu entsorgen und die Realität treffend mit Krieg zu beschreiben. Beim Übergang zur Freiwilligenarmee hielt sich Merkel im Hintergrund, das große Wort führte zu Guttenberg. Als Westerwelle im Libyen-Streit unglücklich handelte, schritt Merkel viel zu spät ein und versprach dann den neuen Machthabern in Tripolis schnelle Wiederaufbauhilfe. Und es war Verteidigungsminister de Maizière, der ankündigte: „Es gibt in Zukunft in keiner Weise mehr einen deutschen Sonderweg, weder in der EU noch neben anderen Bündnispartnern."[42] Um dann später noch hinterherzuschicken: „Angst vor der eigenen Stärke zu haben, ist keine Leitlinie deutscher Politik."[43] Von Machtvergessenheit war da nichts mehr zu spüren.

„Töten und Sterben gehören dazu"

Entsprechend ging der Minister davon aus, dass die Bundeswehr künftig international militärisch mehr Verantwortung übernehmen werde. Dabei ließ er keinen Zweifel: Auslandseinsätze könnten „gefährlich sein – Töten und Sterben gehören dazu".[44] Zum Kernauftrag der Streitkräfte gehöre nicht, in fremden Ländern Brunnen zu bohren oder andere Entwicklungsaufgaben in Krisenregionen zu übernehmen.[45]

In welche Richtung die Entwicklung geht, lässt sich unter anderem an Auszeichnungen ablesen, die die Bundeswehr vergibt. Der damalige Verteidigungsminister Volker Rühe stiftete 1996 die Einsatzmedaille, Franz Josef Jung ließ 2008 die Tapferkeitsmedaille folgen. Karl-Theodor zu Guttenberg verlieh schließlich 2010 erstmals ein Ehrenzeichen für einen Kampfeinsatz. Die Auszeichnung erhielt postum der Hauptgefreite Sergej Motz, der am 29. April 2009 bei Kundus in einem Hinterhalt getötet worden war. „Das Gefecht, in dem er fiel, markierte eine bis dahin nicht gekannte Intensität des Afghanistan-Einsatzes für deutsche Soldaten", hieß es in einer Bundeswehrmitteilung. Die sogenannte Gefechtsmedaille stellt eine Sonderform der Einsatzmedaille dar. Gewürdigt wird der „Einsatz der Soldaten unter hoher persönlicher Gefährdung bis hin zur Verwundung oder zum Tod".[46] Der Militärhistoriker Detlef Bald stellte die symptomatische Wahl des Begriffes Gefechtsmedaille in Zusammenhang mit einer „schleichenden Militarisierung der Außenpolitik der Bundesrepublik".[47]

Die Verfechter eines offensiven Kurses betonen zwar, dass die Verteidigung Deutschlands gegen eine militärische Bedrohung von außen die Kernfunktion der Bundeswehr bleibe. Aber zugleich weisen sie daraufhin, dass das Grundgesetz einen weiten Gestaltungsspielraum biete. Durch Urteil vom 12. Juli 1994 habe das Bundesverfassungsgericht klargestellt, dass die deutschen Streitkräfte über die Landes- und Bündnisverteidigung hinaus an internationalen Einsätzen im Rahmen und nach den Regeln von Systemen gegenseitiger kollektiver Sicherheit eingesetzt werden könnten.[48] Das Urteil, das den Einsatz der Bundeswehr außerhalb des NATO-Hoheitsgebietes nachträglich juristisch sanktionierte, ging als „Out-of-area"-Entscheidung in die Rechtsgeschichte ein. Zuvor hatten die Bundestagsfraktionen von SPD und FDP die Beteiligung der Bundeswehr an der Durchsetzung eines Waffenembargos gegen die ehemaligen jugoslawischen Teilrepubliken und der Überwachung eines Flugverbots über Bosnien-Herzegowina als verfassungswidrig bezeichnet. Beide Fraktionen vertraten die Ansicht, Artikel 87a im Grundgesetz beschränke die Aufgaben der Bundeswehr rein auf die Landes- und Bündnisverteidigung und ließe einen Einsatz außerhalb des NATO-Gebietes nicht zu. Zudem sei hier eine politische Entscheidung von immenser Tragweite ohne Beteiligung des Bundestages getroffen worden. Die Beschwerdeführer bekamen zumindest teilweise Recht. Das Bundesverfassungsgericht entschied, dass vor einem Einsatz der Bundeswehr die Regierung grundsätzlich dazu verpflichtet ist, die Zustimmung des Bundestages mit einfacher Mehrheit einzuholen. Seitdem gilt der sogenannte Parlamentsvorbehalt. Zugleich ebneten die Karlsruher Richter den Weg für Auslandseinsätze der Streitkräfte außerhalb des NATO-Hoheitsgebietes. Die verhandelten Einsätze standen demnach im Einklang mit dem Grundgesetz. Die Grundlage für das Urteil bildete Artikel 24 Absatz 2 des Grundgesetzes.

Das Tauziehen um Auslandseinsätze der Bundeswehr vor dem Bundesverfassungsgericht war damit keineswegs beendet. Gegen die Stationierung von Tornado-Aufklärungsflugzeugen in Afghanistan klagte 2007 die linke Bundestagsfraktion. Sie argumentierte, der NATO-Vertrag sei offiziell seit 1955 nicht mehr verändert worden, das Bündnis sei aber heute nicht mehr das von damals. So sehe die NATO inzwischen vom Völkerrecht nicht gedeckte Präventivkriege als zulässig an und beanspruche ein Selbstverteidigungsrecht nicht mehr nur gegen Staaten, sondern auch gegen einen nicht näher definierten internationalen Terrorismus. Durch diese stillschweigende

Die Gefechtsmedaille wurde zum ersten Mal im Jahr 2010 verliehen. Sie erhielt postum der Hauptgefreite Sergej Motz, der am 29. April 2009 in einem heftigen Feuergefecht mit den Aufständischen bei Kundus gefallen war. (Foto: Bundeswehr)

Veränderung des NATO-Vertrages ohne entsprechendes Zustimmungsgesetz seien die Rechte des Parlaments verletzt worden. Der Einsatz in Afghanistan weise keinen Bezug mehr zur Sicherheit im euro-atlantischen Raum auf. Auf die aber sei der NATO-Vertrag abgestellt. Die Bundesregierung betonte hingegen, dass es sowohl beim regionalen Bezug bleibe als auch auf komplexe Bedrohungen wie Terrorismus und Massenvernichtungswaffen flexibel reagiert werden müsse. Zudem werde die Allianz ohne eine Bedrohung eines der Bündnismitglieder nicht aktiv.[49]

Das Bundesverfassungsgericht kam zu dem Ergebnis, dass die

von der Allianz geführte ISAF-Mission der Sicherheit des euro-atlantischen Raumes diene und deshalb nicht den NATO-Vertrag überschreite. Zurückgewiesen wurde damit auch, dass die Entsendung von sechs Aufklärungsflugzeugen gegen das Grundgesetz verstoße. In dessen Artikel 26 heißt es: „Handlungen, die geeignet sind und in der Absicht vorgenommen werden, das friedliche Zusammenleben der Völker zu stören, insbesondere die Führung eines Angriffskrieges vorzubereiten, sind verfassungswidrig. Sie sind unter Strafe zu stellen."[50] Zweifellos leisteten die Tornados bei ihrem dreieinhalbjährigen Einsatz bis Ende September 2010 einen Beitrag zum Aufspüren von Taliban-Kämpfern und deren Infrastruktur. Und klar war auch immer, dass die Aufnahmen der deutschen Jets für Bombenangriffe amerikanischer oder britischer Kampfflieger genutzt werden konnten. Sie waren in diesem Sinne Teil einer offensiven Komponente. Damit wurden die Grenzen zwischen den Missionen ISAF und OEF verwischt.

Manche politische Begründung, die im Nachhinein juristisch sanktioniert wurde, sollte mehr verschleiern als erhellen. Bei der Antiterroroperation Enduring Freedom handelt es sich demnach „um eine Intervention auf Einladung der afghanischen Regierung".[51] Diese Regierung gab es noch gar nicht, als OEF begann. Erst nachdem die Taliban gestürzt waren, setzten die Amerikaner eine Mannschaft ihres Vertrauens ein. Bezeichnend war auch, dass die Tornados mit der Begründung abgezogen wurden, sie seien „zur konkreten Umsetzung des Kernauftrags Aufbau und Ausbildung der afghanischen Sicherheitskräfte nicht mehr vordringlich".[52] Piloten, Techniker und weiteres Wartungspersonal, insgesamt etwa 500 Soldaten, wurden durch Kampftruppen ersetzt.

Das konnte eine sich langsam verändernde Wahrnehmung keineswegs aufhalten. Begriffe wie Krieg, Gefallene oder Veteranen, die lange nichts mit der Bundeswehr-Realität zu tun hatten, traten ins öffentliche Bewusstsein. In den vergangenen zwei Jahrzehnten waren insgesamt über 300 000 Soldaten im Auslandseinsatz, davon über 100 000 in Afghanistan.[53] Diese Soldaten dürfen sich jetzt offiziell Veteranen nennen. Die Versorgung nach erlittenen Schäden sowie für Hinterbliebene getöteter Bundeswehrangehöriger wurde verbessert. Ein entsprechendes Gesetz trat am 13. Dezember 2011 in Kraft.

Künftig sollen mindestens 10 000 Soldaten dauerhaft für internationale Einsätze zur Verfügung stehen, 3000 mehr als derzeit. Zu Guttenbergs Nachfolger de Maizière machte den Umfang der Streitkräfte von drei Kriterien abhängig. „Er muss sicherheitspolitisch begründet, finanzierbar und demografiefest sein."[54] Laut Weißbuch 2006 lag die Planung für 2010 bei 252 000 aktiven Soldatinnen und Soldaten.[55] Die künftige Personalstärke soll bei bis zu 185 000 liegen. Das Gros bilden 170 000 Berufs-und Zeitsoldaten. Dazu sollen bis zu 15 000 freiwillig Wehrdienstleistende kommen. Im zivilen Bereich sind 55 000 Dienstposten vorgesehen.[56]

Allerdings wird es nicht reichen, weitere Auslandsmissionen der Bundeswehr allein damit zu begründen, Abwarten und Gleichgültigkeit stellten keine Optionen dar, eine Kultur der Zurückhaltung dürfe nicht zu einer Kultur des Heraushaltens werden, Deutschland müsse sich künftig weltweit sicherheitspolitisch früher, entschiedener und substantieller einbringen.[57] Zwar ist in diesem Kontext von einer verstärkten Krisenprävention die Rede, aber auch neuerliche Kampfeinsätze werden nicht ausgeschlossen. Damit besteht die Gefahr, nach Afghanistan in ein weiteres militärisches Abenteuer zu geraten.

„Die Verteidigungsbudgets in den meisten Ländern sind in einer Zeit gesunken, in der die Allianz ihre bisher herausforderndste und wichtigste Mission unternimmt und die Notwendigkeit, in künftige Fähigkeiten zu investieren, essentiell ist."
(NATO-Generalsekretär Anders Fogh Rasmussen in seinem Jahresbericht für 2012)

Wer bislang in Afghanistan einmarschierte, kam schwer lädiert wieder heraus. Die Engländer verloren 1842 den Nimbus der Unbesiegbarkeit. Die Russen zogen 1989 ab, ihr Scheitern beschleunigte den Zerfall der Sowjetunion. Erst nach 2014 werden die Konsequenzen für die NATO, die am Hindukusch als stärkstes Bündnis der Welt ihre gesamte Reputation aufs Spiel setzte, in vollem Umfang deutlich werden. Gleiches gilt für die Supermacht USA, die sich in Afghanistan und im Irak in zwei kostspielige und langwierige Kriege begab. Und auch die EU muss ihren Kurs überprüfen.

Die Entscheidungszwänge sind aufgrund vielfältiger Krisen und Konflikte groß. Der Afghanistan-Einsatz zeigte bereits, dass ein wirklich strategischer Konsens der NATO-Staaten über die zu erreichenden politischen und militärischen Ziele nie vorhanden war. Die Absichten reichten von einer entschlossenen Vergeltung für die Anschläge vom 11. September 2001 über die Einführung der Demokratie am Hindukusch bis hin zum Beweis der engen Gefolgschaft zu den Vereinigten Staaten. Je nachdem, ob Regierungen oder Parlamente über das Engagement entschieden, ergaben sich nicht selten Einsatzbeschränkungen. Als gemeinsames Merkmal schälte sich lediglich die überwiegend ablehnende Haltung der Bevölkerung heraus, welche im Herangehen der Entsendestaaten unterschiedliche Berücksichtigung fand.[2] Die Niederlande (2010) und Kanada (2011) zogen ihre Kontingente aus den südlichen Unruheprovinzen nach erheblichen Verlusten nicht zuletzt unter massivem öffentlichem Druck zurück. Mit Frankreich schloss ein weiterer großer Truppensteller den Rückzug seiner Kampftruppen bis Ende 2012 ab.

Präsident Hollande erteilte zudem den Auftrag, die Integration Frankreichs in die militärische Kommandostruktur der NATO zu überprüfen sowie die Perspektiven der transatlantischen Beziehungen für das kommende Jahrzehnt und die strategischen Prioritäten Frankreichs in den nächsten 15 Jahren zu analysieren. General Charles de Gaulle hatte 1966 aus Protest gegen eine US-Hegemonie in der NATO den Austritt aus der Militärstruktur beschließen lassen. Damit blieb das Land zwar Mitglied des Bündnisses und beteiligte sich weiter an den Einsätzen. In den Führungsetagen, wo die wichtigen Entscheidungen getroffen, die Strategie der Allianz festgelegt und militärische Operationen geplant werden, war Frankreich aber nicht mehr vertreten. Das wollte Hollandes Vorgänger Sarkozy ändern und unterbreitete 2008 entsprechende Planungen. Im darauffolgenden Jahr begann die vollständige Rückkehr in das Bündnis. Sarkozy führte sein Land damit wieder näher an die USA und die NATO heran. Hollandes Absicht besteht nicht darin, eine grundlegende Kurskorrektur nach dem Vorbild de Gaulles vorzunehmen. Näher liegen vielmehr taktische Gründe. Indem der Präsident die NATO-Militärstruktur unter die Lupe nehmen und damit Unzufriedenheit über die aktuelle Situation des Bündnisses durchscheinen lässt, sollen die europäischen Partner zu größeren eigenen Anstrengungen ermuntert werden. Zugleich bediente Hollande die sozialistische Klientel, die weniger amerikafreundlich ist als das rechte Lager.[3]

Da auch die USA ihr Kontingent in Afghanistan ab 2012 beträchtlich reduzierten, geriet die gesamte Balance des multinationalen Einsatzes immer mehr in Gefahr. Die NATO blieb dennoch bei 2014 als Ende der großen Militärmission. Wohl wissend, dass bis dahin afghanische Armee und Polizei nicht für eine selbsttragende Sicherheit sorgen können, ein langfristiger Ansatz unter Berücksichtigung politischer, wirtschaftlicher, sozialer und humanitärer Faktoren nicht gegen den Widerstand in der westlichen Bevölkerung durchsetzbar sowie der angekündigte Kampf um die Herzen und Hirne der Afghanen längst verloren gegangen ist. In Berlin nahm die Sorge zu, weitere Länder könnten ihre Truppen schneller als vereinbart zurückbeordern, und dies würde zu einem ungeordneten Abgang der gesamten Allianz führen. Das tapfer bemühte Motto „Together in, together out" hatte spätestens ausgedient, als sich Paris zu einem Turboabzug entschloss. Vor allem aber wurde eine alte Lehre nicht beachtet: Wer sich in einen Konflikt begibt, muss auch wissen, wie er aus diesem wieder herauskommt.

In einer sich dramatisch verändernden Welt mit zerfallenen Staaten, zahlreichen Regionalkonflikten, terroristischen Umtrieben, wachsenden wirtschaftlichen Ungleichgewichten sowie einer drohenden Weiterverbreitung von Massenvernichtungswaffen stellt sich für die NATO mehr denn je die Sinnfrage. Die von der Allianz im November 2010 beschlossene Strategie, die siebte seit der Gründung 1949, stellt gewissermaßen eine Rückkehr zu den Wurzeln dar. Sie betont die kollektive Verteidigung des Bündnisgebietes nach Artikel 5 des Nordatlantik-Vertrages. Das war im Sinne sowohl alter als auch neuer NATO-Mitglieder. Nördliche Bündnisstaaten wie Norwegen und Dänemark erwarten Spannungen mit Russland in der Arktis, das wie alle Anrainer Anspruch auf umfangreiche Rohstoffressourcen in der Region erhebt und diese mit der Aufstellung von Spezialeinheiten militärisch absichert. Der russisch-georgische Konflikt im August 2008 ließ bei ehemaligen Ostblockstaaten wie Polen die Sorge aufkommen, die Allianz wäre bei einer weitgehenden Bindung ihrer Kräfte in anderen Krisenherden gar nicht in der Lage, kurzfristig das eigene Bündnisgebiet zu verteidigen. Der polnische Ministerpräsident Donald Tusk betonte damals, es würde „Tage, Wochen dauern, diese Maschinerie in Gang zu bringen". Und er fügte hinzu: „Polen will nicht in Bündnissen sein, in denen der Beistand irgendwann später kommt – es ist nicht gut, wenn die Hilfe Tote erreicht. Polen will in Bündnissen sein, in denen die Hilfe in den ersten Stunden eines jeden möglichen Konflikts kommt."[4] Bestätigt sah sich Tusk, als Anfang 2014 die Auseinandersetzung zwischen dem Westen und Russland um die Ukraine eskalierte. Die Eingliederung der Krim in die Russische Föderation ließ bestehende Bedrohungsängste auch in den baltischen Staaten noch wachsen.

Warschau setzt neben einer verstärkten Präsenz von NATO-Truppen auf seinem Territorium vor allem auf enge Beziehungen zu Washington, um im Krisenfall schnellen und effektiven Beistand zu erhalten. Präsident Obama kassierte zwar nach wütenden Protesten Moskaus die von der Bush-Administration ausgehandelten Abkommen über die Stationierung von zehn US-Abfangraketen in

Polen und die Errichtung eines Radars in Tschechien als Komponenten für einen Schutzschirm gegen eine angebliche Bedrohung aus dem Iran. Als Ersatz einigten sich die NATO-Mitglieder jedoch 2010 auf den Aufbau eines bündniseigenen Raketenabwehrsystems, das Europa vor Angriffen schützen soll. Die Allianz will das System schrittweise bis 2020 in Betrieb nehmen. Polen wird den Planungen zufolge ab 2018 Standort für Abfangraketen. Der Kreml fordert von den USA vertragliche Garantien dafür, dass das System nicht gegen Russland gerichtet ist. Dies wurde vom Weißen Haus abgelehnt.

Polen gehört zu jenen Ländern, die trotz aller Kritik am Erhalt der NATO interessiert sind. Solange diese existiert und Deutschland ihr Mitglied ist, wird kein Bündnis zwischen Deutschland und Russland zustande kommen. Das tiefe Misstrauen belegte eine Depesche der US-Botschaft in Warschau vom 23. April 2008. Diese Depesche, entstanden nach einem Gespräch von Außenminister Radoslaw Sikorski mit Paula Dobriansky vom State Department, wurde von WikiLeaks veröffentlicht. Polen sei nach seinem NATO-Beitritt 2004 beschuldigt worden, ein trojanisches Pferd der USA zu sein, es gebe aber „ein anderes trojanisches Pferd in der NATO", soll Sikorski gesagt haben. Deutschland scheine einen Deal mit Russland zu haben. „Sie (die Deutschen) spielen zusammen mit Russland und als Gegenleistung verdienen deutsche Firmen dort Hunderte Milliarden Euro, ein schöner Deal", zitierten amerikanische Diplomaten den polnischen Außenminister.[5] Zwei Jahre zuvor hatte Sikorski, damals Verteidigungsminister in der rechtskonservativen Regierung Kaczynski, für einen Eklat gesorgt. Er warf der Bundesrepublik vor, mit der von Wladimir Putin und Gerhard Schröder eingefädelten Ostseepipeline Russland beim Ausspielen seiner Macht als Energielieferant zu unterstützen. Sikorski sagte wörtlich „Das ist die Tradition von Locarno. Das ist die Molotow-Ribbentrop-Tradition. Das war das 20. Jahrhundert. Wir wollen keine Wiederholung davon."[6]

Die damit thematisierte Befürchtung, in Zukunft von den Öl- und Gasströmen abgeschnitten zu werden, wurde ergänzt durch den Vorschlag zur Bildung einer Energie-NATO. Diese sollte den Mitgliedern von EU und NATO offen stehen und als gegenseitiger

Beistandspakt einen kontinuierlichen Rohstoffluss sicherstellen, indem unter anderem der Bau neuer Pipelines nicht mehr bilateral, sondern nur noch im Bündnis beschlossen werden kann. Der Vorschlag war nicht mehrheitsfähig, aber in der neuen NATO-Strategie werden die modernen Risiken wie Störungen bei der Energieversorgung und Angriffe aus dem Internet auf staatliche Datennetzwerke durchaus angesprochen. Darauf hat die Allianz bislang keine befriedigenden Antworten. Das trifft auch auf eine möglicherweise rasante Zunahme von Nuklearmächten zu.

Mit Blick auf die Proliferation von Atomwaffen in unmittelbarer Nachbarschaft Europas, der lediglich konventionell gerüstete Staaten ziemlich wehrlos ausgeliefert wären, formulierte der Publizist Peter Scholl-Latour eine provokante These: „Entweder beteiligt sich die Bundeswehr organisch an einem europäischen, das heißt deutsch-französischen Nuklear-Deterrent, oder sie wird im nationalen Alleingang auf diese unentbehrliche Form der Abschreckung zurückgreifen müssen, um das deutsche Volk vor unermesslichem Schaden zu bewahren."[7] Scholl-Latour unterstellte dabei sowohl einen Dammbruch bei der Weiterverbreitung von Massenvernichtungswaffen als auch eine damit überforderte amerikanische Schutzmacht. Derartige Überlegungen wurden offenbar auch im politischen Bereich angestellt. Der „Spiegel" berichtete Mitte September 2007, dass Präsident Sarkozy Bundeskanzlerin Merkel und Außenminister Steinmeier Gespräche über eine Teilhabe an den französischen Atomwaffen angeboten haben soll. Sarkozy hatte demzufolge das Thema während eines gemeinsamen Mittagessens im brandenburgischen Meseberg angesprochen. Die „Force de Frappe" beschütze schließlich auch das Nachbarland, so die Argumentation des Präsidenten. Deshalb solle die Bundesregierung überlegen, ob sie nicht auch an der Entscheidungsgewalt über die Atomwaffe beteiligt sein wolle. Steinmeier entgegnete, Deutschland strebe den Besitz von Atomwaffen nicht an, deshalb sei es auch 1975 dem Atomwaffensperrvertrag beigetreten. Merkel pflichtete dem Minister ausdrücklich bei, hieß es nach „Spiegel"-Angaben.[8] Ungeachtet dessen bestand nach der Ende der 1950-er Jahre gescheiterten nuklearen Bewaffnung der Bundeswehr Anfang der 1960-er Jahre auf westdeutscher Seite ein starkes Interesse an der

Bildung einer Multilateralen Atomstreitmacht der NATO (Multilateral Force/MLF). Einen diesbezüglichen Vorschlag hatte US-Präsident John F. Kennedy unterbreitet, der weitere Sonderwege nach dem Beispiel Frankreichs verhindern wollte. Das Projekt scheiterte an der nicht zustande gekommenen Einigung über Kontroll-, Einsatz- und Finanzierungsfragen.

Davon unberührt blieb die Praxis der „nuklearen Teilhabe", an der Bundesregierungen jedweder Zusammensetzung auch nach dem Ende des Kalten Krieges festhielten. Im Rahmen der NATO-Abschreckungspolitik stellen nach wie vor nichtnukleare europäische Staaten wie Deutschland ihr Territorium für die Lagerung von US-Atomwaffen zur Verfügung. Die nötigen Waffen-Codes und damit die Befehlsgewalt besitzen allein die Amerikaner, Flugzeuge samt Piloten kommen von der Bundeswehr. Die Luftwaffe trainiert nur noch in Büchel (Rheinland-Pfalz) den Einsatz von Kernwaffen durch Jagdbomber vom Typ Tornado. Auch nach der Umstellung auf den nichtatomwaffentauglichen Eurofighter sollen Tornados im Bestand der Streitkräfte bleiben. Auf eine Kleine Anfrage der Linken erklärte die Bundesregierung Anfang 2006: „Die Nutzung des Waffensystems Tornado ist in reduzierter Stückzahl über das Jahr 2020 hinaus geplant. Der Zeitpunkt der endgültigen Außerdienststellung ist noch nicht festgelegt."[9] Damit wurde deutlich, dass sich trotz aller Abrüstungsbekundungen langfristig nichts am Prinzip der nuklearen Teilhabe ändern sollte. In der Antwort auf eine Kleine Anfrage der Grünen äußerte sich die Bundesregierung Ende 2012 zuversichtlich, dass die modernisierten US-Nuklearwaffen „mit den verschiedenen Trägermitteln der Mitgliedstaaten der Allianz, die zur nuklearen Teilhabe beitragen, kompatibel sind".[10] Abkommen zwischen der Bundesrepublik und den Vereinigten Staaten über eine Stationierung von US-Nuklearwaffen in Deutschland unterliegen der Geheimhaltung. Zu deren Lagerorten werden aus Sicherheitsgründen grundsätzlich keine Auskünfte erteilt. Detaillierte Informationen über US-Nuklearwaffen in Deutschland lieferte eine Studie des Washingtoner Rüstungskontrollexperten Hans M. Kristensen, die im Februar 2005 vom Natural Resources Defense Council (NRDC) unter dem Titel „U. S. Nuclear Weapons in Europe" veröffentlicht wurde. Danach befanden sich damals auf dem Bundeswehr-Fliegerhorst Büchel 20 Atombomben.[11] Daran soll sich mit Stand Ende 2013 nichts geändert haben. Das steht im Widerspruch zum Atomwaffensperrvertrag, dessen Bedeutung deutsche Politiker immer wieder betonen. Der Vertrag verpflichtet in Artikel II alle Nichtkernwaffenstaaten, die Vertragspartei sind, Kernwaffen oder die Verfügungsgewalt darüber von niemandem unmittelbar oder mittelbar anzunehmen.[12]

Ob sich die NATO auf ihren ursprünglichen Auftrag besinnt oder weiter global ausrichtet, hängt von den weiteren sicherheitspolitischen Konstellationen ab. Sicher ist, dass die vorhandenen militärischen Ressourcen bei der Fülle der Brennpunkte nicht ausreichen. Darüber hinaus werden intern die bestehenden Herausforderungen aufgrund divergierender Interessen unterschiedlich bewertet, was einem gemeinschaftlichen Handeln von vornherein Grenzen setzt. Der Zusammenhalt des Bündnisses wird auch durch eine veränderte amerikanische Prioritätensetzung, die Europa weniger und dem asiatisch-pazifischen Raum dafür mehr Aufmerksamkeit widmen wird, auf die Probe gestellt. Washington rückt die wirtschaftliche Kooperation mit den Europäern in den Vordergrund, etwa in Form eines transatlantischen Freihandelsabkommens. Der Startschuss für mehrjährige Verhandlungen zu diesem Abkommen wurde auf einem G8-Gipfel gegeben, der im Juni 2013 im nordirischen Lough Erne Resort stattfand. Stationen von Obamas erster Auslandsreise nach seiner Wiederwahl Anfang November 2012 waren Thailand, Myanmar und Kambodscha. Umworben werden inzwischen auch Länder wie die Mongolei und Laos, um die USA gegen China zu positionieren. Die Volksrepublik könnte nach einer Prognose der Organisation für wirtschaftliche Zusammenarbeit und Entwicklung (Organisation for Economic Co-operation and Development/ OECD) die Vereinigten Staaten 2016 als größte Wirtschaftsmacht der Welt ablösen.[13]

Wenn der alte Kontinent in den Kalkulationen der Supermacht einen geringeren Stellenwert einnimmt, bedeutet das für die Europäer, mehr Verantwortung zu übernehmen. Ein vor dem NATO-Gipfel im Mai 2012 in Chicago bekanntgewordenes Papier der amerikanischen Denkfabrik Atlantic Council widerspiegelte den Unwillen der US-Führung, weiter fast Dreiviertel der Verteidigungsausgaben für das Bündnis zu tragen. Zum einen steht Washington aufgrund der maroden Staatsfinanzen selbst vor der Aufgabe, die Rüstungsausgaben zu kürzen. Zum anderen wird seit längerem der durchaus berechtigte Vorwurf erhoben, die Europäer würden sich auf Kosten der Vereinigten Staaten aus der Verantwortung stehlen. Im Jahr 2012 stellten die USA 72 Prozent der NATO-Verteidigungsausgaben bereit, 2007 waren es noch 68 Prozent. Der Zuwachs erklärt sich nicht allein aus Missionen wie in Afghanistan, sondern auch durch die Reduzierung der europäischen Wehretats. Seit 2008 sinken die Verteidigungsausgaben in den meisten europäischen Mitgliedstaaten, deshalb fließt auch immer weniger Geld in die NATO-Einsätze. Im Jahr 2006 vereinbarten die Alliierten, zwei Prozent ihres jeweiligen Bruttoinlandsprodukts (BIP) für den Verteidigungssektor zu verwenden. Im Jahr 2012 hielten sich nur drei europäische Länder an diese Vorgabe: Großbritannien, Bulgarien und Griechenland. Die USA lagen mit mehr als 4,6 Prozent des BIP für Verteidigung uneinholbar an der Spitze.[14]

Neue Geschäftsmodelle

Auf dem Gipfel in Chicago wurde dann auch ein neues Geschäftsmodell mit dem Namen „Smart Defense" entworfen. Das Ziel besteht darin, gemeinsam das zu entwickeln und zu kaufen, was man selbst nicht mehr finanzieren kann. Die künftig knapper zur Verfügung stehenden Mittel sollen intelligenter für Schlüsselprojekte wie die europäische Raketenabwehr, unbemannte Aufklärungsflugzeuge und ferngesteuerte Roboter zur Bekämpfung von Sprengfallen ausgegeben werden. Auch im EU-Rahmen ist unter der Überschrift „Pooling and Sharing" eine ähnliche Vorgehensweise geplant. Aber spätestens wenn es konkret wird, dürften die nationalen Egoismen wieder in den Vordergrund treten. Bundesverteidigungsminister de Maizière riet in diesem Zusammenhang zum Realismus: „Ausbildung, Planung, gemeinsame Beschaffung zur Schließung gemeinsamer Fähigkeitslücken – in diesen Bereichen können wir viel mehr zusammenarbeiten. Wer jedoch unter Abstimmung im Bündnis den Verzicht auf bedeutende bestehende Fähigkeiten meint, muss sagen, an welche Fähigkeiten er denkt und wer sie zu welchen Kosten und mit welchen Einsatzfolgen übernehmen soll. Ich sehe keinen unserer großen Partner, der bereit wäre, auf Wichtiges zu verzichten oder für uns zu übernehmen. Und ich frage, ob das der Rolle Deutschlands entspricht: Es wird – zu Recht – immer der Anspruch an eine Mittelmacht wie die Bundesrepublik Deutschland sein, in jeder Operationsart im Bündnis eine Rolle spielen zu können, einen Teil zu übernehmen."[15] Der für die Neuausrichtung der Bundeswehr festgelegte Strukturgrundsatz „Breite vor Tiefe" stellt das Vorhalten eines breiten Fähigkeitsspektrums in den Mittelpunkt und nicht eine forcierte Arbeitsteilung. Offeriert wird eine sogenannte Anlehnungspartnerschaft, in die sich Verbündete mit eigenen Beiträgen einbringen können. Schon heute unterhält Deutschland eine Reihe gemeinsamer Militärverbände etwa mit Polen, Dänemark, den Niederlanden, Belgien und Frankreich. Die Reaktion auf das Kooperationsangebot aus Berlin war jedoch verhalten.

Abgesehen von den aktuellen Ausrüstungsproblemen ist ein geschlossenes sicherheitspolitisches Konzept der Europäer auch über 20 Jahre nach dem Zerfall Jugoslawiens und dem damit verbundenen Blutvergießen lediglich im Ansatz erkennbar. Damals hatten sich die zwölf Außenminister der Europäischen Gemeinschaft auf Drängen der Bundesrepublik nach monatelangen Auseinandersetzungen im Grundsatz darauf geeinigt, die Unabhängigkeit Sloweniens und Kroatiens zum 15. Januar 1992 anzuerkennen. Deutschland und Dänemark waren ursprünglich dafür, diesen Schritt schon eher zu vollziehen. Frankreich hielt sich diese Option bis zuletzt offen. Großbritannien und die meisten anderen EG-Staaten waren ebenso wie die USA lange dagegen. Bundesaußenminister Hans-Dietrich Genscher (FDP) setzte sich schließlich mit seiner Linie durch. Ausschlaggebend dafür war, dass die Briten ihren Widerstand aufgaben. Es blieb der alte Vorbehalt unter etlichen Verbündeten bestehen, Deutschland würde aus alter Verbundenheit für Kroatien gegen Serbien Partei ergreifen.

Fest steht, dass zu diesem Zeitpunkt Jugoslawien nur noch formal bestand. Der Versuch Belgrads, den Zerfall mit einem gewaltsamen Vorgehen der Volksarmee gegen Slowenien und Kroatien zu stoppen, machte die letzten Chancen auf einen Erhalt des einst von Josip Broz Tito geschaffenen föderalen Gebildes endgültig zunichte. Es ging nur noch um die Aufteilung der Konkursmasse. Die Auflösungsprozesse hatten bereits in den 1980-er Jahren begonnen. Sie waren das Resultat regionaler Ungleichheiten, unterschiedlicher Reformvorstellungen und einer schwierigen wirtschaftlichen Lage. Serbien war am Erhalt Jugoslawiens interessiert, denn etwa ein Drittel dieser Ethnie lebte außerhalb dieser größten Teilrepublik, vor allem in Bosnien und Kroatien. Slowenien und Kroatien wollten die Unabhängigkeit. Die Kämpfe begannen ein halbes Jahr vor der EG-Entscheidung. Diese vollzog nur eine Entwicklung nach, die Ende 1991 unumkehrbar war. Insofern verkannte Slobodan Milosevic vor dem Kriegsverbrechertribunal in Den Haag die Realität, als er Genscher „den Hauptkriminellen bei der Zerstörung Jugoslawiens" nannte.[16] Das war das Werk nationalistischer Führer wie Franjo Tudjman, Alija Izetbegovic und Milosevic selbst. Letzterer setzte als Alternative zum auseinanderbrechenden Staatenbund auf ein Großserbien und verlor am Ende sogar seine Provinz Kosovo. Ein reichlich naives Angebot der Europäischen Gemeinschaft von Ende Mai 1991, Jugoslawien könne bei einer friedlichen Lösung der Krise ein assoziiertes Mitglied der EG werden und mit Finanzhilfen von 5,5 Milliarden Dollar rechnen, wurde von Tudjman und Milosevic abgelehnt. Der Kroate und der Serbe hatten bereits die Aufteilung Bosniens im Blick, das auch bei einer späteren Anerkennung Sloweniens und Kroatiens auf einen Krieg zugesteuert wäre. Der hätte nur verhindert werden können, wenn der Westen bereit gewesen wäre, militärisch zu intervenieren.

Die Europäer waren dazu weder willens noch in der Lage. Die Vereinigten Staaten hatten gerade einen großen logistischen und militärischen Kraftakt am Golf hinter sich gebracht, mit dem sie 1991 die Besetzung Kuwaits durch den Irak beendeten und damit Saddam Hussein in die Schranken wiesen. Es folgte bald darauf die Verwicklung in den somalischen Bürgerkrieg, die bei der verlustreichen Schlacht von Mogadischu 1993 ihren Tiefpunkt erreichte und mit dem Abzug im darauffolgenden Jahr beendet wurde. Entsprechend gering war die Neigung in Washington, auf dem Balkan einzugreifen. Erst als die Nachrichten und Bilder von den Gräueltaten in Srebrenica und an anderen Orten die amerikanische Öffentlichkeit aufrüttelten und der Druck auf Präsident Clinton wuchs, änderte die Supermacht ihren Kurs. Clinton brachte die verfeindeten bosnischen Parteien an den Verhandlungstisch. Ergebnis war das Dayton-Abkommen von Ende 1995, das die künftigen staatlichen Strukturen Bosnien-Herzegowinas sowie die militärische und zivile Kontrolle eines Friedensprozesses regelte. Eine Implementation Force (IFOR) unter NATO-Kommando und getragen von einem großen US-Kontingent ersetzte die United Nations Protection Force (UNPROFOR), die trotz ihres begrenzten Mandats beim Schutz und der Versorgung der Zivilbevölkerung vielfach versagte. IFOR wurde Ende 1996 in die weiter von der NATO geführte Stabilization Force (SFOR) umbenannt. Eine eigenständige Rolle der Europäer in Bosnien-Herzegowina wurde erst mit dem EUFOR-Einsatz ab 2004 deutlich.

Von wirklich stabilen Verhältnissen im Spannungsfeld von orthodoxen Serben, katholischen Kroaten und muslimischen Bosniaken kann jedoch immer noch keine Rede sein. Das liegt an ausgeprägten nationalen Vorurteilen, ungelösten sozialen Problemen, aber auch an einer von Interessengegensätzen geprägten Europäischen Union. In das Vakuum stoßen Mächte wie die Türkei, um ihren politischen und wirtschaftlichen Einfluss auf dem Balkan auszubauen. James A. Baker resümierte in seinen Erinnerungen zum Balkan-Konflikt: „Einerseits war die EG absolut rigide der Vorstellung verhaftet, nur dann handeln zu können, wenn jeder einzelne EG-Staat zugestimmt hatte. Diese explizite Forderung von Einstimmigkeit verursachte nicht nur unnötige Verzögerungen (…), sondern auch eine auf dem kleinsten gemeinsamen Nenner basierende Politik. Andererseits neigten die Europäer dazu, sich zu Gefangenen der eigenen Geschichte zu machen und auf Bündnisse rückzubeziehen, die Jahrzehnte oder gar Jahrhunderte früher einmal bestanden hatten. So haben die Briten und Franzosen anfänglich fast immer und ausschließlich den Standpunkt der Serben vertreten, während die Deutschen beständig den Kroaten Vorrechte einräumten. Und das hat alle Verhandlungsbemühungen unterminiert, denn die Konfliktparteien lernten schnell, wie sie die Europäer gegeneinander ausspielen und die EG damit effektiv neutralisieren konnten."[17] Die von eigenen Problemen geplagte EU will heute ungern daran erinnert werden, dass sie im Jahr 2003 auf ihrem Gipfel in Thessaloniki allen Staaten Ex-Jugoslawiens eine Beitrittsperspektive einräumte. Aufgenommen wurden jedoch nur Slowenien (2004) und Kroatien (2013). Die Chancen für den Rest (Bosnien-Herzegowina, Kosovo, Mazedonien, Montenegro, Serbien) stehen zumindest für die nächsten Jahre schlecht. Die Staats- und Regierungschefs der Europäischen Union beschlossen zwar Mitte 2013, Beitrittsverhandlungen mit Belgrad spätestens Anfang 2014 aufzunehmen, aber zur Vorbedingung wurde eine Normalisierung des Verhältnisses zwischen Serbien und dem Kosovo erhoben. Ein dazu unter Vermittlung der EU-Außenbeauftragten Catherine Ashton zwischen Belgrad und Pristina ausgehandelter Kompromiss über die Rechte der serbischen Minderheit im Kosovo muss sich erst noch als tragfähig erweisen. Das Beharrungsvermögen der integrationsunwilligen Kräfte zeigte sich drastisch bei der Kommunalwahl Anfang November 2013, als die meisten Serben insbesondere im Nordkosovo eine Teilnahme an dem Votum boykottierten. Extremisten gingen unter den Augen der von der NATO geführten Kosovo Force (KFOR) mit Gewalt gegen jene vor, die von ihrem Stimmrecht Gebrauch machen wollten.[18] Darüber hinaus gibt es in Serbien weiter einflussreiche Kräfte, die das Kosovo weiter als integralen Bestandteil des Landes betrachten.

Die EU zeigte sich wesentlich handlungsfähiger, als es darum ging, mit der multinationalen Mission Atalanta vor der somalischen Küste die Piraterie einzudämmen. Dabei waren ab 2008 einzelne Erfolge zu verzeichnen, aber für eine wirksame Bekämpfung der Piraterie müssten deren Wurzeln beseitigt werden. Die Mission wurde im Mai 2012 auf das Festland ausgedehnt. Bundeswehrsoldaten können danach wie die anderen Atalanta-Kräfte in einem zwei Kilometer breiten Streifen am Strand der Küste Somalias aus der Luft gegen Piratenlogistik vorgehen. Dazu zählen Boote, Waffenlager oder sonstige Ausrüstungen, die für Überfälle benutzt werden. Damit soll verhindert werden, dass die Kriminellen mit ihrer Ausrüstung die Hohe See erreichen können. Denn dann muss ein Seegebiet abgesucht werden, das 24-mal so groß ist wie Deutschland. Ausdrücklich betonte die Bundesregierung, dass deutsche Soldaten nicht am Boden eingesetzt werden, ausgenommen sei eine erforderliche Nothilfe. Begründet wurde die Maßnahme damit, dass immer noch Piraten die Hilfslieferungen für Somalia bedrohten. Eine stabile Versorgung von insgesamt bis zu vier Millionen notleidender Menschen sei schon aus humanitären Gründen geboten. Aber in Wirklichkeit steht etwas anderes im Mittelpunkt. Mehr als vier Fünftel des deutschen schweren Güterferntransports werden über See abgewickelt. Das zwingt die Bundesregierung zum Handeln.[19]

Was Verteidigungsminister de Maizière als „eine kleine, nützliche, zusätzliche Option" bezeichnete, stellt jedoch bei genauerer Betrachtung puren Aktionismus dar, der zudem Risiken mit sich bringt. Niemand kann zuverlässig sicherstellen, dass bei Angriffen am Strand nicht Unschuldige zu Schaden kommen. In der Bundeswehr herrschte darüber hinaus Verwunderung darüber, dass eine genaue Breite des Einsatzgebietes definiert und damit den Piraten die Gelegenheit gegeben wurde, sich mit ihrer Logistik darauf einzustellen.[20]

Wie schwierig die juristische Aufarbeitung der Piraterie ist, machte der Prozess gegen zehn Somalier vor dem Hamburger Landgericht deutlich. Die Angeklagten hatten am 5. April 2010 den Frachter „Taipan" der Hamburger Reederei Komrowski überfallen. Die schwer bewaffneten Männer enterten das Schiff rund 530 Seemeilen vor der Küste Somalias und hielten es knapp vier Stunden in ihrer Gewalt. Die 15-köpfige Mannschaft - darunter zwei Deutsche - konnte sich in einen Sicherheitsraum retten. Sie wurde nach dem Absetzen eines Notrufes von einem niederländischen Marinekommando befreit, das die Piraten an Bord festnahm. Im Juni 2010 erfolgte die Auslieferung an Deutschland. Der Prozess in Hamburg begann im November 2010. Mit 105 Verhandlungstagen war er einer der längsten in der deutschen Justizgeschichte. Das Gericht verhängte Haftstrafen zwischen zwei und sieben Jahren.[21] Rein formal traf zu, dass das Schiff unter deutscher Flagge fuhr und deshalb der Prozess in Deutschland stattfinden musste. Kein Zweifel konnte auch daran bestehen, dass Piraterie eine schwere Straftat und entsprechend zu ahnden ist. Dennoch blieb ein gewisses Unbehagen. Da wurden Menschen abgeurteilt, deren Lebenssituation sich kaum erfassen ließ. Zwischen Tatort und Gerichtsort lagen immerhin 6000 Kilometer. Deshalb war es schlicht unmöglich, die Vorgänge an Bord lückenlos zu rekonstruieren, zumal sich die Angeklagten gegenseitig belasteten. Die Hamburger Richter bewiesen unter Würdigung dieser Umstände Augenmaß, indem sie zwar die zehn Somalier des Angriffs auf den Seeverkehr und des erpresserischen Menschenraubs für schuldig befanden, aber die verhängten Strafen zum Teil erheblich unter den Anträgen der Staatsanwaltschaft lagen.

Umbruch im arabischen Raum

Weitgehend ratlos beobachteten NATO und EU den überraschenden Umbruch in der arabischen Welt, der sowohl enorme Chancen als auch Risiken in sich birgt. Ägypten vermittelt den Eindruck eines tief gespaltenen Landes. Der demokratisch legitimierte Präsident Mohammed Mursi, ein Muslimbruder, wurde nach nur einem Jahr im Amt am 3. Juli 2013 von den Militärs gestürzt. In Tunesien, wo der Widerstand gegen die korrupten Regime in Nordafrika seinen Anfang nahm, wurde am 27. Januar 2014 eine vergleichsweise liberale Verfassung verabschiedet. Ob diese als Grundlage für einen Interessenausgleich zwischen islamistischen und säkularen Kräften taugt, wird die Zukunft zeigen. Radikale Salafisten, die beim Umsturz kaum eine Rolle spielten, wollen aus dem eher weltlich orientierten Land einen Scharia-Staat machen. Syrien steuerte ab März 2011 Schritt für Schritt auf einen Bürgerkrieg zu. Schnell wurde der Unterschied zu Libyen deutlich. Russland und China blockierten im UN-Sicherheitsrat wirksame Sanktionen gegen das Assad-Regime und die Ermächtigung für ein militärisches Eingreifen. Moskau wie Peking ließen sich nach eigenem Bekunden davon leiten, dass eine legalisierte äußere Einflussnahme den Zerfall Syriens beschleunigen und zu einer Ausweitung des Konfliktes führen würde. Russland forderte stets, dass bei der Gestaltung des Übergangsprozesses in Syrien bis auf fundamentalistische Kräfte alle Gruppen beteiligt sein müssten, also auch die Regierung in Damaskus. Obwohl dieser Kurs im Westen immer wieder scharf kritisiert wurde, kam der NATO die bestehende Konstellation nicht ungelegen. Die Allianz fürchtete, bei einer Intervention einen regionalen Flächenbrand auszulösen und sich dabei selbst zu verbrennen. Planspiele gingen davon aus, dass von Anfang an der Einsatz von Bodentruppen notwendig gewesen wäre, deren Umfang auf bis zu 200 000 Soldaten veranschlagt wurde.

Stattdessen rückten einzelne Akteure wie das NATO-Mitglied Türkei in den Vordergrund. Die selbstbewusste Macht sah die Chance, ihren Einflussbereich zu erweitern. Ministerpräsident Recep Tayyip Erdogan holte mit dem Syrischen Nationalrat (SNC) die vermeintlich wichtigste Oppositionsplattform nach Istanbul, stellte den Kämpfern der Freien Syrischen Armee ein Rückzugsgebiet zur Verfügung und nahm zahlreiche Flüchtlinge auf. Das Kalkül bestand darin, moderate Islamisten, die Erdogans AKP nahestehen, in Damaskus an die Regierung zu bringen. Der Ministerpräsident hatte auch freie Hand, weil die Türkei für Europa das Bindeglied zu den Öl- und Gasquellen im Bereich des Kaspischen Meeres ist. Mit der Kontrolle von Bosporus und Dardanellen beherrscht Ankara praktisch das Schwarze Meer. Die angrenzenden Staaten Syrien, Irak und Iran sind geostrategisch von immenser Bedeutung. Als ein schneller Erfolg ausblieb, versuchte Erdogan den Konflikt in Syrien zu internationalisieren. Nur in diesem Kontext ergab die Anfrage an die NATO Ende November 2012 zur Bereitstellung von Patriot-Flugabwehrsystemen einen Sinn. Die Türkei, die nach den USA die zweitgrößte Armee innerhalb der Allianz unterhält, hätte sich gegen einen Angriff aus Syrien jederzeit selbst verteidigen können. Der Anfrage wurde nicht aus militärischen, sondern aus politischen Gründen stattgegeben. Die NATO wollte Bündnissolidarität demonstrieren. Weil damit die Gefahr verbunden war, doch in den Konflikt hineingezogen zu werden, billigte die Bundesregierung zwar die Entsendung von zwei Patriot-Batterien in die Türkei, versah aber das dafür notwendige Mandat mit mehreren ausdrücklichen Beschränkungen. Im Mandatstext fand sich der Vorbehalt, „die bodengebundene Luftverteidigung wird nicht in den syrischen Luftraum hinein wirken". In der Beschreibung des Auftrages wurde überdies unterstrichen, der Einsatz „dient nicht der Einrichtung oder Überwachung einer Flugverbotszone über syrischem Territorium".[22] Auf eine solche Flugverbotszone hatte Ankara stets gedrängt.

Als weitere Akteure mischten sich immer mehr die reichen sunnitischen Golfstaaten Saudi-Arabien und Katar in den Konflikt ein, deren eigentliches Ziel von Beginn an darin bestand, durch einen Regimewechsel in Damaskus den schiitischen Iran zu schwächen. Die Rivalität mit Teheran hat eine lange Tradition. Das damalige Schah-Regime besetzte Anfang der 1970-er Jahre drei Inseln an der strategisch wichtigen Meerenge von Hormuz, die zum Territorium zweier Emirate gehörten. Das spätere Buhlen der iranischen Mullahs um die Schiiten in der ölreichen saudischen Ostprovinz sowie wiederholt vorgetragene territoriale Ansprüche auf Bahrain verstärkten das Misstrauen. Eine Nuklearmacht Iran wäre für die Machthaber am Golf der Albtraum schlechthin. Um dies zu verhindern, wurde auch ein Zerfall Syriens in Kauf genommen. Saudi-Arabien und Katar setzten umfangreiche Ressourcen ein, finanziert wurden damit vor allem Waffenlieferungen an Assads Gegner. Zu den Empfängern gehörten in besonderem Maße muslimische Hardliner. Anfang 2012 hatte sich Scheich Hamad bin Chalifa al-Thani erstmals für die Entsendung ausländischer Streitkräfte zur Beendigung des Blutvergießens in Syrien ausgesprochen. In der Arabischen Liga konnte sich das Emirat Katar damit nicht durchsetzen.

Die EU bot wie schon im Libyen-Konflikt ein zerrissenes Bild. Um jede Formulierung wurde erbittert gerungen. Erst hieß es, das im November 2012 in Doha auf Drängen Katars und der USA gebildete Oppositionsbündnis sei der „legitime Vertreter des Strebens des syrischen Volkes". Dann folgte die Aufwertung zur „legitimen Vertretung des syrischen Volkes". Frankreich und Großbritannien schlossen keine Option aus - auch nicht die einer ohne UN-Mandat militärisch erzwungenen Flugverbotszone zum Schutz der syrischen Zivilbevölkerung. Beide Mächte drängten energisch darauf, ein von der EU verhängtes Waffenembargo aufzuheben. Die meisten Mitgliedstaaten waren dagegen, Paris und London hielten an ihrer Auffassung fest. Weil keine Einstimmigkeit erzielt werden konnte, lief das Waffenembargo Ende Mai 2013 aus. Die Mitgliedstaaten konnten damit selbst entscheiden, ob sie Assads Gegner mit Kriegsgerät beliefern. Deutschland blieb bei seiner Ablehnung.

Die Bundesregierung beteiligte sich dafür an anderweitigen Versuchen, den syrischen Präsidenten aus dem Amt zu drängen. Der russische Außenminister Sergej Lawrow gab in einer beispiellosen

Indiskretion preis, Merkel habe Putin ersucht, Assad politisches Asyl zu gewähren. Einen entsprechenden Vorschlag soll die Bundeskanzlerin bei einem Treffen mit dem russischen Präsidenten am 1. Juni 2012 gemacht haben. Lawrow sagte wörtlich: „Während dieses Besuches haben unsere deutschen Freunde uns gesagt, dass es ihnen nicht schlecht erscheine, wenn Russland Baschar al-Assad politisches Asyl gewährt. Wir haben aber gedacht, das sei ein Witz, und haben daher mit einem Witz geantwortet: Wie sieht es bei euch Deutschen aus? Wie wäre es, wenn ihr Assad aufnehmt?"[23] Lawrow sagte dies auf einer gemeinsamen Pressekonferenz mit Westerwelle. Inhalt und Form dokumentierten die zunehmende Entfremdung zwischen Russland und dem Westen. Wenige Wochen später betonte Lawrow: „Wir sind und waren keine engsten Freunde des syrischen Regimes, seine engsten Freunde hat er (Assad) in Europa. Wenn jemand das Problem auf diesem Wege lösen will, soll er auch eigene Möglichkeiten dafür überlegen."[24] Tatsächlich bestand das eigentliche Ziel der russischen Waffenlieferungen nicht darin, Assad zu stützen, sondern dienten der Verteidigung einer der letzten Bastionen im Nahen Osten. Entbrannt war längst ein Stellvertreterkrieg. Der Westen wollte mit einem politisch, wirtschaftlich und militärisch betriebenen Regimewechsel in Syrien gleich mehrere Ziele erreichen: Ausbootung Russlands, Isolierung Irans und Schwächung der Hisbollah im Libanon. Die sunnitischen Regime vom Golf zogen in den Kampf, um ihren schiitischen Widersachern auf dem Schlachtfeld eine entscheidende Niederlage beizubringen. Dieser Stellvertreterkrieg wurde auf dem Rücken der Zivilbevölkerung ausgetragen. Mindestens 100 000 Menschen kamen dabei bis Mitte 2013 um, Millionen waren auf der Flucht.

Die Auseinandersetzung wurde mit größter Härte und Brutalität geführt. Regierung und Opposition bezichtigten sich gegenseitig, chemische Kampfstoffe eingesetzt zu haben.[25] Innerhalb der Assad-Gegner gewannen muslimische Fundamentalisten vom Schlage der Nusra-Front an Einfluss, die auch gemäßigte Oppositionskräfte attackierten. Letztere wiederum blieben intern zerstritten. Das brachte die Unterstützer eines Regimewechsels in eine schwierige Situation.[26] Nach ARD-Informationen soll der BND seine traditionell guten Kontakte zu Damaskus genutzt haben, um die Zusammenarbeit zwischen den Geheimdiensten beider Länder wiederaufzunehmen. Demnach war BND-Chef Schindler Anfang Mai 2013 zu einem Besuch in der syrischen Hauptstadt. An seiner Seite befand sich der zuständige Abteilungsleiter für die Abwehr des internationalen Terrorismus. Interesse bestand offenbar an Informationen über von den Regierungstruppen festgesetzte radikal-islamische Kämpfer.[27] Ende Oktober 2013 hielten sich nach Angaben aus Sicherheitskreisen etwa 1000 Dschihadisten aus Europa in Syrien auf, sie kamen unter anderem aus Belgien, Dänemark, Deutschland, Großbritannien und dem Kosovo. Rund 200 Radikale aus Deutschland befanden sich zu diesem Zeitpunkt im Bürgerkriegsland oder waren auf dem Wege dorthin. Sie stammten vorrangig aus Nordrhein-Westfalen, aber auch aus Bayern, Berlin, Hamburg und Hessen. Mehr als die Hälfte davon besaß die deutsche Staatsbürgerschaft. Diese dann kampferprobten Extremisten könnten, so die Einschätzung der Geheimdienste, nach ihrer Rückkehr das Risiko von Terroranschlägen beträchtlich erhöhen.[28] Feststellbar war eine Verlagerung der Reisetätigkeit. Während Bewegungen von Personen aus dem islamistischen Spektrum in Richtung Afghanistan/Pakistan im Jahr 2012 stark abnahmen, zeigte sich in Richtung Naher Osten ein entgegengesetzter Trend. Die Dschihadisten verstärkten ihre Anstrengungen, die instabile Lage in einer ganzen Reihe von Ländern in der Region für ihre Zwecke auszunutzen. Und sei es mit dem Ziel, eine hohe mediale Aufmerksamkeit zu erreichen.

Gerade der Syrien-Konflikt machte deutlich, dass Europa weit davon entfernt ist, eine Weltmacht zu sein. Die 2008 auf Betreiben Frankreichs gegründete Union für den Mittelmeerraum, die wirtschaftliche Integration und demokratische Reformen in 16 Ländern Nordafrikas und des Nahen Ostens fördern sollte, dümpelt dahin. Die nach mehreren Erweiterungsrunden 28 Mitglieder umfassende EU befindet sich aufgrund ihrer institutionellen und strukturellen Verfasstheit sowie fortbestehender nationaler Egoismen weder politisch noch militärisch auf der Höhe der Zeit. Sie wird durch die Verschuldungsproblematik noch auf Jahre mit sich selbst beschäftigt sein. Erhebliche rechtsstaatliche Defizite, unter anderem in Ungarn, Bulgarien und Rumänien, stellen einer auf Grund- und Menschenrechten gestützten Wertegemeinschaft kein gutes Zeugnis aus. Das schränkt die Möglichkeiten gegen aufkommende wirtschaftliche Konkurrenten und politische Machtzentren wie China, Indien und Brasilien in erheblichem Maße ein.

Es war wiederum Sikorski, der in einer Grundsatzrede Ende November 2011 in Berlin betonte: „Ich bin wahrscheinlich der erste polnische Außenminister in der Geschichte, der das sagt, aber hier ist es: Ich habe weniger Angst vor deutscher Macht, als ich anfange, mich vor deutscher Inaktivität zu fürchten." Die größte Bedrohung für Polens Sicherheit und Prosperität ginge nicht vom Terrorismus, nicht von den Taliban, ganz sicher nicht von deutschen Panzern und auch nicht von russischen Raketen aus, sondern vom Kollaps der Euro-Zone. Als wichtigste europäische Wirtschaftsmacht sei die Bundesrepublik in der Pflicht, eine Führungsrolle bei den notwendigen Reformen in Europa zu übernehmen und einen wesentlichen Beitrag für den Erhalt der Euro-Zone zu leisten.[29] Oppositionsführer Jaroslaw Kaczynski wollte Sikorski daraufhin vor den Staatsgerichtshof bringen. Sikorski sei bereit, die Souveränität Polens aufzugeben und Deutschland in Europa eine Hegemonie einzuräumen, sagte Kaczynski polnischen Medienberichten zufolge.[30] Nicht nur bei Kaczynski ging die Angst um, Berlin könnte die künftige Entwicklung in der EU dominieren. Bereits im Frühjahr 2010 entbrannte ein erbitterter Streit über die deutsche Vormachtstellung beim Export. Länder wie Frankreich, Italien und Griechenland fühlten sich massiv benachteiligt. Die Franzosen forderten von Berlin, die Steuern zu senken und so die Binnennachfrage anzukurbeln. In der Hauptsache ging es bei dem Streit um die wachsenden wirtschaftlichen Ungleichgewichte, die gemeinsam mit der fehlenden politischen Union immer mehr zum Sprengsatz werden. In der Verschuldungskrise kochten Ressentiments wieder hoch, die als längst überwunden galten. Merkels Sparkurs wurde in einigen besonders angeschlagenen südlichen EU-Staaten scharf attackiert und vielfach mit der Nazi-Zeit in Verbindung gebracht, was ein inakzeptables Ablenkungsmanöver vom eigenen Versagen darstellte. Einige deutsche Politiker wiederum meinten, etwa den Griechen unaufgefordert Ratschläge erteilen zu müssen, wobei sie offenbar vergaßen, dass das Land einst von der Wehrmacht besetzt worden war.

Der überzeugte Europäer Jean-Claude Juncker, fast zwei Jahrzehnte luxemburgischer Ministerpräsident, warnte eindringlich davor, dass sich die Konflikte gefährlich zuspitzen könnten. Juncker sagte: Wer glaube, „dass sich die ewige Frage von Krieg und Frieden in Europa nie mehr stellt, könnte sich gewaltig irren. Die Dämonen sind nicht weg, sie schlafen nur, wie die Kriege in Bosnien und im Kosovo gezeigt haben. Mich frappiert die Erkenntnis, wie sehr sich die europäischen Verhältnisse im Jahr 2013 denen von vor 100 Jahren ähneln." Die Bezugnahme auf das Jahr vor dem Ausbruch des Ersten Weltkrieges begründete der Politiker mit auffälligen Parallelen, was die Sorglosigkeit betreffe. Die großen Mächte des Kontinents seien damals wirtschaftlich derart eng verflochten gewesen, dass die Auffassung weit verbreitet war, sie könnten sich militärische Auseinandersetzungen überhaupt nicht mehr leisten.[31]

Juncker ahnte aber wohl nicht, dass sich die Frage von Krieg und Frieden schon sobald stellen sollte. Das geopolitische Tauziehen um die Ukraine, an dem sich die USA, Russland und die EU beteiligten, ließ das Schlimmste befürchten. Zutage trat dabei ein ganzes Bündel von Faktoren. Es fehlten nach wie vor wirksame gesamteuropäische Sicherheitsstrukturen, die Idee eines völkerrechtlich bindenden Vertrages von „Vancouver bis Wladiwostok" verschwand ganz in der Versenkung. Die Warnung von einer neuen Teilung Europas, ausgesprochen unter anderem von Bundesaußenminister Steinmeier, hob die alte nicht auf. Selbst die EU stellte keinen monolithischen Block dar. Es gab die Eurozone und die Nichteurozone, die nördlichen Mitgliedstaaten waren höher entwickelt als die südlichen. Die EU war darüber hinaus nicht identisch mit Europa, dazu gehörten auch noch rund 20 weitere Staaten. Einige davon betrieben eine Schaukelpolitik zwischen dem Westen und Russland. Das führte zwangsläufig zu Interessenkonflikten, bei denen die nötige Krisenprävention entweder ausblieb oder versagte. Es offenbarte sich ferner die eklatante Abhängigkeit der Europäer von russischen Energielieferungen. Entsprechend vorsichtig ging die EU bei der Verhängung von Sanktionen gegen Moskau vor. Die eingeschränkte Souveränität in dieser Frage resultierte nicht zuletzt daraus, dass die Union über keine echte gemeinsame Energiepolitik verfügte. Für die USA bestand diese Abhängigkeit nie, die wirtschaftliche Verflechtung mit Russland erreichte vergleichsweise geringe Ausmaße. Deshalb drängte Obama immer wieder seine Partner zum entschlossenen Handeln gegen Putin. Damit verband sich das Ziel, die 45 Millionen Einwohner zählende und über 600 000 Quadratkilometer große Ukraine dem Einflussbereich des übermächtigen Nachbarn im Osten zu entziehen, diesen damit weiter zurückzudrängen und auf den Status einer schwachen asiatischen Regionalmacht zu reduzieren. Wie sich jedoch herausstellte, sind Entweder-oder-Entscheidungen für politisch zerrissene, wirtschaftlich marode und ethnisch über eine schwierige Konstellation verfügende Länder wie die Ukraine zum Scheitern verurteilt. Der Westen besaß – eine Parallele zu Afghanistan – nur ein oberflächliches Wissen über die Ukraine und die Komplexität des zweitgrößten Flächenstaates Europas. Der Ansatz hätte von Beginn an nicht Brüssel oder Moskau, sondern Brüssel und Moskau lauten müssen. Stattdessen entwickelte sich eine schwere Krise, die den Paradigmenwechsel in Putins Politik, seine Abkehr vom Westen manifestierte. Der kühl kalkulierte Anschluss der rund 26 000 Quadratkilometer großen Krim, noch wenige Monate zuvor undenkbar, sollte ein Zeichen der Entschlossenheit nach innen und außen sein. Die NATO-Osterweiterung, die Neuordnung des Balkans, die Pläne für eine europäische Raketenabwehr und vor allem das amerikanische Agieren in der Ukraine wurden als Versuche gewertet, die legitimen russischen Interessen zu untergraben.[32] Kreml-Zirkel hegten den Verdacht, der Umsturz in Kiew könnte nur die Ouvertüre für einen angestrebten Regimewechsel in Moskau sein. Der Westen tat wenig, um nach dem Ende des Kalten Krieges auf die Befindlichkeiten der anderen Seite einzugehen. Die Herabwürdigung Putins als Mann mit Realitäts- und Kontrollverlust, der unangebrachte Vergleich mit dem Vorgehen Hitlers und die Drohung mit immer schärferen Sanktionen trugen nicht zur Beruhigung der Lage bei.

Die EU bewies in der Ukraine einmal mehr ihre Unfähigkeit, Konflikte rechtzeitig zu erkennen und zu ihrer Entschärfung beizutragen. Ein unter Vermittlung Deutschlands, Frankreichs und Polens am 21. Februar 2014 zustande gekommenes Abkommen, in dem sich Präsident Viktor Janukowitsch und die Opposition in Kiew zu einem Ende des Blutvergießens und konkreten Schritten für einen demokratischen Neuanfang verpflichteten, war bereits am nächsten Tag Makulatur. Das Zepter übernahm handstreichartig die Opposition, die von radikalen Kräften getrieben wurde. Kritik daran war im Westen nur vereinzelt und verhalten zu vernehmen. Umso lauter erschallte angesichts des russischen Aufmarsches der Ruf, die eigenen militärischen Fähigkeiten zu stärken. Insbesondere Großbritannien bremst jedoch den EU-Integrationsprozess und lehnt gemeinsame Streitkräfte vehement ab. Ausgehöhlt wird damit die Beistands- und Solidaritätsklausel, die im 2007 unterzeichneten und 2009 in Kraft getretenen Lissabon-Vertrag enthalten ist. Premier Cameron verlangte Ende Januar 2013 aufgrund einer bestehenden Vertrauenskrise eine Radikalreform der Union. Diese müsste zu einem Rückfluss der Macht an die Mitgliedsländer führen. Im Falle einer Wiederwahl kündigte Cameron für Ende 2017 ein Referendum über den Verbleib seines Landes in der EU an. Großbritannien und Frankreich reklamieren als ständige UN-Sicherheitsratsmitglieder und Atommächte ohnehin für sich eine Sonderrolle. Bei dieser Konstellation ist kaum vorstellbar, dass Europa bei wichtigen außen- und sicherheitspolitischen Fragen jemals mit einer Stimme sprechen wird.

Ein markantes Beispiel dafür lieferte die Abstimmung über einen Beobachterstatus für einen Staat Palästina bei der UNO Ende November 2012. Tschechien gehörte zu jenen neun Staaten, die gegen die Resolution stimmten. Deutschland, Großbritannien und die Niederlande enthielten sich. Italien, Frankreich, Spanien, Portugal, Österreich, Luxemburg, und Dänemark votierten für die Anerkennung, die überaus überzeugend ausfiel. Als Israel danach den Bau weiterer illegaler Siedlungen in Ost-Jerusalem und im Westjordanland ankündigte, vollzog sich das übliche, folgenlose Empörungsritual. In Afghanistan scheiterte die EU ab 2007 weitgehend mit dem Versuch, mit bis zu 400 Beratern im Rahmen der Mission EUPOL eine funktionierende Polizei aufzubauen und damit einen nachhaltigen sicherheitspolitischen Akzent zu setzen. Die Arbeit wurde durch die schwierige Sicherheitslage, Analphabetentum und Korruption behindert.

„Cyber-Waffen sind die gefährlichste Innovation dieses Jahrhunderts."[1]
(Jewgeni Kasperski, Chef eines in Moskau ansässigen und weltweit operierenden Unternehmens, das sich auf die Entwicklung von Sicherheitssoftware spezialisiert hat)

Der Friedensnobelpreisträger Obama forcierte eine neue Art der weltweiten Kriegsführung. Diese besteht aus Drohnen-Attacken, dem Einsatz von Spezialeinheiten und digitalen Schlägen. Die USA stellen sich damit auf die Schlachten der Zukunft ein. Nach den Erfahrungen im Irak und in Afghanistan stehen nicht mehr großangelegte, langandauernde Militäroperationen mit unsicheren Erfolgsaussichten im Vordergrund, sondern gezielte Angriffe. Der zentrale Satz von Obamas zweiter Inaugurationsrede lautete: „Ein Jahrzehnt des Krieges geht zu Ende."[2] Wie schon in Libyen und Mali praktiziert, soll nach Möglichkeit der außenpolitische Grundsatz „Leading from behind" (Führung aus der zweiten Reihe) umgesetzt werden.

Der Einsatz bewaffneter Drohnen zur Ausschaltung von Terroristen in Afghanistan, Pakistan, Somalia und im Jemen war keine Erfindung Obamas, aber er hat diese von seinem Vorgänger Bush übernommene Praxis wesentlich exzessiver angewandt. Von insgesamt 350 Drohnenangriffen auf pakistanischem Gebiet fielen 298 in Obamas erste Amtszeit. Die Bilanz waren bis zu 3375 Tote, darunter bis zu 885 Zivilisten.[3] Die US-Streitkräfte setzen in Afghanistan auch Drohnen ein, aber deren Verwendung in Pakistan erfolgt durch den amerikanischen Geheimdienst in einer „verdeckten Operation". Darüber herrscht Stillschweigen, die Regierung in Islamabad erhält keine Vorabinformation. Obama gab im Januar 2012 erstmals öffentlich zu, dass er gezielt töten lässt. Ausgeführt werden zwei Varianten von Drohnen-Attacken. Sogenannte Personality Strikes, die vor allem Bush anordnete, beschränkten sich auf wichtige Anführer von Al Qaida und Taliban. Unter Obama nahmen Signature Strikes zu, die ganze Gruppen ins Visier nahmen, selbst wenn die Identität der Verdächtigen nicht vollständig geklärt war. Es reichte ein bestimmtes Profil aus, das die Ziele in die Nähe terroristischer Aktivitäten rückte, etwa das Tragen von Waffen.[4] Der Journalist David Sanger, der ein Buch über die geheimen Kriege Obamas veröffentlichte, stellte fest: „Der Präsident verfolgt eine Strategie, die lautet: Wir müssen mit den Feinden Amerikas fertig werden, ohne 100 000 Soldaten in ein Krisengebiet zu schikken oder Billionen von Dollar auszugeben. Und obendrein auch noch ein fremdes Land zu besetzen."[5] Wegen des bereits eigetretenen weltweiten Imageschadens für sein Land versprach Obama im letzten Wahlkampf strengere Regeln bei der Nutzung unbemannter Flugkörper. Was dazu nach der Wahl verlautete, waren lediglich Absichtserklärungen. Es gibt auch künftig keine unabhängige Genehmigungsinstanz. Eine neue Direktive soll zwar sicherstellen, dass künftig durch sorgfältigere Überprüfungen im Vorfeld zivile Opfer möglichst ausgeschlossen werden, aber im Kern ändert sich nichts. Der Präsident nannte in einer Grundsatzrede zur Sicherheitspolitik im Mai 2013 Drohnen-Einsätze legal und effektiv. Konventionelle Flugzeuge und Raketen seien weit weniger präzise als unbemannte Flugkörper.[6] Es spricht für sich, dass Obamas Anti-Terror-Berater John Brennan zum CIA-Chef aufstieg. Er war der Chefstratege des Drohnen-Programms.

Auch Deutschland stellt sich auf eine veränderte Kriegsführung ein. Noch im Mai 2012 gab sich Bundesverteidigungsminister de Maizière skeptisch, was die Verwendung ferngesteuerter Luftfahrzeuge betraf. Beim Reservistenverband sagte er: „Jetzt sehen wir in Amerika die Entwicklung, dass da Soldaten zehn Kilometer von ihrer Unterkunft an einem Computer sitzen und Drohnen auslösen in der ganzen Welt, ohne je da gewesen zu sein. Ich halte das für einen strategischen Fehler, auch für einen Führungsfehler."[7] Doch bald darauf warb der Minister für die Anschaffung von Kampfdrohnen für die Bundeswehr. Er überraschte parteiübergreifend mit der Erklärung, generell sei der Einsatz einer bewaffneten Drohne nichts anderes als die Betätigung eines Pistolenabzugs oder das Abfeuern eines Torpedos. „Ethisch ist eine Waffe stets als neutral zu betrachten", betonte der Christdemokrat.[8] Das korrigierte er später. Natürlich gebe es Waffen, „die wegen ihrer speziellen Wirkweise oder ihrer verheerenden Nachwirkungen auf Menschen und die Umwelt als ethisch verwerflich anzusehen sind: Streubomben etwa, zu deren Vernichtung wir uns 2008 verpflichtet haben, aber auch chemische und biologische Waffen". Als einen Verzicht auf Drohnen wollte das de Maizière nicht verstanden wissen: Er bleibe dabei, „dass sich ein unbemanntes Flugzeug von einem klassischen Kampfflugzeug ethisch nicht unterscheidet. Es kommt auf Menschen an – und es ist irrelevant, ob der Mensch im Cockpit sitzt und eine Bombe auslöst, oder vor einem Monitor auf dem Boden. Insoweit sind Drohnen und Flugzeuge ethisch neutral".[9]

Die Bundeswehr nutzte in Afghanistan seit März 2010 unbewaffnete israelische Aufklärungsdrohnen vom Typ Heron 1 und wünscht sich bewaffnete unbemannte Flugkörper für eine direkte Unterstützung im Gefecht am Boden. Luftwaffeninspekteur Generalleutnant Karl Müllner argumentierte: „In der Viertelstunde, in der die Soldaten auf ein Flugzeug warten müssen, dass dann das Gleiche tut, was auch eine bewaffnete Drohne gekonnt hätte, sterben womöglich ihre Kameraden. Wir dürfen auf die bewaffneten Drohnen und ihre Fähigkeiten deshalb nicht verzichten." Der Luftwaffeninspekteur begründete die Notwendigkeit für Drohnen auch mit dem grundsätzlichen Wandel der Konflikte. Die Bedeutung fliegender Verbände werde in Zukunft deutlich größer werden. Ein kurzer militärischer Kampfeinsatz, gefolgt von jahrelanger Truppenpräsenz sei angesichts schrumpfender Verteidigungsetats und öffentlichem Druck kaum noch zu vermitteln. In der Politik wachse das Bewusstsein, dass gerade der Einsatz von Bodentruppen bei der Bevölkerung höchst unpopulär sei. Das Eingreifen der NATO in Libyen habe einen Hinweis darauf gegeben, wie die Zukunft des Krieges aussehen könne. Gerade in sensiblen Regionen wie dem arabischen Raum sei eine möglichst geringe Präsenz am Boden erstrebenswert, weil Interventionen als Kreuzzug des Westens interpretiert werden könnten. Daraus folgerte Müllner: Wer den Einsatz großer Panzerverbände am Boden vermeiden wolle, der müsste eben auf die Luftwaffe setzen - und zu deren zeitgemäßer Ausstattung gehörten eben neben bemannten Kampfflugzeugen auch ferngesteuerte Kampfdrohnen.[10]

Aus diesem Grunde sollen schnellstmöglich Kampfdrohnen sowohl für die kontinuierliche Aufklärung und Überwachung der Einsatzgebiete als auch für die Unterstützung der Soldaten am Boden angeschafft werden. Betont wurde Anfang 2013 von der schwarz-gelben Bundesregierung, dass unbemannte fliegende Systeme eine Zukunftstechnologie darstellten, die die militärischen Handlungsmöglichkeiten erweiterten. Diese Entwicklung führe zu einem „Sicherheitsgewinn vor allem durch glaubhafte Abschreckung". Gegnerische Kräfte würden „einer ständigen und für sie nicht prognostizierbaren Bedrohung ausgesetzt und in ihrem Handlungsspielraum eingeengt". Drohnen könnten aufgrund ihrer besonderen technischen Eigenschaften wesentlich länger in der Luft bleiben als Kampfflugzeuge, erzielten auch in großen Höhen hervorragende Aufklärungsleistungen und blieben unerkannt. Sie lieferten schon im Vorfeld von Operationen hochwertige Lagebilder. Daraus folgerte die damalige Bundesregierung, „dass eine durchhaltefähige bewaffnete Aufklärung (…) in heutigen und wahrscheinlichen Einsatzszenarien als Schutz bei plötzlich auftretenden gravierenden Lageänderungen unbedingt erforderlich ist".[11]

Weniger Beachtung finden die Gefahren, die sich aus dieser verlockenden Option ergeben. Wenn der Gegner von einem weit entfernt am Boden befindlichen Soldaten per Knopfdruck ausgeschaltet werden kann, sinkt die Hemmschwelle für den Einsatz militärischer Mittel. Der ausdrückliche Hinweis deutscher Politiker, dass die Systeme einzig für verfassungsgemäße und mandatierte Kampfeinsätze genutzt würden, entkräftet keineswegs die Bedenken. Das Argument, mit Drohnen könne reaktionsschnell und präzise zugeschlagen werden, trifft nur bedingt zu. Ansonsten würde es nicht immer wieder erhebliche Kollateralschäden geben. Diese werden vielmehr billigend in Kauf genommen. Der Drohnen-Einsatz bleibt völkerrechtlich und ethisch umstritten. Die seit dem Dezember 2013 im Amt befindliche schwarz-rote Bundesregierung reagierte darauf, indem sie vor der Entscheidung über die Beschaffung qualitativ neuer Waffensysteme eine sorgfältige Prüfung aller damit verbundenen Aspekte versprach. Gegenwärtig entwickeln rund 60 Länder derartige Waffen oder haben diese bereits in ihrem Arsenal. Die USA sind dabei, ihre Dominanz im Bereich der bewaffneten Drohnen zu verlieren. Schwellenländer wie China, Indien, die Türkei und Südafrika ziehen mit eigenen Systemen nach. Mit einer wachsenden Zahl von Produzenten und damit potentiellen Anbietern steigt die Wahrscheinlichkeit, dass Drohnen in die Hände irregulärer, gewaltbereiter Gruppierungen geraten. Und keinesfalls akzeptieren würden die weltweit Drohnen einsetzenden Vereinigten Staaten wohl, wenn etwa Russland, China und der Iran genauso vorgingen und die Souveränität anderer Länder verletzten.

In einer Grauzone operieren auch Spezialeinheiten. Die Internetplattform WikiLeaks veröffentlichte Ende Juli 2010 zehntausende amerikanische Dokumente aus der Zeit zwischen Anfang 2004 und Ende 2009, die ein besonderes Schlaglicht auf einen teilweise geheim geführten Krieg warfen. Aufschlussreich war dabei das Vorgehen der Spezialeinheit Task Force 373 in Nordafghanistan, also im Kontrollbereich der Bundeswehr. Die streng abgeschirmte Truppe von Elitesoldaten, darunter Navy Seals und Delta Forces, unterstand nicht dem ISAF-Kommando, sondern erhielt ihre Aufträge direkt aus dem Pentagon.[12] Die Task Force 373 arbeitete Listen ab, die die Namen von Top-Taliban, Al-Qaida-Mitgliedern und Drogenbaronen enthielten. Nicht selten ging es von vornherein darum, eine oder mehrere Personen gezielt zu liquidieren.

Die ISAF führte ebenfalls Listen. Diese entstanden im sogenannten Targeting-Prozess. Alle an der Truppe beteiligten Stellen konnten Ziele zur Aufnahme in eine der Listen vorschlagen. Von besonderer Bedeutung war die Joint Prioritized Effects List (JPEL), eine Übersicht der durch den Befehlshaber im ISAF Joint Command geprüften und genehmigten Ziele im Einsatzgebiet Afghanistan. Sie ordnete den einzelnen Zielen Prioritäten sowie eine Handlungsempfehlung als Ziel der militärischen Operationsführung zu. Danach wurden bestimmte Personen zur Festsetzung oder Tötung ausgeschrieben (Capture or Kill). Von deutscher Seite hieß es: Zugriffsoperationen, bei denen die Bundeswehr die Verantwortung für die Anwendung militärischer Gewalt habe oder sich daran beteilige, erfolgten ausschließlich mit dem Ziel der Festsetzung.[13] Spezialkräfte der Bundeswehr wurden ab Oktober 2007 im ISAF-Regionalbereich Nord mit dem entsprechenden Mandat eingesetzt; ihre Stärke soll zunächst 120, später 200 Soldaten betragen haben. Die Task Force 47 setzte sich etwa zu einer Hälfte aus Angehörigen des KSK und zur anderen aus Bundeswehr-Aufklärern zusammen.[14] Sie wurde unterstützt vom Bundesnachrichtendienst.[15] Unterstrichen wurde: „Auftrag der Task Force 47 ist es, das Bild über die Lage der gegnerischen Netzwerke im Einsatzraum des Deutschen Einsatzkontingentes zu verdichten und Informationen über Personen, die mit Anschlägen gegen die Sicherheitskräfte und die afghanische Staatsgewalt in Verbindung stehen, zu verifizieren. Bei Vorliegen der im ISAF-Regelwerk festgelegten Kriterien geht die Task Force 47 gemeinsam mit afghanischen Sicherheitskräften mit dem Ziel der Festsetzung auch gegen diese Personen vor."[16] Auf eine schriftliche Frage des Grünen-Abgeordneten Christian Ströbele teilte des Bundesverteidigungsministerium Anfang August 2010 mit, dass die Task Force 47 bis dahin über 50 geplante Aufklärungsoperationen und zusammen mit afghanischen Sicherheitskräften 21 offensive Operationen gegen das Netzwerk der gegnerischen militanten Kräfte durchgeführt habe, wobei durch die afghanischen Kräfte insgesamt 59 Personen zumindest vorübergehend in Gewahrsam genommen wurden. Eine Person sei während einer Hausdurchsuchung im Rahmen der Nothilfe durch einen Nichtangehörigen der Task Force 47 getötet worden. Weiter hieß es in der Antwort: „Bei offensiven militärischen Operationen erfolgten keine Tötungen durch Angehörige der TF 47. Soweit die TF 47 in Ausübung ihres ISAF-Auftrags durch militante Aufständische angegriffen oder Ziel von IED-Anschlägen (IED steht für Improvised Explosive Device, unkonventionelle Spreng- und Brandvorrichtung – d. A.) war, wurden Maßnahmen zur Verteidigung ergriffen. Wurden bei diesen Vorfällen eigene Soldaten verletzt, erfolgte eine Unterrichtung des Parlaments im Rahmen der offenen Informationsversorgung, ohne explizit die TF 47 als betroffenen Truppenteil zu nennen. Über bei solchen Gefechten getötete oder verletzte Personen auf gegnerischer Seite liegen keine belastbaren Informationen vor."[17]

Nur in Einzelfällen, von denen man sich offenbar eine gewisse positive mediale Wirkung versprach, wurde über geheime Aktionen informiert. So teilte die Bundeswehr am 22. September 2010 mit, dass es am Tag zuvor deutschen und afghanischen Spezialkräften gelungen sei, mit Maulawi Roshan einen hochrangigen Anführer der regierungsfeindlichen Opposition in der Provinz Kundus festzusetzen. Roshan verfügte demnach über enge Kontakte zur Taliban-Führung im benachbarten Pakistan. Er wurde mit der Vorbereitung und Durchführung zahlreicher Anschläge gegen die ISAF-Truppe und die afghanische Staatsgewalt sowie mit sonstigen kriminellen Aktivitäten in der Unruheprovinz seit Mitte des Jahres 2009 in Verbindung gebracht.[18] Im Oktober 2012 war die Task Force 47 an der Gefangennahme von Mullah Abdul Rahman beteiligt. Dieser fungierte seit dem Frühjahr 2010 als sogenannter Schattengouverneur der Taliban in der Provinz Kundus. Mullah Rahman koordinierte nach Geheimdienstinformationen den Waffenschmuggel, forcierte den Bau von Sprengsätzen und setzte Selbstmordattentäter in Marsch. Er organisierte zudem noch als Feldkommandeur die Entführung von zwei Tanklastern Anfang September 2009, die das folgenschwere, von einem deutschen Oberst befohlene Bombardement aus der Luft nach sich zog. Die Bundeswehr setzte Rahman danach auf die JPEL-Liste. Die afghanische Polizeiführung machte ihn direkt für einen tödlichen Angriff auf die Bundeswehr am Karfreitag 2010 verantwortlich, dem drei deutsche Soldaten zum Opfer fielen.[19]

Die politisch motivierte Selbstbeschränkung der Bundesregierung, die die Festsetzung von Verdächtigen herausstellte, hatte jedoch einen Haken. Die für die ISAF-Liste gelieferten Daten standen auch unter nationalem Kommando operierenden Spezialkräften zur Verfügung und konnten damit durchaus zu gezielten Tötungen beitragen. Das geschah im Fall des Taliban-Kommandeurs Qari Bashir, der mit etwa 50 Kämpfern im Raum Kundus operierte und mehrere Hinterhalte gegen die Bundeswehr legte. Eine US-Einheit schaltete Bashir am 4. November 2009 aus.[20] Außerdem waren die Grenzen zwischen Capture und Kill fließend, wenn der Zugriff unter schwierigen Bedingungen erfolgte oder die Zielperson flüchtete.

Unter Experten ist die Methode der gezielten Tötungen (Targeted Killing) umstritten. Ihre Verteidiger sehen sich rechtlich auf der sicheren Seite. In einem Beitrag, der diese Position zusammenfasste, wurde festgestellt: „Gezielte Tötungen gehören zur Praxis in bewaffneten Konflikten und auf der Grundlage von Kapitel VII der UN-Charta mandatierten internationalen Militäroperationen, bei militärischen Geiselbefreiungen und beim Vorgehen gegen Terroristen, insbesondere wenn diese zugleich Kämpfer einer nichtstaatlichen Konfliktpartei sind. (…) Im Anwendungsbereich des Rechts des bewaffneten Konflikts verboten sind Angriffe auf

Zivilpersonen und die Inkaufnahme exzessiver Kollateralschäden. (…) Die Auswahl einer Zielperson erfolgt nicht auf der Grundlage eines justizähnlichen Verfahrens, es kann keine strafrechtliche Unschuldsvermutung geben. Ziel ist vielmehr die auch unter eingehender rechtlicher Beratung zustande gekommene Entscheidung des verantwortlichen militärischen Vorgesetzten, in welcher Weise die gegnerische Partei zeitweilig oder (besser) dauerhaft geschwächt werden soll. Aus amerikanischen Sicherheitskreisen verlautet im Übrigen, dass die Taliban und Al Qaida wegen der Wirksamkeit gezielter Tötungen inzwischen Probleme haben, für bestimmte Positionen Nachwuchs zu gewinnen."[21]

Die Kritiker der gezielten Tötungen verweisen darauf, dass es in nichtinternationalen bewaffneten Konflikten wie in Afghanistan schwierig sei, zwischen Kämpfern und unbeteiligten Zivilisten zu unterscheiden. In asymmetrischen Konflikten fußten Tötungsentscheidungen auf einer eher unzuverlässigen Informationsbasis. Aus Opportunitätserwägungen würde das Kriegsvölkerrecht großzügig ausgelegt und der Kreis potentieller Zielpersonen sehr weit gezogen. Die Kriterien blieben geheim; die Entscheidungen fielen in einem Zirkel öffentlich nicht rechenschaftspflichtiger Entscheidungsträger. Aufgeworfen wurde die grundsätzliche Frage, ob gezielte Tötungen mit Blick auf die gewaltsteigernde und neues Personal mobilisierende Wirkung überhaupt ein effektives Mittel der Terrorismus- und Aufstandsbekämpfung seien.[22]

Für Afghanistan ist festzustellen, dass jahrelange Versuche, die Kommando- und Führungsebene von Taliban und Haqqani-Netzwerk entscheidend zu schwächen sowie zu Verhandlungen über eine politische Lösung zu zwingen, gescheitert sind. Diese konnten die Verluste immer wieder ausgleichen und erwiesen sich weiter als handlungsfähig. Die deutsche Zurückhaltung hatte auch damit zu tun, dass Schlagzeilen wie „Bundeswehr-Killerkommandos in Afghanistan unterwegs" vermieden werden sollten. Darüber hinaus stellte besagte Zurückhaltung keine besonders mutige, humanitär begründete Position dar. Sowohl NATO als auch die Vereinten Nationen räumen den an internationalen Militäroperationen beteiligten Staaten die volle Entscheidungsfreiheit darüber ein, ob sie sich an gezielten Tötungen beteiligen wollen oder nicht. Zweifel an

Targeted Killing als legaler Methode der Kriegsführung hegte die Bundesregierung keineswegs. Sie erklärte: „Aus rechtlicher Sicht ist (…) festzustellen, dass auf der Grundlage des humanitären Völkerrechts in einem nichtinternationalen bewaffneten Konflikt die Regierungstruppen und die sie unterstützenden Truppen feindliche Kämpfer auch außerhalb der Teilnahme an konkreten Feindseligkeiten gezielt bekämpfen dürfen, soweit diese sich aufgrund ihrer Rolle und Funktion bei den gegnerischen Kräften dauerhaft an den Feindseligkeiten beteiligen. Dies schließt auch den Einsatz tödlich wirkender Gewalt ein. Das humanitäre Völkerrecht setzt dabei Grenzen, in denen sich die Bekämpfung feindlicher Kämpfer bewegen muss.‟[23]

Erstschlag mit Stuxnet

Neben dem Einsatz von Drohnen und Spezialeinheiten entwickelt sich das Web zum neuen militärischen Schlachtfeld, was gravierende Folgen haben wird. Die Cyber-Kriegsführung kennt keine Grenzen und keine Regeln mehr. Nichts wird künftig vor dem äußeren Zugriff sicher sein. Stromnetze, Industrieanlagen, Handynetze, Verkehrsleiteinrichtungen, Bankensysteme, Regierungsrechner und Militärnetzwerke bieten unzählige Angriffspunkte. Blaupausen für Waffensysteme könnten gestohlen oder ganze Armeeoperationen gestört werden. Die amerikanischen Geheimdienste bezeichneten Anfang 2013 Cyber-Attacken als größte Gefahr für die Vereinigten Staaten. Seit 2001 nahm der internationale Terrorismus, nur 2009 unterbrochen von der globalen Finanzkrise, auf der Bedrohungsliste den ersten Rang ein. Obama fasste die neue Lage mit dem Satz zusammen: „Die selbe Technologie, die neue Möglichkeiten eröffnet, schafft auch neue Bedrohungen.‟[24]

Zahlreiche Länder lassen inzwischen sowohl an Angriffs- als auch Verteidigungskonzepten arbeiten. Die USA haben dafür das Air Force Space Command und das Cyber Command geschaffen. Etwa 250 000 Mal pro Stunde testen Angreifer die Abwehrbereitschaft des amerikanischen Militärs.[25] In Deutschland wurde im Zuge der Neuausrichtung der Bundeswehr am 1. Oktober in

Koblenz das Bundesamt für Ausrüstung, Informationstechnik und Nutzung gegründet. Derzeit fehlen den Streitkräften tausende IT-Fachleute. Außerdem befassen sich die Geheimdienste und das Bundesamt für Sicherheit in der Informationstechnik in Bonn mit der Internetproblematik.

Deutschlands exponierte geopolitische Lage, das mit Abstand stärkste Wirtschaftspotential Europas sowie die sich daraus ableitende Rolle in EU und NATO ziehen fremde Nachrichtendienste an. Dabei gewann die technische Informationsbeschaffung in den vergangenen Jahren zunehmend an Bedeutung, denn die Prioritäten haben sich verschoben. Während des Kalten Krieges konzentrierten sich die Nachrichtendienste in Ost und West auf das Auskundschaften militärischer und politischer Geheimnisse. Inzwischen rückt neben der Terrorabwehr immer mehr die Wirtschafsspionage in den Vordergrund. Die Bundesrepublik weckt dabei als Standort von Unternehmen der Spitzentechnologie, die in ihren Branchen vielfach Weltmarktführer sind, weitgefächerte Begehrlichkeiten. Mit der Beschaffung von Know-how sollen technologische Lükken geschlossen und Wettbewerbsnachteile ausgeglichen werden. Betroffen von den Abschöpfversuchen sind zahlreiche mittelständische Unternehmen, die bislang trotz zunehmender Vernetzung die Gefahren unterschätzen und wenig in den Schutz ihrer Anlagen investieren. Nach einer Studie des Sicherheitsberaters Corporate Trust lag der Schaden, den die deutsche Wirtschaft im Jahr 2012 durch Industriespionage erlitt, bei 4,2 Milliarden Euro. Corporate Trust nannte es erstaunlich, dass 25,2 Prozent der Schadensfälle in Nordamerika und 26,6 Prozent in Europa, also in partnerschaftlich verbundenen Staaten, registriert wurden.[26] Der Verfassungsschutz ging in seinen Berichten stets ausführlich auf die Aktivitäten von Russen und Chinesen auch im wirtschaftlichen Bereich ein, die der Amerikaner fanden hingen keine Erwähnung. Der ehemalige CIA-Chef James Woolsey hatte bereits im März 2000 bestätigt, dass die Nachrichtendienste seines Landes im Interesse des wirtschaftlichen Fortkommens Amerikas die europäischen Konkurrenten ausforschten. Seitdem betreibt etwa die National Security Agency (NSA) aufgrund der gewachsenen technischen Möglichkeiten wesentlich umfangreichere Spähprogramme. Mit PRISM wird Internetkommunikation im sogenannten Schleppnetzverfahren abgegriffen und gespeichert. Corporate Trust mutmaßte schon vor Bekanntwerden der NSA-Praktiken, offenbar würden die Bedingungen im internationalen Umfeld härter. Unternehmen müssten sich bei ihrer Geschäftstätigkeit in Europa und Nordamerika darauf einstellen.[27] Die Grundlage für die staatliche Gefahrenabwehr bildet ein im Juni 2005 von der Bundesregierung beschlossener „Nationaler Plan zum Schutz der Informationsinfrastrukturen", der im September 2007 fortgeschrieben wurde. Im Mittelpunkt steht die Früherkennung und Bewältigung von IT-Krisen.

Die damit verbundenen Herausforderungen liegen nicht in weiter Ferne, sondern sind längst Teil der Realität, auch wenn die Urheber und Hintermänner von Angriffen im Netz oft nicht identifiziert werden können. Der Computervirus Stuxnet befiel im Sommer 2010 die Simantic-Steuerung von Siemens, die weltweit die Abläufe in Raffinerien, Kraftwerken und Chemieanlagen lenkt. 15 Kunden des Konzerns entdeckten die Schadsoftware in ihren Anlagen, fünf davon hatten ihren Firmensitz in Deutschland, die übrigen in anderen westeuropäischen Ländern, den USA und Asien.[28] Zu Schäden in den betroffenen Anlagen kam es angeblich nicht, der Virus wurde entfernt. Siemens erklärte, das Verhalten des Trojaners deute darauf hin, dass er „nur in Anlagen mit einer ganz bestimmten Konfiguration aktiv wird".[29] Diese Konfiguration war offenbar bei den iranischen Atomanlagen vorhanden, in denen auch Siemens-Steuerungen verwendet werden, die auf dem Markt ohne weiteres erhältlich sind. Experten bezeichneten das erfolgreiche Eindringen von Stuxnet in die Urananreicherungsanlage von Natanz als digitalen Erstschlag. Sie gingen aufgrund von Indizien davon aus, dass andere Staaten hinter dem ersten bekannt gewordenen Angriff auf rechnergestützte Industrieanlagen standen. Dafür sprach unter anderem die Komplexität des Virus, dessen Entwicklung einen hohen technischen, personellen und finanziellen Aufwand erforderte. Dieser wurde betrieben, um Teherans Atomprogramm zu sabotieren.

Schon vor dem Einsatz von Stuxnet hatten vor allem die USA und Israel einen jahrelangen unerklärten Krieg gegen den Iran geführt. Nachdem George W. Bush Anfang November 2004 für eine zweite Amtszeit bestätigt worden war, wandte sich seine Administration verstärkt der Islamischen Republik zu. Das Ziel geheimer Spionagemissionen bestand darin, sowohl zu bekannten als auch verdächtigen Anlagen im nuklearen und chemischen Bereich sowie zur Produktion von Trägermitteln Informationen zu sammeln. Aus diesen sollten jene Anlagen ausgewählt werden, die mit Präzisionsschlägen aus der Luft oder kurzzeitigen Kommandoaktionen zerstört würden.[30] Präsident Obama selbst soll die Angriffe mit dem Computervirus Stuxnet auf iranische Atomanlagen angeordnet haben, um Uranzentrifugen zu zerstören. Nach Angaben der Internationalen Atomenergie-Organisation waren danach mehr als ein Fünftel der Zentrifugen nicht mehr funktionsfähig.[31] Die Beteiligung Israels an der Entwicklung des Virus sollte dessen Regierung womöglich davon abhalten, auf eigene Faust militärisch gegen den Gottesstaat vorzugehen. Opfer verdeckter Operationen waren in den vergangenen Jahren immer wieder iranische Top-Nuklearwissenschaftler. Eine gewaltige Explosion zerstörte Ende 2011 nahe Teheran ein Raketentestgelände. Hinzu kamen Dutzende Anschläge auf die Gaspipelines des Landes.

Willkommen war offenbar auch deutsche Expertise. In einem diplomatischen Kabel von US-Botschafter Philip Murphy, das dieser im Januar 2010 übermittelte, wurde die Auffassung von Volker Perthes wiedergegeben. Der Chef der einflussreichen Stiftung Wissenschaft und Politik in Berlin empfahl demnach „eine Politik der verdeckten Sabotage (unerklärliche Explosionen, Unfälle, Computerangriffe etc.), die effektiver wären als ein Militärschlag, dessen Auswirkungen auf die Region verheerend sein könnten".[32] Als die vertrauliche Depesche durch WikiLeaks öffentlich wurde, rechtfertigte Perthes seine Hinweise für diese Zersetzungsstrategie folgendermaßen: Sabotageakte hätten deutliche Vorteile gegenüber Militärschlägen, „weil die Führung eines betroffenen Landes nicht darauf reagieren muss, alle können sich darauf zurückziehen, dass es technische Probleme gegeben hat, niemand muss zurückschießen oder bombardieren deswegen".[33]

Nicht immer stecken Regierungen hinter den Angriffen im Web. Am 27. April 2007 begannen Hacker, immer wieder mit sogenannten Denial-of-Service-Attacken Server in Estland bis zum Zusammenbruch gezielt zu überlasten. Dafür wurde die russische Regierung verantwortlich gemacht. Wirkliche Beweise für eine solche Urheberschaft konnte Tallinn jedoch nicht erbringen. Sicherheitsexperten gingen von Angriffen unterschiedlicher Qualität durch Privatleute ohne zentrale Steuerung aus. Deren Auslöser war die Entfernung eines sowjetischen Kriegerdenkmals aus der Stadtmitte von Tallinn. Die Russen betrachteten das Denkmal als Zeichen des Sieges über Deutschland im Zweiten Weltkrieg und der Befreiung Estlands, die Esten sahen darin ein Symbol für 50 Jahre Besatzung durch Moskau. Vorwiegend junge Angehörige der starken russischen Minderheit protestierten gewaltsam in der Hauptstadt der Balten-Republik gegen die Verlegung des Monumentes auf einen abgelegenen Soldatenfriedhof. Parallel dazu begannen die Angriffe im Web, die eine breite Streuung hatten. Betroffen waren Regierungsseiten, Banken, Zeitungen und auch ein Forum von Ford-Tuning-Begeisterten.[34]

Ehrenamtliche Cyber-Krieger auf beiden Seiten waren bei der Auseinandersetzung zwischen Russland und Georgien aktiv, die am 8. August 2008 im Konflikt um das abtrünnige Südossetien zu einem Fünftagekrieg führte. Bemerkenswert daran war, dass wirkliche Kampfhandlungen von gezielten Cyberattacken begleitet wurden. Ein Netzkrieg muss nicht einen wirklichen Krieg auslösen. Aber Computerfreaks können diplomatische Bemühungen hintertreiben und politische Krisen verschärfen.[35]

Mit einer neuen Art der Kriegsführung reagieren die USA und zunehmend auch einige ihrer Verbündeten auf ein verändertes sicherheitspolitisches Umfeld. Die verstärkten extremistischen Aktivitäten von der Arabischen Halbinsel bis Afrika sind ein Indiz dafür, dass die Liste der mehr oder minder gescheiterten Staaten immer länger wird. Die Liste für 2013 führte Somalia an. Auf Platz sieben fand sich Afghanistan wieder, auf Platz elf der Irak, auf Platz 13 Pakistan.[36] Das allein stellt den jahrelangen Militäreinsätzen in Afghanistan und im Irak sowie dem amerikanischen AfPak-Konzept ein vernichtendes Zeugnis aus. Obama will künftig neben dem Erhalt der eigenen Handlungsoptionen die Verantwortung auf viele Schultern verteilen. In seiner Rede zur Lage der Nation am 12. Februar 2013 sagte der Präsident, dass die von neuen Gruppierungen ausgehenden Bedrohungen noch nicht vollständig erkennbar seien. Um hinzuzufügen: „Aber um uns dieser Bedrohung zu stellen, müssen wir nicht Zehntausende unserer Töchter und Söhne ins Ausland entsenden, um andere Länder zu besetzen. Stattdessen werden wir Länder wie den Jemen, Libyen und Somalia darin unterstützen müssen, ihre eigene Sicherheit zu wahren, und wir werden Verbündeten helfen müssen, die Terroristen vor Ort zu bekämpfen, so wie wir es bereits in Mali getan haben. Wo erforderlich, werden wir durch eine Reihe von Fähigkeiten auch weiter direkt gegen die Terroristen vorgehen, die die größte Bedrohung für die Vereinigten Staaten darstellen."[37]

Obamas Überlegungen korrespondierten mit denen der Bundesregierung. Diese hatte im September 2012 Leitlinien für den Umgang mit fragilen Staaten verabschiedet. Diese Staaten stellten eine große Herausforderung für die globale Sicherheit dar. „Sie bilden grenzüberschreitende Destabilisierungspotentiale, dienen als Umschlagplätze für illegalen Waffen-, Drogen-, Menschen- und Kulturguthandel, als Rückzugsräume für terroristische Netzwerke, und sie bedrohen den legalen Handelsverkehr. Inaktivität birgt meist große Risiken auch für unsere eigene Sicherheit", wurde in dem Papier unterstrichen. Es folgte eine Aneinanderreihung von Allgemeinplätzen über Krisenprävention und bei deren Versagen über ein internationales Engagement zur Schaffung eines sicheren Umfelds für die Bevölkerung. Immerhin flossen einige Erfahrungen ein, die in Afghanistan gemacht wurden: Auf mittlere Sicht sei die Verankerung von vor Ort anerkannten Mechanismen der Konfliktbeilegung und Mediation entscheidend. Die Herausbildung funktionsfähiger Staaten sei ein langfristiger politischer Prozess, der Eigenverantwortung erfordere. Einflussmöglichkeiten externer Akteure seien begrenzt. Eine zu dominante Rolle der internationalen Gemeinschaft könne hier sogar schaden.[38]

Illusorisch mutete hingegen die Passage über konfliktmindernde Aktivitäten von Regionalorganisationen an. Afrikanische Union (African Union/AU), Arabische Liga und die Westafrikanische Wirtschaftsgemeinschaft (Economic Community of West African States/ECOWAS) sind aufgrund der geografischen Nähe wesentlich besser mit den politischen, ökonomischen und kulturellen Prozessen vertraut, aber sie sind intern zerstritten, die einzelnen Mitgliedsländer selbst vielfach instabil und deshalb nicht zu einem erfolgreichen Krisenmanagement in der Lage. Das bewies die Entwicklung in Mali, welches lange als einer der wenigen demokratischen Musterstaaten Afrikas galt. Ein Militärputsch in der Hauptstadt Bamako stürzte im März 2012 das Land in eine tiefe innenpolitische Krise, die es Tuareg-Kämpfern und Islamisten leicht machte, den Norden Malis zu beherrschen. Entwicklungshilfeminister Dirk Niebel (FDP) sah Ende Oktober 2012 ein zweites Afghanistan nahen. „Wir müssen verhindern, dass dieser Gürtel der Fragilität in Afrika sich ausweitet. Von Guinea-Bissau bis Somalia sehen wir, dass mehr und mehr Extremisten und auch Terroristen sich Platz schaffen", sagte Niebel.[39] Weil die malischen Streitkräfte handlungsunfähig und die militärischen Kapazitäten der ECOWAS beschränkt waren, griff die frühere Kolonialmacht Frankreich im Januar 2013 ein. Paris hatte zuvor den Einsatz von Bodentruppen ausgeschlossen und wollte sich auf logistische Hilfe beschränken. Der Sinneswandel hing nicht nur mit wachsenden Terrorgefahren zusammen. Frankreich will weiter Bodenschätze in der Sahelzone fördern, insbesondere Erdöl und Uran. Was jedoch der Staatengemeinschaft insgesamt fehlte, war ein politisches und wirtschaftliches Konzept zur Konsolidierung der Lage in Bamako. Eine von der EU beschlossene Ausbildungsmission für die malische Armee, an der sich die Bundeswehr zunächst mit bis zu 180, dann mit bis zu 250 Soldaten beteiligte, folgte dem alten Schema. Um Bündnissolidarität zu demonstrieren, unterstützte Deutschland darüber hinaus die französischen Operationen durch die Bereitstellung von Kapazitäten für den Lufttransport und die Luftbetankung. Dabei kamen bis zu 150 Soldaten zum Einsatz. Mit der Zentralafrikanischen Republik rückte ein weiterer Konfliktherd ins Blickfeld.

Im Gange war bereits eine zunächst indirekte Verwicklung in den somalischen Bürgerkrieg. Mit EU-Unterstützung wurden seit 2010 in Militäreinrichtungen Ugandas Soldaten für die Übergangsregierung in Mogadischu ausgebildet. Daran nahmen bis zu 20 Bundeswehrangehörige als Trainer teil. Offiziell wurde Wert auf die Feststellung gelegt, dass es sich nicht um einen „Einsatz bewaffneter Streitkräfte" im Sinne des Parlamentsbeteiligungsgesetzes handele. Die Entsendung der Soldaten bedürfe somit nicht der

Mandatierung durch den Bundestag. Entsprechend blieb eine Debatte über diese Mission aus, obwohl sich schnell ihre Fragwürdigkeit herausgestellt hätte. Immerhin stand das Verteidigungsministerium einem EU-Beschluss von Januar 2013 ablehnend gegenüber, die Mission schrittweise und bei Beachtung der Sicherheitslage ab 2014 von Uganda nach Mogadischu zu verlegen. Zur Begründung hieß es unter anderem, dass es an adäquater medizinischer und logistischer Versorgung fehle. Im Dezember 2013 wurde die deutsche Beteiligung bis auf weiteres beendet. Der Sinneswandel kam mit der neuen Verteidigungsministerin von der Leyen, die zuvor Afrika zum Kontinent von strategischem Interesse erklärt hatte. Nach ihrer Amtsübernahme begannen unverzüglich Planungen für einen Einsatz der Bundeswehr in Somalia.

Das Land zählt zu den hoffnungslosen Fällen. Es besitzt seit über zwei Jahrzehnten keine funktionierende Zentralregierung mehr. Über Macht und Einfluss streiten lokale Clans, Kriegsherren, radikal-islamische Gruppen und Piraten. Die Nachbarstaaten Äthiopien und Kenia intervenierten, weil sie ihre eigenen Interessen bedroht sahen. Die Mission der Afrikanischen Union (African Union Mission in Somalia/ AMISOM) stand von Beginn an vor einer kaum lösbaren Aufgabe. US-Drohnenangriffe konnten bislang die militante Al-Shaabab-Miliz nicht ausschalten. Der regionale Arm von Al Qaida musste zwar in den vergangenen Jahren einige Rückschläge hinnehmen, aber die Flüchtlingslager in den Nachbarstaaten bleiben ein großes Rekrutierungsreservoir. Ihre Handlungsfähigkeit bewies die Al-Shaabab-Miliz mit einem Terroranschlag auf ein Einkaufszentrum in Nairobi Ende September 2013, bei dem zahlreiche Zivilisten starben. Damit sollte der Druck auf Kenia erhöht werden, seine Truppen aus Somalia abzuziehen.

In dem Land am Horn von Afrika wird die Lebensgrundlage der Bevölkerung immer mehr durch Kämpfe, Dürren und Überschwemmungen zerstört. Die vor allem an der Nordostküste betriebene Fischerei leidet unter der Präsenz thailändischer, spanischer, chinesischer und russischer Flotten, die illegal die Gewässer vor Somalia überfischen. Berichtet wurde zudem über eine Giftmüllverklappung in diesem Gebiet. Manche Fischer betätigen sich deshalb als Piraten. Deren Hintermänner sitzen in London und anderswo.

Zynisch klingt deshalb das westliche Gerede von der Staatenbildung Somalias.

Das in den Leitlinien der Bundesregierung formulierte Prinzip, das Engagement in Krisengebieten erfordere eine umfassende Koordinierung auf nationaler, europäischer und internationaler Ebene, mit der eine internationale Arbeitsteilung einhergehen sollte, wird auch künftig am mangelnden Willen zahlreicher Akteure scheitern. Insofern stellte das von Auswärtigem Amt, Verteidigungsministerium und Entwicklungshilfeministerium erarbeitete Dokument einen wohlklingenden, aber wirklichkeitsfernen Zielkatalog dar. Selbst in der Bewertung des Afghanistan-Einsatzes gab es keine ressortübergreifende Einigkeit. Entwicklungshilfeminister Niebel räumte unumwunden ein: „Afghanistan ist der Schadensfall und nicht das Paradebeispiel für vernetzte Sicherheit, denn Krisenprävention ist das Ziel dieser Zusammenarbeit, damit es gar nicht so weit kommen muss, wie es in Afghanistan gekommen ist." Verteidigungsminister de Maizière wollte sich dieser Einschätzung nicht anschließen. Das Engagement der Bundeswehr dort sei allenfalls gescheitert an zu hohen Erwartungen der deutschen Bevölkerung. „Jeder Einsatz führt dazu, dass man etwas lernt. Das heißt aber nicht unbedingt, dass der Einsatz ein Fehler war."[40]

Es blieb einem Militär vorbehalten, das Fazit des Ministers auf den Punkt zu bringen. Generalmajor Jörg Vollmer, der im Februar 2013 für ein Jahr die Führung des ISAF-Regionalkommandos Nord übernommen hatte, ließ keinen Zweifel: „Wir werden als eine völlig neu ausgerüstete und deutlich professionellere Bundeswehr aus Afghanistan zurückkehren. Gerade seit 2009 wurde viel Material gezielt beschafft, andere Nationen haben das nicht so schnell hinbekommen. (…) Uns alle hat verändert, dass wir in massiven und verlustreichen Gefechten unseren Mann und unsere Frau gestanden haben. Wir werden aus Afghanistan mit einem ganz neuen Selbstbewusstsein nach Hause kommen." Afghanistan – so die Botschaft – war für die Bundeswehr vor allem Testfeld und Feuertaufe.[41]

Waffen statt Kampftruppen

Pragmatisch zog Merkel aus den Erfahrungen bei bisherigen Auslandseinsätzen die Schlussfolgerung, vertrauenswürdigen Partnern
müsse geholfen werden, Aufgaben bei der Friedenssicherung zu
übernehmen. Dazu bemerkte sie auf einer Bundeswehrtagung: „Wir
können natürlich nicht alle sicherheitspolitischen Probleme lösen –
alleine schon gar nicht. Diesen Anspruch erheben wir auch nicht.
Um aber unsere sicherheitspolitischen Ziele erfolgreich verfolgen
zu können, sind wir als EU oder als NATO-Partner auch darauf angewiesen, dass in Zukunft auch andere Länder – insbesondere die,
die wirtschaftspolitisch an Bedeutung gewinnen – Verantwortung
übernehmen. Das sage ich ganz besonders im Hinblick auf Schwellenländer. Wir haben hier erste Reaktionen und auch Beteiligungen.
Ich glaube aber, dass das Gewicht dieser Länder noch zunehmen
wird. (...) Oftmals reicht es aber nicht, neue Partner nur zu ermu-
tigen. Vielmehr geht es auch um Ertüchtigung. Ertüchtigung setzt
bereits bei guter Regierungsführung an. Sie kann ebenso Ausbildung
wie auch Unterstützung bei der Ausrüstung bedeuten. (...) Um es
klar zu sagen: Es geht dabei nicht um eine Aufweichung unserer
restriktiven Richtlinien für Rüstungsexporte. Es geht ebenso wenig
um eine Aufweichung unseres Grundsatzes, dass Menschenrechte
und grundlegende Werte entscheidende Kriterien der Beurteilung
sind. Dies alles ist und bleibt Grundlage unserer Entscheidungen
und unseres Handelns."[42]

Im Kern bedeutete das: Wir schicken nach Möglichkeit keine
Kampftruppen, aber Ausbilder und Rüstungsgüter. Dafür wird
trotz gegenteiliger Behauptungen eine Aufweichung bisheriger
Richtlinien keineswegs ausgeschlossen. Der Wandel in der deut-
schen Rüstungsexportpolitik offenbart sich in der wachsenden
Bereitschaft, vor allem Panzer und gepanzerte Fahrzeuge sowie U-
Boote an Drittstaaten außerhalb der NATO und der EU zu liefern.
Bedient werden auch autoritär geführte Staaten mit einer inakzep-
tablen Menschenrechtslage, von denen einige in Spannungsgebie-
ten liegen. Weitere Waffenexporte insbesondere in den Nahen und
Mittleren Osten könnten die bestehende Instabilität noch verstärken und den Rüstungswettlauf in der Region weiter anheizen. Unter

diesem Aspekt wären Kunden wie Saudi-Arabien, Katar und die Vereinigten Arabischen Emirate, aber auch Israel mit der nötigen Zurückhaltung zu betrachten.

Wer Kriegsmaterial liefert, kann überdies nie mit Sicherheit voraussagen, gegen wen dieses letztlich eingesetzt wird. Deutsche Rüstungsgüter sollen ausdrücklich nicht von Staaten gegen die eigene Bevölkerung eingesetzt werden. Die Kontrolle darüber endet spätestens dann, wenn das Gerät am Bestimmungsort eingetroffen ist. Die türkische Armee setzte bei ihrem Kampf gegen kurdische Aufständische Schützenpanzer ein, die aus den Beständen der DDR-Streitkräfte stammten und von Berlin an Ankara abgegeben worden waren.[43] Außerdem ist nicht ausgeschlossen, dass die Waffen infolge eines inneren Zerfalls oder nach einem Umsturz in andere Hände gelangen und dann gegen deutsche und verbündete Soldaten gerichtet werden.

Die Bundesregierung befand, dass es sich insbesondere bei Saudi-Arabien um einen Stabilitätsanker handelt. Damit verband sich vor allem die Erwartung, dass das Königreich Iran neutralisieren hilft. Das erzkonservative Saudi-Arabien betreibt eine janusköpfige Politik. Einerseits besteht aus Sicherheitserwägungen eine enge Anlehnung an die USA auf der Basis Öl für Waffen. Andererseits wird weltweit die radikale Wahhabiten-Ideologie verbreitet. Das Regime finanzierte während der 1980-er Jahre Zehntausende Muslime, die in Afghanistan und in anderen Ländern zum Einsatz kamen sowie später das Fundament für Al Qaida schufen. Dazu trugen maßgeblich heimliche Spenden saudischer Sympathisanten bei. Daraus entwickelte sich eine Bedrohung für das mit dem Westen verbandelte Herrscherhaus. Dieses steht im Innern vor einer zweifachen Herausforderung. Zum einen gilt es auf den Arabischen Frühling zu reagieren, was mit dem Austeilen umfangreicher sozialer Wohltaten bereits geschah. Dennoch regte sich hier und da Widerstand in einem Land, in dem Frauen nicht einmal Auto fahren dürfen. Zum anderen besteht weiter eine latente terroristische Bedrohung von Seiten jener Kräfte, die ihr religiöses Leitbild von der Führung in Riad beschmutzt sehen.

Wie verunsichert die saudische Führung ist, verdeutlichte die Reaktion auf die Vorgänge in Bahrain. Dort brach der seit Jahrzehnten schwelende Konflikt zwischen der sunnitischen Herrscherfamilie und der schiitischen Bevölkerungsmehrheit im Februar 2011 offen aus. Weil Bahrain als Stützpunkt der 5. US-Flotte eine herausragende Bedeutung für die Eindämmung Irans besitzt und Saudi-Arabien darüber hinaus ein Übergreifen des Aufstandes auf sein Territorium befürchtete, kam im darauffolgenden März die Schnelle Eingreiftruppe des Golfkooperationsrates zum Einsatz. Von den rund 2000 Soldaten und Polizisten kamen 1200 aus Saudi-Arabien, den Rest stellten die Vereinigten Arabischen Emirate. Der Einsatz verstieß gegen vereinbarte Regularien, da die Eingreiftruppe 1986 nicht zur Niederschlagung innerer Unruhen, sondern zur Abwehr äußerer Bedrohungen geschaffen worden war. Das brutale Vorgehen der Führung in Manama und ihrer Verbündeten gegen die Demonstranten löste im Westen aufgrund der bestehenden strategischen Interessen lediglich leise Kritik aus.

Der mit Abstand größte Waffenlieferant Saudi-Arabiens sind die USA. Im Oktober 2010 wurde ein Abkommen mit Riad über militärische Ausrüstungslieferungen im Wert von etwa 60 Milliarden Dollar vereinbart. Das Königshaus bemühte sich mitten im Arabischen Frühling auch um deutsches Kriegsgerät. Zunächst war vom Kauf von etwa 300 neuen Kampfpanzern des Typs Leopard 2 die Rede, dann von 600 bis 800.[44] Später wurde offiziell wegen des Kaufs von mehreren Hundert Radpanzern des Modells Boxer angefragt. Der straßentaugliche Boxer zählt zu den modernsten Gefechtsfahrzeugen der Welt und wird von der Bundeswehr in Afghanistan als Truppentransporter eingesetzt. Das Interesse der Golf-Monarchen an Radpanzern dieses Typs dürfte in erster Linie daher rühren, dass diese zur Aufstandsbekämpfung genutzt werden können. Im Februar 2013 hieß es dann, Riad wolle auch deutsche Patrouillenboote im Wert von 1,5 Milliarden Euro kaufen. Eine Voranfrage der Bremer Lürssen Werft sei bereits vom Bundessicherheitsrat positiv beschieden worden. Die Grenzschutzboote zum Stückpreis von zehn bis 25 Millionen Euro sollten demnach binnen zwei Jahren nach Vertragsunterzeichnung an Saudi-Arabien übergeben werden. Für den Großauftrag aus dem Nahen Osten könnte das Bremer Familienunternehmen neben seinen bisher sechs Standorten auch die Kapazität der Peene-Werft in Wolgast nutzen. Lürssen hatte die ehemals größte Militärwerft der DDR im Dezember 2012 für rund 17 Millionen Euro aus der insolventen Werftengruppe P+S herausgekauft.[45] Anfang November 2013 wurde schließlich publik, dass die Saudis zunächst fünf U-Boote im Wert von 2,5 Milliarden Euro erwerben wollten. Langfristig sei der Kauf von bis zu 25 U-Booten geplant, hergestellt von ThyssenKrupp Marine Systems an den Standorten Kiel und Emden.[46]

Vor dem Hintergrund der Rivalität mit dem Iran rüstet auch Katar, in dem es weder ein Parlament noch politische Parteien gibt, mit deutscher Unterstützung weiter energisch auf. Ein bereits vereinbarter Deal umfasst die Lieferung von 62 Leopard-2-Panzern und 24 Panzerhaubitzen in einem Gesamtvolumen von 1,89 Milliarden Euro. Ausfuhrgenehmigungen sollen auch für Maschinengewehre, Pistolen, Zünder und Munition erteilt worden sein.[47] Kein Problem war offenbar, dass Katar über die Unterstützung fundamentalistischer Kräfte unter anderem in Ägypten, Libyen, Syrien und Tunesien Einfluss auf die innere Entwicklung in diesen Ländern nehmen will.

Merkels Schwenk in der Rüstungsexportpolitik kurbelt die Geschäfte der in diesem Bereich tätigen Unternehmen an. Deutschland ist bereits weltweit nach den USA und Russland der drittgrößte Exporteur von Waffen, bis zu 100 000 Menschen arbeiten in der Rüstungsindustrie. Das Verteidigungsministerium stellt pro Jahr eine Milliarde Euro für die Forschung im Wehrbereich zur Verfügung, davon erhält die gewerbliche Wirtschaft rund 600 Millionen Euro. Aber auch das Forschungsministerium unterstützt den Rüstungsbereich. Im Rahmen des Programms „Forschung für die zivile Sicherheit" flossen in den vergangenen Jahren weit über 300 Millionen Euro. Gefördert wird die Entwicklung von Personenscannern, Drohnen, Sprengstoffsensoren und intelligenten Überwachungskameras, die auffälliges Verhalten automatisch erkennen sollen. Eine klare Abgrenzung zwischen ziviler und militärischer Forschung gibt es oft nicht. Die Produkte, die am Ende entstehen, können vielfach von Militär, Polizei und privaten Sicherheitsdiensten genutzt werden.[48]

Im Jahr 2011 wurden Ausfuhrgenehmigungen im Wert von insgesamt 5,4 Milliarden Euro erteilt, im Jahr 2012 im Wert von 4,7

Milliarden Euro.[49] Deutsche Firmen oder Konsortien mit deutscher Beteiligung zählen zu den umsatzstärksten Waffenproduzenten. Darunter sind EADS (Flugzeuge), Rheinmetall (Militär-Fahrzeuge, Artillerie, Handfeuerwaffen, Munition), Krauss-Maffei Wegmann (Panzer), ThyssenKrupp (Schiffe), Diehl (Raketen, Handfeuerwaffen, Munition), MTU (Antriebssysteme) und MBDA (Raketen). Zu den Exportschlagern gehören der Kampfpanzer Leopard 1 und sein Nachfolger Leopard 2. Zwischen 2002 und 2011 wurden mehr als 1700 dieser Panzer ausgeführt. Abnehmer waren unter anderem die Türkei, Griechenland, Chile, Brasilien, Finnland, Polen, Dänemark, Spanien und Singapur. Begehrt sind auch Kriegsschiffe. Fregatten gingen in den vergangenen Jahren nach Südafrika und Malaysia, U-Boote an Südkorea, die Türkei und Israel.[50] Die zukünftigen Absatzmärkte liegen in Asien, im Nahen und Mittleren Osten sowie in Lateinamerika. Dort befinden sich die zahlungskräftigen Staaten, die große Waffensysteme kaufen wollen und abnehmen können.

Bei der öffentlichkeitsscheuen Branche wird Transparenz als störend empfunden. Die Politik handelt entsprechend. Den Rüstungsexportbericht der Bundesregierung gibt es erst seit 1999. Dass etwa der Bericht für 2011 erst Ende 2012 vorgelegt wurde, nimmt die Möglichkeit, zeitnah über die Entscheidungen zu debattieren. Diese trifft der Bundessicherheitsrat unter strengster Geheimhaltung. Verteidigungsminister de Maizière rechtfertigte dieses Vorgehen ausdrücklich: „Eine öffentliche Verhandlung läuft den deutschen Interessen schlicht entgegen. Es ist zum Beispiel für ein anderes Land auch nicht besonders angenehm, wenn wir eine Anfrage ablehnen. Und die Rüstungsfirmen haben ein Recht auf Vertraulichkeit, damit ihre Wettbewerber nicht hellhörig werden."[51] An der bisherigen Genehmigungspraxis soll sich auch künftig nichts ändern. Eine zeitnahe Unterrichtung des Bundestags über Entscheidungen des Bundessicherheitsrates und ein halbjährlicher Zwischenbericht zu Waffenausfuhren schaffen ein wenig mehr Transparenz. Aber in der Sache bleibt es bei der Mitteilung vollendeter Tatsachen, geschaffen von einem kleinen Zirkel.

Eine Veränderung der Machtverhältnisse wird bereits sichtbar. Nach Einschätzung des renommierten Londoner Instituts für Strategische Studien (International Institute for Strategic Studies/ IISS) erhebt sich „aus den Trümmern der globalen Finanzkrise von 2008 eine neue Weltordnung". Während die USA eine „strategische Übermüdung" riskierten, versuchten aufstrebende Länder wie die Türkei, Brasilien und die Vereinigten Arabischen Emirate ihren regionalen Einfluss auszuweiten.[1]

Gleichwohl wäre es verfrüht, die Vereinigten Staaten abzuschreiben. Diese bleiben trotz aller Probleme das einzige Land, das politisch, wirtschaftlich und militärisch global agieren kann. Das schafft vielfältige Optionen auch in einer sich stärker multipolar entwickelnden Welt. Dazu beitragen wird die Entdeckung riesiger Öl- und Gasvorkommen, die bis 2020 Importe aus dem Nahen Osten ablösen und die USA selbst zum Exporteur machen könnten. Das machtbewusste China präsentiert sich als ernsthafter Konkurrent, der weltweit mit seiner „soft power" punktet und zugleich zielgerichtet aufrüstet. Gelingt es der Pekinger Führung, Stabilität im Innern zu sichern, werden Staaten wie Australien, Indonesien, Japan und Südkorea mit den USA im Hintergrund den wachsenden Einfluss Chinas kaum eingrenzen können. Damit sind jedoch wachsende Spannungen programmiert. Historisch belastete Beziehungen, schwelende Territorialkonflikte und ein nuklear aufgerüstetes Nordkorea bieten reichlich Zündstoff für die Zukunft. Bei der Auseinandersetzung zwischen Russland auf der einen sowie den USA und der EU auf der anderen Seite ging es im Jahr 2014 nur vordergründig um die Ukraine. Im Mittelpunkt stand vielmehr die künftige Machtverteilung im europäischen und eurasischen Raum. Die damit verbundenen Verwerfungen könnten sich nachhaltig negativ im Wirtschafts- und Finanzbereich, bei der Bekämpfung des internationalen Terrorismus, der Nichtweiterverbreitung von Atomwaffen sowie bei der Eindämmung des Drogenproblems auswirken.

Die USA und der Westen insgesamt haben gezeigt, dass sie für Zentral- und Südasien über keine schlüssige Strategie verfügen. In der islamischen Welt wurde bereits nach dem Abzug der sowjetischen Truppen aus Afghanistan im Jahr 1989 registriert, dass Washington eine ganze Region sich selbst überließ. Tatenlos wurde zugesehen, wie am Hindukusch ein blutiger Bürgerkrieg tobte und dann mit Unterstützung Pakistans und Saudi-Arabiens die fundamentalistischen Taliban die Macht übernahmen. Erst die Ereignisse am 11. September 2001 führten zu einer großflächigen Reaktion der Supermacht. Diese schaffte es nicht, Afghanistan zu befrieden. Die Souveränität Pakistans wurde mit Drohnenangriffen permanent missachtet. Damit erhielten jene radikalen Kräfte Auftrieb, die nicht nur in Islamabad regieren wollen, sondern den Wandel zu einer islamistischen, antiamerikanischen Gesellschaft auf ihre Fahnen geschrieben haben. Das könnte die gesamte Statik in der Region verändern, bis hin zu neuerlichen Kriegen um Kaschmir. Der seit Jahrzehnten schwelende Konflikt wird von den Muslimen als Beleg dafür gewertet, dass sich der Westen nicht entschieden für eine Lösung einsetzt.

Im Jahr 2006 legte eine maßgeblich von Spanien und der Türkei initiierte internationale Arbeitsgruppe der Vereinten Nationen Vorschläge für eine „Allianz der Zivilisationen vor". Dabei wurde darauf verwiesen, dass der israelisch-palästinensische Konflikt das „Schlüsselsymbol für die Kluft zwischen den westlichen und muslimischen Gesellschaften geworden" sei. Deshalb müsse „mit einer neuen Dringlichkeit" nach einer Konfliktlösung gesucht werden. Der Bericht kritisierte in diesem Kontext die Militäreinsätze in Afghanistan und im Irak, die ein „wachsendes Klima von Angst und Hass" hervorriefen. Außerdem wurden die „engen und verzerrten Interpretationen der islamischen Lehre" gerügt.[2] Eindringliche Worte fand wenige Monate nach Beginn seiner ersten Amtszeit US-Präsident Obama, der in seiner vielbeachteten Kairoer Rede den Muslimen überall auf der Welt einen auf gemeinsamen Interessen und gegenseitiger Achtung beruhenden Neuanfang anbot. Zum Nahost-Konflikt betonte Obama: „Es ist jetzt an der Zeit, dass sich die Palästinenser auf das konzentrieren, was sie aufbauen können. Die Palästinenserbehörde muss ihre Fähigkeit zu regieren entwickeln, mit Institutionen, die die Bedürfnisse der Bürger befriedigen. Die Hamas hat die Unterstützung einiger Palästinenser, sie muss aber auch erkennen, dass sie eine Verantwortung trägt. Um eine Rolle dabei zu spielen, die Wünsche der Palästinenser zu erfüllen und die Palästinenser zu einen, muss die Hamas die Gewalt beenden und vergangene Abkommen sowie das Existenzrecht Israels anerkennen. Gleichzeitig müssen die Israelis anerkennen, dass das Existenzrecht Palästinas genau so wenig verwehrt werden kann wie das Existenzrecht Israels. Die Vereinigten Staaten betrachten den fortgesetzten Bau israelischer Siedlungen nicht als legitim. Der Bau verletzt bestehende Abkommen und untergräbt die Bestrebungen, Frieden zu erreichen. Es ist an der Zeit, dass diese Besiedelung aufhört. Israel muss auch seiner Verpflichtung nachkommen und sicherstellen, dass die Palästinenser leben, arbeiten und ihre Gesellschaft voranbringen können. Die andauernde humanitäre Krise im Gazastreifen zerstört nicht nur palästinensische Familien, sie erhöht auch nicht die Sicherheit Israels. Der fortbestehende Mangel an Chancen im Westjordanland tut das genauso wenig. Fortschritte im täglichen Leben der Palästinenser müssen ein wichtiger Teil des Weges zum Frieden sein, und Israel muss konkrete Schritte unternehmen, um solchen Fortschritt zu ermöglichen."[3]

Das gestörte Verhältnis von Orient und Okzident unterstrich eine Ende Juni 2006 veröffentlichte Studie des Washingtoner Pew Research Centers. Das angesehene soziologische Institut befragte rund 11 000 Personen in fünf überwiegend muslimischen und in sechs Ländern der westlichen Welt zu ihrer Meinung über den jeweils anderen Kulturkreis. In der Türkei (64 Prozent), Ägypten (58 Prozent), Jordanien (54 Prozent) und Indonesien (53 Prozent) hielten die Bürger mehrheitlich das Verhältnis zwischen Muslimen und den Menschen im Westen für generell schlecht. Nur Pakistan (25 Prozent) machte eine Ausnahme. Im anderen Kulturkreis fiel das Ergebnis noch deutlicher aus. Als generell schlecht bezeichneten in Deutschland (70 Prozent), Frankreich (66 Prozent), Großbritannien (61 Prozent), Spanien (61 Prozent), den USA (55 Prozent) und Russland (53 Prozent) das Verhältnis. Aufschlussreich war darüber hinaus, dass eine Mehrheit der Ägypter, Indonesier, Jordanier und Türken eine Täterschaft aus der arabischen Welt bei den Anschlägen in New York und Washington leugnete.[4]

Das ließ sich nicht allein auf die kursierenden Verschwörungstheorien zurückführen. Der Krieg gegen den Terror entwickelte sich immer mehr zum Irrweg, so dass allein rhetorische Abrüstung nicht reicht. Selbst ein religiöser Eiferer wie George W. Bush wurde vorübergehend kleinlaut. Unmittelbar vor einem Wahlparteitag der Republikaner, auf dem Bush für eine zweite Amtszeit nominiert werden sollte, sagte der US-Präsident dem Sender NBC: „Ich glaube nicht, dass man (den Krieg) gewinnen kann." Mitarbeiter relativierten das Eingeständnis umgehend. Bush habe nur gemeint, der Krieg könne nicht mit konventionellen Mitteln gewonnen werden. Wenig später kehrte auch der Präsident selbst zu seiner alten Diktion zurück: „Es ist ein Krieg, den wir nicht begonnen haben, aber wir werden ihn gewinnen."[5] Obama wollte im ersten Jahr seiner zweiten Amtszeit die Aktivitäten der USA nicht als grenzenlosen, globalen Krieg gegen den Terror definieren, sondern vielmehr als anhaltende, gezielte Maßnahmen zur Ausschaltung von extremistischen Netzwerken, die Amerika bedrohten.[6] Das Getöse der neokonservativen Kräfte war dem Präsidenten schon vorher suspekt, weil damit der Kampf um die öffentliche Meinung in der muslimischen Welt, bei den Verbündeten und in der Heimat erschwert wurde. Mit seinem praktischen Handeln stand Obama jedoch in der Kontinuität seines Vorgängers, auch wenn er anders formulierte und sogar moralische Bedenken zuließ. Als Präsident einer Supermacht wollte Obama die Regeln im Antiterrorkampf selbst bestimmen.

Die Bush-Regierung zerstörte mit ihrer haltlosen Begründung des Irak-Feldzuges Vertrauen und baute Misstrauen auf. Mit Begriffen wie Kreuzzug und Mission wurden Kriege als Verteidigung der eigenen christlichen Werte gegen den gefährlichen Islam begründet. Damit verbunden war eine anhaltende Phase der Gesetzlosigkeit, die jeglichen rechtsstaatlichen Grundsätzen Hohn spricht. Systematische Misshandlungen in CIA-Geheimgefängnissen von Afghanistan bis Polen, die Überstellung von Terrorverdächtigen an skrupellose Regime wie in Jordanien und Syrien (Torture by proxy – Folter in Vertretung) sowie die Verletzung religiöser Gefühle vieler Muslime durch nächtliche Razzien und demonstrative Besatzermentalität brachten das globale Heilsprojekt von Freiheit, Demokratie und Menschenwürde in eine schwere Glaubwürdigkeitskrise. Abu Ghraib, Bagram und Guantanamo werden im Gedächtnis haften bleiben.

Vor allem US-Präsident Obama enttäuschte die Erwartungen, die sich mit seinem Amtsantritt 2009 verbunden hatten. Obama hielt nicht sein Versprechen, Guantanamo binnen eines Jahres zu schließen. Und er brachte den palästinensisch-israelischen Konflikt während der ersten vier Jahre im Weißen Haus keiner Lösung näher. Der Präsident begab sich mit der großzügig erteilten Order, die Feinde Amerikas kostengünstig und verlustarm mit Drohnen zu bekämpfen, auf vermintes Terrain. Wer gezielte Tötungen aus der Luft an einem tausende Kilometer entfernten Ort genehmigt, schwingt sich dazu auf, Richter und Henker in einem zu sein. Wer unbemannte Flugobjekte, Spezialeinheiten und Computerviren zur Ausschaltung eines Gegners einsetzt, bereitet den Boden für eine Auseinandersetzung ohne Grenzen und Schranken. Obama opferte seine Glaubwürdigkeit dafür, als erfolgreicher Oberbefehlshaber im Kampf gegen den internationalen Terrorismus und feindliche Regierungen zu erscheinen.

Das Versprechen von mehr Transparenz, von einer richtigen Balance zwischen Sicherheit und Freiheit in der Zeit nach Bush blieb auf der Strecke. Im Gegenteil: Unter dessen Nachfolger wurden die Überwachungsmaßnahmen nicht etwa reduziert. Politisch und juristisch sanktioniert, ging die Ausspähung der Bürger im In- und Ausland weiter, indem die Geheimdienste im Rahmen des Programmes PRISM unter anderem die großen amerikanischen Internetfirmen wie Microsoft, Google, Facebook und Apple benutzten. Im krassen Widerspruch zur stets betonten Pressefreiheit steht die Bespitzlung von Journalisten, die an sicherheitsrelevanten Themen arbeiten und dafür auch ihre Kontakte zu Informanten im Regierungsapparat nutzen. Das Justizministerium in Washington ließ in den Monaten April/Mai 2012 Telefonleitungen der Nachrichtenagentur Associated Press (AP) überwachen. Mit aller Härte geht Oberbefehlshaber Obama gegen sogenannte Whistleblower vor. Sechs Verfahren wegen Geheimnisverrats nach dem Espionage Act von 1917 sind unter Obama bis Mitte 2013 auf den Weg gebracht worden – doppelt so viele wie unter allen bisherigen Präsidenten zusammen. Keiner der Angeklagten sprach mit ausländischen Agenten, alle kommunizierten nur als Informanten mit Journalisten. Der Obergefreite Bradley Manning etwa spielte WikiLeaks über 700 000 geheime Dokumente zu, darunter über die Kriege in Afghanistan und im Irak. Dabei offenkundig gewordene Exzesse der amerikanischen Streitkräfte störten das Bild der hingebungsvollen Antiterrorkämpfer. Manning büßt dafür mit einer langen Haftstrafe, während Obama jene CIA-Folterer straffrei ausgehen ließ, die in der Ära Bush mit dem Waterboarding bei Verhören Geständnisse erpressen wollten.

Die vom ehemaligen US-Geheimdienstmitarbeiter Edward Snowden enthüllten weltumspannenden, gegen Freund und Feind gerichteten Spionageaktivitäten der NSA wurden von Obama damit gerechtfertigt, dass etwa mit dem Programm PRISM rund 50 Terroranschläge verhindert worden seien, darunter auch in befreundeten Ländern wie Deutschland.[7] Tatsächlich organisiert die NSA, gestützt auf gigantische personelle und technologische Möglichkeiten, eine beispiellose Datensammelwut, die auch vor der Privatsphäre deutscher Bürger nicht Halt macht.[8] Aufschlussreich war, dass ausgerechnet die ehemalige DDR-Bürgerin Angela Merkel nach ihren Erfahrungen in einem umfassend kontrollierten Staatswesen den großen Verbündeten gewähren ließ. Auf einer gemeinsamen Pressekonferenz mit Obama in Berlin am 19. Juni 2013 sagte die Bundeskanzlerin: „Das Internet ist für uns alle Neuland, und es ermöglicht natürlich auch Feinden und Gegnern unserer demokratischen Grundordnung, mit völlig neuen Möglichkeiten und völlig neuen Herangehensweisen unsere Art zu leben in Gefahr zu bringen. Deshalb schätzen wir die Zusammenarbeit mit den Vereinigten Staaten von Amerika in den Fragen der Sicherheit. Ich habe aber auch deutlich gemacht, dass natürlich bei allen Notwendigkeiten von Informationsgewinnung das Thema der Verhältnismäßigkeit immer ein wichtiges Thema ist. Unsere freiheitlichen Grundordnungen leben davon, dass Menschen sich sicher fühlen können.“[9]

Das war eine merkwürdig indifferente Stellungnahme zu einem Zeitpunkt, an dem die Balance zwischen Bürgerrechten und Sicherheit längst nicht mehr bestand. Angela Merkel wirkte wie die Gefangene der „uneingeschränkten Solidarität“ mit den USA, die einst ihr Vorgänger Gerhard Schröder verkündet hatte. Erst als Ende Oktober 2013 publik wurde, amerikanische Nachrichtendienste hätten das Mobiltelefon der Bundeskanzlerin ins Visier genommen, star-

tete Merkel notgedrungen einen Befreiungsversuch. Diesen ver-
packte sie in mehr oder minder griffige Formulierungen wie: „Aus-
spähen unter Freunden, das geht gar nicht." „Wir sind Verbündete,
aber solch ein Bündnis kann nur auf Vertrauen aufgebaut sein."
„Das Allerwichtigste ist, dass wir eine Basis für die Zukunft bekommen."[10] Das sollte als Zeichen an die eigene Bevölkerung entschlossen klingen, aber mit Blick auf die Befindlichkeiten des wichtigsten
internationalen Partners auch nicht zu entschlossen. Deutschland
dachte wie die anderen EU-Mitgliedstaaten nicht daran, etwa mit
der Aussetzung der Verhandlungen über ein Freihandelsabkommen
mit den Vereinigten Staaten ein klares Signal auszusenden. Stattdessen bekamen die Amerikaner weiter massenhaft europäische Flug-
gast- und Zahlungsverkehrsdaten zur Bekämpfung terroristischer
Handlungen und anderer schwerer Delikte frei Haus geliefert. Entsprechende Abkommen mit den USA wurden zwar von der EU-
Kommission überprüft, aber ein Ende November 2013 vorgelegter
Bericht bescheinigte der anderen Seite ein korrektes Vorgehen. Die
Kommission verließ sich dabei maßgeblich auf Versicherungen aus
Washington, die Abkommen in vollem Umfang einzuhalten.[11] Da-
mit ließen sich nicht einmal im Ansatz Vorwürfe entkräften, dass
Daten zweckentfremdet verwendet, Persönlichkeitsrechte verletzt
und Klagerechte der Bürger unzureichend berücksichtigt würden.

Eine plausible Erklärung für diese nicht nachvollziehbare Zurückhaltung lieferte der Snowden-Vertraute Glenn Greenwald.
Nach dessen Auffassung liegt der Fokus der umfassenden staatlichen Überwachung nicht auf dem Schutz der Bürger vor Terrorismus und Kriminalität, sondern verfolgt ein ganz anderes Ziel: „Je
mehr man über die Menschen weiß, die man regiert, desto mehr
Macht hat man über sie. Man kann vorhersehen, was die anderen
tun, verstehen, was sie tun, oder es sogar stoppen. Wenn Sie die
Entwicklung der westlichen Gesellschaften in den letzten Jahren betrachten, sehen Sie, dass die Unzufriedenheit zunimmt. Die ökonomischen Ängste wachsen, die Ungleichheit steigt außerordentlich,
sogar an Orten wie London und in Spanien kommt es zu Unruhen.
Die Zentren der Macht sind sehr daran interessiert, wie sie sich gegen solche Instabilitäten schützen können."[12]

Prolog

1 Im Jahr 1987 teilte die Prawda mit, dass Boris Pasternaks jahrzehntelang verfemter Roman „Dr. Schiwago" zunächst als mehrteilige Fortsetzung in einer Zeitschrift, danach als Buch in der Sowjetunion erscheinen wird. Letzteres geschah 1988.

Auftakt zu einem neuen „Great Game"

1 Spiegel online, 02.06.2010
2 Le Monde diplomatique, 10.08.2012
3 http://usa.usembassy.de/etexts/docs/ga1-092001d.htm
4 Süddeutsche Zeitung, 20./21.08.2011
5 New York Times, 07.07.2012
6 New York Times, 02.01.2013
7 Wall Street Journal, 04.01.2013
8 P. Stobdan: The Afghan Conflict and Regional Security, www.idsa-india.org/an-aug9-3.htlm
9 dpa, 01.11.2001
10 Neue Zürcher Zeitung, 26.05.2000
11 dpa, 28.05.2000
12 AFP, 21.01.2011
13 Viktor Korgun: Das Afghanistanproblem aus russischer Perspektive, in Russland-Analysen, 18.06.2010, Herausgeber: Forschungsstelle Osteuropa an der Universität Bremen und Deutsche Gesellschaft für Osteuropakunde
14 Verfassungsschutzbericht 2011, Vorabfassung, S. 265 ff
15 RIA-Nowosti, 01.08.2012
16 RIA-Nowosti, 08.10.2012
17 The Soviet Experience in Afghanistan, Russian Documents and Memoirs, Edited by Svetlana Savranskaya, October 9, 2001; www.gwu.edu/~nsarchiv
18 Ebenda
19 Ebenda
20 Le Monde diplomatique, 10.08.2012
21 James A. Baker, Drei Jahre, die die Welt veränderten, Siedler Verlag Berlin, 1996, S. 277
22 www.geheimdienste.info/texte/DenHaagAfgh.pdf
23 Far Eastern Economic Review, March 11, 1999
24 dpa, 26.08.2002
25 Süddeutsche Zeitung, 14./15.11.2009
26 New York Times, 06.10.2011

27 Süddeutsche Zeitung, 11.01.2002

28 dpa, 17.04.2000

29 RIA-Nowosti, 17.09.2010

30 Frankfurter Allgemeine Zeitung, 22.04.2010

31 Spiegel online, 13.09.2002

32 AFP, 17.06.2010

33 European Association of Mining Industries: Investment Opportunities and the Economic Future of Afghanistan, Brussels, 26.10.2011

34 dpa, 14.06.2010

35 Spiegel, 19.12.2009

36 Fortschrittsbericht Afghanistan zur Unterrichtung des Deutschen Bundestages, Dezember 2010, Herausgeber: Presse- und Informationsamt der Bundesregierung, S. 85

37 dpa, 14.06.2010

38 Spiegel online 14.06.2010

39 Frankfurter Allgemeine Zeitung, 18.06.2010

40 World Bank: Afghanistan Economic Update, May 2011

41 Fortschrittsbericht Afghanistan zur Unterrichtung des Deutschen Bundestages, November 2012, Herausgeber: Presse- und Informationsamt der Bundesregierung, S.44

42 Afghan Ministry of Mines: Ten reasons to invest, 2011

43 dpa, 14.06.2010

44 Fortschrittsbericht Afghanistan zur Unterrichtung des Deutschen Bundestages, November 2012, Herausgeber: Presse- und Informationsamt der Bundesregierung, S.44

45 Fortschrittsbericht Afghanistan zur Unterrichtung des Deutschen Bundestages, Dezember 2011, Herausgeber: Presse- und Informationsamt der Bundesregierung, S. 68

46 Fortschrittsbericht Afghanistan zur Unterrichtung des Deutschen Bundestages, Dezember 2010, Herausgeber: Presse- und Informationsamt der Bundesregierung, S. 102

47 dpa, 23.08.2010

Partner, Makler, Besatzer

1 Spiegel, 25.01.2010

2 Guido Knopp, Stefan Brauburger, Peter Arens: Der Heilige Krieg, C. Bertelsmann Verlag, München, 2011, S. 252

3 Wegweiser zur Geschichte Afghanistan, Verlag Ferdinand Schöningh, Paderborn, 2009, S. 54 f

4 Süddeutsche Zeitung, 29.06.2009

5 Spiegel, 06.05.2002

6 Erklärung der Bundesregierung zur Entwicklung in Afghanistan am 17. Janu-

ar 1980, Bulletin vom 18.01.1980, Nr. 8, S.62

7 Welt am Sonntag, 06.10.2013; ZDF, 08.10.2013

8 ARD-Weltspiegel, 28.10.2001

9 ZDF-Auslandsjournal, 03.06.2004

10 DLF, 29.03.2013

11 ARD-Tagesthemen, 17.11.2003

12 dapd, 14.09.2010

13 www.geheimdienste.info/texte/DenHaagAfgh.pdf

14 Spiegel online, 24.04.2008; Mitteldeutsche Zeitung 26.04.2008; SZ online, 27.04.2008

15 www.geheimdienste.info/texte/DenHaagAfgh.pdf

16 AFP, 22.05.2011; Spiegel online, 22.07.2012

17 www.documentarchiv.de/brd/2001/rede_schroeder_terror-usa.html

18 Spiegel, 05.09.2011

19 www.un.org/Depts/german/sr/sr_01-02/sr1368.pdf

20 Ebenda

21 www.un.org/Depts/german/sr/sr_01-02/sr1373.pdf

22 CBS, 28.01.2002

23 Deutscher Bundestag, Drucksache 14/7296, 07.11.2001

24 www.un.org/Depts/german/sr/sr_01-02/sr1386.pdf

25 Antwort der Bundesregierung auf eine Kleine Anfrage der Linken, Deutscher Bundestag, Drucksache 17/6048, 01.06.2011

26 ARD-Politmagazin Monitor, 20.12.2001

27 www.aljazeera.com/archive/2004/11/200849163336457223.htm

28 Deutscher Bundestag, Drucksache 15/1700, 15.11.2003

29 Deutscher Bundestag, Drucksache 15/5996, 21.09.2005

30 Spiegel, 14.06.2010

31 Bild-Zeitung, 03.11.2009

32 Umfrage von ARD, ABC, BBC und Washington Post unter 1691 Afghanen in allen 34 Provinzen des Landes; AP, 06.12.2010

33 Tagesschau online, 19.04.2010

34 Focus online, 03.04.2010

35 Spiegel, 17.01.2011

36 dpa, 02.02.2010

37 www.ekd.de/predigten/kaessmann/100101_kaessmann_neujahrspredigt.html

38 dpa, 17.03.2010

39 dpa, 06.02.2011

40 dpa, 18.01.2011

41 Spiegel, 14.06.2010

42 Spiegel online, 07.10.2011

43 Spiegel, 05.09.2011

Bundeswehr im Kampfeinsatz

1 Süddeutsche Zeitung, 22./23.01.2011

2 http://icasualties.org

3 dpa; AFP, 18.12.2010

4 dpa, 05.07.2006

5 Fortschrittsbericht Afghanistan zur Unterrichtung des Deutschen Bundestages, Dezember 2010, Herausgeber: Presse- und Informationsamt der Bundesregierung, S. 14

6 Spiegel online, 28.09.2006

7 dpa, 22.04.2010

8 dpa, 13.07.2010

9 AP, 14.07.2010

10 Bild-Zeitung, 20.01.2010

11 Deutscher Bundestag, Drucksache 17/654, 09.02.2010

12 dpa, 17.11.2006

13 Tagesschau online, 18.04. 2010

14 Deutscher Bundestag, Drucksache 15/5996, 21.09.2005

15 Süddeutsche Zeitung, 07.07.2010

16 Im Frühjahr 2013 verlegte die Bundeswehr die ersten Hubschrauber des Typs NH90 nach Afghanistan. Kern der Mission war die luftgestützte Rettung von Verwundeten. Dabei kam ein Hubschrauber als Rettungsflieger zum Einsatz, ein weiterer war für den bewaffneten Begleitschutz zuständig. Zwei weitere NH90 standen vor Ort in Reserve. Mehrfach fiel nach einem internen Bundeswehrbericht während des Fluges die Navigationsanlage aus, mindestens einmal bei einem Einsatz zur Rettung von Verwundeten. Außerdem gefährdete eine nicht funktionierende Funkverbindung des Helikopters zur Leitstelle auf dem Flugplatz von Mazar-i-Scharif die zeitnahe Bergung Verwundeter und ihren schnellen Transport zum Rettungszentrum. Die Mängel sollen der Streitkräfteführung schon vor dem Einsatz des NH90 in Afghanistan bekannt gewesen sein. Bekannt war ebenfalls die unzureichende Bewaffnung des für den Begleitschutz vorgesehenen Luftfahrzeuges. Die Bundeswehr kam zu dem Ergebnis, dass die Reichweite der an Bord befindlichen Maschinengewehre keine wirksame Bekämpfung des am Boden befindlichen Gegners erlaubte. Der Hubschrauber wäre vielmehr im Einsatz „feindlicher Waffenwirkung" ausgesetzt. Das Verteidigungsministerium versprach daraufhin, Maschinengewehre größeren Kalibers und größerer Reichweite einbauen zu lassen.

17 Kampfhubschrauber vom Typ Tiger wurden erstmals Ende 2012 nach Afghanistan verlegt. Bis dahin benötigte die Bundeswehr die Hilfe amerikanischer Black-Hawk-Helikopter. Die speziell für den Einsatz modifizierten Tiger sollten Patrouillen aus der Luft begleiten, bei der Aufklärung helfen und bei Kämpfen unterstützen. Ihr Einsatz verschob sich immer wieder, weil

der Tiger ursprünglich in der 1980-er Jahren als Panzerabwehrhubschrauber in Auftrag gegeben worden war. Der Helikopter musste behelfsmäßig für Gefechtsbedingungen wie am Hindukusch nachgerüstet werden. Er erhielt Sandfilter für die Triebwerke, einen besseren Schutz vor Beschuss und ein verändertes Kommunikationssystem. Intern wurde jedoch in der Truppe die Ausstattung mit Raketen beanstandet, die sich für die Panzerbekämpfung eigneten, aber nicht für die Niederhaltung äußerst mobiler, zu Fuß, auf Motorrädern oder mit Pickups operierender Trupps von Aufständischen. Die Ausstattung mit zwei starren 12,7-Millimeter-Maschinengewehren mit einer Reichweite von 1200 Metern führte dazu, dass der Helikopter komplett auf das Ziel ausgerichtet werden musste, was ihn verwundbarer machte.

18 Deutscher Bundestag, Drucksache 17/12050, 29.01.2013

19 Fortschrittsbericht Afghanistan zur Unterrichtung des Deutschen Bundestages, November 2012, Herausgeber: Presse- und Informationsamt der Bundesregierung, S. 12

20 Bis Ende 2013 kostete der Afghanistan-Einsatz insgesamt 54 Soldaten der Bundeswehr das Leben, 35 davon starben bei Anschlägen und Angriffen. Die USA verloren bis zu diesem Zeitpunkt 2301 Soldaten, Großbritannien 447, Kanada 158 und Frankreich 86. Weitere Nationen hatten ebenfalls Todesopfer zu beklagen.

21 Spiegel online, 29.05.2013; FAZ online, 15.01.2014

22 www.bundeswehr.de

23 dpa, 10.11.2010

24 Deutscher Bundestag, Drucksache 17/12050, 29.01.2013

25 Vgl. Bericht von Tom Koenigs, Afghanistan-Besuch vom 18. bis 21.02.2010, www.tomkoenigs.de

26 Deutscher Bundestag, Drucksache 17/12050, 29.01.2013

27 Antwort des Verteidigungsministeriums auf eine Anfrage des Grünen-Bundestagsabgeordneten Omid Nouripour vom 14.06.2013

28 Pressemitteilung der Staatsanwaltschaft Frankfurt (Oder) vom 19. Mai 2009; www.sta-frankfurt-oder.brandenburg.de

29 dpa; dapd, 07.12.2010

30 AP, 19.08.2010

31 Bericht des Verteidigungsministeriums zum Stand der Neuausrichtung der Bundeswehr, 08.05.2013, S. 28 ff, Ressortbericht.pdf

32 Bericht der Strukturkommission der Bundeswehr, Oktober 2010, Online-Ausgabe, S.34

33 Bericht „Gemeinsame Sicherheit und Zukunft der Bundeswehr", 23.05.2000, Online-Ausgabe, S. 13

34 A. a. O, S. 14

35 Bericht der Strukturkommission der Bundeswehr, Oktober 2010, Online-Ausgabe, S. 26

36 Bayernkurier, 08.05.2010

37 Bericht der Strukturkommission der Bundeswehr, Oktober 2010, Online-Ausgabe, S.28

38 Weißbuch 2006, Online Ausgabe, S. 71

39 Bild-Zeitung, 25.01.2011

40 Frankfurter Allgemeine Zeitung, 25.01.2011

41 Bild-Zeitung, 25.01.2011

42 dpa, 13.12.2010

43 dapd, 11.12.2012

44 Frankfurter Allgemeine Sonntagszeitung, 06.01.2013

45 Bundeswehr-Mitteilung vom 19.10.2012; www.bundeswehr.de

46 Spiegel online, 10.06.2007

47 ddp, 11.06.2007

48 Frankfurter Allgemeine Sonntagszeitung, 24.02.2013

49 AFP; dpa, 03.07.2011

50 Bundeswehr-Mitteilung vom 02.01.2013; www.bundeswehr.de

51 Bundeswehr-Mitteilung über Stand am 13.03.2013, www.bundeswehr.de

52 Spiegel online, 08.08.2012

53 dpa, 22.09.2011

54 www.bundes-freiwilligendienst.de

55 www.bundeswehr.de/bwde/Stationierungsbroschuere2011.pdf

56 Spiegel, 23.05.2011

57 Militärische Führungskräfte bewerten die Neuausrichtung der Bundeswehr. Zielgruppenbefragung der TU Chemnitz im Auftrag des Deutschen Bundeswehrverbandes, vorgestellt am 07.09.2012, S.3ff

58 Statement des Vorsitzenden des Bundeswehrverbandes, Oberst Ulrich Kirsch, in der Bundespressekonferenz am 07.09.2012; https://www.dbwv.de

59 Rede des Verteidigungsministers auf der Bundeswehrtagung in Strausberg am 22.10.2012; www.bmvg.de

60 Frankfurter Allgemeine Zeitung, 27.05.2011

61 Ebenda

62 Süddeutsche Zeitung, 29.06.2011

63 Rede des Verteidigungsministers auf der Bundeswehrtagung in Strausberg am 22.10.2012; www.bmvg.de

64 Militärische und zivile Führungskräfte bewerten die aktuelle Situation der Bundeswehr. Zielgruppenbefragung der TU Chemnitz im Auftrag des Deutschen Bundeswehrverbandes, vorgestellt am 24.06.2013, S.6

65 A. a. O., S. 10

66 A. a. O., S.11

67 A. a. O., S.16

68 Bundeswehrverband, Pressemitteilung Nr. 13/2013

Illusion von der selbsttragenden Sicherheit

1 www.whitehouse.gov/sites/default/files/091201-obama-afghanistan-speech-german.pdf

2 dpa, 22.01.2010

3 AFP, 12.03.2012

4 dpa, 12.03.2012

5 Fortschrittsbericht Afghanistan zur Unterrichtung des Deutschen Bundestages, Dezember 2011, Herausgeber: Presse- und Informationsamt der Bundesregierung, S. 26

6 dpa, 18.01.2010

7 Tagesschau online, 01.02.2012

8 New York Times, 12.05.2010

9 New York Times, 06.09.2011

10 dpa, 22.01.2010

11 dapd, 07.10.2011

12 New York Times, 30.12.2012

13 The Soviet Experience in Afghanistan, Russian Documents and Memoirs, Edited by Svetlana Savranskaya, October 9, 2001; Spiegel online, 09.08.2011

14 Spiegel online, 28.01.2011

15 AFP, 20.01.2012

16 Spiegel online; Tagesschau online, 20.01.2012

17 Fortschrittsbericht Afghanistan zur Unterrichtung des Deutschen Bundestages, November 2012, Herausgeber: Presse- und Informationsamt der Bundesregierung, S. 5

18 Spiegel, 06.06.2011

19 dpa; AFP, 17.08.2012

20 dpa; AFP, 18.08.2012

21 Spiegel, 28.02.2011

22 Frankfurter Allgemeine Sonntagszeitung, 09.12.2012

23 ARD-Magazin Kontraste, 01.12.2011; DLF, 19.05.2012

24 dpa, 02.11.2010

25 AP, 03.12.2012

26 www.presstv.ir/detail/2012/12/31/281062/1056-afghan-troops-killed-in-2012

27 http://icasualties.org

28 Fortschrittsbericht Afghanistan zur Unterrichtung des Deutschen Bundestages, Zwischenbericht Juni 2012, Herausgeber: Presse- und Informationsamt der Bundesregierung, S. 10

29 New York Times, 02.01.2013

30 International Crisis Group, Afghanistan: The long, hard road to the 2014 transition, Asia-Report Nr. 236, 08.10.2012

31 Bundeswehr-Mitteilung vom 13.08.2012; www.bundeswehr.de

32 FAZ online, 16.03.2013

33 dapd, 16.09.2011

34 Spiegel online, 11.10.2011

35 Tagesschau online, 23.11.2011

36 International Crisis Group, Afghanistan: The long, hard road to the 2014 transition, Asia-Report Nr. 236, 08.10.2012

37 BBC, 08.10.2012

38 Fortschrittsbericht Afghanistan zur Unterrichtung des Deutschen Bundestages, November 2012, Herausgeber: Presse- und Informationsamt der Bundesregierung, S.47

39 NDR Info, 25.01.2013

40 Mitteilung des Bundesinnenministeriums, 30.10.2013, www.bmi.bund.de

41 Bericht von Tom Koenigs, Afghanistan-Besuch am 26.09.2011, www.tom-koenigs.de

42 Spiegel, 20.09.2010

43 Vorläufige Ergebnisse der ersten Datenerhebung des National Risk and Vulnerability Assessment (NRVA) 2011/12

44 Fortschrittsbericht Afghanistan zur Unterrichtung des Deutschen Bundestages, November 2012, Herausgeber: Presse- und Informationsamt der Bundesregierung, S.40

45 Fortschrittsbericht Afghanistan zur Unterrichtung des Deutschen Bundestages, Dezember 2010, Herausgeber: Presse- und Informationsamt der Bundesregierung, S. 83

46 dpa, 30.06.2010

47 Fortschrittsbericht Afghanistan zur Unterrichtung des Deutschen Bundestages, Dezember 2011, Herausgeber: Presse- und Informationsamt der Bundesregierung, S. 70

48 Spiegel online, 22.06.2010; Tagesschau online, 23.06.2010

49 Tagesschau online, 18.04.2012

50 DLF, 16.12.2012

51 Die größte logistische Herausforderung stand vor den USA als weitaus größtem Truppensteller. 85 bis 90 Prozent der amerikanischen Ausrüstungen befanden sich in den südlichen und östlichen Landesteilen. Ihr Abtransport über pakistanisches Territorium zum nächstliegenden Hafen Karatschi am Arabischen Meer bot sich als günstigste Variante an. Die seit Januar 2013 durchgeführten Testläufe waren ernüchternd. Streiks der Lkw-Fahrer, Streit zwischen dem afghanischen und dem pakistanischen Zoll sowie eine schwerfällige Bürokratie verzögerten die Transporte. Wenn Pakistan aufgrund der unsicheren Lage logistisch ausgefallen wäre, hätte auf den ersten Blick die Nordroute eine Alternative sein können. Allerdings sind die schlecht ausgebauten afghanischen Straßen ohnehin vielfach überlastet. Der Salang-Pass, die wichtigste Nord-Süd-Verbindung mit einem langen Tunnel, lässt sich schwer schützen und befahren. Es fehlt an geeigneten Grenzübergängen nach Tadschikistan,

Turkmenistan und Usbekistan. Die NATO traute insbesondere Tadschikistan und Usbekistan zu, die vorhandenen Übergänge zu blockieren, um die Preise hochzutreiben. Etwaige Transporte von Zentralasien über Russland bis an die Ostsee oder zu Häfen am Schwarzen Meer werden durch unterschiedliche Spurbreiten bei den Eisenbahnen und Verschiffungsverbote für Kriegswaffen erschwert. Und schließlich sollte weitgehend darauf verzichtet werden, sich in eine größere Abhängigkeit von Großmacht Russland zu begeben.

52 Süddeutsche Zeitung, 29.06.2009
53 Fortschrittsbericht Afghanistan zur Unterrichtung des Deutschen Bundestages, Dezember 2011, Herausgeber: Presse- und Informationsamt der Bundesregierung, S. 22
54 www.auswaertiges-amt.de
55 Spiegel online, 01.04. 2010
56 DLF, 01.04.2013
57 www.gdp.de/id/p111202
58 www.mi.brandenburg.de/cms/detail.php/bb1.c.223168.de
59 Welt online, 25.08.2012
60 Spiegel online, 01.04. 2010

Legende von der nationalen Aussöhnung

1 Karl Marx/Friedrich Engels – Werke, Dietz Verlag, Berlin, Band 14, 4. Auflage 1972, S.75
2 Die Internationale Afghanistan-Konferenz in Bonn 5. Dezember 2011, Afghanistan und die Internationale Gemeinschaft: von der Transition zur Transformationsdekade, Konferenzschlussfolgerungen
3 Spiegel, 30.03.2009
4 Spiegel, 26.07.2010
5 DLF, 31.03.2013
6 Tagesschau online, 20.07.2012
7 Ahmed Rashid, Taliban, Droemer Verlag München, 2001, S. 118 ff
8   http://afpak.foreignpolicy.com/posts/2010/06/03/inside_the_haqqani_ network_0
9 Washington Post, 21.10.2011
10 BBC News, 03.10.2011
11 Time, 23.09.2011
12 Jürgen Todenhöfer, Zu Gast bei einer Geisterarmee, Berliner Zeitung, 16.09.2009
13 Frankfurter Allgemeine Zeitung, 05.07.2010
14 AFP, 05.04.2010; AP, 06.04.2010
15 BBC, 07.10.2011
16 AFP, 23.09.2010
17 AP, 19.02.2010

18 Ahmed Rashid, Taliban, Droemer Verlag München, 2001, S. 87
19 New York Times, 28.04.2013
20 AFP, 19.11.2009
21 Verfassungsschutzbericht 2011, Vorabfassung, S. 213 ff
22 AFP, 12.07.2012
23 Al Dschasira, 06.06.2012
24 Ahmed Rashid, Taliban, Droemer Verlag München, 2001, S.67
25 www.whitehouse.gov/sites/default/files//091201-obama-afghanistan-speech-german.pdf
26 Spiegel, 25.01.2010
27 Frankfurter Allgemeine Zeitung, 05.07.2010
28 Tagesschau online, 18.05.2011
29 Tagesschau online, 15.03.2012
30 Karsai zeigte sich während seiner Präsidentschaft stets flexibel bei der Besetzung von Spitzenpositionen. Mohammed Hanif Atmar (Jahrgang 1968) hatte einst in den Reihen der Sondereinsatzkräfte des Geheimdienstes KHAD gegen die Mudschaheddin gekämpft und setzte sich 1992 ins westliche Ausland ab. Er erwarb in Großbritannien unter anderem ein Diplom im IT-Bereich, betätigte sich als Projektmanager für diverse Hilfsorganisationen mit dem Schwerpunkt Afghanistan und kehrte 2001 in die Heimat zurück. Von 2002 bis 2010 bekleidete Atmar Ministerämter, zuletzt leitete er das Innenressort. Der aus der Provinz Laghman stammende Paschtune wurde von Karsai entlassen, nachdem die Taliban Anfang Juni 2010 die in Kabul tagende Friedens-Dschirga angriffen hatten. Der eigentliche Grund soll indes gewesen sein, dass Atmar eine Zeit lang von den USA hofiert wurde und Karsai darin eine Gefährdung seiner Machtposition sah.
31 Ahmed Rashid, Taliban, Droemer Verlag München, 2001, S. 111
32 Focus Magazin, 16.06.1997
33 Ahmed Rashid, Taliban, Droemer Verlag München, 2001, S. 102f
34 Tom Koenigs, Machen wir Frieden oder haben wir Krieg? Auf UN-Mission in Afghanistan, Verlag Klaus Wagenbach Berlin, 2011
35 The Soviet Experience in Afghanistan, Russian Documents and Memoirs, Edited by Svetlana Savranskaya, October 9, 2001
36 National Front Berlin Statement, January 2012
37 Fortschrittsbericht Afghanistan zur Unterrichtung des Deutschen Bundestages, Dezember 2011, Herausgeber: Presse- und Informationsamt der Bundesregierung, S. 44
38 Spiegel online, 28.03.2012
39 Fortschrittsbericht Afghanistan zur Unterrichtung des Deutschen Bundestages, Dezember 2011, Herausgeber: Presse- und Informationsamt der Bundesregierung, S. 44f
40 US Department of State: 2009 Human Rights Report Afghanistan
41 dpa, 13.11.2013; 20.11.2012

42 dpa, 25.05.2001

43 RIA-Nowosti, 21.01.2011

44 dpa, 22.12.2010

45 Neue Zürcher Zeitung, 11./12.11.2000

46 www.unodc.org/pdf/publications/report_2001-10-16_1.pdf

47 New York Times, 02.11.2013

48 Fortschrittsbericht Afghanistan zur Unterrichtung des Deutschen Bundestages, Dezember 2011, Herausgeber: Presse- und Informationsamt der Bundesregierung, S. 40 ff

49 Central Statistics Organisation (CSO); unicef: Afghanistan Multiple Indicator Cluster Survey 2010-2011; Weltbank: Afghanistan in Transition: Looking beyond 2014

50 Fortschrittsbericht Afghanistan zur Unterrichtung des Deutschen Bundestages, November 2012, Herausgeber: Presse- und Informationsamt der Bundesregierung, S. 33f

51 Fortschrittsbericht Afghanistan zur Unterrichtung des Deutschen Bundestages, Januar 2014, Herausgeber: Presse- und Informationsamt der Bundesregierung, S. 10

52 Erklärung von Tokio: Partnerschaft für die Eigenständigkeit Afghanistans, Von der Transition zur Transformation, 08.07.2012

53 Conrad Schetter, Kleine Geschichte Afghanistans, Verlag C. H. Beck München, 2004, S. 93

Schwierige Nachbarn

1 Süddeutsche Zeitung, 05.10.2011

2 Spiegel online, 16.11.2012

3 dpa, 23.04.2009

4 CNN, 10.02.2010

5 Spiegel, 17.12.2007

6 www.whitehouse.gov/sites/default/files//091201-obama-afghanistan-speech-german.pdf

7 Petraeus trat am 8. November 2012 aufgrund einer außerehelichen Affäre mit seiner Biografin Paula Broadwell zurück. Dieser Schritt sorgte wenige Tage nach den US-Präsidentschaftswahlen für erhebliches Aufsehen. Der ehemalige Vier-Sterne-General genoss einen herausragenden Ruf als brillanter strategischer Kopf, dem eine große politische Zukunft vorausgesagt wurde. Panetta gehörte in Obamas zweiter Amtszeit dem Kabinett nicht mehr an. Zentrale Posten wurden mit John Kerry (Äußeres), Chuck Hagel (Verteidigung) und John Brennan (CIA) neu besetzt.

8 Guido Knopp, Stefan Brauburger, Peter Arens: Der Heilige Krieg, C. Bertelsmann Verlag München, 2011, S. 350

9 Tagesschau online, 05.05.2011

10 AP, 22.11.2012

11 Spiegel online, 03.05.2012

12 www.bundesregierung.de/Content/DE/Mitschrift/Pressekonferenzen /2011/05/2011-05-02-merkel-osama-bin-laden.html

13 Tagesschau online, 05.05.2011

14 Antwort der Bundesregierung auf eine Kleine Anfrage der Linken, Deutscher Bundestag, Drucksache 17/6048, 01.06.2011

15 Mohammed al-Baradei, Wächter der Apokalypse, Campus Verlag Frankfurt/New York, 2011, S. 189

16 AP, 05.05.2009

17 P. Stobdan: The Afghan Conflict and Regional Security, www.idsa-india.org/ an-aug9-3.htlm

18 Ahmed Rashid, Taliban, Droemer Verlag München, 2001, S. 154

19 Frankfurter Allgemeine Zeitung, 08.07.2008

20 Frankfurter Allgemeine Zeitung, 16.09.2008

21 Frankfurter Allgemeine Zeitung, 30.06.2010

22 Süddeutsche Zeitung, 11.01.2002

23 Nesawissimaja Gaseta, 02.08.2012

24 AFP, 13.02.2013

25 Frankfurter Allgemeine Zeitung, 27.10.2000

26 Neue Zürcher Zeitung, 10.12.2001

27 dpa, 14.12.2000

28 New York Times, 15.11.2005

29 Süddeutsche Zeitung, 15.06.2011

30 www.bmz.de

31 Antwort der Bundesregierung auf eine Kleine Anfrage der Grünen, Deutscher Bundestag, Drucksache 17/9710, 16.05.2012

32 Spiegel, 18.10.2010

33 Neue Zürcher Zeitung, 14.09.2001

34 SPA, 25.09.2001

35 dpa, 28.03.2006

36 dpa, 30.06.2011

37 Times, 16.01.2006

Desaster mit Ansage

1 Theodor Fontane, Das Trauerspiel von Afghanistan, J. G. Cotta'sche Buchhandlung Nachfolger Stuttgart und Berlin, 1905, Gedichte S. 193f

2 Fortschrittsbericht Afghanistan zur Unterrichtung des Deutschen Bundestages, Dezember 2010, Herausgeber: Presse- und Informationsamt der Bundesregierung, S. 5

3 A. a. O, S. 41

4 CBS News, 03.09.2012

5 AFP; dpa, 22.06.2010

6 AP, 10.09.2009

7 Süddeutsche Zeitung, 09.12.2009

8 New York Times, 01.01.2013

9 Le Monde diplomatique, 10.08.2012

10 The Soviet Experience in Afghanistan, Russian Documents and Memoirs, Edited by Svetlana Savranskaya, October 9, 2001

11 Ebenda

12 Ebenda

13 Ebenda

14 Russland-Analysen,18.06.2010, Herausgeber: Forschungsstelle Osteuropa an der Universität Bremen und Deutsche Gesellschaft für Osteuropakunde; Wegweiser zur Geschichte Afghanistan, Verlag Ferdinand Schöningh Paderborn, 2009, S. 72

15 Wladimir Rybakow, Afghanzy, Kyrill & Method Verlag München/Reclam-Verlag Leipzig, 1990

16 United Nations Assistance Mission in Afghanistan, UN Office of the High Commissioner for Human Rights: Afghanistan Annual Report 2011, 2012, 2013

17 http://icasualties.org

18 Russland-Analysen, 18.06.2010, Herausgeber: Forschungsstelle Osteuropa an der Universität Bremen und Deutsche Gesellschaft für Osteuropakunde

19 Fortschrittsbericht Afghanistan zur Unterrichtung des Deutschen Bundestages, Dezember 2010, Herausgeber: Presse- und Informationsamt der Bundesregierung, S. 43

20   www.whitehouse.gov/sites/default/files//091201-obama-afghanistan-speech-german.pdf

21 dpa, 28.09.2011

22 www.rand.org/commentary/2006/07/18/CSM.html

23 Transparency International: Corruption Perceptions Index, December 2013

24 Fortschrittsbericht Afghanistan zur Unterrichtung des Deutschen Bundestages, Dezember 2010, Herausgeber: Presse- und Informationsamt der Bundesregierung, S. 72

25 Fortschrittsbericht Afghanistan zur Unterrichtung des Deutschen Bundestages, Dezember 2011, Herausgeber: Presse- und Informationsamt der Bundesregierung, S. 38ff; Spiegel online, 28.11.2012

26 Fortschrittsbericht Afghanistan zur Unterrichtung des Deutschen Bundestages, November 2012, Herausgeber: Presse- und Informationsamt der Bundesregierung, S. 34

27 Tolonews, 25.07.2012

28 Spiegel online, 27.01.2010

29 Spiegel, 11.01.2010

30 Spiegel online, 07.10.2011

31   www.whitehouse.gov/sites/default/files//091201-obama-afghanistan-speech-german.pdf

32 dpa, 14.10.2011

33 dpa, 21.12.2011

34 Spiegel online, 04.09.2006

35 Spiegel online, 14.09.2012

36 dpa, 07.09.2010

37 dpa, 01.07.2010

38 Welt am Sonntag, 20.12.2009

39 SZ online 19.06.2011

40 AFP, 26.01.2012

41 Frankfurter Allgemeine Zeitung, 21.06.2011

42 DLF, 16.12.2012

43 ARD-Talkshow „Anne Will", 17.10.2012

44 Süddeutsche Zeitung, 29.06.2009

45 Spiegel, 02.08.2010

46 Ebenda

47 Fortschrittsbericht Afghanistan zur Unterrichtung des Deutschen Bundestages, Dezember 2010, Herausgeber: Presse- und Informationsamt der Bundesregierung, S. 12

48 Spiegel online, 12.11.2012

49 ZDF, 13.11.2012

50 Eine erste Schätzung der wirtschaftlichen Kosten der deutschen Beteiligung am Krieg in Afghanistan, DIW Afghanistan.pdf

51 FAZ online, 03.10.2011

52 Tagesschau online, 22.05.2012

53 Fortschrittsbericht Afghanistan zur Unterrichtung des Deutschen Bundestages, November 2012, Herausgeber: Presse- und Informationsamt der Bundesregierung, S. 6

54 Statement Minister de Maizière, 18.04.2013; www.bmvg.de

55 Stern online, 06.03.2013

Berlin im Fadenkreuz?

1 Welt online, 11.08.2009

2 Süddeutsche Zeitung, 06./7.08.2011

3 AP, 21.04.2009

4 AP; dpa, 09.12.2008

5 Spiegel, 07.05.2011

6 Verfassungsschutzbericht 2012, Vorabfassung, S. 210

7 dpa, 24.11.2010

8 Verfassungsschutzbericht 2011, Vorabfassung, S. 212f; Guido Steinberg (Hg.), Jihadismus und Internet: Eine deutsche Perspektive, SWP-Studie, Berlin, Oktober 2012

9 dpa, 22.11.2010

10 Verfassungsschutzbericht 2012, Vorabfassung, S. 202

11 Verfassungsschutzbericht 2011, Vorabfassung, S. 216 ff

12 AFP, 04.10.2010

13 Tagesschau online, 22.11.2010

14 Spiegel, 22.11.2010

15 Das Parlament, 26.09.2011

16 Spiegel, 26.04.2004

17 Ebenda

18 Spiegel, 09.07.2007

19 Stern online, 19.04.2007

20 Verfassungsschutzbericht 2011, Vorabfassung, S. 109

21 Spiegel online, 07.05.2012

22 Verfassungsschutzbericht 2012, Vorabfassung, S. 236

23 dapd; Reuters, 14.09.2012

24 Frankfurter Allgemeine Zeitung, 04.10.2010

25 Interview für Die Zeit, 31.05.2012

26 Süddeutsche Zeitung, 23.10.2012

27 Verfassungsschutzbericht 2012, Vorabfassung, S. 45

28 Verfassungsschutzbericht 2011, Vorabfassung, S. 44

29 Verfassungsschutzbericht 2011, Vorabfassung, S. 220

30 Guido Steinberg (Hg.), Jihadismus und Internet: Eine deutsche Perspektive, SWP-Studie, Berlin, Oktober 2012

31 SWR-Pressemitteilung, 24.01.2012

32 Guido Steinberg (Hg.), Jihadismus und Internet: Eine deutsche Perspektive, SWP-Studie, Berlin, Oktober 2012

33 Verfassungsschutzbericht 2011, Vorabfassung, S. 210 f

34 www.bmi.bund.de

35 Guido Steinberg (Hg.), Jihadismus und Internet: Eine deutsche Perspektive, SWP-Studie, Berlin, Oktober 2012

Kompass dringend gesucht

1 Internationale Politik 5, September/Oktober 2011, Herausgeber: Deutsche Gesellschaft für Auswärtige Politik

2 Die Welt, 12.10.2001

3 www.boell.de/downloads/stiftung/1990_wahlprogramm.pdf

4 www.boell.de/downloads/stiftung/1994_wahlprogramm.pdf

5 Winfried Nachtwei, Pazifismus zwischen Ideal und politischer Realität, www.gruene.de

6 Ebenda

7 dpa, 16.11.2012

8 Tagesschau online, 29.11.2012

9 Radovan Karadzic (Jahrgang 1945) war von 1992 bis 1996 Präsident der Republik Srpska in Bosnien-Herzegowina. Seit 1996 lag ein internationaler Haftbefehl des Haager Tribunals gegen ihn unter anderem wegen Kriegsverbrechen vor. Die Festnahme erfolgte 2008 in Belgrad, wo der studierte Psychiater unter falscher Identität in einer Arztpraxis als Alternativmediziner arbeitete. Der Prozess gegen Karadzic begann 2009. General Ratko Mladic (Jahrgang 1942) war bis 1996 Militärchef der bosnischen Serben. Ihm werden ebenfalls Verbrechen im Bosnien-Krieg zur Last gelegt, darunter die mehrjährige Belagerung von Sarajevo und das Massaker von Srebrenica. Mladic konnte sich 15 Jahre einer Verhaftung entziehen. Nach seiner Festnahme 2011 erfolgte die Auslieferung an den Strafgerichtshof für das ehemalige Jugoslawien, an dem im gleichen Jahr der Prozess begann.

10 Winfried Nachtwei, Pazifismus zwischen Ideal und politischer Realität, www.gruene.de

11 dpa, 05.10.2011

12 Botho Strauß, Anschwellender Bocksgesang, Spiegel, 08.02.1993

13 Hans-Peter Schwarz, Die gezähmten Deutschen – von der Machtbesessenheit zur Machtvergessenheit, Deutsche Verlagsanstalt (DVA) Stuttgart, 1985

14 Rede des Bundespräsidenten in Hamburg am 12.06.2012, www.bundespraesident.de

15 Süddeutsche Zeitung, 19.03.2010

16 Weißbuch 2006, Online Ausgabe, S. 4

17 A. a. O., S. 16f

18 A. a. O., S. 17

19 A. a. O., S. 19

20 A. a. O., S. 24

21 A. a. O., S. 62

22 www.dradio.de/dkultur/sendungen/interview/1188780

23 Frankfurter Allgemeine Zeitung, 30.10.2002

24 Mohammed al-Baradei, Wächter der Apokalypse, Campus Verlag Frankfurt/New York, 2011, S. 143

25 A. a. O., S. 213ff

26 Frankfurter Allgemeine Zeitung, 01.09.2006

27 Reuters, 21.07.2006

28 Spiegel online, 03.06.2012

29 Deutscher Bundestag, Plenarprotokoll 14/233, 25.04.2002

30 www.welt.de/1814071

31 Süddeutsche Zeitung, 04.04.2012

32 APA, 14.09.2012

33 Spiegel online, 17.09.2012

34 www.welt.de/106389740

35 AFP, 25.08.2011

36 AFP, 26.10.2011

37 SZ online, 26.08.2011

38 Internationale Politik 5, September/Oktober 2011, Herausgeber: Deutsche Gesellschaft für Auswärtige Politik

39 Spiegel, 27.06.2011

40 Spiegel online, 30.03.2011

41 dpa, 22.04.2010

42 dapd, 19.08.2011

43 dapd, 17.02.2012

44 Süddeutsche Zeitung, 29.06.2011

45 General-Anzeiger (Bonn) , 03.09.2011

46 Frankfurter Allgemeine Zeitung, 27.11.2010

47 Tagesschau online, 30.11.2010

48 Weißbuch 2006, Online Ausgabe, S. 66

49 AFP, 02.07.2007

50 Grundgesetz für die Bundesrepublik Deutschland, Artikel 26, Absatz 1

51 AFP, 02.07.2007

52 dpa, 23.09.2010

53 dpa, 22.09.2011

54 AFP, 09.05.2011

55 Weißbuch 2006, Online Ausgabe, S. 80

56 Während des Kalten Krieges verfügte die Bundeswehr über eine Sollstärke von etwa 495 000 Soldaten. Die Nationale Volksarmee (NVA) der DDR hatte etwa 173 000 Soldaten. Sie wurde am 2. Oktober 1990 aufgelöst. Im Zwei-plus-vier-Vertrag vom 12. September 1990 wurde eine Obergrenze von 370 000 Soldaten für die Streitkräfte des vereinten Deutschlands festgelegt.

57 Auf der 50. Münchner Sicherheitskonferenz hielt Bundespräsident Gauck am 31.01.2014 eine vielbeachtete Grundsatzrede zu Deutschlands Rolle in der Welt. Darin warf Gauck einige Fragen zur bisherigen Außen- und Sicherheitspolitik auf. Daraus zog er den Schluss: „Die Bundesrepublik sollte sich als guter Partner früher, entschiedener und substantieller einbringen." Außenminister Steinmeier und Verteidigungsministerin von der Leyen vertraten in ihren Reden auf der Konferenz eine identische Position.

NATO und EU auf dem Prüfstand

1 http://www.nato.int/cps/en/natolive/opinions_94220.htm

2 Markus Kaim, Es fehlt der strategische Konsens, In: Frankfurter Allgemeine Zeitung, 24.01.2011

3 AFP, 19.07.2012; DLF, 23.07.2012

4 Handelsblatt online, 15.08.2008

5 dpa, 18.09.2011

6 AFP, 30.04.2006

7 Peter Scholl-Latour, Zwischen den Fronten, Propyläen Verlag Berlin, 2007, S. 298

8 Spiegel, 17.09.2007

9 Antwort der Bundesregierung auf eine Kleine Anfrage der Linken, Deutscher Bundestag, Drucksache 16/568, 08.02.2006

10 Antwort der Bundesregierung auf eine Kleine Anfrage der Grünen, Deutscher Bundestag, Drucksache 17/11956, 20.12.2012

11 www.nrdc.org/nuclear/euro/euro.pdf

12 www.un.org/disarmament/WMD/Nuclear/NPTtext.shtml

13 Tagesschau online, 09.11.2012

14 Der Standard, 05.02.2013

15 Rede des Verteidigungsministers auf der Bundeswehrtagung in Strausberg am 22.10.2012, www.bmvg.de

16 Milosevic wurde am 27. Mai 1999 vom Internationalen Strafgerichtshof für das ehemalige Jugoslawien der Verbrechen gegen die Menschlichkeit angeklagt. Verhaftung und Auslieferung erfolgten 2001. Der Prozess in Den Haag begann 2002. Der Serbe starb 2006 vor Abschluss des Verfahrens.

17 James A. Baker, Drei Jahre, die die Welt veränderten, Siedler Verlag Berlin, 1996, S. 648

18 Die multinationale KFOR zählte nach NATO-Angaben (Stand 06.09.2013) insgesamt 4936 Soldaten. Das stärkste Kontingent stellte Deutschland mit 741 Soldaten. Der Einsatz erfolgt auf Grundlage der am 10. Juni 1999 vom UN-Sicherheitsrat verabschiedeten Resolution 1244. Die NATO begründet die weitere Anwesenheit der KFOR mit dem Eskalationspotential, das aus Spannungen mit der serbischen Minderheit resultiere.

19 FAZ online, 28.12.2011

20 dpa; dapd, 18.04.2012

21 NDR, 19.10.2012

22 Deutscher Bundestag, Drucksache 17/11783, 06.12.2012

23 Tagesschau online, 05.07.2012

24 RIA-Nowosti, 29.07.2012

25 Der im Wahlkampf um eine zweite Amtszeit befindliche US-Präsident Obama hatte im August 2012 eine „rote Linie" gezogen. Diese würde im Falle des Einsatzes von chemischen Waffen durch das Assad-Regime überschritten und die USA darauf mit einer Militäraktion antworten. Das Pentagon kam in einer im Auftrag des Weißen Hauses erstellten Studie zu dem ernüchternden Ergebnis, dass bis zu 75 000 Soldaten nötig wären, um das Vernichtungspotential sicherzustellen. Nach damaligen Schätzungen wurden große Vorräte von Sarin (700 Tonnen), Senfgas und VX-Gas (jeweils 100 Tonnen) in den 1980-er und 1990-er Jahren mit russischer Hilfe in mehreren geheimen Fabriken erzeugt. Nachdem es am 21. August 2013 im Großraum Damaskus zu einem Giftgaseinsatz mit zahlreichen Todesopfern gekommen war, sah der Präsident die „rote Linie" endgültig überschritten und kündig-

te eine militärische Reaktion an. Dagegen regte sich massiver Widerstand im US-Kongress und in der eigenen Bevölkerung. Russland betrachtete die vorgelegten Beweise für eine Verantwortung der Regierungstruppen als nicht stichhaltig, sondern sprach von einer Provokation. Eine unerwartete Wende bahnte sich am 9. September 2013 an, als der amerikanische Außenminister Kerry den Verzicht auf einen Angriff für den Fall andeutete, dass das Assad-Regime sofort seine chemischen Waffen abgebe. Sein russischer Amtskollege Lawrow reagierte umgehend. Auf Moskaus Drängen erklärte sich die syrische Führung bereit, das Arsenal unter internationale Kontrolle zu stellen und später zu vernichten. Am 1. Oktober 2013 nahmen Teams der Organisation für das Verbot von Chemiewaffen (OPCW) und der UNO ihre Arbeit zur Überprüfung der Produktionsstätten auf. Vermutet wurde, dass das Zusammenspiel von Kerry und Lawrow keineswegs ein Zufall war, sondern einem gemeinsamen Plan entsprang. Dieser verschaffte nicht nur Assad Luft, sondern ersparte auch Obama eine demütigende Abstimmungsniederlage im Parlament. Vor allem keimten Hoffnungen, dass auf Grundlage eines abgestimmten amerikanisch-russischen Vorgehens doch noch eine politische Beilegung des Konfliktes in Syrien erreicht werden könnte.

26 Die westliche Unterstützung für die gemäßigte syrische Opposition mit Informationen über die Regierungstruppen vollzog sich vor allem über Geheimdienstkanäle. CIA (USA), MI6 (Großbritannien), BND (Deutschland) und DGSE (Frankreich) gingen dabei arbeitsteilig vor. Im August 2012 hieß es in Medienberichten, das mit modernster Technik ausgestattete deutsche Flottendienstboot Oker würde als Spionageschiff im östlichen Mittelmeer kreuzen und die gewonnenen Erkenntnisse über US- und britische Partnerdienste den Rebellen zukommen lassen. Mit der Technik ließen sich Truppenbewegungen der Assad-Armee bis zu 600 Kilometer tief in Syrien beobachten. BND-Agenten seien zudem in einem NATO-Stützpunkt in der Türkei stationiert, von dort aus hörten sie intensiv Telefonate sowie den Funkverkehr aus Syrien ab. Das Bundesverteidigungsministerium bestätigte zwar den Einsatz des zu den Frühwarn-, Fernmelde- und Aufklärungseinheiten der Marine gehörenden Schiffes, bestritt aber einen Spionageauftrag. Eine Auskunft auf die Frage, ob Mitarbeiter oder spezielle Technik des BND an Bord seien, wurde verweigert. Das Ministerium reagierte mit der Standardfloskel, zu operativen Einzelheiten aktueller Einsätze würden grundsätzliche keine Auskünfte erteilt.

27 Tagesschau online, 27.05.2013

28 Deutsche Welle, 20.10.2013

29 Rede des polnischen Außenministers in Berlin am 28.11.2011, https://dgap.org

30 www.euractiv.de/europa-2020-und-reformen/artikel/sikorski-deutschland-ist-europas-unverzichtbare-nation-005680

31 Spiegel, 11.03.2013

32 Die USA schalteten sich ab Ende 2013 direkt in den innerukrainischen Kon-

flikt mit dem Ziel des Sturzes von Präsident Janukowitsch ein, der nach der Absage an ein EU-Assoziierungsabkommen mit Russland massive Finanz-hilfen und einen günstigeren Gaspreis ausgehandelt hatte. Aus Washington reisten unter anderem Senator John McCain und Vizeaußenministerin Victoria Nuland nach Kiew. Nuland bedachte dabei das nach ihrer Auffassung zögerliche Vorgehen der Europäer mit der abfälligen Bemerkung „Fuck the EU". Nach dem Sturz Janukowitschs folgten zur Unterstützung der neu-en Machthaber Besuche von Vizepräsident Joe Biden, Außenminister John Kerry und CIA-Chef John Brennan.

Die Schlachten der Zukunft

1 New York Times, 03.06.2012

2 http://blogs.usembassy.gov/amerikadienst/2013/01/21/einfuhrung-in-die-zweite-amtszeit

3 Süddeutsche Zeitung, 28.11.2012

4 Zeit online, 04.01.2013

5 Tagesschau online, 06.06.2012

6 www.whitehouse.gov/the-press-office/2013/05/23/remarks-president-national-defense-university

7 Tagessschau online, 08.05.2012

8 Welt online, 03.08.2012

9 Frankfurter Rundschau, 15.09.2012

10 Tagesschau online, 30.08.2012

11 Antwort der Bundesregierung auf eine Kleine Anfrage der Linken, Deut-scher Bundestag, Drucksache 17/11978, 18.01.2013

12 Spiegel, 26.07.2010

13 Antwort der Bundesregierung auf eine Kleine Anfrage der Grünen, Deut-scher Bundestag, Drucksache 17/2884, 08.09.2010

14 Spiegel online, 10.02.2010

15 www.stroebele-online.de/bundestag/anfragen/3834250.html

16 Antwort der Bundesregierung auf eine Kleine Anfrage der Grünen, Deut-scher Bundestag, Drucksache 17/2884, 08.09.2010

17 www.stroebele-online.de/show/4278573.html?searchshow=task force 4746

18 Bundeswehr-Mitteilung vom 22.09.2010; www.bundeswehr.de

19 www.dw.de/der-schattengouverneur-von-kundus/a-16325102

20 Spiegel, 02.08.2010

21 www.faz.net/aktuell/politik/staat-und-recht/gastbeitrag-gezieltes-toeten-erlaubt-11027962.html

22 Peter Rudolf, Christian Schaller, „Targeted Killing", Zur völkerrechtlichen, ethischen und strategischen Problematik gezielten Tötens in der Terroris-mus- und Aufstandsbekämpfung, SWP-Studie, Berlin, Januar 2012

23 Antwort der Bundesregierung auf eine Kleine Anfrage der Grünen, Deutscher Bundestag, Drucksache 17/2884, 08.09.2010

24 dpa, 11.10.2010

25 dpa, 11.10.2010

26 http://docs.dpaq.de/703-120423_-_studie_industriespionage_2012.pdf

27 Ebenda

28 Süddeutsche Zeitung, 02./03.10.2010

29 Berliner Zeitung, 08.10.2010

30 www.newyorker.com/fact/content/?050124fa_fact

31 Haaretz, 17.01.2011

32 Guardian, 18.01.2011

33 www.welt.de/12280475

34 Spiegel online, 18.05.2007

35 Spiegel online, 14.08.2008

36 http://ffp.statesindex.org/rankings-2013-sortable

37 http://blogs.usembassy.gov/amerikadienst/2013/02/13/bericht-zur-lage-der-nation-7/

38 Für eine kohärente Politik der Bundesregierung gegenüber fragilen Staaten, Ressortübergreifende Leitlinien, September 2012, 120919_Leitlinien_Fragile_Staaten.pdf

39 dpa, 23.10.2012

40 Tagesschau online, 19.09.2012

41 www.welt.de/politik/deutschland/article 114934423/Auftrag-erfuellt-Wir-haben-hier-Großartiges-geleistet.html

42 Rede der Bundeskanzlerin auf der Bundeswehrtagung in Strausberg am 22.10.2012, www.bundesregierung.de

43 SZ online, 03.12.2012

44 Bild am Sonntag, 17.06.2012

45 Bild am Sonntag, 10.02.2013

46 Bild am Sonntag, 03.11.2013

47 Tagesschau online, 18.04.2013; Spiegel online, 26.04.2013

48 Spiegel online, 01.08.2012

49 Rüstungsexportbericht 2012, Herausgeber: Bundesministerium für Wirtschaft und Technologie, S. 4

50 SZ online, 03.12.2012

51 Frankfurter Rundschau, 15.09.2012

Epilog

1 AFP, 07.09.2010

2 AFP, 13.11.2006

3 www.whitehouse.gov/the-press-office/remarks-president-cairo-university-6-04-09

4   www.pewglobal.org/2006/06/22/the-great-divide-how-westerners-and-muslims-view-each-other/

5 FTD online, 31.08.2004

6 www.whitehouse.gov/the-press-office/2013/05/23/remarks-president-national-defense-university

7 Bundesinnenminister Hans-Peter Friedrich (CSU) sprach später von 45 Attentatsplänen weltweit, die durch Mitwirkung der US-Nachrichtendienste vereitelt worden seien. Fünf davon betrafen nach Angaben Friedrichs Deutschland. Danach war nur noch von zwei verhinderten Anschlägen die Rede.

8 Die US-Geheimdienste besitzen einen bedeutenden Wettbewerbsvorteil. Ein gutes Drittel des weltweiten Datenverkehrs wird über amerikanische Glasfaserkabel abgewickelt, auf welche die eigenen Dienste direkten Zugriff haben. Den technologischen Vorsprung im digitalen Bereich sichern marktbeherrschende Konzerne wie Google, Facebook, Microsoft und Apple. Die National Security Agency (NSA) verfügt über faktisch unbegrenzte Rechnerkapazitäten zum Speichern und Filtern der abgeschöpften Informationen. Laut einer internen NSA-Statistik werden in der Bundesrepublik monatlich rund eine halbe Milliarde Kommunikationsverbindungen (Telefonate, Mails, SMS, Chatbeiträge) überwacht.

9 www.bundesregierung.de/Content/DE/Mitschrift/Pressekonferenzen/2013/06/2013-06-19-pk-merkel-obama.html

10   www.bundesregierung.de/Content/DE/Artikel/2013/10/2013-10-24-bkin-datenausspaehung.html

11 www.datev.de/portal/ShowPage.do?pid=dpi&nid=157591

12 Frankfurter Allgemeine Sonntagszeitung, 13.04.2014

Afghanistan: Der Name Afghanistan, wörtlich „Land der Afghanen", wurde zum ersten Mal im Englisch-Persischen Friedensvertrag von 1801 erwähnt. In der Antike war Afghanistan Teil des Perserreiches, Alexander der Große gründete die Städte Herat und Kandahar. Im 13. Jahrhundert geriet die Region unter die Herrschaft der Mongolen, im 18. Jahrhundert erstreckte sich das Durrani-Reich vom Norden des heutigen Afghanistan bis an die Küste des Arabischen Meeres. Auf 652 000 Quadratkilometer leben heute rund 30 Millionen Menschen. Die größten Volksgruppen in einem multiethnischen Staat stellen die Paschtunen (42 Prozent) und die Tadschiken (27 Prozent). Afghanistan ist ein traditionell geprägtes islamisches Land, dessen Muslime überwiegend der sunnitischen Glaubensrichtung (80 Prozent) anhängen. Daneben existiert eine starke schiitische Minderheit (19 Prozent). Im Index der menschlichen Entwicklung der UN (Human Development Index/ HDI), der Lebenserwartung, Bildungsniveau und Einkommen berücksichtigt, stand Afghanistan 2011 auf Platz 172 von insgesamt 187 untersuchten Ländern. Afghanistan gilt als eines der am meisten mit Landminen belasteten Länder der Welt, eine Folge jahrzehntelanger kriegerischer Auseinandersetzungen.

Al Qaida: Das aus dem Arabischen kommende Al Qaida steht für Basis bzw. Fundament. Seit 1988 betrachteten sich der Saudi Osama bin Laden und seine engste Umgebung als elitäre Basis im weltweiten Dschihad und nutzten dafür den Begriff Al Qaida. Das Terrornetzwerk ist maßgeblich ein Resultat des Sieges der Mudschaheddin gegen die sowjetischen Besatzer in Afghanistan. Als sich die Supermacht 1989 vom Hindukusch zurückzog und zwei Jahre danach zusammenbrach, wuchs bei den arabischen Mudschaheddin in Afghanistan die Überzeugung, dass vor dem festen Glauben islamischer Kämpfer jede noch so große Macht zurückweichen müsse. Deshalb wandten sie sich danach gegen die USA. Diesbezügliche Terroraktivitäten wurden etwa seit 1992 registriert.

Antiterrordatei: Das Gesetz zur Errichtung gemeinsamer Dateien von Polizeibehörden und Nachrichtendiensten des Bundes und der Länder trat am 31. Dezember 2006 in Kraft. Dadurch sollte die Zusammenarbeit der Sicherheitsbehörden gezielt unterstützt und der Informationsaustausch verbessert werden, um insbesondere islamistische

Terroranschläge zu verhindern. Die Antiterrordatei wurde am 30. März 2007 durch Bundesinnenminister Wolfgang Schäuble (CDU) freigeschaltet. Die Datei vernetzt terrorismusrelevante Informationen von insgesamt rund vierzig Polizeibehörden und Nachrichtendiensten des Bundes und der Länder. Mit Stand vom 5. Januar 2012 waren nach Angaben der Bundesregierung in der Antiterrordatei 17 892 Personendatensätze gespeichert. Das Bundesverfassungsgericht verlangte im April 2013 vom Gesetzgeber Nachbesserungen an der Datei bis 2015. Die bloße Befürwortung von Gewalt reiche nicht aus, um die Daten eines Menschen zu speichern. Zugleich stärkte das Gericht die unabhängige Kontrolle des Datenbestandes.

Antiterrorgesetze: Die Verlängerung der deutschen Antiterrorgesetze wurde Ende Oktober 2011 von der schwarz-gelben Koalition beschlossen. Sie trat im Januar 2012 in Kraft und gilt bis Ende 2015. Finanzunternehmen müssen den Geheimdiensten Auskünfte über Konten, deren Inhaber sowie Kontobewegungen und Geldanlagen geben. Damit soll ermittelt werden, ob Gelder für terroristische Aktivitäten verwendet werden. Künftig können die Sicherheitsbehörden diese Informationen bei einer zentralen Stelle einfordern. Anbieter von Telefon- und Internetdiensten sind verpflichtet, Verbindungsdaten und Nutzungsdaten offen zu legen. Zudem müssen den Geheimdiensten im Bedarfsfall die Standortdaten von Handys übermittelt werden. Fluggesellschaften sind zur Meldung verpflichtet, wenn ein Verdächtiger einen Flug gebucht hat. Neu ist die Regelung, dass für diese Auskunft zentrale Buchungsstellen zur Verfügung stehen. Da der Briefverkehr unter den modernen Kommunikationsformen nur noch eine untergeordnete Rolle spielt, wird seine Überwachung aus den Antiterrorgesetzen gestrichen. Diese wurden erstmals Mitte Dezember 2001 im Bundestag verabschiedet.

Arier: Der Begriff Arier stammt ursprünglich aus der Kult- und Schriftsprache der brahmanischen Kultur Nordindiens, dem Sanskrit. Im Sinne von „die Edlen, die Reinen" diente das davon abgeleitete Hauptwort zunächst als Selbstbezeichnung von Völkern, die im Altertum auf dem Gebiet des heutigen Iran und im Nordwesten Indiens siedelten. Sanskrit und die ihm nahe verwandten nordindischen Sprachen (Hindi, Pandschabi, Bengalisch u.a.) gehören zum indoarischen Zweig der indogermanischen bzw. indoeuropäischen Sprachfamilie. Zu dieser großen Sprachgruppe zählen als Mitglieder des iranischen Zweiges ebenfalls die Sprachen Afghanistans sowie in Europa Latein, Griechisch und Deutsch. In Europa setzte man Arier seit dem späten 19. Jahrhundert immer mehr mit der Zugehörigkeit zu einer nordischen oder weißen Rasse gleich. Rassenkundliche und rassistische Ideen prägten schließlich die wissenschaftlich verbrämte nationalsozialistische Rassenideologie, in der „Arier" in erster Linie als „Nichtjude" definiert und verstanden wurde. In Europa ist das Wort heute durch die Verbindung mit Nationalsozialismus und Holocaust diskreditiert.

Asymmetrische Kriegsführung: Sie bezeichnet die Art einer militärischen Auseinandersetzung unter Parteien, die waffentechnisch und strategisch stark unterschiedlich ausgerichtet sind. Typischerweise ist eine der beteiligten Kriegsparteien so überlegen, dass die gegnerischen Kräfte militärisch in offen geführten Gefechten nicht gewinnen können. Langfristig besteht jedoch die Möglichkeit, dass nadelstichartige Attacken zur Zermürbung und letztlich zum Rückzug der eigentlich stärkeren Kriegspartei führen. Das Phänomen war schon in der Antike bekannt. Seit dem Ende des Kalten Krieges taucht der Begriff zunehmend in öffentlichen Debatten auf, unter anderem im Zusammenhang mit dem NATO-Einsatz in Afghanistan. Dort stehen sich reguläre Truppen (ISAF, Afghanische Armee) und irreguläre Gruppierungen (Taliban, Haqqani-Netzwerk) gegenüber.

Atommacht Pakistan: Pakistan erklärte sich wie Indien im Mai 1998 nach mehreren Nuklearwaffentests offiziell zur Atommacht. Islamabads Arsenal wird gegenwärtig auf 60 bis 120 Kernsprengköpfe geschätzt. Als Trägersysteme stehen mobile Boden-Boden-Raketen, die auf Schwerlasttransportern montiert sind, sowie F-16-Kampfflugzeuge zur Verfügung. Die Kernsprengköpfe wurden nach den Terroranschlägen vom 11. September 2001 in mehrere Lager verlegt. Die meisten der von Spezialtruppen bewachten Basen sollen sich in der Provinz Punjab, weit entfernt vom Herzland der Taliban befinden. Politischer Wegbereiter der „Islamischen Bombe" war Zulfikar Ali Bhutto, der Anfang der 1970-er Jahre verkündete, man werde notfalls Gras fressen, um die Bombe zu bauen. Wahrscheinlich verfügte das muslimische Land bereits seit Anfang der 1990-er Jahre über Nuklearwaffen. Zur damaligen Zeit gab es Mutmaßungen, Pakistan hätte einen eigenen Sprengsatz auf dem chinesischen Testgelände in Lop Nor gezündet. An der Aufrüstung waren über 70 deutsche Unternehmen beteiligt. Einzelne Firmen wie die Degussa belieferten Pakistan und Indien. In den 1980-er Jahren arbeiteten auf der Grundlage von Regierungsabkommen über 50 pakistanische Wissenschaftler in den Kernforschungsanlagen Karlsruhe und Jülich.

Bündnisfall: Als Reaktion auf die Anschläge vom 11. September 2001 rief die NATO am 12. September 2001 zum ersten Mal in ihrer Geschichte den Bündnisfall aus, der formale Beschluss folgte am 4. Oktober 2001. Das geschah in Übereinstimmung mit Artikel 5 des Washingtoner Vertrages vom 4. April 1949. Darin heißt es, dass ein bewaffneter Angriff auf ein oder mehrere Allianzmitglieder in Europa oder Nordamerika wie ein Angriff auf alle angesehen werde.

Burka: Bei der Burka handelt es sich um einen Ganzkörperschleier. Im Bereich der Augen befindet sich ein Sichtfenster, in dem eine Art Gitter aus Stoff oder Rosshaar eingesetzt ist. Die Taliban erklärten das Tragen der Burka zur Pflicht. In einer Anordnung der Religionspolizei vom November 1996 hieß es: „Muss die Frau doch einmal die Wohnung verlassen, (…) soll sie sich in Übereinstimmung mit den Regeln der islamischen Scharia bedecken." Die Regierung Karsai machte die Anordnung wieder rückgängig. Dennoch tragen die meisten Frauen aus Sorge um ihre persönliche Sicherheit und ihren Ruf weiter das traditionelle Gewand.

Camp Marmal: Das Camp Marmal befindet sich rund acht Kilometer ostwärts der Stadt Mazar-i-Scharif. Der Name leitet sich vom angrenzenden Marmal-Gebirge ab. Das Camp beherbergt unter anderem das von Deutschland geführte Regionalkommando Nord der ISAF. Die Wohncontainer für tausende Soldaten sind gehärtet und im Ernstfall als Schutzraum nutzbar. Für eine kurzfristige Unterbringung stehen zusätzlich Zelte zur Verfügung. Zum Camp gehören außerdem zahlreiche Hallen und Lagercontainer. Von Camp Marmal aus betreibt die Bundeswehr ihren militärischen Flugbetrieb sowie als zentrale logistische Einrichtung die Forward Support Base (FSB).

Cyberwar: Darunter versteht man die kriegerische Auseinandersetzung im und um den virtuellen Raum, den sogenannten Cyberspace. Der Begriff soll erstmals im Jahr 1993 von US-Wissenschaftlern in einer Studie für die Rand Corporation verwendet worden sein. Die eingesetzten Waffen sind Werkzeuge aus dem Bereich der Informatik. Im einfachsten Fall zielen Angriffe auf rechnergestützte Verbindungen, um die Kommunikation auf diesem Wege zu vereiteln. Komplexere Angriffe können auf die Kontrolle spezifischer Computersysteme bzw. deren Zerstörung abzielen. Umgekehrt gehört zum Cyberkrieg die Bereitstellung und Aufrechterhaltung der eigenen Kommunikations- und Kommandostrukturen sowie die Abwehr gegnerischer Angriffe auf diese. Betroffen sind politische, wirtschaftliche und militärische sowie weitere wichtige Strukturen.

Drohnen: Drohnen sind Unbemannte Fluggeräte (Unmanned Aerial Vehicles/UAV). Etwa 60 Länder entwickeln bzw. nutzen bereits derartige Waffen. Die USA und Israel liegen technologisch vorn. Drohnen sind mit modernster Elektronik ausgestattet und können unterschiedliche militärische Aufgaben übernehmen. Das Spektrum reicht von der Überwachung bestimmter Konfliktgebiete über die taktische Aufklärung bis zur Erfassung und Zerstörung gegnerischer Ziele. Das von den US-Streitkräften 2007 eingeführte Modell Reaper (Sensenmann) hat einen Einsatzradius von 3000 Kilometer, kann maximal 30 Stunden in der Luft bleiben und bis zu 1,7 Tonnen Raketen und Bomben tragen.

Dschihad: Der Begriff (wörtlich aus dem Arabischen: sich bemühen) bildet neben den fünf klassischen Säulen (Glaubensbekenntnis, Gebet, Fasten, Almosen, Pilgerfahrt) ein weiteres wichtiges Prinzip des Islam. Die klassische Lehre des Islam unterscheidet zwei Formen des Dschihad. Der „große Dschihad" meint das Streben, die eigenen Schwächen und Laster zu überwinden, ein gottgefälliges Leben zu führen und den islamischen Glauben durch Wort und vorbildhaftes Verhalten zu verbreiten. Der „kleine Dschihad" verlangt von den Gläubigen, das Gebiet des Islam zu verteidigen und auszudehnen, wenn nicht anders, dann auch durch Gewaltanwendung innerhalb der von den muslimischen Juristen gesetzten Grenzen. Ein Koran-Vers, der häufig als Grundlage der kriegerischen Form des Dschihad herangezogen wird, lautet: „Kämpfe gegen diejenigen, die nicht an Allah und an den Jüngsten Tag glauben, und die das nicht für verboten erklären, was Allah und Sein Gesandter für verboten erklärt haben, und die nicht dem wahren Glauben folgen(...)." (Sure 9, 29)

Durand-Linie: Nach zwei Kriegen gelang es Großbritannien 1893, mit der Durand-Linie seine kolonialen Besitzungen in Britisch-Indien gegen Afghanistan abzugrenzen. Sie wurde nach Sir Henry Mortimer Durand benannt, damals führender Repräsentant der indischen Verwaltung. Ein entsprechendes Abkommen wurde für 100 Jahre geschlossen und ist damit längst ausgelaufen. Der Streit um die Demarkationslinie belastet das Verhältnis zwischen Kabul und Islamabad, da ein Teil der von London bewusst getrennten Paschtunengebiete Pakistan bei dessen Unabhängigkeit 1947 zugeschlagen wurde.

EUTM Somalia: Die European Training Mission Somalia (EUTM Somalia) sollte zunächst Angehörige der Streitkräfte der von den Vereinten Nationen anerkannten somalischen Übergangsbundesregierung (Transitional Federal Government, TFG) insbesondere auf den Feldern Minenkunde, Kampf in bebautem Gelände, Sanitätswesen und Fernmeldewesen ausbilden und so perspektivisch zu einer Stabilisierung in Somalia beitragen. Das Training fand seit April 2010 in Militäreinrichtungen in Uganda statt und erfolgt in enger Abstimmung mit der Afrikanischen Union und den Vereinigten Staaten. Die Stärke von EUTM betrug zirka 130 Personen. Deutschland beteiligte sich bis Ende 2013 mit bis zu 20 Bundeswehrangehörigen. Ab 2014 wurde die Mission in Somalia fortgesetzt.

Flugabwehrsystem Patriot: Das System besteht aus radargestützten Lenkflugkörpern. Die Abschusscontainer und Radaranlagen sind in der Regel auf Sattelschlepper und Lkw montiert, so dass sie mobil sind. Die Waffe wurde in den 1960er-Jahren in den USA entwickelt. An der Fertigung waren auch deutsche Unternehmen beteiligt. Mit den Raketen können Flugzeuge, Marschflugkörper und ballistische Raketen bekämpft werden. Die Bundesrepublik führte das System 1989 ein. Deutschland verfügt mit den USA und den Niederlanden über die modernsten Ausführungen. Alle drei Staaten entsandten Anfang 2013 Patriot-Einheiten in die Türkei, die das Land vor syrischen Angriffen schützen sollen.

Genfer Afghanistanabkommen: Am 14. April 1988 wurden in Genf mehrere Abkommen und Erklärungen zur Lösung des Afghanistan-Konfliktes unterzeichnet, die einen Monat später in Kraft traten. Bilaterale Abkommen zwischen Afghanistan und Pakistan betonten die Prinzipien von Nichteinmischung und Nichtintervention; geregelt wurde die freiwillige Rückkehr von Flüchtlingen. Ein weiteres Dokument, das den eigentlichen Kern darstellte, sah den vollständigen Abzug der sowjetischen Truppen bis zum 15. Februar 1989 vor. Die UdSSR und die USA traten als Garantiemächte für eine friedliche Lösung auf, ohne sich selbst an die eingegangenen Verpflichtungen zu halten. Sie setzten weiter die Waffenlieferungen an die kämpfenden Parteien, das Nadschibullah-Regime auf der einen und die Mudschaheddin-Gruppierungen auf anderen Seite, fort. Als entscheidendes Manko der Genfer Abkommen erwies sich, dass die afghanischen Widerstandsgruppen nicht an den Verhandlungen beteiligt waren und folglich auch nicht deren Ergebnisse akzeptierten.

Gescheiterter Staat: Als gescheiterter Staat (engl. Failed State) wird in seiner allgemeinen Definition ein Staat bezeichnet, der seine grundlegenden Funktionen nicht mehr erfüllen kann. Der Begriff wurde erstmals zu Beginn der 1990-er Jahre verwendet. Seit 2005 veröffentlicht der private Think Tank Fund for Peace in Zusammenarbeit mit der Zeitschrift Foreign Policy jährlich den sogenannten Failed States Index, in dem Staaten auf ihr Zerfallsrisiko hin untersucht werden. Es werden dabei soziale, wirtschaftliche, politische und militärische Indikatoren zu dem Index zusammengefasst. Je höher der Indexwert ist, desto geringer ist die Staatlichkeit. Fragile Staaten sind gekennzeichnet durch substantielle Defizite in den drei klassischen Staatlichkeitsdimensionen: Gewaltmonopol/funktionierende Herrschaft, Legitimität und Erbringung staatlicher Grundleistungen. Die Legitimität staatlicher Institutionen und soziales Vertrauen sind in der Regel erodiert. Hinzu kommen häufig erhebliche soziale und politische Spannungen sowie gewaltsame ethnische und religiöse Konflikte.

Gezielte Tötung: Der Begriff Gezielte Tötung (engl. Targeted Killing) steht für die durchgeführte Tötung einer als Feind oder als potentielle Gefahr angesehenen Person ohne Gerichtsverfahren. Zum Einsatz kommen Geheimdienste sowie polizeiliche und militärische Spezialeinheiten insbesondere gegen nichtstaatliche Gegner. Die USA nutzen zunehmend ferngesteuerte unbemannte Fluggeräte (Drohnen), um identifizierte Gegner in anderen Ländern wie Pakistan und Jemen auszuschalten, wobei häufig Unbeteiligte ums Leben kommen. Die Vorgehensweise ist juristisch und ethisch umstritten. Kritiker bezeichnen das Vorgehen als rechtsstaatlich höchst bedenklich und staatlich sanktionierten Mord. Verteidiger verweisen darauf, dass gezielte Tötungen zur Praxis in bewaffneten Konflikten, bei militärischen Geiselbefreiungen und beim Vorgehen gegen Terroristen gehören.

Guantanamo: Die Guantanamo Bay Naval Base ist ein Stützpunkt der US Navy auf Kuba. Er liegt im Süden der Guantanamo-Bucht, etwa 15 Kilometer südlich der gleichnamigen Stadt Guantanamo. Die kubanische Regierung betrachtet den Pachtvertrag von 1903, der 1934 unbefristet verlängert wurde, als nicht gültig. Nach den Anschlägen vom 11. September 2001 und der darauf folgenden US-Intervention in Afghanistan wurde im Januar 2002 begonnen, den Stützpunkt um ein Internierungslager für Gefangene zu erweitern, die die Vereinigten Staaten als ungesetzliche Kombattanten (Kriegsteilnehmer) bezeichneten. In Gewahrsam gerieten über 1000 mutmaßliche Mitglieder von Al Qaida und Taliban aus über 40 Ländern. Ende 2013 befanden sich noch 155 Gefangene im Lager, mehr als die Hälfte davon galt als unschuldig. Die Bundesrepublik nahm 2010 zwei Insassen von Guantanamo auf. Zuvor war im Jahr 2006 der in Bremen geborene Türke Murat Kurnaz nach Deutschland zurückgekehrt. Die Rechtslage der Gefangenen, deren Haftbedingungen und die Verhörmethoden führten international zu scharfer Kritik und zur Forderung nach Schließung des Lagers. Diese versprach US-Präsident Obama zu Beginn seiner ersten Amtszeit, ohne sie dann durchzusetzen.

Haqqani-Netzwerk: Das Netzwerk wurde von Jalaluddin Haqqani gegründet, der bereits gegen die sowjetischen Besatzer kämpfte. Die Basis der aus Ostafghanistan stammenden Familie befindet sich in dem zu Pakistan gehörenden unwegsamen Nord-Waziristan, das als Ausgangspunkt für Guerillaaktivitäten in den afghanischen Provinzen Paktia, Paktika und Khost dient. Darüber hinaus wird die Organisation für spektakuläre Anschläge auf diplomatische Vertretungen, das Hauptquartier der internationalen Truppen und Hotels in Kabul verantwortlich gemacht. Dazu hat sich das Netzwerk nie ausdrücklich bekannt, sondern auf Planung und Ausführung durch den Militärischen Rat des Islamischen Emirates verwiesen. Das Islamische Emirat Afghanistan hatten die Taliban im Oktober 1997 ausgerufen. Ausdrücklich bestritten wurde eine Beteiligung an der Ermordung des ehemaligen Staatspräsidenten und Vorsitzenden des Hohen Friedensrates Burhanuddin Rabbani im September 2011. Rabbani hatte mit den Taliban Verhandlungen geführt.

Hindukusch: Der Hindukusch ist ein Gebirge in Zentralasien. Es liegt größtenteils in Afghanistan, der östliche Teil mit den höchsten Gipfeln befindet sich in Pakistan. Die Ausdehnung des Hindukusch beträgt in Ost-West-Richtung rund 1200 Kilometer, in der Breite sind es rund 240 Kilometer. Der in Afghanistan gelegene Teil besteht aus zirka 4000 bis 5000 Meter hohen Bergen. Die Hauptkette in der Grenzregion zu Pakistan ist ein dem Himalaya vergleichbares Hochgebirge mit bis zu 20 Kilometer langen Gletschern. Die höchsten Berge sind bis zu 7700 Meter hoch.

IAEO: Die Internationale Atomenergie-Organisation (IAEO) wurde 1957 gegründet und hat ihren Sitz in Wien. Ihr gehören derzeit 150 Mitgliedstaaten an. Oberste beschlussfassende Organe sind die Generalkonferenz und der Gouverneursrat. Die IAEO ist die wichtigste internationale Organisation für die globale nukleare Zusammenarbeit. Sie setzt sich zum Ziel, den Beitrag der Kernenergie zu Frieden, Gesundheit und Wohlstand in der Welt zu erhöhen. In diesem Rahmen fördert sie Maßnahmen zur Erhöhung der (Betriebs-) Sicherheit, des Schutzes kerntechnischer Anlagen und Materialien sowie Maßnahmen der technischen Zusammenarbeit. Die IAEO spielt eine zentrale Rolle im Nichtverbreitungssystem, dessen wichtigster Pfeiler der 1968 unterzeichnete und 1970 in Kraft getretene Kernwaffensperrvertrag ist. Inspektionen sollen verhindern, dass Nuklearmaterial entgegen völkerrechtlichen Verpflichtungen für militärische Zwecke missbraucht wird.

ISAF: Die Aufstellung der Internationalen Sicherheitsunterstützungstruppe (International Security Assistance Force/ISAF) für Afghanistan geht auf die Bonner Afghanistan-Konferenz vom 5. Dezember 2001 zurück. Sie wurde legitimiert durch die Resolution 1386 des UN-Sicherheitsrates vom 20. Dezember 2001. Anfang Dezember 2013 gehörten der ISAF insgesamt 84 271 Soldaten an, die aus 49 Nationen kamen. Die drei größten Truppensteller waren die USA (60 000 Soldaten), Großbritannien (7900) und Deutschland (3100). Der Einsatz wird von der NATO geführt.

ISI: Der Inter-Services Intelligence (ISI) wurde 1948 als Nachrichtendienst der pakistanischen Streitkräfte gegründet. Er zählt zu den am besten ausgestatteten Diensten in der islamischen Welt. Seine Stärke wird auf 25 000 Mitarbeiter geschätzt. Diese rekrutieren sich aus

Armee, Polizei und paramilitärischen Einheiten. Der Geheimdienstchef gilt nach dem Armeechef als zweitmächtigster Mann des Landes. Dem ISI werden die Manipulation von Wahlen, die Einschüchterung kritischer Journalisten und die eigenmächtige Verschleppung von Terrorverdächtigen in Pakistan vorgeworfen. Die Regierung in Kabul beschuldigte den Inter-Services Intelligence mehrfach, insbesondere durch Unterstützung des Haqqani-Netzwerkes die Lage in Afghanistan zu destabilisieren. Der ehemalige US-Generalstabschef Mike Mullen behauptete sogar, das Netzwerk sei Teil des ISI.

Kampfpanzer Leopard 2: Der Kampfpanzer Leopard 2 ist einer der modernsten Kampfpanzer und gilt unter Experten als vielleicht bester der Welt. Die aktuelle Ausführung, der Leopard 2 A7+, ist laut Bundeswehr durch besondere Leistungsfähigkeit und Zuverlässigkeit gekennzeichnet. Ausgestattet ist der 3,7 Meter breite Nachfolger des Leopard 1 mit einer 120-Millimeter-Kanone. Mit ihr lassen sich während der Fahrt Ziele in einer Entfernung bis zu 2500 Meter bekämpfen. In dem vom Rüstungskonzern Krauss-Maffei Wegmann entwickelten Kettenfahrzeug haben vier Soldaten Platz. Außerdem verfügt der Panzer gegenüber seinem Vorgänger über eine verbesserte Aufklärungsfähigkeit. Der bis zu 65 Tonnen schwere Panzer mit 1500 PS starken Motoren erreicht eine Höchstgeschwindigkeit von 70 Stundenkilometern. Er ist mit tonnenschweren Stahlplatten am Unterboden vor Panzerabwehrminen geschützt.

Katar: Militärisch ist das 11 600 Quadratkilometer große Katar ein Zwerg. Von den 1,7 Millionen Einwohnern sind nur etwa 250 000 Einheimische, den großen Rest bilden vor allem Gastarbeiter. Die Streitkräfte sind zwar mit hochmoderner Technik ausgerüstet, zählen aber nur 12 000 Soldaten. Interesse wurde am Kauf von bis zu 200 deutschen Kampfpanzern des Typs Leopard 2 signalisiert. Als Schutzmacht fungieren die Vereinigten Staaten, die in dem Emirat eine große Luftwaffenbasis unterhalten und dort ein Raketenabwehr-Radar planen. Für die überaus engen Beziehungen spricht, dass das US-Central Command für den Nahen Osten und Zentralasien seinen Sitz in dem Golfstaat hat. Seine eigentliche Bedeutung zieht Katar aus umfangreichen Erdgasvorkommen, die auf 25,5 Billionen Kubikmeter geschätzt werden. Damit nimmt das kleine Land bei dieser Ressource Platz drei hinter Russland und dem Iran ein. Das ermöglichte einen beispiellosen Bauboom und die Beteiligung an namhaften Unternehmen, darunter in Deutschland und China. Davon profitierten die Landeskinder, die der Arabische Frühling kalt ließ. Das Pro-Kopf-Bruttoinlandsprodukt lag 2013 nach einer Schätzung des IWF bei über 100 000 US-Dollar. Prestigevorhaben wie die umstrittene Ausrichtung der Fußball-Weltmeisterschaft 2022 sollen Weltoffenheit und Leistungsfähigkeit unterstreichen.

Konvertit: Ein Konvertit ist eine Person, die zu einer anderen Religion übertritt und deren Glaubensgrundsätze übernimmt – also den Prozess der Konversion durchläuft. Zum Islam konvertiert man, indem man vor zwei muslimischen Gläubigen das Glaubensbekenntnis, die Schahada, aufsagt. Über die Gesamtzahl der in Deutschland zum Islam übergetretenen Personen gibt es keine gesicherten Angaben, weil diese nicht an einer zentralen Stelle registriert werden. Schätzungen zufolge leben bis zu 40 000 ethnische Deutsche nach den Regeln des Korans.

KSK: Das aus etwa 1000 Soldaten bestehende Kommando Spezialkräfte (KSK) ist eine Elitetruppe der Bundeswehr. Zu ihren Aufgaben gehören der Antiterrorkampf, das Evakuieren von Deutschen und das Befreien von Geiseln. Vorbild für das 1996 gegründete Kommando Spezialkräfte war die legendäre Grenzschutzgruppe 9 (GSG 9). Zurückgegriffen wurde aber auch auf die Erfahrungen in verbündeten Staaten. Das KSK begann 1998 mit seinen weltweiten Einsätzen, darunter im ehemaligen Jugoslawien. Auf Grundlage eines Bundestagsbeschlusses von 2001 waren Soldaten der Spezialeinheit bis 2008 im Rahmen der Operation Enduring Freedom in Afghanistan aktiv. Darüber hinaus führte das Kommando Spezialkräfte Operationen im Rahmen des ISAF-Einsatzes der Bundeswehr durch.

Kundus-Affäre: Die sogenannte Kundus-Affäre begann am 4. September 2009. An diesem Tag befahl der Bundeswehr-Oberst Georg Klein einen Luftangriff auf zwei von den Taliban gekaperte Tanklaster. Zahlreiche Menschen wurden getötet – wie viele, bleibt umstritten. Die NATO ermittelte mindestens 142 Tote oder Verletzte. Eine vom afghanischen Präsidenten Hamid Karsai eingesetzte Untersuchungskommission kam auf 99 Tote, 69 Taliban-Kämpfer und 30 Zivilisten. Die Bundeswehr geht von 91 Toten aus, darunter 29 Zivilisten. Opferanwälte sprechen von 137 Toten. Der Vorfall ereignete sich nahe der Provinzhauptstadt Kundus, die erster Einsatzort der

Bundeswehr in Nordafghanistan war. Die Provinz Kundus ist mit 8000 Quadratkilometern halb so groß wie Schleswig-Holstein.

Loja Dschirga: Der Begriff bedeutet eine große Versammlung der Stammesoberhäupter, die in Afghanistan und anderen Ländern abgehalten werden, um große nationale und ethnische Fragen zu klären. Es gibt keine Zeitbeschränkung in einer Loja Dschirga; sie tagt solange, bis Entscheidungen getroffen werden. Viele verschiedene Probleme werden beraten, wie die Legitimierung von Führern oder die Einführung neuer Ideen und Regeln. Ende November 2013 stimmte eine in Kabul abgehaltene Loja Dschirga einem Sicherheitsabkommen mit den USA zu, das die amerikanische Militärpräsenz in Afghanistan ab 2015 regeln sollte.

Mudschaheddin: Das Wort Mudschaheddin (Singular: Mudschahed, Mudschahid, Mujahid, Moudjahid und weitere Schreibweisen) bezeichnet Menschen, die den „Heiligen Krieg" (Dschihad) zu ihrer eigenen Sache machen und damit den Islam verbreiten oder schützen wollen. Der Begriff wurde während der sowjetischen Besatzung Afghanistans von 1979 bis 1989 gebräuchlich. Angehörige weiterer islamistischer Guerilla-Gruppen nutzen ihn ebenfalls. Mudschaheddin waren bzw. sind während der Balkan-Kriege auf der Seite der bosnisch-muslimischen Truppen sowie im algerischen Bürgerkrieg, in Kaschmir und im Irak aktiv.

Nabucco-Pipeline: Nach ursprünglichen Planungen sollte eine Pipeline Europa direkt mit den kaspischen Erdgasvorkommen verbinden und so neue Gasquellen erschließen. Im EU-Programm Transeuropäische Netze galt die Leitung als eines der fünf wichtigsten Vorhaben beim Ausbau des Energieleitungssystems. Nach der Einigung zwischen der Türkei und Aserbaidschan Mitte 2012 über eine gemeinsame Gasleitung (Trans Anatolian Pipeline/TANAP) sahen neue Planungen vor, dass Nabucco-West über rund 1300 Kilometer von der türkisch-bulgarischen Grenze bis in die Nähe der Gasdrehscheibe Baumgarten in Österreich verläuft. Mitte 2013 scheiterte das Projekt endgültig. Das Konsortium, das die Förderung des Gases in Aserbaidschan betreibt, entschied sich für das Konkurrenzprojekt Trans Adriatic Pipeline (TAP). Die Pipeline ist mit einer Länge von rund 870 Kilometern deutlich kürzer und daher billiger. Sie schließt direkt an die TANAP an. Die Route der Pipeline soll von der türkischen Grenze kommend durch Griechenland und Albanien, unter der Adria hindurch nach Süditalien führen. In Konkurrenz dazu treibt Russland energisch sein Projekt South Stream voran. Die 2380 Kilometer lange und 16 Milliarden Euro teure Pipeline wird durch das Schwarze Meer verlegt und dann auf dem Landweg bis nach Norditalien führen. Baubeginn war im Dezember 2012.

NATO-Raketenabwehr: Auf dem NATO-Gipfel in Lissabon einigten sich die Mitglieder der Allianz 2010 auf den Aufbau eines bündniseigenen Raketenabwehrsystems. Dieses soll Europa vor Angriffen mit Kurz- und Mittelstreckenraketen schützen. Mit Hilfe von Radaranlagen und Abwehrraketen sollen feindliche Raketen bereits im Anflug zerstört werden. Die Allianz geht von einer wachsenden Bedrohung durch Raketen aus. Über 30 Staaten seien demnach im Besitz von Raketentechnologien oder im Begriff, sich diese anzueignen. Die Raketen könnten sowohl mit konventionellen Sprengköpfen als auch mit Massenvernichtungswaffen bestückt werden. Der Abwehrschild soll schrittweise bis 2020 in Betrieb genommen werden. Zu den Komponenten gehören ein Frühwarnradar im Südosten der Türkei, Abfangraketen auf US-Kriegsschiffen im Mittelmeer sowie Abfangraketen in Rumänien und in Polen. Die Kommandozentrale soll mit Ramstein in Deutschland angesiedelt werden.

NDS: Die Nationale Direktion für Sicherheit (National Directorate of Security/ NDS) führt sowohl nachrichtendienstliche als auch polizeiliche Aufgaben aus. Der afghanische Inlandsgeheimdienst beschäftigt geschätzte 15 000 bis 30 000 Mitarbeiter. Zahlreiche NDS-Agenten arbeiteten bereits für den kommunistischen Vorgänger KHAD. An der Ausbildung von NDS-Offizieren war unter anderem der Bundesnachrichtendienst (BND) beteiligt. Teile der Nationalen Direktion für Sicherheit sollen von den Aufständischen infiltriert sein. Geheimdienstchef Asadullah Khaled wurde bei einem Anschlag am 6. Dezember 2012 schwer verletzt.

Neue Seidenstraße: Im Namen lehnt sich das Konzept von der Neuen Seidenstraße (New Silk Road) an die Seidenstraße an, die bereits vor mehr als 2000 Jahren das Mittelmeer mit dem Zentrum Chinas verband. Der einst bedeutende Handelsweg, benannt nach dem Exportprodukt Seide, hatte seine Blütezeit zwischen dem 6. und 10. Jahrhundert. Transportiert wurden mit mächtigen Kamel-Karawanen auch Gold, Glas, Gewürze, Eisen und Jade. Verbreitet wurden über das weitverzweigte Netz zugleich Religionen. Auf diesem Weg kam der Buddhismus von Indien nach China, der Islam kam von Arabien nach Mittelasien. Verkehrsknotenpunkt war Kaschgar im Westen Chinas. Von dort zweigte eine Südroute über Afghanistan nach Indien ab. Eine Wiederbelebung dieser Route soll aus Afghanistan eine wichtige Handelsdrehscheibe machen.

Nordallianz: Die Nationale Islamische Vereinigte Front zur Rettung Afghanistans wurde als Gegenkraft zu den von Süden her vorrükkenden Taliban gebildet, die 1996 Kabul einnahmen. Der Front gehörten als wichtigste Volksgruppen Tadschiken, Usbeken und die mongolischstämmigen Hazara an, die eine totale Machtübernahme der paschtunisch dominierten Taliban befürchteten. Aufgrund der Herkunft von Tadschiken und Usbeken bürgerte sich der Begriff Nordallianz ein. Diese kontrollierte vor dem Sturz der Taliban etwa zehn Prozent des afghanischen Territoriums. Wieder in die Offensive kam die Nordallianz als Bodentruppe der Amerikaner, die nach den Terroranschlägen in New York und Washington schwere Luftangriffe auf die Stellungen von Taliban und Al Qaida flogen. Mehrere Anführer der Allianz, die zentrale Positionen im Karsai-Apparat innehatten, wurden für schwere Menschenrechtsverletzungen während des Machtwechsels 2001 und im vorangegangenen Bürgerkrieg verantwortlich gemacht.

OEF: Die Operation andauernde Freiheit (Operation Enduring Freedom/ OEF) ist eine militärische Großoperation im Rahmen des von den Vereinigten Staaten ausgerufenen weltweiten Krieges gegen den Terrorismus. Daran beteiligten sich bis zu 70 Nationen. OEF begann am 7. Oktober 2001 mit dem Ziel, in Afghanistan das von Osama bin Laden geführte Terrornetzwerk Al Qaida auszuschalten. Einsatzgebiete waren die Arabische Halbinsel, Mittel- und Zentralasien, Nordostafrika und die angrenzenden Seegebiete. Das erste OEF-Mandat des Bundestages vom 16. November 2001 sah die Bereitstellung von insgesamt bis zu 3900 Soldaten vor. Ende Juni 2010 endete der Einsatz der Bundeswehr am Horn von Afrika, so dass die deutsche Beteiligung im Kampf gegen den internationalen Terrorismus nur noch im Rahmen der NATO-Operation Active Endeavor (OAE) im Mittelmeer weitergeführt wurde.

Parlamentsvorbehalt: Mit dem Urteil vom 12. Juli 1994, wonach Auslandseinsätze bewaffneter deutscher Streitkräfte zwar grundsätzlich verfassungsrechtlich zulässig sind, jeder Einsatz jedoch der - im Normalfall vorherigen - Zustimmung des Bundestages bedürfe (konstitutiver Parlamentsvorbehalt), betonte das Bundesverfassungsgericht den besonderen Charakter der Bundeswehr als Parlamentsarmee. Das Verfahren zur Beteiligung des Parlaments wurde Ende 2004 mit dem Parlamentsbeteiligungsgesetz auf eine gesetzliche Grundlage gestellt, nachdem es zuvor eine entsprechende zehnjährige Parlamentspraxis gegeben hatte. Das Parlamentsbeteiligungsgesetz schreibt detailliert vor, welche Angaben der Antrag enthalten muss. So hat die Bundesregierung den Bundestag über den Einsatzauftrag, das Einsatzgebiet, die rechtlichen Grundlagen des Einsatzes, die Höchstzahl der einzusetzenden Soldaten, die Fähigkeiten der einzusetzenden Streitkräfte, die geplante Dauer des Einsatzes sowie dessen voraussichtliche Kosten und Finanzierung zu informieren. Stimmt das Parlament dem Antrag auf Verlängerung des Einsatzes nicht zu, muss dieser beendet werden. Das Gleiche gilt, wenn das Parlament seine Zustimmung zu einem Einsatz widerruft, was jederzeit möglich ist.

Partnering: Mit der neuen Strategie erhöhte die Bundeswehr ab 2010 ihr Personal für Ausbildung und Schutz deutlich von 280 auf 1400 Soldaten. Damit verbunden war mehr Präsenz in der Fläche, was die Risiken vergrößerte. Bis dahin hatte das sogenannte Mentoring im Vordergrund gestanden, die Ausbildung der afghanischen Armee vor allem in Stützpunkten und nicht bei gemeinsamen Gefechtseinsätzen. Partnering ging im Idealfall davon aus, dass zunächst die Taliban vertrieben, dann die Räume gesichert werden bis die Polizei nachrückt und schließlich staatliche Autoritäten das vorherige Vakuum füllen. Der deutsche Beitrag wurde Mitte 2012 auf sogenannte Partnering Advisory Task Forces (PATF) umgestellt. Von der reinen Ausbildung (Mentoring) über das gemeinsame Planen und Durchführen von Operationen (Partnering) sollte die afghanische Armee möglichst nur durch Beratung (Advisory) und die Bereitstellung von Spezialfähigkeiten zu mehr Eigenständigkeit gelangen.

Paschtunen: Die Paschtunen stellen die größte ethnische Gruppe in Afghanistan. Ihre Zahl wird auf 12,5 Millionen geschätzt. Der Name soll sich aus dem Wort Pactyan ableiten. Das war der Name eines iranischen Stammes in der altpersischen Provinz Arachosien, der einst im Gebiet um das jetzige Kandahar siedelte. Heute gliedern sich die Paschtunen in zahlreiche Stämme, die in Afghanistan (im Osten, Süd-osten) und Pakistan (Nordwest-Grenzprovinz, Belutschistan) stark verwurzelt sind. Sie gelten als ebenso kriegerisch wie ehrbewusst. Als Verhaltenskodex und Gewohnheitsrecht kommt das Paschtunwali zur Anwendung, zu dessen Säulen Gastfreundschaft, Asylrecht und Rache zur Wiederherstellung der Ehre gehören.

Regionale Wiederaufbauteams: Im Rahmen seiner Gesamtverant-wortung für das ISAF-Regionalkommando Nord unterhielt Deutsch-land zwei aus Diplomaten, Polizeiausbildern, Entwicklungsexperten sowie Bundeswehrsoldaten bestehende regionale Wiederaufbauteams (Provincial Reconstruction Teams/PRT) in Kundus (seit 2003) und Faisabad (seit 2004), um den zivilen Wiederaufbau Afghanistans un-ter militärischem Schutz voranzutreiben. Die Einrichtungen des PRT Faisabad wurden im Oktober 2012 in afghanische Hände übergeben, die des PRT Kundus ein Jahr danach. Landesweit arbeiteten Anfang 2013 noch 23 ausländische Wiederaufbauteams in den sechs ISAF-Regionalkommandos. Unterstützt wurden unter anderem der Bau von Schulen, Straßen und Polizeistationen. Darüber hinaus war die medizinische Versorgung ein Schwerpunkt.

Rüstungsexporte: Der Grundgesetz-Artikel 26 bestimmt, dass „zur Kriegsführung bestimmte Waffen (...) nur mit Genehmigung der Bundesregierung hergestellt, befördert und in Verkehr gebracht wer-den" dürfen. Die Einzelheiten regeln zwei Bundesgesetze: das Au-ßenwirtschaftsgesetz und das Kriegswaffenkontrollgesetz. Weitere Bestimmungen, die den Waffenexport berühren, sind die Außenwirt-schaftsverordnung sowie - bei Gütern, die auch zivil genutzt werden können - die EG-Dual-Use-Verordnung. Manche Rüstungsgeschäfte werden durch EU-Verordnungen eingeschränkt, etwa bei einem Em-bargo. Innerhalb dieser Regeln entscheidet der Bundessicherheitsrat, ein aus dem Bundeskanzler und acht Ministern bestehendes Gremi-um, in vertraulichen Treffen über das Zustandekommen von Waf-fendeals.

Salafisten: Salafisten gehen davon aus, dass zu Lebzeiten des Prophe-ten Mohammed und seiner unmittelbaren Gefolgsleute der Islam in seiner einzig wahren Form gelebt wurde. Deshalb sind für Salafis-ten die Orientierung an der frühislamischen Zeit, die wortgetreue Durchsetzung der Prinzipien und Bestimmungen des Korans sowie

der Prophetentradition unerlässlich. Sie geben vor, sich an den sogenannten rechtschaffenen Altvorderen (arab. al-salaf al-salih) auszu-
richten. Vorstellungen und Ideologien, die nicht im Einklang mit der
salafistischen Lehre stehen, werden verurteilt. Volkssouveränität und
säkulares Recht gelten als nicht schariakonform und damit unisla-
misch. Die Bestrebungen unterteilen sich bei gleichen ideologischen
Grundlagen und gesellschaftlichen Zielen in eine politische und eine
dschihadistische Strömung. Sie unterscheiden sich lediglich in der
Wahl der Mittel. Vertreter des politischen Salafismus nutzen eine in-
tensive Propagandatätigkeit, die sogenannte da'wa (Missionierung),
um ihre extremistische Ideologie zu verbreiten und dadurch politischen und gesellschaftlichen Einfluss zu gewinnen. Die Anhänger
der dschihadistischen Strömung sprechen sich hingegen für die Anwendung von Gewalt aus.

Scharia: Die islamische Theologie betrachtet die Scharia als vollkom-
mene Ordnung, die Frieden und Gerechtigkeit schafft. Sie gilt als
Ordnung Gottes und darf daher prinzipiell nicht durch menschliche
Gesetze ersetzt werden. Die Scharia ist die Gesamtheit des islami-
schen Gesetzes, wie es im Koran, in der islamischen Überlieferung
sowie in den Auslegungen maßgeblicher Theologen und Juristen
vor allem der frühislamischen Zeit niedergelegt wurde. Neben dem
Ehe- und Familienrecht ergeben sich beim islamischen Strafrecht im
Vergleich zu westlichen Menschenrechtsvorstellungen die größten
Differenzen. Verhängt werden zum Teil drastische Strafen, die vom
Auspeitschen über Amputationen von Gliedmaßen bis zur Todesstrafe reichen. In der Regel wird die Scharia nur teilweise praktiziert.
In den meisten islamischen Ländern kommt ein Konglomerat aus
koranischen Geboten, Elementen der islamischen Überlieferung,
dem Gewohnheitsrecht, vorislamischen sowie dem europäischen
Recht entlehnten Elementen zur Anwendung.

Schmutzige Bombe: Im Sprachgebrauch der IAEO sind Schmutzige
Bomben Vorrichtungen mit konventionellem Sprengstoff, denen radioaktive Stoffe beigemischt oder beigefügt sind. Der konventionelle
Sprengstoff soll dazu dienen, die radioaktiven Stoffe in der Umwelt
zu verteilen. In den USA spricht man daher von Vorrichtungen zur
Ausbringung und Verbreitung von Radioaktivität - Radioactive Dis-
persion Devices (RDD), in Deutschland von USBV-A. Diese Ab-
kürzung steht für Unkonventionelle Spreng- und Brandvorrichtung,

das A steht in diesem Zusammenhang für atomar. Die Verwendung einer Schmutzigen Bombe und vergleichbare Szenarien gelten derzeit als möglicher Fall einer missbräuchlichen Verwendung radioaktiven Materials. Unabhängig vom wirklichen Gefährdungspotential können Assoziationen mit bekannten Folgen radioaktiver Strahlung zu psychosozialen Effekten wie Unsicherheit, Überforderung, Angst und Hysterie in der Bevölkerung führen.

Schura: Der Begriff der Schura geht auf zwei Textstellen im Koran zurück: Die erste, zu Mekka offenbarte Sura As-Sura weist in Vers 38 primär auf den von Mohammed geübten Brauch hin, sich mit seinen nächsten Gefolgsleuten zu beraten. Diesem Brauch kamen auch die ersten vier rechtgeleiteten Kalifen nach, ehe er im Laufe der islamischen Geschichte in Vergessenheit geriet. Erst nachdem die Muslime mit der westlichen Demokratie konfrontiert wurden, entdeckten sie erneut das Prinzip der Schura. Sie beriefen sich auf die zweite Textstelle im Koran, auf die Sura Al-Imran (Vers 159), die zu Medina offenbart wurde, wo ein islamischer Staat bestand. Nach neuer Interpretation bildet die gegenseitige Beratung eine Leitidee der Staatsgestaltung.

Sicherheitsrelevanter Zwischenfall: Dazu zählen Attacken regierungsfeindlicher Kräfte in Afghanistan mit Handfeuer- und Panzerabwehrwaffen, Mörser- und Raketenangriffe, der Beschuss von Luftfahrzeugen, der Einsatz von Sprengfallen, Selbstmordanschläge und Überfälle auf Einrichtungen der Regierung sowie der nationalen oder internationalen Sicherheitskräfte.

Sprengfallen: Ihr Einsatz durch die Aufständischen in Afghanistan nahm in den vergangenen Jahren dramatisch zu. Die tödlichen Bomben sind zudem immer effektiver geworden. Mit selbst gebauten Sprengsätzen (Improvised Explosive Device/ IED) können kleine bewegliche Kommandos den Streitkräften schweren Schaden zufügen, ohne selbst schwere Verluste bei Gefechten riskieren zu müssen. Im Jahr 2007 wurden durch IED 77 ausländische Soldaten getötet, 2008 waren es 183 und 2009 bereits 322. Die Sprengsätze sind meist am Straßenrand versteckt. Die Explosion kann wie bei Landminen durch Druckplatten ausgelöst werden. Ebenso wird die Fernzündung per Kabel oder per Funk praktiziert.

Stuxnet: Mitte 2010 entdeckte ein Spezialist der weißrussischen Computersicherheitsfirma VirusBlokAda, der von einem iranischen Vertragsunternehmen nach Rechnerabstürzen kontaktiert worden war, einen völlig neuartigen Trojaner. Experten gaben der Schadsoftware in Anlehnung an vorgefundene Dateinamen die Bezeichnung Stuxnet. Der eingeschleuste Virus kam insgesamt auf eine Dateigröße von etwas mehr als einem Megabyte. Er wurde nach Auffassung von Experten mit dem Ziel geschaffen, rechnergesteuerte Industrieanlagen zu manipulieren. Der Schädling suchte nach einer bestimmten Konfiguration von Messfühlern und Reglern, die für jede Anlage individuell erstellt wird. Diese Konfiguration war offenbar in der iranischen Urananreicherungsanlage Natanz vorhanden, so dass Stuxnet erfolgreich eindringen konnte.

Taliban: Nach dem Abzug der Sowjettruppen 1989 und dem Sturz des von Moskau unterstützten Nadschibullah-Regimes 1992 entbrannte in Afghanistan ein blutiger Machtkampf zwischen den zuvor vereint kämpfenden Mudschaheddin-Gruppierungen. Während das Land in Chaos und Anarchie versank, suchte das benachbarte Pakistan nach einem sicheren Transportweg in die ehemaligen zentralasiatischen Sowjetrepubliken und Zugang zu deren Öl- und Gasvorkommen. Das traf mit der Interessenlage jener jungen afghanischen Männer zusammen, die zu einem Großteil in pakistanischen Flüchtlingslagern geboren und anschließend in Koranschulen streng religiös erzogen wurden. Daraus entstand der Name. Ein Talib (Plural Taliban) ist ein Schüler, ein nach Wissen strebender. Erste Überlegungen, dieses Reservoir als Gegenkraft zu den verfeindeten Kriegsherren aufzubauen, sollen auf das Jahr 1986 zurückgehen. Mit ihrem Aufkommen 1994 verfolgte die Gruppierung das Ziel, den Bürgerkrieg zu beenden, die Bevölkerung zu entwaffnen, das Gesellschaftssystem von Korruption zu säubern und der Scharia umfassend Geltung zu verschaffen. Dabei zeigte sich, dass die Fundamentalisten kein Konzept für die wirtschaftliche und soziale Entwicklung des Landes besaßen. Sie schränkten grundlegende Menschenrechte massiv ein.

Taschenkarte: In der Regel geben in Streitkräften genutzte Taschenkarten die Umsetzung des Auftrages aus dem völkerrechtlichen Mandat wieder und stellen die zulässigen Maßnahmen zur Anwendung militärischer Gewalt für die Durchsetzung des Auftrages sowie die Selbstverteidigung/Nothilfe dar. Dabei werden auch der Schusswaffengebrauch und der Grundsatz der Verhältnismäßigkeit erläutert. Ferner enthalten sie allgemeine Verbote und Gebote, die sich aus dem Völkerrecht sowie nationalen Vorgaben ergeben. Die Soldatinnen und Soldaten werden über den Inhalt der Taschenkarte, die sie im Einsatz in ihrer Hosentasche bei sich führen, belehrt. Hierdurch wird der Inhalt der Taschenkarte – soweit er ein bestimmtes Verhalten anweist – für sie zu einem verbindlichen Befehl.

Unterstützungshubschrauber Tiger: Der gemeinsam von Frankreich und Deutschland entwickelte Kampfhubschrauber „EC-665" (Tiger) wird in drei Versionen von Eurocopter gebaut, einer hundertprozentigen Tochter des europäischen Luft- und Raumfahrtkonzerns EADS. Die Serienproduktion der 14 Meter langen Maschine mit einem Gewicht von bis zu 6000 Kilogramm begann 2002. Die beiden Turbinentriebwerke lassen den Hubschrauber mit etwa 300 Stundenkilometern fliegen, seine Reichweite liegt bei mehr als 700 Kilometern. Pilot und Schütze bilden die Besatzung. Neben vier Stinger-Raketen hat die deutsche Version des Tigers zwei 12,7-Millimeter-Maschinengewehre und kann mit bis zu 16 Panzerabwehr-Raketen sowie 38 ungelenkten Raketen bestückt werden. Fluggeräte dieses Typs, offiziell als Unterstützungshubschrauber bezeichnet, sind seit Dezember 2012 in Afghanistan im Einsatz.

Veteranen: Veteran der Bundeswehr ist nach offizieller Darstellung, wer ehrenhaft aus dem aktiven Dienst in der Bundeswehr ausgeschieden ist und im Ausland an mindestens einem Bundeswehreinsatz oder einer besonderen Verwendung im Rahmen von humanitären, friedenserhaltenden oder friedensschaffenden Maßnahmen teilgenommen hat. Gleiches gilt für die Teilnahme an wenigstens einer Ausbildungsmission der NATO oder der EU außerhalb des NATO-Bündnisgebietes. Berücksichtigung finden sämtliche Auslandseinsätze der Bundeswehr, also auch Hilfs- und Katastropheneinsätze im Ausland vor 1990.

Waterboarding: Dabei handelt es sich um eine Foltermethode, mit der mutmaßliche Terroristen durch simuliertes Ertränken zur Preisgabe von geheimen Informationen gezwungen werden sollen. Waterboarding gehört zu den Repressalien, die in der Regel keine körperlichen Spuren hinterlassen, aber zu gravierenden psychischen Störungen führen können. Die unter Präsident George W. Bush von der CIA angewandte Methode wurde von seinem Nachfolger Barack Obama verboten. Nach amerikanischen Medienberichten setzte die CIA im Falle des in Pakistan aufgegriffenen und als Chefplaner der Anschläge vom 11. September 2001 festgehaltenen Chalid Scheich Mohammed 183 Mal Waterboarding ein.

Waziristan: Das unwegsame Waziristan gehört wie andere pakistanische Gebiete an der Grenze zu Afghanistan zu den Rückzugsräumen für afghanische und pakistanische Taliban. Hochrangige Mitglieder von Al Qaida verbargen sich ebenfalls in dem Gebiet. In Waziristan wurden auch Islamisten aus Europa militärisch ausgebildet. Das Stammesgebiet im Nordwesten hat eine Fläche von über 11 000 Quadratkilometern und wird von Paschtunen bewohnt. Administrativ ist das Gebiet in Nord- und Südwaziristan unterteilt. Die Bevölkerungszahl wird auf etwa 800 000 geschätzt.

Whistleblower: Unter dem aus dem Englischen kommenden Begriff (to blow the whistle – in die Pfeife blasen) ist ein Informant zu verstehen, der kritikwürdige Zustände wie Korruption und Menschenrechtsverletzungen an die Öffentlichkeit bringt. Die spektakulärsten Fälle der jüngeren Vergangenheit betreffen die Enthüllungen der beiden jungen US-Amerikaner Bradley Manning und Edward Snowden. Die Reaktionen darauf sind vielfach gespalten. Je nach Standpunkt werden Whistleblower als Helden gefeiert oder als Verräter gebrandmarkt. Die Konsequenzen für die betroffenen Personen können gravierend sein. Sie reichen von der Kündigung des Arbeitsverhältnisses bis zu langjährigen Haftstrafen wegen Geheimnisverrates. In brisanten Bereichen organisierter Kriminalität wie Waffen- und Menschenhandel gab es Fälle, bei denen Informanten ermordet wurden.

24.01.1916: Deutschland und Afghanistan schließen einen Freund-
schafts- und Handelsvertrag ab.

15.04.1924: Der erste deutsche Schulleiter Walther Iven eröffnet die
Amani-Oberrealschule in Kabul. Die Unterrichtssprache ist fast
durchgängig Deutsch.

22.02.1928: König Amanullah trifft zu einem Besuch in Berlin ein. Er erklärt: „Afghanistan hat stets die Tatkraft des deutschen Volkes bewun-
dert. (...) Immer haben wir auch den deutschen Mitarbeitern, die sich
dem Dienste unseres Landes widmeten, volles Vertrauen geschenkt."

1936: Mit einem Kredit fördert Deutschland die Realisierung großer
Industrieprojekte (Bau von Textil-, Zement- und Zuckerrübenfabri-
ken) sowie die Errichtung zweier Kraftwerke. Im Sicherheitsbereich
wird der Aufbau einer „Musterdivision" sowie der afghanischen
Luftwaffe unterstützt. Eine Ausbildungshilfe erhält die Polizeischule
in Kabul.

18.10.1937: Ein Verwaltungsabkommen regelt die Entsendung weiterer deutscher Ingenieure nach Afghanistan und afghanischer Studenten zum Studium nach Deutschland.

01.08.1938: Die Lufthansa richtet die Fluglinie Berlin-Kabul ein.

22.12.1954: Die Bundesrepublik Deutschland errichtet in Kabul eine
Gesandtschaft, die ab 29.10.1958 den Status einer Botschaft erhält.

17.06.1962: Die Bundesrepublik und Afghanistan schließen ein Wirt-
schafts- und Kreditabkommen. Die Bundesrepublik wird zum wichtigsten Geberland nach der Sowjetunion und den USA. Zu den
größten Projekten zählen Ausbildung und Beratung der afghanischen Polizei sowie die forst- und landwirtschaftliche Entwicklung
der Provinz Paktia.

17.01.1973: Afghanistan und die DDR nehmen diplomatische Beziehungen auf.

17.07.1973: Mohammed Daud Khan, von 1953 bis 1963 Ministerpräsident Afghanistans, stürzt König Zahir Schah und ruft die Republik aus. Er nutzt dazu die Abwesenheit des mit ihm verwandten Monarchen, der sich zur Kur in Italien aufhält.

27.04.1978: Die von Kommunisten unterwanderte Armee führt einen Staatsstreich durch. Daud und seine Familie werden ermordet. Die in zwei Flügel gespaltene Demokratische Volkspartei Afghanistans (DVPA) übernimmt die Macht und zwingt dem Land eine brutale Umwandlung auf.

27.12.1979: Sowjetische Spezialeinheiten, darunter die KGB-Elitetruppe Alpha, schalten nach einer Verschärfung der innenpolitischen Lage Präsident Hafizullah Amin aus. Dieser wird durch Babrak Karmal ersetzt. Zugleich überschreiten Teile der neugebildeten 40. Armee die Grenze zu Afghanistan.

03.02.1980: Der Sicherheitsberater von US-Präsident Jimmy Carter, Zbigniew Brzezinski, besucht demonstrativ einen pakistanischen Armeeposten am Khyber-Pass und posiert dort mit einer automatischen Waffe. Brzezinski erklärt 1998 in einem Interview, seine Regierung habe bereits ein halbes Jahr vor dem sowjetischen Einmarsch mit der Unterstützung der afghanischen Mudschaheddin begonnen und damit die Russen in die Falle gelockt.

04.05.1986: Geheimdienstchef Mohammed Nadschibullah übernimmt die Führung der DVPA und wird später auch Präsident Afghanistans.

15.02.1989: Die Sowjetunion beendet nach verlustreichen Kämpfen gegen die Mudschaheddin den vertraglich vereinbarten Abzug vom Hindukusch.

15.04.1992: Nadschibullah verliert die Unterstützung im eigenen Machtapparat und sucht Zuflucht in der Kabuler UN-Mission. Afghanistan fällt an die Mudschaheddin, ein jahrelanger blutiger Bürgerkrieg beginnt.

04.11.1994: Die Taliban treten bei Auseinandersetzungen mit lokalen Kriegsherren nahe Kandahar erstmals als militärische Kraft in Erscheinung. Danach beginnen sie, das Land von Süden her unter ihre Kontrolle zu bringen.

07.08.1998: Vor den US-Botschaften in Nairobi (Kenia) und Daressalam (Tansania) explodieren zeitgleich Autobomben. Unter den insgesamt 230 Opfern sind zwölf Amerikaner.

12.06.1999: Die Bundeswehr beginnt ihren Einsatz im Kosovo im Rahmen der NATO-Sicherheitstruppe Kosovo Force (KFOR).

12.10.2000: Terroristen greifen den US-Zerstörer „Cole" im Hafen von Aden (Jemen) an. Die Explosion tötet 17 Soldaten.

09.09.2001: Zwei sich als belgische Journalisten ausgebende Selbstmordattentäter der Al Qaida zünden während eines Interviews mit dem tadschikischen Militärführer Ahmed Schah Massud in der nördlichen Provinz Takhar eine Bombe, die sie in ihrer Videokamera versteckt haben. Massud erliegt wenig später seinen Verletzungen.

11.09.2001: 19 radikale Islamisten entführen vier amerikanische Passagierflugzeuge. Sie lenken zwei Flugzeuge in die Türme des World Trade Center in New York und eines in das Pentagon in Washington. Ein weiteres stürzt bei Pittsburgh ab. Rund 3000 Menschen sterben. Präsident George W. Bush spricht von einem Terrorangriff auf die Vereinigten Staaten.

12.09.2001: Die NATO ruft zum ersten Mal in ihrer Geschichte den Bündnisfall aus, „sofern die Terrorangriffe von außen gegen die USA gerichtet waren". Das sieht die Allianz am 4. Oktober als erwiesen an und beschließt den Bündnisfall auch formal.

16.09.2001: US-Außenminister Colin Powell stellt das Taliban-Regime vor die Wahl, Osama bin Laden auszuliefern oder mit Vergeltung zu rechnen.

07.10.2001: Der US-Angriff auf Afghanistan beginnt mit schweren Luftschlägen gegen die Taliban und Al Qaida. Die Angriffe sind Teil der Operation andauernde Freiheit (Operation Enduring Freedom/ OEF).

13.11.2001: Truppen der afghanischen Nordallianz marschieren in die von den Taliban aufgegebene Hauptstadt Kabul ein.

16.11.2001: Bundeskanzler Gerhard Schröder (SPD) stellt bei der Abstimmung im Bundestag über die deutsche Beteiligung an OEF die Vertrauensfrage. Er will damit nach Widerstand in den rot-grünen Regierungsfraktionen eine eigene Mehrheit erzwingen. Schröder erhält 336 von 662 Stimmen und erreicht sein Ziel.

05.12.2001: Die Afghanistan-Konferenz einigt sich auf dem Petersberg bei Bonn auf eine Übergangsregierung unter Führung von Hamid Karsai. Bundeskanzler Schröder stellt ein deutsches Kontingent für einen Einsatz am Hindukusch in Aussicht.

22.12.2001: In einer Sondersitzung stimmt der Bundestag der deutschen Beteiligung am ISAF-Einsatz zu. Maximal 1200 Soldaten dürfen entsandt werden.

14.01.2002: Deutsche Soldaten beteiligen sich erstmals an Patrouillen in Kabul.

06.03.2002: Bei der Entschärfung einer Flugabwehrrakete sterben die beiden Oberfeldwebel Thomas Kochert und Mike Rubel. Sie sind die ersten toten Deutschen des Afghanistan-Einsatzes.

11.04.2002: Bei einem Selbstmordattentat auf der zu Tunesien gehörenden Ferieninsel Djerba verlieren 21 Menschen, darunter 14 Deutsche, ihr Leben. Als Drahtzieher des Attentats gilt der Deutsche Christian Ganczarski, der in Frankreich verurteilt wird und in Haft sitzt.

12.10.2002: Bei Terrorattacken auf der indonesischen Ferieninsel Bali kommen 202 Menschen um. Die meisten Opfer stammen aus Australien.

20.12.2002: Der Bundestag beschließt die Verstärkung des deutschen Kontingents auf bis zu 2500 Soldaten.

10.02.2003: Deutschland und die Niederlande übernehmen das ISAF-Kommando. Kommandeur wird der deutsche Generalleutnant Norbert van Heyst.

16.04.2003: Nach einem Beschluss des NATO-Rates wird die ISAF künftig durch die Allianz geführt.

07.06.2003: Bei einem Anschlag auf einen mit Bundeswehrangehörigen besetzten Bus sterben in Kabul vier Soldaten, 29 werden verletzt.

27.08.2003: Die Bundeswehr dehnt zur Sicherung des zivilen Wiederaufbaus ihren Einsatz auf den Norden Afghanistans aus.

14.12.2004: Das Gemeinsame Terrorabwehrzentrum zur Bekämpfung des islamistischen Terrorismus (GTAZ) nimmt in Berlin seine Arbeit auf. In dem Zentrum, das keine eigenständige Behörde darstellt, können die Sicherheitsbehörden von Bund und Ländern unkompliziert ihre Erkenntnisse austauschen. Dadurch soll die schnelle Einleitung operativer Maßnahmen erleichtert werden.

30.07.2006: In einem von der EU geführten Einsatz sichern Bundeswehrsoldaten vier Monate lang die ersten Parlaments- und Präsidentschaftswahlen seit mehr als 40 Jahren in der Demokratischen Republik Kongo.

02.08.2006: Nahe dem nordafghanischen Mazar-i-Scharif wird das größte Feldlager der Bundeswehr im Ausland errichtet.

07.10.2006: Unbekannte erschießen die Reporterin Karen Fischer und den Techniker Christian Struwe. Die beiden freien Mitarbeiter der Deutschen Welle waren in der zentralafghanischen Provinz Bamian unterwegs, wo die Taliban die weltberühmten Buddha-Statuen gesprengt hatten.

04.09.2007: Sicherheitskräfte nehmen im Sauerland drei mutmaßliche Terroristen fest. Ein vierter Verdächtiger wird zwei Monate später in der Türkei verhaftet. Der Gruppe, die der Islamischen Dschihad-Union (IJU) angehören soll, wird unter anderem die Planung von Anschlägen auf US-Einrichtungen in Deutschland vorgeworfen.

19.12. 2008: Der Bundestag beschließt, an der EU-geführten Operation Atalanta zur Bekämpfung der Piraterie vor der Küste Somalias und zum Schutz der Schiffe des Welternährungsprogramms (World Food

Programme/WFP) teilzunehmen. Die Mandatsobergrenze liegt bei 1400 Soldatinnen und Soldaten.

04.06.2009: US-Präsident Barack Obama bietet bei einer in Kairo gehaltenen Grundsatzrede den Muslimen überall auf der Welt einen Neuanfang der Beziehungen an. Dieser müsste auf gemeinsamen Interessen und gegenseitiger Achtung beruhen.

27.07.2009: Eine neue Taschenkarte, die jeder Soldat bei sich trägt, präzisiert die Einsatzregeln für die Bundeswehr in Afghanistan. Angesichts der verschärften Sicherheitslage wird die Erlaubnis zum Schießen ausgeweitet.

10.08.2009: US-General Stanley McChrystal, neuer Kommandeur der internationalen Truppen in Afghanistan, warnt davor, dass die Taliban immer stärker und auch die bislang eher ruhigen Regionen im Norden bedrohen würden.

04.09.2009: Bei einem von dem deutschen Oberst Georg Klein angeordneten Luftangriff auf zwei gekaperte Tanklastzüge bei Kundus gibt es zahlreiche Tote und Verletzte. Deren genaue Zahl bleibt umstritten.

01.12.2009: Obama kündigt die Verstärkung der US-Truppen in Afghanistan um 30 000 Soldaten an. Er reagiert damit auf die sich verschlechternde Sicherheitslage.

15.01.2010: Der Gouverneur der Provinz Kundus, Mohammed Omar, kritisiert den Einsatz der Bundeswehr in Nordafghanistan als „wirkungslos".

20.01.2010: SPD-Fraktionschef Frank-Walter Steinmeier nennt erstmals einen Termin für einen Bundeswehr-Abzug. Dieser sollte „spätestens im Korridor zwischen 2013 und 2015 stattfinden und abgeschlossen" werden.

28.01.2010: Die Londoner Afghanistan-Konferenz stellt die Weichen für eine Abzugsperspektive. Zunächst sollen mit einer Aufstockung der internationalen Truppen die Aufständischen entscheidend geschwächt werden. Zugleich wird angestrebt, afghanische Armee und Polizei in die Lage zu versetzen, die Sicherheitsverantwortung schrittweise selbst zu übernehmen.

20.11.2010: Die NATO beschließt auf ihrem Lissaboner Gipfel den schrittweisen Abzug ihrer Kampftruppen aus Afghanistan bis Ende 2014.

18.12.2010: Bundeskanzlerin Angela Merkel besucht das im Nordosten Afghanistans stationierte Bundeswehr-Kontingent. Dabei nennt sie den Einsatz erstmals „Krieg".

17.03.2011: Bei der Abstimmung über eine UN-Sicherheitsratsresolution, die ein militärisches Eingreifen zur Durchsetzung eines Flugverbots in Libyen legitimiert, enthält sich Deutschland der Stimme. Es stellt sich damit gegen enge Verbündete wie die USA und Frankreich.

01.04.2011: Demonstranten greifen ein Büro der UN-Unterstützungsmission in Afghanistan (UNAMA) in Mazar-i-Scharif an. Sieben Mitarbeiter der Vereinten Nationen werden getötet. Auslöser ist die Verbrennung eines Korans in einer Kirche in Florida.

02.05.2011: US-Spezialeinheiten töten in der pakistanischen Stadt Abottabad Osama bin Laden.

28.05.2011: Der afghanische Polizeikommandeur für die Nordregion, General Daud Daud, fällt einem spektakulären Anschlag zum Opfer. Der deutsche Generalmajor Markus Kneip überlebt verletzt. Zwei seiner Begleiter sterben.

01.07.2011: In Deutschland wird die Wehrpflicht ausgesetzt. Das gehört zu den Empfehlungen einer zuvor von Verteidigungsminister Karl-Theodor zu Guttenberg eingesetzten Strukturkommission.

02.11.2011: Auf einer Regionalkonferenz „Heart of Asia" in Istanbul verständigen sich Afghanistan und seine sechs Nachbarn Pakistan, Iran, China, Turkmenistan, Usbekistan und Tadschikistan erstmals auf einen weiterführenden Dialog, basierend auf verpflichtenden Prinzipien für Sicherheit und Stabilität. Insgesamt nehmen Vertreter von 27 Staaten an der Konferenz teil.

05.12.2011: Die Internationale Afghanistan-Konferenz auf dem Petersberg bei Bonn sagt Hilfsleistungen bis zum Jahr 2024 zu. Konkrete Zusagen werden nicht gemacht. Nach Angaben aus Kabul braucht das Land jährlich etwa sieben Milliarden Dollar aus dem Ausland, um Sicherheit und Entwicklung zu finanzieren. Pakistan bleibt der Konferenz wegen des US-Angriffs auf einen Grenzposten fern.

11.03.2012: Ein US-Soldat richtet in der Provinz Kandahar ein Blutbad unter Zivilisten an. Er tötet während eines Amoklaufs 16 Menschen, darunter Frauen und Kinder.

12.03.2012: Bei einem Besuch in Nordafghanistan weist Bundeskanzlerin Merkel auf bestehende Risiken hinsichtlich des geplanten Abzugs der Bundeswehr aus dem Land hin. Der politische Versöhnungsprozess mit den Taliban habe zwar einige Fortschritte gemacht, sei aber noch nicht auf einem Stand, der die Aussage ermögliche, „wir können heute hier abziehen".

15.04.2012: In einer koordinierten Kommandoaktion greifen Taliban-Kämpfer Ziele in der afghanischen Hauptstadt Kabul und in drei Provinzhauptstädten an. Betroffen sind Regierungsgebäude, Botschaften und Militärstützpunkte. Anschlagsziel ist auch die diplomatische Vertretung Deutschlands in der Hauptstadt, in der niemand zu Schaden kommt.

16.05.2012: Bundeskanzlerin Merkel und Präsident Karsai unterzeichnen in Berlin ein Partnerschaftsabkommen. Es sieht vor, dass Deutschland nach dem Abzug der internationalen Truppen pro Jahr 150 Millionen Euro für die Finanzierung der afghanischen Sicherheitskräfte bereitstellt.

20./21.05.2012: Der NATO-Gipfel in Chicago beschließt das definitive Ende des Afghanistan-Einsatzes im Dezember 2014. Die Kampfhandlungen sollen schon im Sommer 2013 eingestellt werden, wenn die Sicherheitsverantwortung komplett auf die afghanische Armee übergeht. Nach dem Abzug will die Allianz eine Trainings- und Ausbildungsmission starten.

08.07.2012: Eine internationale Geberkonferenz in Tokio sagt Afghanistan eine Wiederaufbauhilfe von mehr als 16 Milliarden Dollar (13

Milliarden Euro) für die kommenden vier Jahre (2012 – 2015) zu. Nicht darin enthalten ist die Unterstützung von Armee und Polizei mit etwa vier Milliarden Dollar jährlich.

28.08.2012: Vertreter verschiedener syrischer Oppositionsgruppen legen in Berlin ein Konzept für die Zeit nach dem Ende des Regimes von Präsident Baschar al-Assad vor. Der Bericht trägt den Titel „The Day After" (Der Tag danach). Definiert werden grundlegende Ziele des demokratischen Wandels zu einem zivilen Staat, der allen Bürgern Teilhabe ermöglicht und Rechtssicherheit garantiert.

07.09.2012: Die US-Regierung stuft nach jahrelangem Zögern das Haqqani-Netzwerk als terroristische Organisation ein. Das Netzwerk wird unter anderem mit mehreren spektakulären Anschlägen in Kabul in Verbindung gebracht.

11.09.2012: Ein in den USA produziertes und von dort aus im Internet verbreitetes antiislamisches Schmähvideo mit dem Titel „Die Unschuld der Muslime" löst in zahlreichen islamischen Ländern gewaltsame Übergriffe aus. Betroffen von den Ausschreitungen ist auch Afghanistan.

21.09.2012: US-Verteidigungsminister Leon Panetta teilt mit, dass die Vereinigten Staaten die Zahl ihrer Soldaten in Afghanistan auf das Niveau von Mitte 2009 reduziert haben. Es verbleiben 68 000 Soldaten. Andere Länder stellen zu diesem Zeitpunkt insgesamt 39 000 Soldaten.

27.09.2012: Nach mehr als 17 Jahren beendet die Bundeswehr in Bosnien-Herzegowina ihren bisher längsten Auslandseinsatz. In diesem Zeitraum waren insgesamt rund 63 500 deutsche Soldaten zur Friedenssicherung in dem Balkanland eingesetzt. 18 Bundeswehrangehörige verloren dabei ihr Leben.

09.10.2012: Die Bundeswehr übergibt ihre Basis im nordostafghanischen Faisabad komplett an einheimische Sicherheitskräfte. Zeitweise waren in Faisabad 520 deutsche Soldaten stationiert, 240 lösten zuletzt das Camp auf. Die Räumung gilt als Beginn des schrittweisen Rückzugs vom Hindukusch.

19.10.2012: Das Hamburger Landgericht verurteilt zehn angeklagte somalische Piraten zu Haftstrafen zwischen zwei und sieben Jahren. Das Gericht spricht sie des Angriffs auf den Seeverkehr und des erpresserischen Menschenraubes schuldig. Die Richter sehen es als erwiesen an, dass die Männer den deutschen Frachter „Taipan" im April 2010 vor der Küste Somalias gekapert haben.

22.10.2012: Bundeskanzlerin Merkel stellt einen Bundeswehreinsatz im westafrikanischen Mali in Aussicht. Deutschland sei grundsätzlich bereit, sich an einer Ausbildungs- und Unterstützungsmission der EU für den Kampf der malischen Regierung gegen radikale Islamisten zu beteiligen, sagt Merkel auf einer Bundeswehrtagung im brandenburgischen Strausberg.

28.11.2012: Das Bundeskabinett beschließt, die aktuelle maximale Truppenstärke in Afghanistan von 4900 Soldaten auf 4400 zu reduzieren. Zum Ende des vom Bundestag bis 28. Februar 2014 verlängerten Mandats wird von der Regierung eine Reduzierung auf 3300 Soldaten angestrebt, soweit die Lage dies erlaubt.

06.12.2012: Die schwarz-gelbe Koalition billigt die Entsendung von Patriot-Raketenabwehrstaffeln in die Türkei. Das Mandat wird bis Ende Januar 2014 befristet. Es erlaubt die Entsendung von bis zu 400 Soldaten. Das Kontingent umfasst sowohl das Bedienpersonal der Luftabwehrraketen als auch Sanitäter und Kräfte für Sicherung und Schutz.

12.02.2013: US-Präsident Obama kündigt in einer Rede zur Lage der Nation den Abzug von 34 000 US-Soldaten aus Afghanistan bis Ende Februar 2014 an. Mitte Februar 2013 befinden sich 66 000 amerikanische Soldaten am Hindukusch.

28.02.2013: Der Bundestag stimmt mit großer Mehrheit der Entsendung von Bundeswehrsoldaten in das westafrikanische Mali zu.

25.04.2013: Die Bundeswehr beginnt mit der Rückverlegung ihrer Ausrüstung aus Afghanistan. Ein aus Mazar-i-Scharif kommendes Großraumflugzeug vom Typ Antonow 124 bringt Fahrzeuge und Container in die türkische Hafenstadt Trabzon. Von dort wird das Material per Schiff nach Deutschland transportiert. Planungen sehen vor, bis zu 85 Prozent der Ausrüstung über Trabzon in die Heimat zu befördern.

04.05.2013: Bei einer gemeinsamen Operation mit afghanischen Sicherheitskräften in der nördlichen Provinz Baghlan wird ein Mitglied der Eliteeinheit KSK von Aufständischen getötet. Bei dem gefallenen Bundeswehrsoldaten handelt es sich um einen 32-jährigen Hauptfeldwebel. Damit ist nach fast zwei Jahren wieder ein Todesopfer zu beklagen.

23.05.2013: In einer Rede vor der National Defense University von Washington verteidigt Präsident Obama den Einsatz von Kampfdrohnen. Er kündigt zugleich einen weiteren Versuch zur Schließung des Gefangenenlagers in Guantanamo an.

18.06.2013: Die afghanischen Sicherheitskräfte übernehmen von den NATO-geführten Streitkräften die Verantwortung für die Sicherheit im gesamten Land. Die unter Verantwortung der internationalen Truppen verbliebenen 91 Distrikte werden schrittweise an die einheimischen Kräfte übergeben. Die Taliban eröffnen demonstrativ ein Verbindungsbüro in Doha (Emirat Katar).

07.09.2013: Der Bundeswehr-Kommandeur in Kundus befiehlt den Einsatz von ISAF-Kampfflugzeugen gegen die Aufständischen. Das geschieht auf Antrag der afghanischen Sicherheitskräfte, die bei Kämpfen nahe des deutschen Feldlagers unter Druck geraten sind. Durch den Abwurf einer Bombe werden drei Taliban getötet, Zivilisten kommen nicht zu Schaden.

06.10.2013: Die Bundeswehr übergibt ihr Feldlager in der Unruheprovinz Kundus an die afghanischen Sicherheitskräfte. An der feierlichen Zeremonie nehmen Verteidigungsminister de Maizière und Außenminister Westerwelle teil. Das deutsche Kontingent wird damit im Hauptquartier nahe Mazar-i-Scharif konzentriert.

20.11.2013: Die USA und Afghanistan einigen sich auf ein Sicherheitsabkommen, das die amerikanische Militärpräsenz ab 2015 regeln soll. Danach behalten die Vereinigten Staaten das „exklusive Recht zur Jurisdiktion" über ihre Soldaten im Auslandseinsatz. Das Abkommen soll bis Ende 2024 gelten, falls es von keiner Seite aufgekündigt wird. Präsident Karsai erklärt, die Unterzeichnung des Abkommens seinem Nachfolger überlassen zu wollen.

24.11.2013: Die fünf UN-Vetomächte und Deutschland erzielen mit dem Iran eine Einigung über ein auf sechs Monate befristetes Übergangsabkommen zur Lösung des Atomkonfliktes. Iran verpflichtet sich darin zu Einschränkungen bei der Urananreicherung. Im Gegenzug wird die Lockerung von Sanktionen in Aussicht gestellt.

17.12.2013: In Berlin übernimmt eine schwarz-rote Bundesregierung offiziell die Amtsgeschäfte. Im Koalitionsvertrag wird in Hinblick auf die Außen- und Sicherheitspolitik unterstrichen: „Wir stehen bereit, wenn von unserem Land Beiträge zur Lösung von Krisen und Konflikten erwartet werden."

22.12.2013: Die neue Verteidigungsministerin Ursula von der Leyen (CDU) besucht erstmals die deutschen Truppen in Afghanistan. Dabei betont sie, dass der Schutz der Soldaten an erster Stelle stehe.

22.01.2014: Im schweizerischen Montreux beginnt eine Syrien-Friedenskonferenz, bei der zum ersten Mal nach fast drei Jahren Bürgerkrieg Vertreter von Regierung und Opposition zusammentreffen.

27.01.2014: Die Evangelische Kirche in Deutschland (EKD) fordert in einer Stellungnahme unter dem Titel „Selig sind die Friedfertigen", bei künftigen Mandatierungen für Auslandseinsätze der Bundeswehr den militärischen Teil durch konkrete zivile Ziele und Maßnahmen zu ergänzen.

21.02.2014: Regierung und Opposition in der Ukraine unterzeichnen nach schwierigen Verhandlungen unter Vermittlung Deutschlands, Frankreichs und Polens ein Abkommen, mit dem der blutige Konflikt in dem Land beigelegt werden soll. Zu den Kernpunkten gehören die Bildung einer Regierung der nationalen Einheit, eine Verfassungsreform und Präsidentschaftswahlen. Am Tag darauf wird Präsident Viktor Janukowitsch vom Parlament entmachtet, die inhaftierte Oppositionsführerin Julia Timoschenko kommt frei.

16.03.2014: Der Bevölkerung der ukrainischen Schwarzmeerhalbinsel Krim stimmt in einem Referendum mit überwältigender Mehrheit für einen Anschluss an Russland. Die EU und die USA bezeichnen das Referendum als illegal und völkerrechtswidrig.

18.03.2014: Präsident Wladimir Putin unterzeichnet einen Vertrag, der die Krim zum Teil der Russischen Föderation macht. Vertreter der prorussischen Krim-Führung setzen ebenfalls ihre Unterschriften unter das Dokument. Der Westen verschärft daraufhin seine Sanktionen gegen Moskau.

05.04.2014: Bei der Präsidentschaftswahl in Afghanistan bewerben sich acht Kandidaten um das höchste Staatsamt. Rund sieben Millionen Wahlberechtigte geben ihre Stimme ab, was einer Beteiligung von etwa 58 Prozent entspricht. Unabhängige Beobachter kritisieren massive Unregelmäßigkeiten bei dem Votum.

17.04.2014: Bei einem Krisentreffen in Genf einigen sich die USA, Russland, die Ukraine und die EU auf eine gemeinsame Erklärung. Darin wird gefordert, dass alle Seiten in der Ukraine jegliche Gewaltanwendung unterlassen und alle illegalen bewaffneten Gruppen entwaffnet werden müssen.

08.05.2014: Nach bürgerkriegsähnlichen Auseinandersetzungen bekräftigen pro-russische Separatisten ihre Absicht, ein Referendum über die Unabhängigkeit der Ost-Ukraine abzuhalten. Sie ignorieren damit eine Aufforderung Putins, das für den 11. Mai geplante Votum zu verschieben.

Uwe Krüger
Die gereizte Großmacht
Russlands Anspruch auf Weltgeltung
288 Seiten kart., ISBN 978-3-416-03267-4
€ 24.90

Sind Russlands vielschichtige Konflikte mit der Ukraine und der
Georgien-Krieg Belege für eine Restauration des Sowjetimperi-
ums? Besitzt der Kreml überhaupt die politischen,
wirtschaftlichen und militärischen Voraussetzungen dafür?
Der Autor gibt Antworten auf diese Fragen. Seine Analyse
reicht vom Trauma des Abzugs aus dem Ostblock bis hin
zur verzweifelten Suche nach neuen Bündnispartnern.

Joachim von Arnim
Zeitnot. Moskau, Deutschland und der weltpolitische Umbruch.
2. verb. Aufl. 2013
560 Seiten Klappbrosch., ISBN 978-3-416-03357-2
€ 29.90

Es ist ein sehr gutes, überaus fleissiges, für den historisch Interessier-
ten aufschlussreiches und wertvolles Buch, das die Gorbatschow-Zeit
im Spiegel der Ost-West-Beziehungen beleuchtet, wie ich dies in
dieser Breite und Dichte bisher nicht gelesen habe. Seine besondere
Stärke liegt darin, dass es nicht nur die politischen Verhältnisse in der
Sowjetunion und deren Auswirkungen auf die Deutschlandpolitik
Moskaus darstellt, sondern auch mit grosser Akribie die Entwicklungen in den damaligen Satelliten-Staaten beschreibt, die natuerlich auch
auf die Deutschlandpolitik der Sowjetunion einwirkten.
(Staatssekretär a. D. Andreas Meyer-Landrut.)

Sébastien Rippert
Die energiepolitischen Beziehungen zwischen der
Europäischen Union und Russland 2000-2007
Forum Junge Politikwissenschaft Band 16
215 Seiten kart., ISBN 978-3-416-03253-7
€ 22.90

Die umfassend faktischen Darstellungen der europäischen Energiepolitik, der Entwicklungen in Russland unter Wladimir Putin und der
bereits existierenden Instrumente zur Kooperation sind von Bewertungen durch die Politikwissenschaft begleitet. Dabei ist der im Thema der Magisterarbeit vorgegebene Zeitrahmen von 2000 bis 2007 als
grundlegend für die Gestaltung europäisch-russischer Energiepartner-
schaft in der Zukunft anzusehen, die wohl weiterhin von Konflikten,
von Annäherung und Entfremdung geprägt sein wird.

Helmut Altrichter (Hrsg.)

Adenauers Moskaubesuch 1955

Eine Reise im internationalen Kontext

RHÖNDORFER GESPRÄCHE

BOUVIER

22

Helmut Altrichter (Hg.)
Adenauers Moskaubesuch 1955
Eine Reise im internationalen Kontext. Rhöndorfer Gespräche 22
296 Seiten kart., ISBN 978-3-416-03162-2
€ 18.00
Mit Beiträgen von Hanns Jürgen Küsters, Aleksej Filitov, Christian Oberländer, Rolf-Dietrich Keil, Peter Limbourg, Heinz Oppermann, Max Schulze-Vorberg, Hans-Peter Schwarz, Gerd Ruge, Georges-Henri Soutou, Klaus Larres, Christian Ostermann, Mieczyslaw Tomala, Michael Lemke.

BOUVIERVERLAG
Fürstenstr. 3, D-53111 Bonn. Tel. +49 (0)228 3918210
info@bouvier-verlag.de